壹嘉 · 読道书系

存
001

-为简体中文阅读留存一些有价值的文本-

出版壹嘉 × 読道社

联合出版

傅国涌

独立历史学者、儿童母语教育践行者，1999 年开始写作，主要研究近代以来中国的社会转型、百年中国言论史、知识分子命运史、教育史、企业史等，在《南方周末》《南方都市报》《新京报》《经济观察报》和《读书》《书屋》《东方》《随笔》《凤凰周刊》《社会科学论坛》等报刊发表过五百万以上的文字，曾在香港大学、香港中文大学、维也纳大学、日本专修大学、台湾中央研究院近代史研究所担任过访问学者或参加学术会议，2010 年入选《时代周报》"十个公共知识分子"之一。主要著作有《1949 年：中国知识分子的私人记录》《百年辛亥：亲历者的私人记录》《金庸传》《叶公超传》《百年寻梦》《追寻失去的传统》《笔底波澜：百年中国言论简史》《文人的底气》《大商人：影响近代中国的实业家们》《新学记：中国现代教育起源八讲》等三十多种，编有《林昭之死》《过去的中学》《过去的小学》《寻找语文之美》《鲁迅的声音》《追寻律师的传统》等十多种。

2017 年起致力于儿童母语教育实验，设计了"与世界对话"一百课。已出版《寻找中国之美: 少年双城记》《寻找中国之美: 少年西安行》《寻找中国之美: 少年江南行》《寻找古诗之美》（三册）、《少年日知录》三册、《与世界对话》第一辑、第二辑等。

去留之間

1949 年中国知识分子的选择

傅国涌　著

壹嘉出版

1 Plus Books

https://1plusbooks.com

読道社

https://yomimichi.com/

作者：傅国涌

书名：**去留之间：1949年中国知识分子的选择**

Copyright © 2025 by 傅国涌/Guoyong Fu

2025 1 Plus Books® 壹嘉出版®

Paperback Edition

Published and Printed in the United States of America

ISBN: 978-1-966814-07-8

出版人：刘雁

定价：$22.99

San Francisco, USA , 2025

https://1plusbooks.com

email: 1plus@1plusbooks.com

1949 年 中 国 知 识 分 子 的 选 择

去留

目录

之间

去留之间

1949 年中国知识分子的选择

小引

  1949 年的时代大变动固然也在杨刚、浦熙修她们激扬文字的通讯中，在李普他们笔墨饱满的报道中，在胡风等人澎湃的诗行中，但这些当年公开的文字呈现的只是大时代兴奋、激动、热烈、欢呼的一面，我们从中几乎看不到身处大时代的人们，他们个人内心的波动、情感，对陌生的未来的疑惑，对命运起伏的忧虑，看不到他们私下的评判。日记、书信（乃至一些可靠的回忆）这些私人记录袒露的正是个人当时的心迹、他们思想的脉动，喜怒哀乐、悲欢爱憎尽在其中，没有遮掩，没有虚饰。他们的私人记录也许更接近历史的真实，经过无数的白云苍狗，世代变迁之后，人们依然可以透过这些私人记录靠近历史，带有生命个体的体温，他们的悲伤和喜悦、快乐与哀愁、憧憬与彷徨……

  写一本关于 1949 年的书，我最初生发这个念头，已经是好几年前的事了，那时刚刚读了蒋经国 1949 年的日记《危急存亡之秋》，这是失败者私下的记录、心灵的独白，与那些堂皇的文告、自欺欺人的辩白、言不由衷的对外言说不一样，这里有失败者内心世界的真实袒露，有他在政权覆灭之际的痛苦，有对故土铭心刻骨的眷恋和无可奈何的告别，有对权力浮沉的反省，有对败亡原因的思索与探究……特别是 4 月 25 日蒋氏一家泪别故乡溪口时的情景，在蒋经国日记里有生动的记录：

  上午，随父亲辞别先祖母墓，再走上飞凤山顶，极目四望，溪山无语，虽天流泪，但悲痛之情，难以言宣。本想再到丰镐房探视一次，而心有所不忍；又想同乡间父老辞行，心更有所不忍，盖看了他们，又无法携其同走，徒增依依之恋耳。终于不告而别。天气阴沉，益增伤痛。大好河山，几无立锥之地！且溪口为祖宗庐【庐】墓所在，今一旦抛别，其沉痛之心情，更非笔墨所能形容于万一，谁为为之，孰令致之？

每次读到这段日记，我都情不自禁地想起电影中曾出现过的一个镜头，蒋氏一家在漂流去孤岛的军舰上，蒋介石的孙子背诵南唐后主李煜的那首词：

> 四十年来家国，三千里地山河，凤阁龙楼连霄汉，玉树琼枝作烟萝，几曾识干戈？一旦归为臣虏，沈腰潘鬓销磨，最是仓皇辞庙日，教坊犹奏别离歌，垂泪对宫娥。

那一刻，萦回在蒋氏家人脑海里的恐怕只能是这样的词句，至少符合他们内心的真实。我还没有见到蒋介石1949年的日记，从他儿子的日记大致上可以看出他的行踪，更可以看出其心情，弥漫着一股挥之不去的悲凉之雾。

与此相反，毛泽东为代表的中国共产党人却沉浸在胜利的喜悦之中，毛泽东没有日记，但有他留下的弓信和诗词为证，一首《七律·人民解放军占领南京》和天安门城楼上挥手的姿态、与"毛主席万岁"遥相呼应的"同志们万岁"一同汇入了历史的洪流：

> 钟山风雨起苍黄，百万雄师过大江。
> 虎踞龙盘今胜昔，天翻地覆慨而慷。
> 宜将剩勇追穷寇，不可沽名学霸王。
> 天若有情天亦老，人间正道是沧桑。

我陆续读到了胜利者一方留下的一些日记，《陈赓日记》（战士出版社1982年版）有他1949年3月11日到6月16日的日记，详细记录了这位儒将从河南漯河挥师南下、横渡长江、一直打到南昌的那段军旅生涯，其中有许多生动的细节，4月25日，"大雨如注，部队仍向南挺进。沿途所见，人尽泥饰，走路如扭秧歌，歌声，叫好声，跌交声，混成一片，情绪至为高涨，雨亦不足以扫其兴。尤其沿途敌人遗弃之辎重、车辆、大炮，到处可见，更使部队高兴。"这样的文字超越了文学的想象，如非亲身经历绝对写不出来。

《谢觉哉日记》（人民出版社1984年版）有他1949年的日记，一直到10月1日为止。作为中共"五老"之一，谢觉哉的日记为我们了解这个转折的年代提供了独特的视角，留下了不少珍贵的记录，比如4月27日，游玩了一天颐和园之后，他在日记中说："那拉后不搞海军搞颐和园，今犹可供游览，如搞海军，并无益于中国，只黄海底添几条沉船而已。"（后来在其他人的日记中看到王芸生等人也有类似看法。）比如7月7日，谢觉哉给周谷城回信，因为"周来信盼得选为政协代表"，他复信表示"已将其材料转筹备会"。一个"政协代表"的头衔，曾有多少知识分子趋之若鹜。

杨尚昆当时是中共中央办公厅主任，位置显要，《杨尚昆日记》（中央文献出版社2001年版）记录的都是胜利一方的决策内情、高层迎来送往的动态，比如1月12日民主人士排列，前后秩序井然，就是一个重要细节。比如1月20日华北局、华北政府招待民主人士，"周建人说话内容还好，表示与我党之间无距离。'杨刚、吴晗、楚图南、胡愈之等发言，"一般政治态度均好，表示愿与我们一致，把革命进行到底，警惕蒋美阴谋，在革命阵营中搞反对派。"可惜他1949年的日记只到3月31日为止，未能完整地看出这一年发生的大事。

在失败、流亡的阵营中，阎锡山、胡宗南、吴忠信、陶希圣、罗家伦等都有这一年的日记。王世杰1938年之后的日记比较完整，台湾也出版过影印手稿本，遗憾的是1949年这一年他却没有留下日记。

当然，我也注意到了局外人、外国在华人士的日记，台湾《传记文学》第24卷第6期曾刊载过司徒雷登1949年的"百日日记"，从4月23日南京易手到8月2日他飞离南京止，这100天间司徒雷登以美国驻华大使的身份通过他在燕京大学的学生黄华等特殊关系与胜券在握的中共有过接触、沟通，他的日记与新近解密的外交档案相互参证，可以揭开当年许多外交秘闻。美国汉学家德克·博迪1948年到1949年间正在北京访学，他以第三者的眼睛见证了大时代的风云，《北京日记——革命的一年》（收入东方出版中心2001年出版的"走向中国丛书"）有许多值得我们重视的记录。

在很长一段时间里，我想写一本1949年的书，透过不同的人所记的日记复原时代的记忆，书名就叫做《1949年：日记中的中国》。大约几年前的春天，我和一个朋友在西湖边的苏堤上散步，第一次说出了这个想法，朋友认为很好，值得去做。之后，我便继续留意收集有关的日记，前后大约找到了二三十种。到了2002年冬天，我深感如果要写一本全面反映1949年变化的书，凭现有的准备和占有的材料是不够的。

究竟有多少人对新政权依旧抱有敌对态度？这一点当然无从得知。我所能说的就是最近我所听到的对政府的公开批评似乎比以前更多。最近，我应邀出席了一次豪华的宴席，在座的还有七八位老学者。丰盛的菜肴一道接一道地送上来，席间的交谈却是一阵接一阵的牢骚和批评。某些"民主人士"的言论被登在报纸的显著位置，可是在宴会上却能听到对他们的讽刺，"机会主义者"这个字眼也不止一次在席间被提及。新的左派学者更是遭到了尖锐的批评：某某人的风格不够高雅；某某人的学识太浅薄，等等。

当我在德克·博迪1949年8月14日的日记中读到这段话，眼前一亮，何不就写一本《1949年：中国知识分子的私人记录》，毕竟留下日记最多的还是知识分子，他们的命运、思索也更有代表性，他们在巨变中的心态意绪，他们在新政权和旧政权之间的选择，他们对自身和对时代的认识……都是饶有趣味的题目。

最后我选定了不同年龄、不同倾向并作出了不同选择的十三个知识分子，这些独特的、不可复制的生命个体，无论他们作出了怎样的选择，无论他们的学问、才情、人生经历乃至政治信仰等有多大的不同，他们的私人文字都真实地记录了历史，把握了那个大变动时代的脉搏，以及他们各自作出的人生选择。要了解一个时代的历史，仅有官方的正史是远远不够的。宏大的国家化记忆固然不可回避，但历史同样需要（甚至更加需要）带有个体温情的私人记录。这不是什么"野史"，这也是正史的一部分，有了这些带有个体生命体温、他们的泪与笑、他们的犹豫和决然的私人记录，我们的历史才可能是完整的。对我，这只是一个尝试，如果能对读者朋友有所启发，那我就很满足了。

2004年10月18日
杭州耶稣堂弄家中

1949 年: 中国知识分子的选择

一

1949 年，中国知识分子必须在去留之间作出选择。在 1948 年 3 月 27 日选出的 81 位中央研究院院士中，有 24 位选择了出走，占全部院士的 29.6%，其中 10 位是人文组院士，占 28 位人文组院士的 35.7%，包括胡适、傅斯年、赵元任、李济、董作宾、王世杰、王宠惠、萧公权、吴稚晖、汪敬熙。他们和数理组的院士陈省身、吴大猷、朱家骅、李书华等或赴美，或去台湾，被排挤在首届院士之外的历史学家钱穆则与哲学家唐君毅南下香港，创办了新亚书院。其中，王世杰、朱家骅、王宠惠、吴稚晖等此前即已弃学从政，曾在国府担任要职。

毫无疑问，更多的人选择了留下，这当中甚至包括了《观察》周刊创办人储安平，包括许多沐浴过欧风美雨、对西方文明怀有很深感情的人们，1948 年 9 月，美学家朱光潜曾和植物学家胡先骕（中央研究院院士）、毛子水、张佛泉等 16 位教授联名在天津《大公报》发表《中国的出路》，对将要到来的剧变表示高度的警惕，然而时隔一年多，1949 年 11 月，他就在《人民日报》发表《自我检讨》，对自己的前半生作了全面否定。在胡适去国不久，他 70 岁的老友、有深厚旧学根底的史家（人文组院士）、辅仁大学校长陈垣即发表公开信批胡……这一切的发生几乎是不可回避的。远在大洋彼岸的胡适无时不在关注老友们的命运，那些选择了留下的知识分子朋友，他们的处境和一些微妙的变化，他在写给老朋友的书信中有零零星星的反映。

在 1949 年来临前夕，南京国民政府曾有过将北大、清华、北平艺专等高校南迁的打算，后来也有过迁移浙大、复旦等大学的设想，无一例外都遭到了抵制，清华校务会议讨论迁校无结果而散，1948 年 11 月 22 日下午在胡适主持的北大校务会上，经过两小时的激烈辩论，作出了不迁校的决定，两天后，北大教授会正式通过不迁校的决议。北平艺专校长徐悲鸿决定自己不离开北平，学校也不南迁，他的主张在校务会议上得到吴作人、叶浅予等许多艺术家支持。浙大的迁校计划也遭到校长竺可桢、教授苏步青、严仁赓及多数师生的抵制。不愿迁校的主要原因并不是出于政治选择，而是实际上的困难。时为河南大学校长的姚从吾去了台湾，河大却没有动，其中原因，他在 1948 年 12 月 16 日写给学生吴相湘的信里说得很清楚："弟个人半任天命，半存观望。如何决定，俟到京与友人面谈后再说也。至于河大，恐不宜轻举妄动。人地生疏，何地安全？均为实际困难。即令迁移，亦恐须局势稍定后再议耳。"[1] 姚从吾所说的理由，同样适用于那些选择留下的大学。

华罗庚、苏步青、叶企荪、饶毓泰、赵忠尧、侯德榜、茅以升留下了，贝时璋、童第周、胡先骕留下了，张元济、金岳霖、冯友兰、汤用彤、杨树达留下了，陈寅恪、顾颉刚、梁思成、梁思永留下了，竺可桢留下了，当时在英国的地质学家李四光选择了回国。新闻界有重要影响的报人中除成舍我之外，包括王芸生、徐铸成、赵超构、陈铭德和邓季惺夫妇等等几乎都在香港登上了北行的轮船，出版界、文艺界的情况大致上也差不多。难怪长期以文化人身份出现的中共地下党领导人夏衍说：

> 十月革命之后，俄国的大作家如蒲宁、小托尔斯泰，以及不少演员都跑到西欧和美国，连高尔基也在国外呆了十年。而中国呢，1949 年新中国成立，不仅没有文艺工作者"外流"，连当时正在美国讲学的老舍、曹禺，也很快回到了刚解放的祖国。

> 当然，这不只限于文艺界，科学家也是如此。被美国人扣住了的大科学家钱学森，不是经过艰苦的斗争，而回到了祖国吗？在上海解放初期，我接触过许多国内外有声誉的专家、学者，如吴有训、周予同、徐森玉、傅雷、钱锺书、茅以升、冯德培，以及梅兰芳、周信芳、袁雪芬等等，不仅拒绝了国民党的拉拢，不去台湾，坚守岗位，而且真心实意地拥护共产党的领导。[2]

夏衍看到的只是历史的表象，他不明白中国为什么没有出现类似俄国十月革命后的现象。其实，这个表象背后有着更为复杂的原因，不同的人作出自己的选择，乃是各不相同的理由，不是单一的，将这一切放在历史的多棱镜下观察，我们可以看到知识分子在把握自身命运的时候，不但受到时代的影响，而且受到文化传统的深刻影响，同时受自身思想、性格、情感、家庭等具体因素的影响。学者吴宓自述留下的缘由："1948年秋，我即决意辞卸国立武汉大学外文系主任职务，到成都任教，目的是要在王恩洋先生主办的东方文教学院研修佛教，慢慢地出家为僧，并撰作一部描写旧时代生活的长篇小说《新旧因缘》以偿我多年的宿愿。直至1949年春夏之交，方能得来到重庆，暂止于北碚勉仁学院、相辉学院。解放后，我当然与时偕行，一切生活计划都改变了。那时我所持的是坦率的消极态度：一身静待安排，个人无忧无惧，但担心中国文化此番不免大受损失。"[3]这是他1952年7月8日在重庆《新华日报》发表的《改造思想，站稳立场，勉为人民教师》文中的坦白，应该可信。天翻地覆之时，他确实没有想过离开大陆，他想的只是"慢慢地出家为僧"、写小说，以后的选择几乎完全被动。

二

参加各个民主党派的那些知识分子之选择留下，其实在国民党当局1947年取缔民盟的那一刻就已注定。政治的因素是主要的，毕竟他们和中共上了同一条反国民党的船，但其中也有更深层的因素在起作用，这些倒向左翼的知识分子中，可以张东荪、施复亮为代表，他们主张走中间道路，普遍相信苏联有经济平等，希望能在英美与苏联之间找到一种适合中国的模式，这正是当年盛行的一种思潮。早在1946年6月发表的《一个中间性的政治路线》文中，张东荪就重申了他在抗战期间提出的——"中国必须于内政上建立一个资本主义与共产主义中间的政治制度，……这个中间性的政制在实际上就是调和他们两者。亦就是：在政治方面比较上多采取英美式的自由主义与民主主义；同时在经济方面比较上多采取苏联式的计划经济与社会主义。从消极方面来说，即采取民主主义而不要资本主义，同时采取社会主义而不要无产专政的革命。我们要自由不要放任，要合作不要斗争，……我相信果真这样做成了以后，英美与苏联双方都可以放心。在英美看中国是一个民主国家，虽在经济方面偏于社会主义而决不是赤化，不是加入苏联的赤色集团，不足以对资本主义国家有任何的威胁，在苏联看中国虽采取民主主义，却并不建立于资本主义上，这样的民主主义没有反苏性，他用不着害怕。"他认为，这是资本主义和共产主义之间的一个折衷方案，用意就是想把国民党"稍稍拉到左转"，把共产党"稍稍拉到右转"，从而建立起一个"联合政府"，这个"联合政府"必须是建立在共同纲领基础上的，"这个共同纲领，就是具有中间性的，因为各党所共同承认的纲领必是由于彼此协商，互相让步，而得着一个折衷与调和"。[4]他把这套兼顾"文化自由"与"计划经济"的"社会主义的民主主义"理论称为"新民主主义论"（或"新型民主"），与毛泽东那个著名的提法一致，只是解释有所不同而已。

他在 1947 年 4 月发表于《观察》周刊的文章《追述我们努力建立"联合政府"的用意》中明确指出，共产党"现在是实行新民主主义的阶段"，"这和我们所主张的民主可说几乎完全相同。"[5]

这并不是张东荪等个别人的见解，可以说代表了那个时代许多知识分子的立场。早在 1920 年就参加共产主义小组、1927 年脱党的施复亮（存统），在 1949 年前夜也一直不遗余力地阐述"中间路线"，发表过《中间派的政治路线》等一系列文章，他认为"中间路线"简单地说就是"对内主张'调和国共'，对外主张'兼亲美苏'"，并指出"联合政府是解决一切困难的总匙"。在他看来，"在今天中国的客观条件下，只有中间派的政治路线，在客观上才足以代表全国人民的共同要求和整个国家的真实利益"。因此他提出"新资本主义的经济"和"新民主主义的政治"。

周鲸文在 1947 年 7 月发表《论中国多数人的政治路线》，以饱含感情的笔墨赞誉"中间路线"——"不但是进步的，温和的，不用厮杀而把国家纳入正常的政治轨道，而且是合乎人道的，具有时效的。它会缩短黑暗野蛮的期限，它会温和着同胞的彼此爱护，它调解着利益不同的党团免得各走极端，它使分裂的重归于好，它改变破坏的力量而入于建设，她使进步的统一在团结之下"。[6]他阐述了自己对苏联民主的认识——

"英美的民主，在形式上很民主，而实际上并不民主，我们称之为假民主。苏联的民主，在形式上不太民主，而实际上倒没有英美民主之弊，我们称之为狭民主。……苏联是共产党理论支配下的国家。共产党是主张以无产阶级专政而过渡到消灭阶级。这个过渡期间是相当长久，无产阶级专政乃为今日苏联的民主。既以一阶级专政目标而非全民政治，其民主的范畴自然狭小。……苏联的民主形式虽不如英美式的宽大，然而在这一狭小的范畴内，因为行使社会主义的经济制度，它倒没有资本家从中操持的毛病，这可以说明，苏联这狭小的民主范围仍不失为真。"[7]

在他眼中，"真民主"就是"包含了政治的民主和经济的民主"。而苏联恰好是被许多中国知识分子看作是有"经济民主"的地方。

他们所主张的"中间路线"，概而言之就是"在政治上信仰民主主义，在经济上信仰社会主义"，政治自由与经济平等并重，这在知识分子中有相当的代表性。同样的言论也曾出现在《观察》《时与文》《周报》《时代批评》和《大公报》等许多报刊上，成为一股有相当影响的思潮，一直延续到 1949 年前。连章乃器都自认为是"一个在资本主义社会的泥坑里就追求社会主义的人"。到 1948 年 5 月 15 日，宣称"既不反苏，也不反美"的《新路》周刊在北平创刊，由钱昌照、吴景超、潘光旦、周炳琳、杨振声、萧乾、朱光潜、吴蕴初、楼邦彦、费孝通、钱端升、陶孟和、冯至等人组成"中国社会经济研究会"提出了三十二条主张，其中经济方面的土地国有化等十条主张大致上与张东荪他们的思路差不多，包含了不少计划经济的因素：

（十六）我们主张国家应筹划妥善方法，负责发展国家资源，实现全民就业，促成公平分配，提高生活水准。

（十七）国家应运用各种合理的政策，积极促进我国经济的现代化与工业化。

（十八）全国土地，以全部收归国有为最终目标。第一步应即规定私人农地为最高限度，超过此限度者，应立即收归国有。对于原来地主，给以长期债券，以为补偿，收归国有的农地，或租与自耕农，或集体经营，视情形而定。市地应立即收归国有，并酌予补偿。

（十九）农业之生产经营及农民生活，应运用国家力量辅助其改进。

（二十）凡独占性及关键性之工矿交通事业，原则上应由国家经营。

（二十一）金融事业，应由国家经营。第一步应将国家银行之私人股本立即收回，并简化及统一其机构。

（二十二）国营事业，应以资源之充分与合理运用及谋全民之最大福利，为其经营方针。

（二十三）国家赋税政策，应以平均私人财富，创造国家资本，促进资源开发，维持经济繁荣，及达成社会安全为目标。

（二十四）国家对外贸易政策，应配合国内经济及其他生活方面之需要。

（二十五）欢迎不带政治作用而能配合我国经济政策的国外投资，在互惠的条件下，参加我国经济建设。[8]

"中国社会经济研究会"一群很快就被称为"新第三方面"，成为左翼知识分子批评的对象，但他们中的多数人选择了留下，其中最主要的恐怕还是他们的这些价值认知在起作用。就连朱光潜、毛子水、张佛泉等16位知识分子在1948年9月联名发表的呼吁中，我们也看可以看出他们对苏联经济平等的礼赞，尽管全文的主旨是对遭受"极权共产主义"威胁的深切忧虑，生怕新时代以"经济平等"而牺牲了"政治民主"，"因为没有政治的民主，经济平等便失去了基础，如果政治是在少数人独裁之下，即便能有经济的平等，也是赐予式的，统治者随时可以改变可以收回这种赐予。"[9] 不过他们对共产主义统治之下，人民将享有"经济平等"这一点，他们没有一丝一毫的怀疑。

当时，苏联实行计划经济的弊端尚未全面暴露出来，至少未让外部世界知道，而计划经济带来的平等却引发了有着大同梦想的中国知识分子的向往。包括张东荪在内，那么多学识渊博、具有深刻洞察力的知识分子都把"计划经济"看作是发展生产的灵丹妙药，这一切不是偶然的。最重要的是，这些主张"中间道路"的知识分子理想中的"联合政府"，与毛泽东提供的"联合政府"纲领在很大程度上确有共鸣。我们仔细比照他们的观点和毛泽东《论联合政府》中的主张，实际上也有许多暗合之处。"联合政府"不仅是共产党人的主张，民盟以及其他民主党派、无党派知识分子对"联合政府"都曾充满向往。何况在中国民主同盟的纲领中关于经济的第一条本来就是："经济民主化之目的，在求人民生活之繁荣与安定，及国富之公平分配，以期渐进于社会主义之实行。"张东荪的"新民主主义"与毛泽东的"新民主主义"在思路上都有许多接近、甚至相似之处。他认为，中国不能照抄苏联的社会主义，中国实行社会主义必定要有中国自己的特色。这和毛泽东为代表的共产党人的思考在某种程度上也是相吻合的。这些因素的存在，使他们与共产党人之间很容易找到共同语言，大部分民主党派知识分子的选择都可以在他们的思想深处找到解释，不光是单纯的现实政治考虑。

毛泽东的纲领中也可以说包含了这些知识分子的见解在内，这才可以解释这些一辈子有着自己政治追求的知识分子在历史关头的选择，他们几乎没有多少犹豫就选择了与共产党合作。至于那些比张东荪、施复亮和《新路》一群更左的知识分子就不用了。

马叙伦、邓初民、郭沫若、侯外庐、茅盾、邵荃麟、翦伯赞等左翼知识分子和中共地下党员一直在不停地批判"第三条道路"、"中间路线"，凡是不站到他们一边的，都被作为批判对象。但这些弥漫着火药味、毫不留情的批判对促使他们最后下决心倒向哪一边并没有产生多少影响，最多只是些唾沫而已。如果不是这些中间派知识分子内心深处对经济平等的向往，对苏联模式代表了经济平等的朴素认知，他们在作出选择时的心理就要复杂得多。正是这一点，成为这一部分不满国民党统治、具有浓厚政治情结的知识分子站到共产党一边的思想根源之一，虽然他们内心未必没有一点不大情愿的地方。权衡轻重，他们的选择几乎也是自然的。何况在中国的政治文化中有一个根深蒂固的传统，非黑即白，向来缺少一个灰色的中间地带，两强对峙，最终总是要决出胜负。站队几乎成了必然的选择，从根本上说，缺乏走"第三条道路"、"中间路线"的现实土壤和文化基因。

三

古老中国有着源远流长、绵延不绝的"大同"梦，因此，知识分子对共产党所宣传的社会主义前景内心深处不仅没有抵触，反而不无憧憬。早在1938年6月，周鲸文就在《时代批评》发表的《中国需要怎样的政治前途》中表达他对社会主义的向往：

> 我们建设社会主义的国家，只要办法适当，是容易办到的。第一，我们有传统的亲亲仁人一致为中国人所接受的思想，我们有一贯的"仁政利民"的要求，我们有"天下为公"的长久的期望。第二，我们有过井田制度，我们有过均田的办法，

我们现在尚有比较适当的土地制度。第三，我们没有许多大地主，我们没有左右国家的资本家，我们没有根深蒂固的资本主义制度，我们没有资本主义制度带来的许多恶毒。这三种条件很容易使中国建成一个大众福利的社会主义的新国家。[10]

他的结论是，"我们需要民主的，社会主义的新中国。我们不需要一党或阶级专政，免去专政独裁的弊病。"[11]

更早也是更有力的例证是 1932 年 11 月胡愈之主持的老牌《东方杂志》发起"新年的梦想"征文，向全国各界知名人物发出约四百多封征稿信，征求两个问题的答案：

（一）先生梦想中的未来中国是怎样？（请描写一个轮廓或叙述未来中国的一方面。）

（二）先生个人生活中有什么梦想？（这梦想当然不一定是能实现的。）

其中，大部分知识分子"梦想中的未来中国"都是一个"大同"社会：

柳亚子梦中的"大同世界""打破一切民族和阶级的区别，全世界成功为一个大联邦"，"没有金钱，没有铁血，没有家庭，没有监狱，也没有宗教；各尽所能，各取所需；一切平等，一切自由。"

女作家谢冰莹梦见的也是"一个没有国家，没有民族，没有阶级区别的大同世界。"

郁达夫描画的"乌托邦"："没有阶级，没有争夺，没有物质上的压迫，人人都没有，而且可以不要'私有财产'。"

时任《时代画报》编辑的章克标说："一切的梦想，一切的梦，是一种超越的飞跃，所有界限和藩篱，须是完全撤除，国家这种界限，在任何人的梦想中或梦中是不配存在的。"

复旦大学教授谢六逸向往"没有阶级，不分彼此"的未来中国。

铁道部一科长吴嵩庆所梦的是"废除军备，国界，种族而臻于大同"。

光华书局编辑顾凤城梦想中的未来中国"是没有阶级，没有种族，自由平等的一个大同社会"。

清华大学教授张申府"理想中的中国"——"是能实现孔子仁的理想，罗素科学的理想与列宁共产主义的理想的。"

天津女子师范学院教授韦丛芜"梦想着未来的中国是一个合作社股份有限公司，凡成年人都是社员，都是股东，军事、政治、教育均附属于其下，形成一个经济单位，向着世界合作社股份有限公司的目标走去。"

读者何法的"白日梦"之一是"大家熙熙攘攘，大同世界"，没有国界。

中华书局编辑周宪文说得更细致："那里没有法律，也没有军警，可是国民从无争执，国里没有货币，没有工资，可是国民都很勤力。"

《生活》周刊主编邹韬奋梦想的中国："连现在众所公认为好东西的慈善机关及储蓄银行等等都不需要，因为用不着受人哀怜与施与，也应不着储蓄以备后患。"

社会科学研究所的姜解生梦想："全国的人民都住在庄严伟大的公共住宅。他们底工作每天只有四小时或六小时。等到全国的电钟放出了上工的声号，他们已一秒钟不差地到达各人群底工作地点。"

中央研究院总干事杨杏佛的梦想"是一个物质与精神并重的大同社会"。

山东正谊中学的徐伯璞梦想的大同世界"以三民主义为原则"，"宣传中国的王道，发扬中国的文化"。徐州女师的俞觉所梦与此相似，也是三民主义救中国，"德感四方，各国来归，实现了中山先生的大同世界。"

复旦大学商学院院长李权时说得更为直截了当："我理想中的未来中国是须合乎礼记'大道之行也，天下为公，……是谓大同'的一段事实的。"法政学院教授钱啸秋梦中出现了这样的一幕："吃饭不是各办各的，而是持票赴农村公共食堂去吃。"

上海法学院教授朱隐青梦想着"无阶级专政的共产社会"。"一个社会主义的新中国"、"联邦社会主义的国家"甚至成了资本家、裕丰纱厂老板毕云程和银行家俞寰澄的梦想。失业三年的读者周毓英梦想"主办一个月刊定名《社会主义》，与全国青年作思想上的往来，毫无顾虑的讨论一切学术问题，思想问题，社会问题和革命问题。我办月刊不在取政权，可能范围内还要帮助政府，帮政府革命，梦想当道不干涉。"燕京大学教授郑振铎虽自称"我并没有什么梦想，我不相信有什么叫做'梦想'的"，他心中的未来中国却是"一个伟大的快乐的国土"，"我们将建设了一个伟大的社会主义的国家"。[12]

尽管他们不约而同所梦想的"社会主义"的"大同"社会,与1949后实践的社会主义实际上有着巨大的差距。但有一点可以肯定,当他们在历史的转折点上面临抉择时,这些潜藏在他们生命深处的梦是不会没有影响的。

当然,还有一个不能排除的原因,当1949年来临之际,国民党政权的道义威信几乎已彻底丧尽,变成了腐败无能、腐朽没落的代名词,战场上的失败还在其次,更重要的是他不仅在农村,在城市广大的中下层民众中,在学生和普通知识分子中,确乎已人心尽失。

以储安平的洞若观火,早在1945年到1947年就对未来的可能命运有过清醒的判断,他说:"我不相信在共产党的统治下,人民能获得思想及言论等等基本自由,能实现真正的民主。"甚至清晰地指出:"老实说,我们现在争取自由,在国民党统治下,这个'自由'还是一个'多''少'的问题,假如共产党执政了,这个'自由'就变成了一个'有''无'的问题了。"

但他最后还是选择了留下。

他先后给国民党政权下过几个断语:"失败的统治"、"一场烂污"、"政治失常"等。他对国民党的批评可以说毫不留情、不留任何余地,而国民党竟容忍《观察》周刊在自己的眼皮底下生存了三年零四个月之久,今天看来或许是个奇迹。胡适当年虽然也曾名列《观察》特约撰稿人之中,却始终没有给《观察》写过一篇文章,这已经引起谢泳、程巢父等学者的注意。程巢父在《储安平致胡适的五封信》一文如此分析:

> 从《观察》奉行民主、自由、进步、理性四个基本原则和独立超然放言论事的基本立场来看,胡适是会取支持的态度的。但是在具体的观点或价值评判上,恐怕就差异悬殊,见仁见智了。先说储安平的第一篇政论《失败的统治》。……储文概说二十年统治完全失败,胡适不见得赞同。从《观察》创刊到终刊,储安平的政论文字,凡批评政府多取激烈态度,而胡适在批评政府时多注意分寸。对学潮,储安平全盘肯定,完全支持,尤其激烈地批评政府,所有《观察》刊登的报道学潮的新闻和储安平撰写的评论学潮的文章,都有助长之势。胡适对学潮则表示理解之同情,承认政治腐败是导因之一,但不赞成动辄罢课,多取平息的态度。[13]

说白了，胡适并不同意储安平对国民党全盘否定的论政态度，在他看来，这样做恐怕太轻率了一些，事实本身要更复杂一些。他本人更愿意采取稳健的论政立场，不是说国民党不能批评，而是批评要有分寸。这是胡适与储安平之间微妙的不同，从中可以理解他们后来不同的历史选择。

在一个正常的现代文明社会，储安平对当局持再激烈的批评姿态都算不得什么，遗憾的是近代中国的社会状态是不正常的，他的取向决定了他与国民党的势不两立，换言之他把自己逼到了一个死角上，《观察》周刊被封门是早晚的事，也使他逐渐要在对峙的两强之间必须选择其中一方，非红即黑，"杨"、"墨"之间没有中间道路，这虽然与他所倡导的"中立的"原则相背离，但到那一刻，他已别无选择。

从 1949 年以后储安平在复刊的《观察》上发表的东北纪行之类文章来看，他对新政权的肯定没有一丝的虚饰和作伪成分，完全出于真诚，他看到了一套全新的运行有效的新体制，感受到了一种新的政治和社会生活的氛围，从城市到乡村都有一些令他欣喜的现象。他的笔触自然而然失去了昔日的批判锋芒，我相信这不是他刻意做作的结果。当年 9 月 29 日，也就是"开国盛典"期间，徐铸成日记曾记下他们之间的一次谈话，他告诉宜兴老乡《观察》即将复刊，"领导上大力支持，但恐群众思想难捉摸，如何办好，毫无把握。"

这些微妙的变化似乎都是一夜之间完成的，这也是一个奇迹。不能不感叹共产党的魔力之强。时代的变化真是太大了，徐铸成生怕自己被淘汰了。他们一行从香港应邀北上，自山东登岸，一跨上如同走进了一个大观园，这些有见识、有阅历、经过无数大世面的人们都禁不住感到自身的渺小、无足轻重。

这一切的根由都来自他们对国民党的失望乃至绝望，以及由此而产生的仇恨与鄙视，特别重要的是时代转换之际的"一边倒"，从柳亚子他们对国民党战犯居高临下的谴责、问话中，大致都可以体会到他们的这种心态。

四

还有一个不可忽略的因素，就是中共高层当时的政策取向，虽然早在1947年10月27日，由周恩来起草、经毛泽东审阅修改的"党内指示"中就已明确提出："等到蒋介石及其反动集团一经打倒，我们的基本打击方向，即应转到使自由资产阶级首先是其中的右翼孤立起来。"[14]但在1949年刚刚到来之际这一切尚未提到议事日程上来，对于这一党内指示，外界一无所知。

与此相反，即将掌握政权的革命党公开宣传的政策，却表现出了大度、宽容的一面。毛泽东有过这样的讲话："对于学生、教员、教授、科学工作者、艺术工作者和一般知识分子，必须避免采取任何冒险政策。中国学生运动和革命斗争的经验证明，学生、教员、教授、科学工作者、艺术工作者和一般知识分子的绝大多数，是可以参加革命或保持中立的，坚决的反革命分子只占极少数。"所以他要求采取"团结、教育和任用"的策略。[15]

他批评"贫雇农打江山坐江山"的口号是错误的，"在全国，是工人，农民（包括新富农），独立工商业者，被反动势力所压迫和损害的小资本家，学生、教员、教授、一般知识分子，自由职业者，开明绅士，一般公务员，被压迫的少数民族和海外华侨，联合一道，在工人阶级（经过共产党）的领导之下，打江山坐江山，而不是少数人打江山坐江山。"[16]

这年5月，共产党的胜利已成定局，周恩来在中南海召集左翼文化人开会，就即将召开的"文代会"交代政策："这次文代会是会师大会，团结大会，团结的面要宽，越宽越好，要团结一切可以团结的人，不单解放区文艺工作者和大后方文艺工作者要团结，对于过去不问政治的人要团结，甚至反对过我们的人也要团结，只要他们现在不反共、不反苏，都要团结他们，不要歧视他们，更不该敌视他们，假如简又文、王平陵还不走，也要争取他们，团结的总方针是凡是愿意留下来的，爱国的、愿意为新中国工作的人，都要团结，都要争取，这是一个'闻道有先后'的问题。"他而且郑重表示这不是他个人的意见，而是党中央的决策。刘少奇曾经不止一次地说，要花大力气团结旧艺人。[17]

周恩来向即将南下接管上海、主持上海文化接管工作的夏衍等人交代任务："对文化教育等等方面，上海是半壁江山，那里有许许多多全国闻名的艺术家、科学家，所以要尊重他们，听取他们的意见。……梅兰芳、周信芳、袁雪芬……是不是都在上海，你们到了上海之后，一定要一一登门拜访，千万不要随便叫他们到机关来谈话，他们在群众中的影响，要比你们新文艺作者大得多。二是除旧政权的'留用人员'外，各大学、科学单位、图书馆、博物馆等等的工作人员，除极个别的反共分子外，一律让他们继续工作，维持原职原薪，这样做可能有人反对，但一定要事先做好思想工作；三是对一切接管机关，必须先作调查研究，摸清情况，等大局稳定下来之后，再提改组和改造的问题。"[18]

周恩来的话虽然清楚不过地表明了这只是一种权宜之计，是新政权初创时期一切都从稳定大局出发的谋略，但毫无疑问对于无数知识分子在历史转折点上的选择会产生不可低估的影响。那时，中国的文化中心还在上海，那里真正是知识分子成堆的地方，出任上海市长的陈毅不仅以其儒将风采倾倒了无数两耳不闻窗外事的知识分子，而且确实执行了周恩来、刘少奇他们的意图，一切都要等到政权稳定下来再说。陈毅对夏衍交代文教界的接管工作时说："你们的对象大部分是知识分子，教授、专家、文学家，所以情况不摸清楚就不要乱管，先让他们安心，然后和他们谈心，交朋友，千万不要居高临下，你先把这个意见告诉文管会的所有的工作人员。不仅要平等待人，而且要谦虚谨慎。"[19]

在整个接管上海过程中，没有禁过一出戏，更没有禁过一本书。不仅上海，其他地方的情况大致上也差不多。

基于"团结"、"争取"这样的政策取向，在大变动的前夜，各地、各大学乃至文化、新闻、出版机构的中共地下党对重要的知识分子几乎都做过工作，希望他们留下来。共产党人诚意眷眷地做思想工作，动之以情、晓之以理、责之以民族大义，这对那些骨子里都有爱国情结的知识分子来说，很少有不动心的。这和国民党官员的傲慢骄横、飞扬跋扈也恰好形成了鲜明的反差。

在北大，就在国民党方面动员沈从文南下、北大校方送来直飞台湾的飞机票时，北大学生、中共地下党员乐黛云及左翼学生李瑛、王一平等人也先后登门，"希望他不要去台湾，留下来迎接解放，为新时代的文化教育事业出力。"[20]

在浙江大学，1949 年元旦前夕，杭州的中共地下党特别以"中国共产党杭州工作委员会"的名义给竺可桢以及一批开明教授寄贺年信，希望他们坚持工作，保卫人民财产，恳切地希望他留下参加新中国的建设。用地下党组织名义发信，这在杭州历史上是唯一的一次。

这些工作对沈从文、竺可桢等最终留下到底有多大关系，已无法猜测，但在心理上不会没有丝毫的影响。当时北平被列入蒋介石要抢救的共有 62 个学人，至少 43 人选择了留下，其中与中共地下党的工作不无关系。北大哲学系教授、国民党员贺麟是国府重点抢救对象，北大学生汪子嵩代表中共地下党组织找贺麟，劝他留下。他嘴上虽只是回答："我没定，可能走也可能不走，谢谢你们。"但他还是动了心，尽管有四次机会可以走，最后也没有走。[21]

《大公报》总主笔王芸生在感叹前路茫茫，面临何去何从的抉择时，先是他身边的中共地下党员李纯青，接着是奉命专程从美国赶回来的女记者、中共地下党员杨刚及时给他做了工作。当他得知毛泽东亲自邀请他参加新政协时，他马上作出了留下的决定，取道台湾到香港，亲自安排了《大公报》香港馆的起义，开始踏上"向人民投降"之路。对王芸生来说，那是他个人和《大公报》最好的出路，何况当时有过口头保证，报纸的民间性质不变，报名不变。

本来《大公报》到 1948 年还在连续发表《自由主义者的信念》《国际第三方面势力的抬头》《政党·和平·填土工作》等一系列社评，提出走自由主义的"中间路线"等主张，和知识界的胡适等人呼吸相通，他们的基本观点包括："政治自由与经济平等并重"、"相信理性与公平"、"反对意气、霸气与武器"、"以大多数的幸福为前提"、"赞成民主的多党竞争制"、"反对任何一党专政"，概而言之就是"公平、理性、尊重大众、容纳异己"。这些文章或出自王芸生的手笔，或是他所同意的。但时局的变化之大超过了他们的任何预测，国民党在前方兵败如山倒，一溃千里，在后方也是糜烂到了不可救药的地步，眼看着呼啦啦大厦将倾，支撑不下去了，《大公报》总经理胡政之为这份报纸的出路而忧心忡忡，以他阅世之深，对时局的敏感要在王芸生之上。1948 年初，他化大量经费在美国创办英文版的《大公报纽约双周》，3 月 15 日，他又全力以赴恢复《大公报》香港版，作为今后的出路。他的打算是以香港为退路，以后再到新加坡、美国办报。如同当年他在香港沦陷前安排好了《大公报》桂林版的退路一般，他的这些安排确是未雨绸缪之举。他说自己"已经是六十岁的人了，这次香港复刊恐怕是我对事业的最后开创"。不料当年 4 月 4 日他就因积劳成疾而突然病倒，只得回上海养病，从此卧病在床，辗转一年之后，1949 年 4 月 14 日黯然谢世。《大公报》的前途已不由他决定，在彷徨之中深感迷茫的王芸生一旦得到中共地下党方面的承诺，尤其是毛泽东的邀请，如同柳暗花明一般，让他迅速作出了选择。当然他作出决定的后面有一个不可忽略的因素，那就是国民党方面对他的打压与围攻，《中央日报》"三查"王芸生，给他带上了"新华社广播的应声虫"等红帽子。在这样的处境下，中共地下党有针对性地开展工作，自然就奏效了。李纯青生动地记下 1948 年冬天几度登门和王芸生谈心的情景——

有一次对话如下：

"没有出路了！"他喟然长叹。
"想想办法吧——柳暗花明……"

另一次：

"国民党完了！"他说。
"为什么不找共产党呢？"我说。
他感到奇怪，朝我瞅了一眼。

又一次：

"共产党不会要我这样的人。"他自叹。
……[下一次]"如果共产党要你呢？"
"那绝不会，不可能的事。"

再下一次李纯青告乐王芸生，有人正式邀请他参加新政协会议。当他得知是毛泽东邀请他时，有点惊牙，沉默了许久，似乎不太相信。期间，从美国回来的杨刚以中共"使者"身份和他有过多次彻夜长谈，杨刚再三承诺《大公报》四馆不易名、不换人，按原样出版，他动心了。最后，他对李纯青表示："甚愿接受共产党的领导，包括我本人和我所能代表的《大公报》。"[22]

五

1949年春天，钱穆谢绝实业家荣德生的挽留，与江南大学的同事唐君毅一起告别无锡，接受广州私立华侨大学之聘南下，"百万雄师"正在长江北岸枕戈待旦。作为信奉传统文化的旧式读书人，钱穆已嗅到了那种让他难以接受的空气。"余念于人事素疏，上下无交际，一旦战氛渡江，脱身非易，不如借此暂避，以免临时惶迫。"这和当时许多人的看法是有距离的，"是当时人亦知政局可急切转移，惯于生活在日军占领时之沦陷区，意谓此乃国内政权相争，更无逃避必要，故言之安祥如是也。"[23]

他对国民党的统治也不是没有看法，他曾说："其实抗战八年，留在沦陷区者，惶恐困厄，与逃避后方等，初无大异。及胜利回都，沦陷区乃如被征服地，再教育之呼声，甚嚣尘上，使沦陷区人民心滋不安。又以金圆券市价朝夕变动，生活无瞬息之安。乃于此翻天覆地之事，转若熟视无睹，亦良可喟叹也。"[24] 那是一个怎样的时代，连钱穆都对国民党的腐败"恨其不争"。但他毕竟还是与这个政权在情感上更接近些，当上海即将易手时，国民政府早已迁至广州，弃数十年老巢而去的"山西王"阎锡山时为行政院长，邀请一批党外人士座谈，主要是追随国民党的两个小党派青年党、民社党的成员，以大学教授资格被邀请的钱穆即席发言：

"当抗战时，军队占最前线，政府居中指挥，教育界知识分子最在后方，惟受蔽护。今日形势已非，前线军队在崩溃中，恐不可恃。政府远退在此，知识分子教育界可以人自为战，深入民间，当转上第一线。俟人心有定向，国事庶可挽回，政局可重建基础，然后军事始再可振作。"

他说自己的意思只是希望存亡危急中国民党政权"多方注意国内知识分子，至少在当时负群望为众情所归者，须及时多联络，设一妥善之安排。"[25]

可惜无人理睬，不过是天真的书生放一番空言罢了。但是，我们从中却不难看出钱穆之所以选择离开大陆、到香港办学的一点端倪。

他在香港办新亚书院多年，曾邀请吴宓来，也曾多次促陈寅恪来，都被谢绝。他晚年忆及当年熊十力无意离开大陆，梁漱溟、杨树达等都不愿出走，仍不无感慨——"如此之类，难于缕举"。

"根株浮沧海"的痛苦只有每个人自己咀嚼，胡适、傅斯年在离开大陆前夕，之所以会在长江边反复吟诵陶渊明的《拟古》诗第九首，"枝条始欲茂，忽值山河改"，雷震认为"正为国民党今日处境之写照"。而在胡适他们的内心深处，决非如此简单，他们哀伤的岂是国民党政权的败亡，而是他们一生念兹在兹的那条渐进变革之路就此中断。对国民党他们也有一肚子的不满，从抗战时期到1947年，傅斯年对权势显赫的孔祥熙、宋子文家族都有过激烈的抨击，写下过一系列震慑一时的檄文，因此被誉为"傅大炮"。

胡适从《新月》时代以来对国民党也多有批评，一度关系紧张。以他们为代表的自由知识群虽也有入阁做官的，但总体上并没有依附于国民党这个体制，他们的主要兴趣的还是学术工作，是办大学，办刊物，是从文化上担负起一个知识分子的责任。尽管胡适在1949年的转折关头再次踏上抗战时走过的赴美游说之路，并说过"在道义上始终站在蒋先生一边"这样的话，但他不愿从政做官这一点没有什么改变，这可不仅仅是珍惜自己的羽毛。其中固然有他个人性情、趣味、学养、经历等方面的因素，也有他对知识分子应始终与政治保持距离的清醒认识有关。

六

有一部分知识分子对新政权充满了真诚的期待，以为"中国人民从此站起来了"，主要是可以洗刷鸦片战争以来的百年耻辱，赢得民族独立，实现国家统一，走向富强，张元济的这一心态很强烈。1949年10月1日，在身历天安门广场的盛典之后，他百感交集，提笔给毛泽东写信，并赠送林则徐的《林文忠政公书》一套，满心欢喜地认为从此可以一雪百年"奇耻"。[26]

作为经历了近代以来风风雨雨的知识分子，垂暮之年的张元济不能忘记鸦片战争、八国联军和辛丑条约之耻，民族独立与尊严始终是他解不开的一个情结。

梁漱溟这位践行型知识分子，自称"问题中人"，前半生一直都为寻找解决老中国问题的答案而苦苦求索。他从来没有想过离开中国，"虽有人来请我去香港，但我主意已定，不论国共两党胜负如何，我作为一个生于斯、长于斯，并自问为中国的前途操过心、出过力的炎黄子孙，有什么理由跑到香港去呢？"[27] 他不相信武力能实现统一中国的愿望，所以一再呼吁和平，直到1949年上半年，他还几次撰文敬告国、共双方。在《敬告中国共产党》文中他指出：

"武力与民主，其性不相容；武力统一之下，不会有民主的。……不要联合，不要民主，而真能统一稳定下去，如像布尔什维克之在苏联那样，我并不不欢迎——我欢迎。"[28]

当他目睹共产党以武力完成了大一统的结局后，他是由衷的佩服。他本来准备在重庆隐居不出，然而经不住毛泽东、周恩来的盛情相邀，也终于束装北上了。他对共产党的钦服是真诚的，这不仅从他建国之初写的《中国建国之路》可以看出，他首先列举了共产党的三大贡献：一是全国统一，国权树立；二是引入了几千来所缺乏的团体生活；三是"透出了人心"。从他1951年写给林伯渠的信中也可以看出："今后政治上将一切听从中共领导，并且听从中共朋友对我个人的安排。"[29]

这位极为自信的"问题中人"前半生致力于乡村建设事业，为国事奔走呼号，耿耿以中国文化续命为念。1951年10月5日他在《光明日报》发表《两年来我有了哪些转变？》，袒露心迹："我过去虽对于共产党的朋友有好感，乃至在政治上行动有配合，但在思想见解上却一直有很大距离，就直到1949年全国解放前夕，我还是自信我对。等待最近亲眼看到共产党在建国上种种成功，夙昔我的见解多已站不住，乃始生极大惭愧心，检讨自己错误所在，而后恍然于中共之所以对。"[30]

在经历了长期的军阀混战、四分五裂之后，一个具有民族主义情怀的读书人见到几乎不可能出现的统一局面，岂有不心悦诚服的。无论是张元济自挽联中的"及身已见太平来"，还是梁漱溟1951年在政协会议发言中声明"今后在政治上我将信从中国共产党的领导"，都是他们的由衷之言。

七

数量更大的一批知识分子在去留之际的选择不是政治性的，其中起最大作用的毋宁是家庭原因，拖家带口难以流徙。从浦江清日记看，他当时是清华大学中文系的教授，想走是可以走的，但他从未想过要走。1948年12月12日下午，有同事告诉他"确乎校方对于想走的同人要给予若干便利"，他在日记中说："我也不想走，我的小家庭都在这里，不愿再有迁动的狼狈情形。……"

北大毕业的年轻史学家吴相湘当时在开封河南大学任教，1948年11月25日前后，他前往北平，"其时，北平学术界人士，大多不甚恐慌。我曾与北大师友多所接触，交换对时局意见。他们都曾经抗战八年在西南的流离转徙，好不容易重回故都，分配到宿舍，为时不过半年，真可说喘息甫定；并且年纪又大了，实在不敢想像再来一次'疲于奔命'的逃难生活。何况当时金元券发行引起物价上涨，更使人不敢想及未来，惟有听之天命。"[31]

北大哲学系教授汤用彤本来全家都可以飞走，他也不是完全没有考虑要走，让他太太准备了两口箱子，装了东西放在中央研究院历史语言研究所里面。中共地下党曾找到他儿子汤一介，问他是否愿意去解放区，如果愿意，他们可以护送。汤一介那时对国民党非常反感，不肯走，他母亲觉得，抗战时在昆明他的哥哥、妹妹死了，如果他们走了，把他留下，等于丢了三个孩子，就说："我们不走吧。"结果汤用彤动摇了，就留下来了。[32]

当时清华园里已风声很紧，谣言四起，卖菜的老农说共产党的军队已到了附近，晚上浦江清家杀鸡请客，客人有朱自清夫人等，"大家说这一席也许可以永为纪念，并且希望今夜睡一个好觉，到明天醒来，局面已经完全改变，没有战争，而我们已被解放了。"从这番话我们不难判断，他们对共产党的到来在心底里表示欢迎。

沈从文当时的心态——"竟只想回到家乡去隐居，或到厦大或岭南大学去。"[33]最后他选择留在北大，等待变化，这一选择更多还是为了家人。[34]他的学生汪曾祺回忆，他之所以没有离开北平到台湾去，"其中一个原因：他过去曾资助过一些学生到延安去。另外，他还有一些朋友如丁玲、何其芳、严文井等也在延安，而且有的是文艺界的领导人，他认为他们会帮忙说话的。"[35]

但是，他对自己笔下的处境也并非没有担忧，与他交往较多的萧乾、朱光潜、杨振声，心态都差不多，他们既然决定留下，都做了最坏的打算。用他自己的话说："我准备含笑上绞架。"[36]

在吃尽国民党统治下的苦头之后，人们心理上普遍盼望变化，虽然大多数知识分子对共产党本身是陌生的、甚至一无所知，但对共产党普遍心存好感，钱穆《师友杂忆》中的一番话确实说到了点子上——"国家遭此大变，但距抗战流亡不久，家人生计，顾虑实多。亦证当时一辈知识分子对共党新政权都抱与人为善之心。果使中共政权成立后，能善体这番心情，亦未尝不可上下一体，共期有成。"[37]

浦江清所说的"都是中国人，中国共产党人未必就是俄国共产党人"，大致上可代表一般知识分子的普遍心理。陈寅恪对他说，自己不反对共产主义，但不赞成俄国式共产主义。清华园内充满了愉快的情绪，有人甚至说："清华园真是天堂，这样一个大转变，一点也没有事情。"[38]

哲学史家冯友兰虽然预言如果中国变成"俄式共产主义国家"，"知识分子的生活和工作环境将极可能产生变质。"[39] 但他还是选择了留下，清华大学校长梅贻琦当面邀他一同南下，他谢绝了。他自述留下的几条理由是："我是中国人，不管哪一党执政，只要能把中国搞好，我都拥护"；"中国好比有两个儿子，大的是国民党，二的是共产党，大的把中国搞糟了，应该让二的试一试"；"我之所以在解放时没有走，主要是对国民党反动派的失望，并不是由于对共产党的欢迎。"[40] 他不仅自己不走，而且劝弟弟、清华大学地质系教授冯景兰留下："何必走呢，共产党当了权，也是要建设中国的，知识分子还是有用的，你搞自然科学的，那就更没有问题了。[41]

有人劝哲学家贺麟以走为好，但他想，"我又不干坏事不犯罪，干吗要走呢？而且这么多书怎么带走呢？我也懂点马克思主义，知道共产党不像国民党宣传的那样可怕，知道共产党也还需要我这样的知识分子。……经过反复考虑和思想斗争，我终于留下来了。"[42]

当然，有些人虽然选择了留下，心中却不无疑虑和惶惑。北大史学系副教授邓广铭拒绝了老师胡适、傅斯年希望他去台湾的建议，不过坦承："我和共产党没仇恨，我在大学教书，人民政府是否让我继续教下去，当然还很难说……"。哲学家熊十力虽然有过移居印度或港台的念头，最后还是留下了。他在写给徐复观的信中说："将来学校不能容余说所欲说之话，而或容吾说其勉强可说之话，吾当教书，冀存一分种子也；如逼吾说所不可说之话，则不必入学校，或饿死亦听之安之……"

1940 年代末，整个经济状况的每况愈下，国民党金圆券政策失败，纸币如同废纸，通货膨胀，社会各阶层生计维艰，普遍为柴米油盐而困扰，这是许多知识分子特别是普通中小知识分子迅速左倾的原因。到 1948 年 5 月，清华、北大教授的月薪涨到了 2000 万元，"等于黑市上 12 块美元"，购买力只有抗战前的十五、六元，实际减薪 95% 以上，连北大校长胡适请客都要客人分摊费用，"教授中的教授"陈寅恪冬天无钱可以买煤取暖，将珍藏多年的外文书忍痛出售。当年 10 月，为生计所迫的北大教授无奈地发表《停教宣言》，签名的教授达 82 人。[43]

以清华大学为例，讲师、教员、助教的政治态度就和教授相去甚远，一般来说左倾的多，而教授阶层相对更复杂一些，各种不同价值取向的都有。这主要是社会地位和经济状况所决定的，无疑处于中下层的人求变之心更切。国民党逃亡时制定的"抢救计划"也只是要争取那些有名望、有地位的大知识分子，实际上放弃了大批普通的知识分子。北平告急时，被南京政府列入"抢救"名单的是四类人：一、北大清华以及北平各大学之院、校、馆、所的行政负责人，二、中央研究院院士，三、"在学术上确有重要贡献者"，四、"因政治关系必须离开者"，合计约三百人。蒋介石亲自过问此事，并指定陈雪屏、蒋经国、傅斯年具体负责实施。实际上有许多人不愿离开，列入这个"抢救计划"的冯友兰、徐悲鸿等人都拒绝南下，陈寅恪虽然离开了北平，但不愿去台湾、香港或美国，最终止步于广州。

在历史选择的关头，因此出现了这样的镜头：一面是失败的国民党方面急于"抢救"四类知识分子（如同抢用黄金、美钞一样），一面是在中共地下党紧锣密鼓地安排下，从 1948 年 3 月起到 1949 年 3 月，郭沫若、马寅初、茅盾、柳亚子、王芸生等各方面的知识分子 350 多人先后分 20 多批秘密离开香港北上，参加即将召开的新政协。其中柳亚子他们这一批有二十九人，多人留下了日记，比较可信地记录了他们"知北游"对一路上的心态。双方争取的"两头"，都是有声望、有成就的知识分子，比如叶圣陶、宋云彬等，这些并无太浓政治色彩、党派之见的知识分子之所以选择北上（或留下），更多的不是政治上的选择，他们主要是埋头学问、一心扑在文化教育事业上的读书种子。对他们来说，国民党是贪污腐败的代名词，他们的选择更多的是一种道义上的选择。

浦江清的日记记下了清华园内一般知识分子的心态，1948 年 12 月 16 日，北平城内外外交断绝，邮信电话都已不通，他听说胡适夫妇已飞往南京，陈寅恪也已成行，清华校长梅贻琦"似尚未成行"，"至于校中空气，多数同学本来是左倾的，他们渴望被解放，少数也变为无所谓。教授同人极右派本来想走的，现在也走不成了，多数成为无所谓。"

12 月 27 日上午，当他从黑板报上得知梅贻琦确已飞到南京，与胡适等在京成立"平津各院校迁移委员会"，他在当天的日记写道："名称似如此，可笑可鄙。学校既不能迁，同人学生几全体在此，只有几位校长先生及少数教授得到便利飞出去，还筹备什么南迁？"[44]

浙大、北大等大学，那时都被叫做中共的"租界"，因为竺可桢、胡适、梅贻琦这些校长在保护学生、阻止军警进校园捕人这一点上是一致的。清华几乎成了"国统区中的解放区"，学生公开收听新华社广播、阅读毛泽东著作，高唱"解放区的天是明朗的天"，甚至大扭秧歌。[45]教授中读"禁书"的也不是个别人。

八

1948 年 12 月 18 日，在美国留学的夏志清给当时在北大外文系任教的哥哥夏济安写信说，北平沦陷在即，"奇怪的是除了你以外同事间还没有第二个人飞回南方；经济固然是问题，一般人对于共产党的相信也是重要因素。我看人民的迷信，国民党军队的不肯好好打仗，不久会铸成中国历史上最大的 betrayal【背叛】。"[46]

一般青年学生和教师的政治倾向都比较左，杨静远的情书提供了一些答案。生于 1923 年的杨静远保存了 1945 年到 1948 年间"写给恋人"的许多书信，其中就有不少关于青年人普遍左倾的记录。1945 年 11 月 19 日，她就在信中写到，重庆一所小小的私立东华中学——

> 在他们那个学校里，真是可谓"民主"了。先生和学生打成一片，像个小家庭。言论也极端自由。他们公开骂政府，同情中共，讥笑美国，恭维苏联，也许当着我的面，还没有平日那样自由哩。……共产党，在他们看来，是人民的发言人，是中国的救星。对于他们大公无私的胸怀，他们是深信不疑的。看着国家现在所受的创伤，他们暗中称快，以为这回教训了国民党了。其实受罪的还是无辜的人民。仁宽明显地偏向他们，当我们在去南岸的路上我问他对最近的局势感想时，他似乎惊奇我这也要问。"当然同情共产党罗！"他又给我分析，解说是非谁属，但他一点不能解除我心上的疑问。回城时，他和胡谈着一些我听不懂的事，后来胡告诉我那是他们联络同志为将来事业合作。"[47]

杨静远是杨端六和袁昌英的女儿，父母都是武汉大学教授、社会名流，大致上属于自由主义者阵营，在政治上与国民党更接近。她于 1945 年毕业于武汉大学外文系，1946 年赴美留学，在美国密歇根大学深造。她自称来自一个买得起‘12000 对 1 官价外汇’的家庭，然而她与父母的思想分歧越来越大。

　　1946 年 12 月 4 日，她在信中向恋人袒露心曲，对母亲表示不满："一个旧时代的头脑永远固附在那个旧的体系上，对于那个新的，怀着疑惑、恐惧。……她那里看到在她那片干净土以外的广大的人民的生活！是的，她并非完全不知道。她也觉得应该帮助穷苦的人民摆脱痛苦，给他们教育。她以为她就在为这个目标工作，正如政府在领导这种工作。可怜的、天真纯洁的人，她过分的‘工作’连一根毛也没有飞到人民身上啊！"[48]

　　她说自己不久前还有过"回国后到共区（假使那时还有所谓共区的话）去工作"的念头。她阅读《中国的雷鸣》（现译《中国的惊雷》，美国记者白修德等著，对国民党有很严厉的批评，同情延安），访问在中国生活了 17 年、同情中共的加拿大医生，与父辈的思想距离越行越远，甚至对"民主"、"自由"这些词汇都起了反感，1948 年 3 月 20 日，她在信中说："现在我一见名词如‘民主’、‘自由’之类心里就起一种轻视。对于许多被历史认为大思想家的人们发生厌恶、怜悯。他们说得神乎其神，其实根本只在几个字眼里转圈子。我对唯物论加深了信心。可是我并没有系统地了解它。没有人能引导我去认识它（指这里）。"[49]

　　同年 5 月 9 日，她在信中说："我也感到了，现在要有生命就只有积极参加战斗。只有在战斗中一个人才不必东东西西地乱想。温和主义就是倒霉主义，自由主义知识分子从来就没有‘想’出一条路来。历史都是‘干’出来的。错也罢，对也罢，反正人类就是那么回事。"[50]

　　所以，1948 年 2 月她才会写信给《密大日报》编者，就中国问题和人家展开辩论：

　　　　我们倾向于主张维持现状，因我们正好是现状的受益者。由于害怕失去我们王在享受的特权，我们自然会反对任何可能要求我们牺牲自己的部分利益以利于全民的改变。我们也许不愿承认这一点。但这正是存在于我们意识底层的东西，它使我们反对建议中的由国民党、共产党和非党自由派人士组成的联合政府。我们这少数人要不要联合政府，其实无关紧要；广大的中国人民群众需要它。而中国人民的力量是每时每刻都在壮大。反动势力只能推迟它，却绝不能摧毁它。这一天终将到来，中国人民将站立起来，作出自己的决定。……

……既然联合政府代表了全民的利益，凡是对人民有益的事物都将被接受和欢迎。

我们中国人民不要一个共产党专政，正如我们不要一个国民党专政。如果美国政府一意孤行地援助国民党政府来抵拒联合政府，结果必然是现政府被彻底推翻，由共产党专政取而代之，那也同样是不合人意的。我们是一个挣扎在生死线上的民族；我们需要全世界的朋友。我们希望人们理解我们的要求，而不是误解我们的要求。[51]

1948 年 8 月，她毅然放弃在美国继续学业、做华裔学者的机会，不顾一切地返回祖国不是偶然的，这里面可能有其他的原因（包括爱情），但其中主要的原因可以在她的思想根源上找到，以及基于国内局势的变化，她对共产党战胜之后的新国家的期待。如果说杨静远的思想倾向在留学生中还不是多数的话，在国内的大学生、一般知识分子中就是绝对的多数了。这也是一个时代的风气。

同样出生于一个条件优越的家庭、比杨静远小七八岁的林昭那时的选择就要更激进一些，她在中学时即参加了中共的外围组织，一度被发展为中共地下党员，1949 年她的名字上了苏州国民党城防司令部的黑名单。她为 1949 年的大变局而欢欣鼓舞，不但拒绝了母亲要她出国留学的建议，也不顾父母要她考大学的愿望，不满 17 岁的她以满腔的热情投入新时代的革命洪流，离开自己的家，考入无锡一家培养新闻干部的苏南新闻专科学校，并积极投身土改工作，与家庭有过一段非常冷漠的时期。

九

1949 年 11 月 27 日，北大教授朱光潜在《人民日报》发表《自我检讨》，回顾自己的前半生，深感渺小，"渺小到值不得注意"，他特别讲到抗战胜利后，本来抱定了十多年前初到北大时的简单志愿，就是把书教得好一点，多读一些书，多写一些书。"可是事与愿违，一则国民党政府越弄越糟，逼得像我这样无心于政治的人也不得不焦虑忧惧；二则我向来胡乱写些文章，报章杂志的朋友们常来拉稿，逼得我写了一些于今看来是见解错误的文章，甚至签名附和旁人写的反动的文章。……像每个望中国好的国民一样，我对于国民党政治是极端不满意的；不过它是一个我所接触到的政府，我幻想要中国好，必须要这个政府好；它不好，我们总还要希望它好。我所发表的言论大半是采取这个态度，就当时的毛病加以指责。"[52]

我们试看朱光潜当时在各种报刊上发表的那些"见解错误"的文章标题，如《挽回人心》《谈行政效率》《行宪以后如何？》《立法院与责任内阁》《常识看金圆》《国民党的改造》等，他对国民党统治的指责常常是严厉而不留情面的，他认为一切改革的关键在于最高当局，直言"已往官场贪污是例外，今日官场不贪污是列外"，"目前许多危害国家的事，像贪污枉法，囤积居奇，扰乱金融，侵犯人民基本自由等等，莫不先由军政要人作俑"。

他指斥"国民党的致命伤"就是"一些人日日在培植私人党羽，在所谓'小组织'上勾心斗角，分布爪牙，垄断选举，垄断中央政权，垄断地方行政，挟其徒众的势力追胁中枢，抨击异己"。

他批评权贵"强奸民意，垄断政权"、"操纵金融贸易，吸民脂民膏以自饱'，已经到了"天怒人怨"的地步，政府却"姑息养奸"。他因此主张"多杀几个"贪官污吏，"而且杀就要杀到底"。虽未点名，权势薰天的二陈、孔、宋之流却已呼之欲出。

他断言国民党已变成"一个藏污纳垢的护持封建恶势力的政党"，"由一个主义的结合变为一个势利的结合"，丧失了灵魂、生命和存在的理由，呼吁改造国民党，要求国民党包容真正的反对党的存在。

这些文章都发表在国民党治下公开发行的报刊上，从《申报》《益世报》《世界日报》《中央日报》《平明日报》《天津国民日报》到《周论》《文学杂志》等。历经岁月的磨洗之后，我们确实看不出这些"胡乱"写的文章中到底有什么错误的见解。要说错误就是他自己在检讨中已指出的："由于过去的教育，我是一个温和的改良主义者，当然没有革命的意识。"[53]

他之所以急于表白，急于自我否定，目的都是要向"革命意识"靠拢。在他之前，社会学家费孝通于1949年8月31日写下的《我参加了北平各界代表会议》文中，开始自我否定、自我检讨，对即将诞生的"新中国"表现出异乎寻常的热情。1957年8月19日《人民日报》发表《费孝通是一贯勾结美蒋的政治掮客》一文，"揭发"他在大变动前夜的许多表现：

"旋又[1946年]通过当时国民党大官吴文藻的关系，再度去英国活动，回国后，极力颂扬英国的工党政治，唱出了一连串修正主义的理论，企图反对当时共产党所领导的人民解放运动。到了1947年，国内政治局势急转直下，人民革命的胜利基础业已奠定，中间路线遭到破产以后，他在政治上更加摇摆，接受反动派的拉拢，应卫立煌之请去东北'讲学'，并在'新路'杂志上发表反动文章，毒害青年。"[54]

透过这些文字，我们不难看出费孝通的变化之快，1950年，他那些检讨性质的文字就结集成了《我这一年》公开出版。

还有被鲁迅誉为"中国最为杰出的抒情诗人"的冯至，这位诗人、翻译家当时是北京大学西语系教授，与政治一直保持着相当的距离，虽然1948年他曾列名被叫做"新第三方面"的"中国社会经济研究会"。1949年1月，北平和平解放，2月3日，中国人民解放军举行入城仪式，他就置身在游行欢迎的行列中。从此，他开始适应新时代，投入认真的政治学习之中。《写于文代会开会前》是他诗意的表态，也是他内心的独白：

> 我个人，一个大会的参加者，这时感到一种深切的责任感：此后写出来的每一个字都要对整个的新社会负责，有如每一块砖瓦都要对整个的建筑负责。这时认明一种严肃性：在广大的人民面前要洗刷掉一切知识分子狭窄的习性。这时听到一个响亮的呼声，"人民的需要！"如果需要的是水，我们就把自己当做极小的一滴，投入水里；如果需要的是火，就把自己当做一片木屑，投入火里。[55]

不能简单地断定他们当年的检讨就是没有诚意的，包括朱光潜、费孝通他们在内，还有冯友兰、贺麟、钱端升等学有所成的知识分子都在纷纷检讨，不能光用政治或精神压力来解释，其中确实也有他们真诚的自我反省的一面，认为自己过去一无是处，在暴力革命大功告成、改天换地之时，读书人有这样的念头也不是特别奇怪。虽然他们各自的出发点并不相同，潜藏在每个人内心深处的那种细微的复杂性也往往很难洞察。从朱光潜的"自我检讨"中，我们就可以读出其中的虔诚，他表示以往处在国民党的蒙蔽宣传之中，对共产党的认识极端模糊，直到北京解放，才开始了解共产党：

> 首先使我感动的是共产党干部的刻苦耐劳，认真做事的作风，谦虚谨慎的态度，真正要为人民服务的热忱，以及迎头克服困难那种大无畏的精神。我才恍然大悟从前所听到的共产党满不是那么一回事。从国民党的作风到共产党的作风简直是由黑暗到光明，真正是换了一个世界。这里不再有因循敷衍，贪污腐败，骄奢淫逸，以及种种假公济私卖国便己的罪行。任何人都会感觉到这是一种新兴的气象。从辛亥革命以来，我们绕了许多弯子，总是希望之后继以失望，现在我们才算走上大路，得到生机。这是我最感觉兴奋的景象。
>
> 其次，我跟着同事同学们学习，开始读到一些共产党的书籍，像《共产党宣言》《联共党史》《毛泽东选集》以及关于唯物论辩证法的著作之类。在这方面我还是一个初级小学生，……从对于共产党的新了解来检讨我自己，我的基本的毛病倒不在我过去是一个国民党员，而在我的过去教育把我养成一个个人自由主义者，一个脱离现实的见解偏狭而意志不坚定的知识分子。我愿意继续努力学习，努力纠正我的毛病，努力赶上时代与群众，使我在新社会中不至成为一个完全无用的人。[56]

从沈从文的家书我们也可以看出，在经过无比痛苦的蜕变之后，沈从文开始诚心诚意地向"改造"之路迈进。1949 年 9 月 20 日，他的精神危机还没有完全过去，就在写给妻子张兆和的信里说："我曾十分严格的自我检讨分析，有进有退，终难把自己忘掉，尤其是不能把自己意见或成见忘掉。""大家说向'人民靠拢'，从表面上看，我似乎是唯一游离分子，事实上倒像是唯一在从人很深刻的取得教育，也即从'不同'点上深深理解了人的不同和相似。……可是我已明白当前不是自己要做英雄或糊涂汉时代。我乐意学一学群，明白群在如何变，如何改造自己，也如何改造社会"。[57]

如果说此时沈从文所说的"改造"还有些抽象、模糊的话，那么他 50 年代初到四川参加土改时的家书中就写得明明白白了。1951 年 10 月 25 日出发前他这样写："并希望从这个历史大变中学习靠拢人民，从工作上，得到一种新的勇气，来谨谨慎慎老老实实为国家做几年事情"。[58]11 月 8 日，他信中说要真正做"一个毛泽东小学生"，"因为国家实在太伟大了，人民在解放后表现出的潜力，无一处不可以见出。共产党在为人民作事工作上，也实在是无所不至。……三三，要努力工作，你定要努力拼命工作，更重要还是要改造，你还要改造，把一切力量用出来，才对得起国家！"[59]

"检讨"、"改造"成为那个时代的主题词，一方面检讨风气的形成是必然的，这是"延安整风"的延续与放大。另一方面，许多已然作出选择的知识分子急于脱胎换骨，表明心迹，也是检讨之风弥漫的一个重要或者更为根本的原因。自古以来中国文人都有效忠朝廷的习惯，即使到了现代社会也没有什么变化，追寻他们内心的轨迹，在天下定于一之后、在开国气象中，这样做的人总是多数。宋云彬日记有过许多真实的流露，他对"华北教科书编审委员会"同事中有人热衷于"人民八股"就很不满。1949 年 5 月 12 日晚上，他和叶圣陶对酌时表示，"近来对于满脸进步相，开口改造，闭口学习者，颇为反感。"[60]

重要的是天下已定，"主""客"之位已分，叶圣陶他们一行从香港北上、烟台登岸，一路上受到盛情款待，叶圣陶日记几次流露出了"主人"招待如此周到，让他这个"客人"深感不安，大有诚惶诚恐之意。徐铸成北上参加政协会议，10 月 13 日回沪时交涉处专门送来五万元，为沿途饭店零花之用，见过大世面的报人当天在日记中感叹说："甚周到矣。"[61]

还有一点，这既是中国知识分子自身选择的结果，也与当时整个国际上红潮滚滚的大背景分不开的，整个时代几乎都被这个大潮裹胁、推挤，高歌迈进，历史仿佛不由自主地揭开了这一页。

十

像张申府、梁漱溟那样，在胜负将分的 1948 年末、1949 年初还在呼吁和平，那就书生气太足了，用现在的话说就是"不懂政治"。以后，张申府被胡愈之批评以"革命先进"自居，梁漱溟被批评站在国民党一边，都可以在这里找到缘由。中国的政治文化和现实环境都没有为"杨"、"墨"之间的另一种选择准备条件。

1948年10月，张申府在《观察》周刊头条位置发表《呼吁和平》一文，"出于真情、实感、仁心"而呼吁和平——"真和平"、"长期的和平"、"为国为民的和平"时，国民党败局已定，他还在呼吁和平，在不少人看来那是多么不合时宜，他后半生的命运也由此注定。

1949年北平和平解放不久，他给当年在欧洲共同组织共产党的周恩来写信，试图"表明事实，略白心迹"："弟实在万没想到，此次竟受到这样严重的误会与打击。照此情形，天地虽大，实无弟容身之地。误会之发，固由于《呼吁和平》一文，连带的当有解散民盟华北总支部，联名登报为唐某竞选伪立委，及向自由批判投淆之事。所加罪名，则有灵主叛徒，反人民反民主，伪装民主，坏人，卖身投靠，军统走狗，特务小卒，伪自由主义分子等。"他接着说："弟自幼倾心革命，半生穷困生活。……天天盼望人民革命成功，天天诅咒蒋政权崩溃。何至在革命成功的前夕，在反动统治垂垮之际，乃出而变节，乃谋为之救驾。……弟固天天反对狂妄，自言尚非丧心病狂之人。何至竟有此故弃平素民主主张，背叛人民的狂悖之举。……"[52]其中不难看出张申府内心的惶恐与不安。

救国会"七君子"之一章乃器自称是"资产阶级的个人主义者"，"一个在资本主义社会的泥坑里就追求社会主义的人"，但他在抗战结束后参与发起民主建国会，目的是要在国、共之外再造"第三种势力"，他主张的是"不右倾，不左袒"，并不是一边倒，这一点在他执笔的《平民》发刊词中可以看出，在他的《我想写一篇小说（二十年一梦）》中也可以看出。他说："中国的平民，向来不爱过问政治，认为政治只是那些大人先生们争权夺利的把戏。但是大人先生的争权夺利，无论是和平榨取，和平分赃，或是暴力抢夺，军事斗争，结果被牺牲的总是多数平民。当前的内战，就是最明显的例证。"因此他提出："我们愿以纯洁的平民的协力，不右倾，不左袒，替中国建立起一个政治上和平奋斗的典型。"[63]

他的转向可以1948年1月1日发表在香港《华商报》的《乾纲重振》为标志，当然这也是国民党"风霜刀剑严相逼"的结果，在蒋介石宣布中国民主同盟为非法组织之后，各民主党派的活动空间实际上消失了，章乃器出走香港。6月4日，由他执笔、柳亚子、茅盾等125人签名的《在港各界民主人士响应中共"五一"号召的声明》，完全放弃了他一贯的"不右倾，不左袒"立场，他为中共关于成立"民主联合政府"的口号所激动，认为"这一个提议真太合时了。一定可以使大家感到非常快慰，这证明了中共的领导人物，不但是政治经验丰富，而且能高瞻远瞩，把握住每一个阶级的人民期望。这证明了中共并不如反对者之所恶意中伤，企图再来一个一党专政。本来，一个为人民谋利益的政党，是决不会像国民党反动集团一样，为着自己的特权，利用一党专政的名义，以实现换朝代的封建把戏的。"[64]

1949年元旦，他在《华商报》发表《新的转捩点》一文，字里行间为"中国革命之胜利"而欢呼雀跃，认为"人类历史亦翻到更光荣灿烂的新页"，"整个亚洲大局，将于今年到了一个新的转捩点。"[65] 他从香港到了东北，后来批判他讲过"看看政治行情，打打经济算盘"那句话，认为他对即将诞生的新政权心存犹疑，流露出了观望的态度。实际上只是他的俏皮话而已。走到这一步，他早已没有退路。

还有一些人的选择，比如像钱端升，看起来颇让人费解。他是1900年生人，1919年毕业于清华学校，1923年获得哈佛大学博士学位，是有成就的政治学家，也是国民党员，与胡适有很好的交情。1949年到来之前，他正在美国讲学，他却没有接受胡适让他留下的劝说，毅然返回中国。他晚年在《我的自述》中这样说："1948年秋，国内解放战争进展十分迅速，形势发展令人快慰。当时，虽有美国友人劝我暂时留美教书，但我已看见新中国的曙光，决心回国，经多方设法，在旧金山觅得船只启程，1948年11月终于回到北平。"[66]

"已看见新中国的曙光"说得不够具体，对此，学者谢泳这样分析："40多岁的钱端升曾参加过旧政协，作为一个宪法专家，他可能对联合政府的承诺寄予了天真的幻想，因为这个承诺在40年代的确是鼓舞人心的，知识分子更是如此。"[67]这是完全善意的解释，钱端升之所以选择回国，或许有这一因素在内，但仅此还不足以完全理解他作出的这一选择。毕竟他对即将掌握政权的革命党并无好感，早在1941年他写给胡适的信中就明白地指出："最糟者仍是政治无进步，号称进步者无论共或反共，均是totalitarian[极权主义者]，亦是不愿入轨道者，其余更可知，奈何。"[68] 在1948年我们似乎看不出他的观点变化的轨迹。到了1957年，当年兴冲冲返回即将诞生的新中国的钱端升未能幸免被打成"右派"的命运，7月20日的《人民日报》如此揭发他："抗战前后，钱端升很想做官，王世杰便先后推荐他任国民党政府教育部次长和驻澳公使，但没有得到蒋介石的批准。于是他又办了

'今日评论'，拥护蒋介石的独裁统治……1948 年，钱端升到美国讲学，他还打电报和中国社会经济研究会联合筹办'新路'杂志，并要楼邦彦代他出任编辑，宣传反动的中间路线。"[69]

钱端升的选择当中是否包含了他个人在新时代一展身手的期望呢？从他急于否定北大自由传统、否定蔡元培，从他执笔写下洋洋洒洒、阐述新政权政治结构、《共同纲领》的文章之外，我们确实不难看到他当时的满腔热忱。

十一

毫无疑问，更多的人选择了留下，其中有当时国际性的红色背景，更有历史的原因。这个历史的原因就是，一百多年来，中国曾饱受西方列强及日本的欺凌、瓜分乃至全面入侵，那种屈辱感、耻辱感几乎渗入了每个热爱自己国家的知识分子的骨髓。而那个时代差不多所有优秀的知识分子，都有一个共性，那就是他们对本民族刻骨铭心、深入骨髓的爱，这种爱是我们今天的人往往很难体会的，他们的爱国不是爱某一个政权、更不是爱某个政治集团，他们爱的是中华民族，这块土地，和他生活在这块土地上的黑头发、黄皮肤的同胞们，以及源远流长的历史和文化。特别是在需要做出重大人生选择的时候，这种爱将会起到难以想象的作用。这是一种民族潜意识，甚至可以说已内化为多数民族精华分子的生命本身。在所有个人的、家庭的、社会的以及历史的，或国内的、国际的因素中，知识分子解不开、理还乱的爱国情结无疑是其中极为重要的一环。这在很大程度上影响了他们去留之间的抉择。

即使是那些选择了离开的知识分子，出走对他们来说也只是身体上的，在他们以后的生命中还是耿耿以守护中国文化、传承华夏文明为念，所以傅斯年才会把海峡对岸那个岛看作自己埋骨的"田横之岛"，要把台大办成当年的北大。所以胡适晚年才会将大量的精力花费在《水经注》的考证上，这也正是对母国文化的一种寄托。

83 岁的张元济一句"及时已见太平来"确实代表了那个时代无数知识分子内心的期盼，连素来不问政治的"一代词宗"夏承焘也认为"人生五十是开端"，先是写下"花事今年看斩新",后又吟出"老来奇事见河清"这样的诗句。

他们没有任何犹豫地选择了留下,但对于未来,他们只有美好而朦胧的期待,不可能预见到将会发生的一切。即便是曾经洞若观火的储安平那一刻也正忙于热情讴歌新时代,更不用说朱光潜、费孝通那些热衷于自我检讨的知识分子。"时间开始了",胡风的神来之笔是对一个时代剧变的恰当概括。

注释:

[1][31] 吴相湘《三生有幸》,中华书局 2007 年版,第 118、116—117 页。

[2][17][18][19] 夏衍《懒寻旧梦录》[增补本],生活·读书·新知三联书店 2000 年版,第 450、394、396、404 页。

[3] 转引自张紫葛著《心香泪酒祭吴宓》,广州出版社 1997 年版,第 218—219 页

[4][5][6][7][8][9][54][63][69]《批判中国资产阶级中间路线参考资料》第四辑,中国人民大学 1958 年,第 175—179、239—240、275—276、272—273、323—324、358、401、158—159、407 页。

[10][11]《批判中国资产阶级中间路线参考资料》第三辑第 41—42、43 页。

[12]《东方杂志》1933 年 1 月号,商务印书馆 1933 年 1 月。

[13]《温故》之一,广西师范大学出版社 2004 年版,第 96 页。

[14]《中央关于必须将革命战争进行到底反对刘航琛一类反动计划的指示》,中央档案馆编《中共中央文件选集》第 16 册,中共中央党校出版社 1992 年版,第 512 – 513 页。

[15][16]《毛泽东选集》第 4 卷,人民出版社 1961 年版,第 1212、1211 页

[20] 凌宇《沈从文传》,北京十月文艺出版社 2003 年版,第 340 页。

[21] 贺麟《我和胡适的交往》,转引自黄克武《蒋介石与贺麟》,《近代中国的思潮与人物》,九州出版社 2013 年,441 页。

[22] 王芝琛《一代报人王芸生》,长江文艺出版社 2004 年版,第 181—182 页。

[23][24][25][37] 钱穆《八十忆双亲·友杂忆》,生活·读书·新知三联书店 1998 年版,第 275、274、275—276、277 页。

[26]《张元济书札(增订本)》,商务印书馆 1997 年版,第 269 页。

[27] 汪东林《梁漱溟问答录》,湖南出版社 1988 年版,第 110 页。

[28][30]《梁漱溟全集》第六卷,山东人民出版社 1989 年版,第 805—806、857 页。

[29]《梁漱溟全集》第八卷,第 77 页。

[32]《汤一介 乐黛云:学术上不能有指导思想》,李怀宇《访问历史——三十位中国知识人的笑声泪影》,广西师范大学出版社 2007 年,268 页。

[33]《沈从文全集》第 27 卷,北岳文艺出版社 2002 年版,第 153 页。

[34]《沈从文全集》第19卷，第20—21页。

[35] 李辉《汪曾祺听沈从文上课》，《中华读书报》2004年4月14日。

[36] 吴立昌《人性的治疗者：沈从文传》，上海文艺出版社1993年版，269—273页；李辉《萧乾传》，江苏文艺出版社1993年版，279—287页，转引自翟志成《冯友兰学思生命前传》，中央研究院近代史研究所2007年版，412页。

[38] 浦江清《清华园日记·西行日记》（增补本），生活·读书·新知三联书店1999年第2版，第246—248、254页；上海解放前夕，翻译家傅雷南下香港，也是因为不赞成"俄国式的共产主义"。金梅《傅雷传》，湖南文艺出版社1993年，228页，转引自《冯友兰学思生命前传》412页。

[39][40] 蔡仲德《冯友兰先生年谱初编》，河南人民出版社1994年版，158、338、333页。

[41] 冯友兰《三松堂自序》，《三松堂全集》第一卷，河南人民出版社1985年版，119页。

[42] 转引自黄克武《近代中国的思潮与人物》，九州出版社2013年版，441页。

[43] 转引自翟志成《冯友兰学思生命前传》，第413、415—416页。

[44] 浦江清《清华园日记·西行日记》（增补本），第253—254、265—266页。

[45] 清华大学校史编写组《清华大学校史稿》，中华书局1981年版，448—497页，转引自419页。

[46] 王洞主编，季进编注《夏志清夏济安书信集》，台湾联经出版公司2015年版，235页。

[47][48][49][50][51] 杨静远《写给恋人》，河南人民出版社1999年版，第13—14、122—123、244、259、232—233页

[52][53][56]《朱光潜全集》第9卷，安徽教育出版社1993年版，第536—537、537、537—538页。

[55] 陆耀东《冯至传》，北京十月文艺出版社2003年版，第229—230页。

[57][58][59] 沈从文、张兆和《从文家书》，上海远东出版社1996年版，第163—164、167、172页。

[60] 宋云彬《红尘冷眼》，山西人民出版社2002年版，第126页。

[61]《徐铸成日记》，生活·读书·新知三联书店2013年版，63页。

[62] 根据张申府信稿原件，见王金昌《从潘家园翻出的历史》，中国社会科学出版社2008年版，53页。另外，54页的正文有不少误判，包括时间等，《文汇读书周报》2010年1月16日卢礼阳的文章已指出多处，仍有遗漏。

[64][65] 章立凡编《章乃器文集》下卷，华夏出版社1997年版，第499、504页。

[66]《钱端升学术论著自选集》，北京师范学院出版社1991年版，第698—699页。

[67][68] 谢泳《西南联大与中国现代知识分子》，湖南文艺出版社1998年版，第57、58页。

包天笑

"我从煮豆总思家"

包天笑(1876-1973)名公毅，字朗孙，天笑是他的笔名。江苏吴县（今苏州）人。曾任上海《时报》编辑、主笔14年，1935年，接编上海《立报》的《花果山》副刊。先后编辑《小说时报》、《小说大观》、《小说画报》等，培养了许多小说家，著有《上海春秋》等数量众多的通俗小说，被称为"鸳鸯蝴蝶派"的开山者和领袖人物，有"通俗文学之王"之誉。1936年，他曾先后在上海新闻界《为争取言论自由宣言》《文艺界同人团结御侮与言论自由宣言》上签名。1946年，他随子女客居台湾，1949年后定居香港　完成了《钏影楼回忆录》等作品。比他小19岁的"鸳鸯蝴蝶派"作家周瘦鹃1968年在苏州选择自杀。

台湾有一种相思树，两树隔溪而种，枝叶也会纠结相连，当地人以此树烧炭，最耐火。1949年6月13日，年逾古稀的包天笑写了两首小诗，《相思炭》是其中之一：

难期槁木作春回，炉火深红映玉腮。
莫道相思如炽炭，相思寸寸尽成灰。[1]

这一年大陆正经历着辛亥革命和北伐以来的又一次巨变，包天笑在台湾岛上度过，虽远离大陆的炮火喧嚣和改天换地的喜庆，但他无时不在关心古老大陆上发生的变化，对自己生于斯、长于斯的这片大地的"相思"，他如同热恋中的人一般炽热，无奈"相思寸寸尽成灰"。当年11月21日，他的日记中有这样一段绝好的文字：

有一事，偶然想起来，可以记一笔：在江南春夏之交，有一种新蚕豆上市，那是最美味的食品。到了老熟了为用亦广，甚么发芽豆、五香豆种种，而且可以代替黄豆做酱。到了台湾来，我们想起此物，谁知台湾农家不种此品，全菜场亦绝踪。询问他们，说是台湾的土壤不适宜种此。我即有所不信，我觉台湾土壤很肥厚，别的蔬菜颇多苗壮，何以不能种蚕豆。拟为试种，而觅不到豆种。会有一位念佛老太太，她从大陆带来一袋蚕豆，这是她念经时计数的（蚕豆一名佛豆，不知何据）。我们向她索取约五六十粒试于隙地种之。向来江南的农家，于农历十二月下种，一直要到明年春末夏初养蚕的时候，新蚕豆方成熟。我们性急，在十一月即种了，到农历新年，即开花结实，采取后煮成一大碗，味甚鲜美。因思有大好蔬菜，各地方都不知种植，实为一缺憾也。[2]

两天后（11 月 23 日），他就种蚕豆一事又写了一首打油诗：

开轩何处面桑麻？狼藉阶前闲草花。

回忆江南蚕事妒，我从煮豆总思家。

蚕豆的所以得名，因为其形似蚕，而每在蚕忙时候，生长成熟也。在江南每逢新蚕豆上市，我必连餐四五日。[3]

在孤岛种蚕豆，使老人情不自禁地忆起江南，忆起旧时的岁月。一个古稀老人对故土的深情眷恋，这是任何力量都改变不了的，即便时空也隔不断这样的回忆与相思，哪怕一切最终成灰、成尘。遥望江南，战火未熄。他在寂寞的孤岛想起年轻时上海热闹的文学生活、报业生涯，想起故乡、朋友和早已故世的母亲、父亲。这年 5 月，《钏影楼回忆录》开始落笔。但随着台湾形势的日渐紧张，他写了几万字就搁笔了。

值得说明的是他 1946 年就去了台湾，并不是随国民党政权逃亡到孤岛上，他之所以去台湾，是因为他留学德国的儿子包可永，在那里从事电气工程，女儿包可珍也在台湾，把他接到台北去奉养。他对国民党向无好感，也素无瓜葛，他是与现实政治始终保持着距离的，年轻时正处近代转型时期，他在上海参与了文化变革，曾经在《时报》执笔，在报业史、文学史上留下了他的印痕。他与近代史上许多重要人物亲身打过交道，其中有严复、章太炎、史量才、邵飘萍、张元济、陈独秀、蔡元培、黄炎培、马相伯、林白水、苏曼殊、李叔同、沈恩孚、马君武、章士钊、狄平子、陈景韩、雷奋、于右任、汪精卫……他的回忆录就是一部生动的个人版中国近代史。同样，他在台湾留下的这本 1949 年日记（3 月 22 日到 12 月 18 日）也是中国巨变的活见证之一，虽然他自称"断烂日记"，"在此大时代的近代史上，或亦沧海之一粟"。

自青年时代起，他曾目睹五色旗的升起，如今又眼看着青天白日满地红在大陆落地，他在 6 月 3 日的日记中有这样一段话：

共产党所组织的人民政府，改用镰刀与斧的红旗。有人以此讨论，按自辛亥革命以后，本为五色国旗，国民政府成立时，亦废止五色旗而改用青天白日满地红之旗。自民国成立以来，至此国旗已三易矣。[4]

10月13日，他在日记中写道："此次香港庆祝双十节国庆，还是大部份[分]悬挂青天白日旗，小部则已悬中共的新旗。新加坡则颇多悬共方旗帜者。"[5]

10月10日是双十节，由于笼罩在一种沮丧、逃生的氛围中，岛上"虽有庆祝，却都无兴趣"。[6] 相比之下，10月25日，"本日为台湾光复纪念日第四周年，各学校商店均放假，市民相当欢愉热闹。"[7] 岛上的人更在意这个从日本殖民之下解放出来的光复日。

在孤岛遥望生养他的大陆，包天笑的心是热的也是痛的，血是温的也是流动的，他以国共之外的第三只眼睛看到了一个旧时代的落幕，对于清末以来阅过无数兴亡的老人，这次更迭也只是在漫长的历史记录中添了一笔，他的记录出奇的平静，字里行间几乎没有流露出任何内心的大起大伏。但他每天都在关心大陆每一点滴的变化，除了听广播，阅读当地报纸，他还订阅了《大公报》上海版，在上海战事起来之前，报纸当天下午即可送到，迟也不过一二日。

"回首前尘，几同一梦"，他最后没有回到熟悉的江南，而是归宿在香港，以97岁高龄告别这个世界。

一

1949年3月22日，当这位古稀老人"忽然兴起，又写起日记来"时，南京政府正处于风雨飘摇之中，他详细记下前一天何应钦组阁后发表的内阁名单，政务委员尚有两个名额空缺，"留给民、青两党"，可见直到此时国民党仍要以民、青这些政治花瓶来装饰其一党政治的门面。第二天，他的日记中说："民、青两党，决定不参加行政院。"[8]

期间，国民党方面派和谈代表一事成为包天笑关注最多的事之一，他从公开的报纸新闻也看出了蒋介石名义上虽然下野，实际上仍在溪口乡间操纵一切，从军事到和谈，莫不如此，而且尽人皆知，远在孤岛的老人仅仅从收音机、报纸、人际来往中就了解得很清楚。3月31日，主要和谈代表张治中"昨天下午飞溪口，往访问老蒋"。[9]4月2日，"张治中登机前，接过两次电话。一是吴忠信从溪口打来的，他答道：'喂！我知道了，我们研究过了。'一是李宗仁打来的，他答道：'代总统吗？我们要走了，是！是！再见！'"[10]4月19日，"吴忠信、吴铁城、居正等，均往溪口请示。"[11]

翻天覆地之际，他对青年学生的举动尤为关心，记得很详细。4月19日，"南京学生昨游行，要求学生全面公费，与改善学校员工待遇，游行者有五千人。上午，治安当局奉命未予阻止，并予维持秩序。下午，与国防部军官收容总队第三大队官佐发生冲突，双方互殴，各有受伤，但学生有受重伤的。"[12]

4月3日，南京学生冲突事件，中央大学物理系四年级学生程履绎因受重伤死了。

"政府对于处置的办法如下：（一）令由教育部及首都卫戍总司令，公同查明责任，以便作严正的处理。（二）今将现居城内之军官收容总队队员，悉数于五日内，迁至城外安置。（三）令内政部长、教育部长，亲往各医院，慰问受伤人员，费用由政府完全负担。（四）教育部即转令各校学生，际此非常时期，不可再有聚众游行行为，以致破坏戒严法令。"[13]

共产党方面则抓住这一新闻大做文章，4月4日他说："北平新华社，闻有一社论，题目：'南京惨案与和平谈判'。它说：'现在南京的杀人犯集团，已经用南京的血案，来向中国人民及中国人民解放军挑战。'又说：'南京反动卖国政府，已经用此案为严重地破坏了和平谈判的道路。'"[14]

4月6日，"上海交通大学，闻有集会，各大学参加，出席三十一校，共有千余人，为响应南京'四·一'血案事。他们的名称曰：'四·一血案致哀会'。"[15]

4月14日，南京发生立法委员许闻天、金绍先被捕事件，金当天释放，许被加铐押送上海，立法委员大哗，因为宪法规定，立法院开会时不准抓立委，京沪杭警备总司令汤恩伯只得自请处分。但同时上海方面公布了逮捕他们的原因："许闻天在重庆时，即以国民党革新派活跃，联络许多部队、地方团体，图谋不轨，在上海、南京奔走拉拢反动分子"。[16]到5月11日，受此案牵连就枪决了5人。这支鲜为人知的小插曲表明，国民党当时何等虚弱，对于体制内的不同意见者也决不放过。可惜即使如此也挽救不了失败的命运，这也算是历史的逻辑，靠暴力维护一个政权，终将在暴力中倾塌。

9月7日，"昆明学生表示反对政府，在学校中大扭秧歌。因为政府曾严禁扭秧歌，以为学生扭秧歌，即是'投共'。其实共产党是共产党，秧歌是秧歌，未有共产党时，即有秧歌。中共在陕北时，以乡村间未有其他娱乐，仅有秧歌，乃提倡了它。到了北京、上海等处，即不闻扭秧歌，早已放弃了。而今政府与学生，为了扭秧歌，大为别扭，真未免太幼稚了。"[17]秧歌是个象征，是对共产党的认同。

此时，被"二二八"血洗之后的台湾岛上也并不宁静，到处是矛盾、冲突、危机。3月24日，台北街头，"学生与警察冲突，因为警察打学生而起。昨日警察亦罢岗，后闻调停和平了事。此种事，都不是好兆。"[18]3月28日他又记着："前两日，台湾邮电职工为了归班问题曾开会，贴标语，今已如了他们的愿，不考试归班。台湾人每闹一次，官场即屈服，不然，又将高呼'打阿山'了。"[19]4月6日，"今日台北市戒严，闻将拘捕学生二十余人，已发表者，为台湾大学学生十四人，师范学院学生六人。……有几处热闹区域，均断绝交通……学生中有台湾人，有大陆人，并有女生四人。"[20]4月30日夜里，台湾全省总检查，"开始时放警炮为号，街上行人即断绝。居民只能终夜敞开大门，预备好国民身份证，等候他们来检查。我家于午夜三点半钟来检查，那时天方雨也。"[21] 显然，蒋介石和国民党将台湾看作最后的一块救命的飞地。5 月 1 日，"总检查至中午十二点钟，始行解除。在十二点钟以前，路上无行人，在路头巷口，军警站岗，禁止通行。上午，小菜场无市，均在前夜买好小菜的。店铺上午关门，下午亦不开门了，竟休假一日。家有下女的，都回到自己乡下去，因为她们的户籍都在乡下也。但有两种人不检查，一是军警的兵士，一是监狱中的囚犯。"[22]

二

包天笑最关心的还是巨变之际的民生，3 月 29 日，有人从上海来，他得知"上海现钞非常缺乏，中央银行发行本票，分五千、一万、五万、十万四种，数量无限制，不必提出交换，现已先发行金圆券五万元的，这是变相的发行大钞。上海米价涨至九万元，煤球每担二万元。问人情如何？说：大家存一'共产党来也吧 [罢]，不来也吧 [罢]'之心，依旧醉生梦死，过一天是一天的糊涂日子。"[23]

第二天，"上海来人又言：春到江南，上海人又群往杭州西湖游玩、烧香。杭州尼庵最多，前进的尼姑（按：此中女学生甚多），恐将来蒙坐食之嫌，有购了织毛巾机以织毛巾的。从此在钟声佛号之外，又添机声唧唧了。"[24]

4 月 1 日，"中央银行发行五千元及一万元的新钞票。上海银元涨到每枚一万六千元。"[25]4 月 3 日，"上海米价有涨至金元 [圆] 券十六万者，现钞仍缺乏。"[26]4 月 5 日仍记着同样的内容。4 月 8 日，"上海金融混乱，物价飞涨，大家都说无办法。"[27] 4 月 15 日，他向新近从上海来的陈小蝶打听情况，"上海是麻木状态"，"新近到过杭州，杭州也是如此"。[28] 这和竺可桢、夏承焘日记可以相互印证。

4月16日，他接到上海来信，五十万稿费连三枚袁大头也买不到了，市价每枚17万。卖文已不堪维生。4月17日，"昨日上海市价，白梗，每担120万元；银元，出了20万元关。饰金，进，每两850万；出，940万。鸡蛋每个4千元。猪肉每斤7万。"[29]4月18日，"颇闻上海有渐趋混乱之势。"[30]

5月1日，他记录了4月29日南京的消息，南京军管会布告，规定以人民银行发行的人民币为所有公私交易、买卖、票据交易的定价和结账本位，金圆券为非法通货，但为了人民方便，5月8日前准予流通，并规定第一天的比价，为人民币一元值金圆券二千五百元。随着金圆券的贬值，随时调整比价。金银绝对禁止运出解放区，人民手里的金银只能卖给人民银行，不准用做贸易的计价标准，或进行买卖。进入或离开解放区都不得携带超过一两的任何金饰和四两以上的任何银饰。[31]

5月7日，上海警备司令部想追回各国立银行所发的职员应变费，他听说中央银行最多，有的发黄金二两，其他也有发银元七八十元的，他的看法是"今要收回，如何可能？"[32]"有客从上海来，他说：上海十分紧张，军士则乱住民家，虹口一带更甚，商人也不能做生意。最后一着，恐怕一抢了事。"[33]5月8日，上海警备司令部征用卡车、吉普车千余辆，连外国商业行家也不能幸免。每天处决盗犯十多名，连罪名都不需要公布。大捕买卖银元的"银牛党"，但仍未绝迹，只是转为偷偷摸摸而已。[34]

5月10日，他记着南京消息，"日用品尚不昂贵，白米每担仅售银元三至四枚。"[35]

5月11日，有客自苏州来，"苏州自共军入城后，金圆券已禁止流通，……人民币也同样流通，比率尚未公布。……白米每石银元四枚，中国农民银行，已改为人民银行。"[36]

从5月21日起，上海与台湾的民间交通已断绝。他听说红十字会、天主教会，基督教会、青年会、儿童福利会、佛教会等慈善机构发起临时救济会，以久居中山医院的颜惠庆为名誉主席，"颇具巨大的权力"。对这个救济机构，"同情与关怀者，颇不乏其人"。

6月13日，他从外电报道得知，上海的工厂虽然想努力开工，但原料不够，因为所有物资、金银等都被国民党搬空，"上海只剩有一空壳了"。[37]

7月7日，残余的国民党广州政权试图统一银元，"将新旧银元，不管成色如何，同一价值。这种愚蠢的思想，不知谁想出来？但闻银元券发出后，仍未兑现，究竟银元铸有多少？何日可以兑现？兑现后情况如何？未经披露，无从知道。"此前7月3日，他对广州国民党当局发行银圆券，以1元换金圆券5亿元，发过一番议论："一般的评论，问他能否立即兑现吗？若能立即兑现，或可支持，否则仍蹈金圆券的覆辙，不过将金圆券降级为银圆券耳。有人说：能兑现也不成。兑现以后，可以将白银完全抢光，这种币制可行得吗？"[38]

7月15日，他记下一条合众社上海电："上海节约运动，实行吃节约菜，节约使用燃料水电。禁止私人汽车，电扇、电梯、冷气，亦予限制。各大银行开会，放弃官僚式形态。市长陈毅，仅吃三级餐。""三级餐"即"一菜无汤"。[39]9月9日，香港报纸多次说上海工人失业，工厂关门，以及通货膨胀事。"上海事正不易为。尤其那种流氓世界，铲除恶势力，即不容易，真教人伤尽脑筋。传闻工厂将迁出上海，工人群起反对。"[40]9月13日，他得知前一天上海宣布发行五百和一千面值的人民币。9月27日，有人自上海经天津、香港来台，他问是否有疏散上海市民之事，对方告诉他有"有形疏散"与"无形疏散"两种，前者如上海的无业人员遣归各地，从事耕种，如苏北人，其他人则是觉得上海没有生意做，势必离开。比如在上海的英、美侨商之所以整装回国，"以无生意可做也"。

9月3日，重庆发生空前大火，烧了8个钟头，葬身火海的约有千人，无家可归者约十万人。他在日记中沉痛地写下"诚空前浩劫"5个字。[41]

10月13日，"银圆券广州中央银行挤兑，本来每1银圆券，值港币4元者，今日仅值5角。美钞在台湾本值官价5元，前日黑市已涨至7元2角。"[42]

12月6日，他听说上海物价猛涨，通货膨胀，将要发行一种"人民胜利折实公债"来调控。[43]

易代之际，他所在意的不是旗帜的起落，而是百姓生活的保障。对于暂时栖身的孤岛，凡是关乎民生如物价、币值的变化，他都——记下来，使我们今天仍可体会到当年变化的细节、百姓的生活景况，台北当时只有44万人口。4月12日，"昨日，台北米价大涨，零售每百斤42万元。"记者问台湾财政厅长严家淦，台币与金圆券是否有倒挂可能，严回答，"我们不希望有那现象，但如果发生了，也是不得已的事。"[44] 话音未落，第二天，"台币倒挂，以99元对金圆[券]100元。"[45] 4月21日，"台币调整为25元对100元。"[46]

4月14日，邮费加价，平信600元，航平1700元，挂号加1800元。[47]

4月26日，台币调整为10元对金圆券100元。[48]

5月3日，台币一元，调整为比金圆券100元。街头巷尾到处盛传台湾币制将要改革，但当局还在否认。此时，台北的米价，每100斤已涨到82万元。[49]

5月13日，易君左到台湾办《新希望》周刊，请客一桌需要台币160万元。[50]

5月19日，他得知台湾自第二天起，基隆、高雄两港宣布戒严。[51]5月20日，台湾的白米，已售至台币130万元。[52]5月26日，台币调整，以1元对金圆券2000元他说："此种调整，毫无关系，以金圆券已不值一文了，凡共军占领的区域，早已改用人民券。未被占领的区域，人家也不用金圆券。大交易则以金条、美钞为计值，小交易则以银元为计值，金圆券不敢留在身边，只要过一夜，便贬值不少了)。"5月27日，台湾物价飞涨，米价每100斤170万元。每斤肉要7万5千元。其余货物也一样狂涨不已。[53]

6月16日，台湾进行币制改革，旧台币4万元换新台币1元，新台币5元折合美金1元。7月31日，银行挂牌，以新台币6元（即旧台币24万元）

合美钞 1 元。[54]10 月 7 日，仳去理发，花了 7 万元。[55]

这些日复一日、枯燥无味的数字真实地呈现出那个时代的混乱和苦难，然而达官贵人的生活并未受到什么影响，照样沉醉在奢靡的享乐之中。他在日记中感慨："有许多人都躲在台湾，视台湾为一安乐土了"。[56] 正如他的一首打油诗所嘲讽的：

> 零三零四满街飞，风卷灰沙雨溅衣。
> 更有教人艳羡处，红妆翠服女司机。

台湾光复之初汽车绝迹，被日本人尽毁。1949 年从上海拥来了大量逃难的富豪、官僚，有许多新型汽车，号码则以字数越少越名贵，上海的六太还能自开汽车，"足以使台湾人艳羡不置"。[57]

三

即使时局动荡，一介文人了此生的包天笑中也不可能放下手中的书本。3 月 29 日，他读了曾亲临延安的美国记者史沫特莱的自传小说《大地的女儿》，未作只字评语。5 月 6 日，他借来郭沫若的散文集《今昔蒲剑》。5 月 12 日读了郭沫若《日本民族发展概观》一文。台湾的图书馆书少得可怜，10 月 7 日，到图书馆换书，感到"贫乏可怜"。[58] 11 月 9 日晚，他到图书馆换书，交还上次借的胡风评论散文《写在混乱中》，"这个图书馆贫弱可怜，欲选取国外的名家小说亦无有，即有一二，亦被借空。我藏上海有许多好书，置之高阁，都不曾过目，对此不免怅惘。"[59] 11 月 26 日，他到图书馆借得《佛兰克林自传》《挣扎》各一册。第二天的日记说："实无好书可读也"。[60] 12 月 10 日，他到图书馆换来洪迈《容斋五笔》及李长之《北欧文学》，都是商务印书馆出版的。

73 岁的他同样放不下用了一辈子的笔杆，3 月 30 日，他发表一篇取材于台湾高山族的短篇小说《天上人间》。11 月 27 日，一批熟悉的上海报人以上海银行界为背景要在台湾办《经济快报》，向他拉稿，"几有无可避免之势"。11 月 29 日，朱虚白、赵君豪请他吃夜饭，"要我在报上写长篇连载小说，实在我真写不出什么来。今晚的宴会，大有敲钉转脚之意。"[61] 无奈他只好写了一篇滑稽小说《上海太太到台湾》交差。

他与大陆、香港的故旧同好一直保持着联系，并不时地回想一些前尘往事。3 月 25 日，他收到通俗小说家姚鹓雏上海来信，"行书仍呈簪花之美，诗亦流丽清和，如中年美人纨衫，不事矜持，自然端丽"，[62] 他把这封信全部抄在日记中，或许他忆起了昔日的文学生涯，那些流年碎影。3 月 29 日，他从报纸上看到北京新政权公布的名单中有蓝公武，"此人为我的学生。当时苏州有一吴中公学社，蓝为该学社学生，而我则为国文教员。继而蓝至北京，入研究系，从学于梁任公，但不通音问者数十年了，不知其已入共产党也。蓝原为潮州人，生长于苏，其父在胥门开一土栈，蓝耻之，改籍为江苏吴江人。"[63] 这大概就是春秋笔法，不露痕迹，而褒贬尽在其中。4 月 14 日，一代报人胡政之在上海病故，他 16 日的日记说："《大公报》总经理胡政之，于前日以肝癌症逝世，年六十一岁。"[64]

10 月 24 日，他接到昔日在《时报》提携过的滑稽小说家徐卓呆的明信片，9 月 19 日从上海寄出，路上走了一个半月，他将其中"弟等生活，一切如常，无善状可述"等寥寥数语都抄在日记中，并写道："此明信片，共贴邮票四十元，每枚十元。邮票作蓝色，横书'华东邮政'四字，左角一星，照下面一火车头、一农民、一商人，下横书'一九四九'年号。"[65]

5 月 25 日，他收到香港朋友的来信，"广州局面转紧后，港地近来币值大跌，富豪均抛出港币，扒进美钞，致港币由五元余对美元直跌至八元。但奇怪者，一般物价，并不有巨大波动，港地人心尚安。一般人的看法，认为英国人老谋深算，不会引起战争。……"[66]8月30日，他收到香港友人来信："香港本地人，对战事漠不关心。因为他们对英人信仰过深，只知做生意可能获利与否。自美政府正式声明，支持英国，必要时协同防守香港后，此间的金融立即安定。目前港币行情，非常坚固，但是以后的变化，亦正是难测耳。……"[67]

他最开心的还是收到小孙女的来信，每次都要将信抄在日记里。4月9日，他收到孙女以聪香港来信，说"小孩子的话，很可喜"：

阿爹：四月四日，接到您的信，今天才覆，抱歉！抱歉！……我们大概要到美国去，我也要去，我想顶好不去。要是去了，我是言语不通，外国人常常瞧不起中国人，被他们嘲笑，时时想回家，那末不如不去为妙吗？

香港有浅水湾，我们去玩过。到香港仔吃海鲜，腥气得来，下次再也不去了。……[68]

11月3日，他接到孙女聪赴美途中写于船上的信，颇有趣味：

阿爹：不知不觉分别已经有十余天了，在船上我们都很好。不过头四天，我有些头晕，时常不吃东西，现在每一顿都吃了。但是早上因为这星期在改时间（要改得与美国一样），每天改早一点钟，所以早上起得很迟，往往会失去早餐的机会。……

吃饭是十二岁以下的小孩子先吃，吃完，由看护带他们到小孩的游玩房间去玩，然后大人吃。吃完了饭，去领自己的孩子。如没有去领，到一定的时间，看护会送到他们自己的房间里去的。

我们在船上，已经看了两只电影。晚上我们有一个儿童会，每一小孩，都有礼物。

船上花样很多，房间里每天有船上所编的新闻纸送来，关于世界新闻，船上每天的节目，都有报告。也有香港新闻，报告中国的事。

现在船已近火奴鲁鲁了，风和日暖，从昨天起，海水平静无浪，蔚蓝的天空，在夕阳西下时，五颜六色的云朵，十分美丽，已经可以预料到火奴鲁鲁的好风光。到了火奴鲁鲁，我们预备到附近地方游玩，此信预备到火奴鲁鲁寄出了。[69]

包天笑把这些信详细抄在日记里，这是时代转换之际，离开祖国的孙女在茫茫大海上写的，其中充满了快乐，并无什么去国的哀愁。在小孩子天真烂漫的嘴里，说的都是真话，她又哪里体会得到历史的巨变。

四

4 月 1 日是西方愚人节，台湾的报纸纷纷登出愚人新闻，如梅兰芳到台湾、吴稚晖往访张学良、顾正秋晕于浴池等等，他认为浅薄可嗤，一望而知是不可信的新闻，感叹说："其实中国人正天天过愚人节呢！" [70] 这短短十三个字，可以看做包天笑给亲身经历的那个时代所下的断语。

4 月 16 日，他听陈小蝶说："蓝妮除原有的住宅两座外，尚有玫瑰别墅七幢房屋云"。[71] 蓝妮就是孙科金屋藏娇的那个"彼眷"。

4 月 24 日，也即南京被解放军占领的日子，他记下台北的天气："阳光甚烈，庭前百花齐开"，[72] 对国民党政权的沦亡，他没有一丝惋惜，只是详细记下美联社有关南京易帜的报道，"南京人民正忙于看司法院失火，而不知共军已入城也。" [73] 第二天，他在日记中写道："昨夜至今晨，飞机之声不绝，有许多高官均来此，有人竟疑及蒋介石亦已来此了。" [74]

4 月 27 日，上海陷入解放军的包围圈中，各报遭遇新闻封锁，所得的消息都是国民党的官方消息，英国人办的《字林西报》因为前二天刊登苏州、嘉兴失守消息，被罚停刊三天，"西人甚愤恨"。同样的消息，孔祥熙办的《大陆报》登了就不受罚，"因此他们愈为不平"。[75] 4 月 30 日，"现在上海各报，只许登由淞沪警备司令部所发出的、交给中央社发播的新闻，其余自己采访的新闻，以及外国通讯社消息，概不许登。台湾各报，则尚有登外国通讯社电的。"[76] 5 月 3 日，上海设立新闻检查所，所有报刊杂志、出版物，不论中外文都在被检查之列，前一天，上海《东南日报》《中华时报》《华美晚报》《立报》都已停刊。

到 5 月 25 日，包天笑在台湾已看不到上海来的报纸，夜间接收上海广播，各电台全是转播北平新华电台，才知上海已易手。5 月 29 日，他日记写道，汤恩伯离开上海前，还应用飞机散发一篇《告沪同胞书》，称什么"上海撤守，纯为顾虑全市区之民命及财产，并非是战争失败。上海人的意思，以为走则走了，还要放这臭屁做什么？"[77] 他后来在 9 月 25 日又记下："沪人至今犹恨之切齿，外国人则谓其贪污而兼无能"。[78] 蒋介石重用这样的心腹爱将，岂能不败。

败军之际，国民党利用最后的海空优势，对各海港口岸实行封闭，或用水雷，或以军舰，"英、美两国，均不赞成。"[79] 对国民党的惨败，包天笑没有一丝的同情。4 月 29 日，"蒋介石发表告同胞书，盼发挥力量，拯救国家，愿以在野之身，拥护政府奋斗。"[80] 5 月 3 日，"蒋介石或称在杭州，或称仍在溪口，并不一致。"[81] 蒋的神秘行踪已不能让人相信他的信誓旦旦。然而，当 8 月 5 日美国发表白皮书，严厉谴责国民党和蒋介石，认为"中国内部何以产生这种不幸的结果，中国政府的腐化、自私和军事错误，应负其责"。其中透露了 5 月 5 日李宗仁给杜鲁门的机密电报，坦承目前的窘境是没有善用美援，实现政治、经济、军事改革所致；还有 1944 年史迪威被解除驻华美军司令职务前对蒋极为难听的批评时，包天笑 8 月 6 日的日记中说："总之这个白皮书，把国民政府和蒋介石痛骂一番，其情可恶，其意何居？"[82] 对于美国政府的指手画脚，自居高人一等，他显然看不顺眼。

6 月 14 日，他从外电听到"除非外国对中共给以援助，或借款，否则上海将遭遇严重危机"时，他也在日记中激动地说："说来说去，总想共产党向外国借款，他们又可以霸占上海了。正所谓'司马昭之心，路人皆知'，趁火打劫之心，灼然可见。"[83] 经历过近代沧桑的许多知识分子对外国列强的反感已深入骨髓，心中常常会浮出一种民族耻辱感。

对共产党包天笑完全陌生，4月5日他在日记中写下："北平传述：中共对于大学课程方面：（甲）禁止教授罗马法。（乙）将社会科会 [学] 课程，改为'学习会议'，讨论共产主义、列宁主义及毛泽东的新民主主义，自然科学则准许照常上课。（丙）反共书籍，已自各学校、图书馆取去。"[84]

6月1日，他收听新的上海人民电台广播，各私家电台也在转播，他听到儿童歌唱团的歌声，歌词为"欢迎人民解放军"、"解放歌"等，也有绍兴戏、申曲等，"皆有新歌词"。他还听到了上海跑马厅"会场上大呼口号"，有一口号："要打到广东、台湾！"[85]

7月3日，"上海各学校，已添设新民主主义、马列主义等课程，至外国语的教学情形，则不予变更。"[86] 10月21日，北京昨日宣布新阁官员名单，"闻政务委员之阁员，共为二十名，其中九名不属于共产党。其余如副部长等，则以非共产党人为多。"[87] 他几乎没有做任何个人评判。

作为一位老报人，他无时不在关注转型之际报业的变化。6月20日，"上海各西报，仅有《字林西报》一家，《大美晚报》亦不出版。"[88] 7月13日，共产党上海军管会勒令《罗宾汉》《飞报》两家小型报停刊，"谓其载黑色新闻，及有利于国民党特务之消息。《解放日报》谓：'帝国主义之喉舌，合众社、美联社，常发送歪曲之消息，已不为人民所喜爱'云云。"[89] 9月11日，他谈到各国在华的通讯社，尤其以美国的合众和美联社最为活跃，"他们的范围的宽广，消息的灵通，是其所长，然而亦有许多观察之未周，论断之失当的。当然也有他们的立场，他们的主观意图"。[90]

10月11日，他认为外国通讯电，"有可信者，有未可信者，因他们究竟未能明瞭中国的政治动态，往往力求快捷，不假思索，甚至以意为之。加以自西文译成中文，译者未必全能信达，这全靠读者自己去辨别了。"[91]

对于台湾的报纸他多次表示不满，5月25日即上海易帜之日，台湾报纸虽有十三家之多，"总是说国军如何的胜利，西报亦不转载，所登消息．大都均靠不住。"[92]7 月 21 日，他说："香港报现在不能来台湾，本地报纸．对于中共区之消息，不甚登载。偶有英、美通讯社传出消息，也都从新做过。"[93]10 月 14 日，他又批评："我可不敢相信报上所载的自称胜利的消息。每次登载胜利以后，不一日即发见大不胜利的消息也。"[94]11 月 25 日，"此间《新生报》副刊，钱歌川、陈定山，易君左诸位均写稿。乃前日忽有剿共反苏一电，其中有钱歌川名，但未经钱之许可，并模仿他的签名式。钱意不怿，在《新生报》副刊上，登了一篇《签名盖章》，措辞也还蕴籍 [藉]。明日，有人在副刊上登了一篇文字，大骂钱歌川，意思说：'你住在台湾，对于剿共反苏，尚可游移乎？否则滚出台湾去．'又有人为之不平，说：'这是强奸一个女人，假如喊痛就是一个耳刮子。'"[95]他本人的态度尽在不言之中。

到 12 月 6 日，"战事东南已趋静寂"，国民党残存的四川已陷入四面楚歌中，李宗仁远走美国，甚至有一个叫皮尔逊的美国评论家在美通讯社广播："李宗仁来美目的，并非治病，是要将台湾租与美国九十九年，美国的国务院对于这件事，不感兴趋 [趣]，但国防部则对此非常关注"。国民政府驻美使馆赶紧辟谣。[96]

包天笑的 1949 年日记到 12 月 18 日结束（因为他忽然病倒，卧床数日，未能握笔，日记因此中断）。这一天，成都虽然还在国民党掌握中，香港与成都电报尚通，但刘伯承的大军离成都仅二十里，彭德怀的大军相去也只有六十五里。孤岛台湾将是蒋介石最后的救生艇，而包天笑不久也将告别孤岛，移居香港，对于国共他都无好感。"我从煮豆总思家"，在垂暮的时光，他继续写他的《钏影楼回忆录》，北望江南——他熟悉的故乡，以及展开文学和报业生涯的上海。可是他再也回不去了。

注释:

[1][2] [3] [4] [5] [6] [7] [8] [9] [10] [11] [12] [13] [14] [15] [16] [17] [18] [19] [20] [21] [22] [23] [24] [25] [26] [27] [28] [29] [30] [31] [32] [33] [34] [35] [36] [37] [38] [39] [40] [41] [42] [43] [44] [45] [46] [47] [48] [49] [50] [51] [52] [53] [54] [55] [56] [57] [58] [59] [60][61] [62] [63] [64] [65] [66] [67] [68] [69][70] [71] [72] [73] [74][75] [76] [77] [78] [79] [80] [81] [82] [83] [84] [85] [86] [87] [88] [89] [90] [91] [92][93] [94][95][96] 包天笑《钏影楼回忆录续编》，山西教育出版社、山西古籍出版社 1999 年版，894、971-972、973、888、950、948、956、819-820、827、829、844、829、830-831、831、834、840、932、820、824、833、857、858、825、826-827、828、831、835、841、843、844、858、864、865、866、868、868-869、894、902-903、910、923、929、950、981、838、839、846、840、851、860、871、878、881、883、917、945 、915、924、945、966、977、977-978、821、825、842、956-957、882、927、836、961、828、842、849、850、851、853、856、885、940、901、835、860、921、895、833、887、903、955、898、909、935、949、881、912、951、974-975、981 页。

陈光甫

"千言万语政治万恶"

　　陈光甫（1881—1976），银行家，早年留学美国，毕业于宾夕法尼亚大学，1915年创办上海商业储蓄银行，始终以服务社会为宗旨，短短二十年间，就从仅有7、8万元微薄资本的"小小银行"成长为中国第一大私人商业银行，拥有几十个分支机构，创造了中国金融史上的无数个"第一"，在上个世纪前半叶的中国有着举足轻重的影响，被誉为"中国最优秀的银行家"、"中国的摩根"。他还创办了中国旅行社、《旅行杂志》。在民族生死存亡之际，他毅然受命赴美，与胡适等鼎立促成美国政府的"桐油贷款"，对抗战贡献至大。

　　1949年他离开大陆，暂居香港，多次谢绝共产党要他回上海的邀请，就是心中没底，彷徨无计。1950年，他改组上海商业储蓄银行香港分行。留在大陆的上海商业储蓄银行被公私合营之后，1954年，他移居台湾，并设立上海商业储蓄银行总管理处，1965年正式复业，迄今仍在营业。

1947 年国民党政权摇摇欲坠之际，蒋介石希望四个有社会声望的无党无派人士出任国民政府委员，陈光甫就是其中之一。1947 年 3 月 20 日，胡适给王世杰信中说，当时正在酝酿国府委员的无党派人选共四人：陈光甫、胡适之、莫德惠、胡政之。[1] 可以想见陈光甫当时的社会声望。1949 年初，李宗仁希望重开国共和谈大门，派一个有公众影响的重量级代表团去北平敲门，其中一个重要人选就是陈光甫，但他拒绝了。在时代转换之间，他成为国共两党争取的对象。他有过犹豫和矛盾，作为一代金融巨子，他思考得最多的还是经济的发展，民生的富裕，社会的安定，他对国民党有太多的失望和不满，他对共产党的了解极为有限，有忧虑、有恐惧，但也有过好感。他在 1948 年 12 月 22 日说："昨夜三时即醒，思想复杂，颇思至美一行，即可解决上海之一切烦恼"。[2]

1949 年 3 月 19 日，陈光甫日记说："上海钞荒，大小钱庄、银行无钞应，顾客拿不到钱，照英美例子看，等如倒闭，但此局势由于中央银行无现钞。中央银行办理不善，怪中央政府不知经济，多用钱，浪费才［财］力，又欣赏统制……千言万语政治万恶，凡事一涉到政治，便失去忠诚本位，中外皆是如此也。"[3]

第二天，他离开上海，到了香港，3 月 29 日飞抵曼谷，出席"亚洲与远东经济委员会"会议，4 月 6 日会议结束，又回到香港，当天的日记说，泰国虽然政变频繁，近来又有通货膨胀，可还是出超国家，国际收支有富余，对外汇兑率平稳，外汇并不管理，市面无恐慌现象，而且有欣欣向荣的局势。感慨"吾人之前三十年，上海亦是如此，今来此见之有无限伤感"。[4]

在历史的迷雾中，这位银行家不得不思考许多深刻的问题。4 月 7 日，他在日记中说：

中国之命运落在革命家手中，中国革命家大概分数种，如下：

（一）醉心革命者，一切无可理喻。

（二）报仇。如孙中山排满，……又如毛泽东三万里长征，立志推翻蒋政权。

（三）热心名利之徒，追随时代，在左比在右容易得人欢迎。

至于悲天悯人的人士，本非革命家，故谈不到后果。……

吾国已到新阶段，入共产思想的政府，Will China be saved from compulsions of anarchy？［中国会从无政府彻底压迫中得到拯救吗？］须有二三年后再起革命风潮。[5]

4月15日早晨，天朗气清，他散步到山顶，"全港在目，来往小船乘风破浪甚为美观。"他是江苏镇江人，想起童年时常常随外婆到金山游元，长江上的情形也是如此，"今来港有逃难意味，相形之下颇多感慨"。他还想起了传说中一位金山高僧与乾隆帝的闲话，皇帝问："江上来往之船如此频繁，所为何事？"高僧回答："均为名利二字"。陈光甫说："今日细味此语，颇觉有马克斯唯物论说法。"[6]

一

在共产党和一些媒体眼里，陈光甫是江浙财阀、浙江财团领袖，对此他很不满意。1948年12月4日，他在香港：

《大公报》载余抵港，而冠以江浙财阀与浙江财团领袖字样。查此项名称之由来，乃日本人所创造。当国民军北伐之时，中交两行垫付军费，颇具势力，而银行主持人如张公权、钱新之、周作民、吴鼎昌、李馥荪等，日本工商金融界联络吾国银行家，有时亦邀余在内。自中交两行增加官股后，其大权已握于政府之手。即所谓南三行、北四行者，其内部亦各自独立，不受任何人之支配。虽有每周之聚餐，亦仅谈谈人事之待遇与应付政府之法令而已，并不若美国之摩根集团等等，可以指挥投资途径，性质完全不同。共产党以此项名称有刺激性，不问其内容如何，竟沿用日本人之称谓，而一般记者亦不之察，常用江浙财团、四川财团、广东财团等名词以刺激人心也。[7]

12 月 28 日，他在日记中再次提起此事，可见对这一名称耿耿于怀，"香港民主同盟派以反蒋为其目标，实在不明苏联内情。吾在港时曾见《大公报》载有币制座谈会，参加者有章乃器、千家驹等，议论极其幼稚。此辈写文章总行采用马克斯辩证法，即一切人的动机，皆是经济的，故有江浙财阀、广东财阀种种歪曲的说法。"[8]

12 月 5 日，陈光甫自称到香港四天，既不见报馆的友人，也未和市面上人见面，更不找政界中人，却无时不在关注时局的变化，筹划个人的进退出路：

其于中共细情，无由得悉，然报纸上披露战况及各种政治小团体之议论，可得二三事：

（1）报纸上对于有钱人纷纷之逃难，尤其如我这一类人，言论不表同情，且取攻击之态度。宋汉章、卞伯[白]眉等来此，皆销声匿迹，一若清末遗老逃难至上海、青岛等。如此一来，好像报纸上言论之不错。香港报纸左倾的多，一切的一切，不满现状，无影无形要为一个为民众谋福利之社会政策。

（2）中共及各团体今在西文 Morning Post[南华早报]登载宣言，谓共党取得政权之后，允许私人经营事业云云。此证诸济南情状，倒还不错。如果如此，则尚可维持一短期。然事业方针必须配合新的社会环境。

（3）昨云在香港住下计划，我看此情形，似可不必。一来搬家费事，二共党政策不援助做生意的人，不反对中外私人事业，不仿照俄国铁幕政策。我住上海，与香港有何不同？

（4）退休思想久在念中，此时退至香港，亦不妥之至。上海家不搬，且看一星期，再至台湾旅行一次。

第二天，他即确定自己的计划："（一）家不搬仍住上海。（二）往台湾一行看看时局。（三）时局不好仍回香港。（四）时局好回上海。（五）香港房子要准备。"

在与香港同行一席谈之后，他说："我觉得反共惟有蒋先生，报载约上海钱新之、杜月笙讨论时局。毛泽东来，恐怕不见得安定。有人说毛欠俄债太深，如东三省一百五十万人所用军火，通归中共使用，则外交政策必徇俄人之政策。又党共内部必有分裂之情势。故香港仍为本行重要之中心。"[9]

陈光甫曾安排下属，"关注、收集、研究有关中共财政金融方面的政策，并整理后供他参考。这些当年收集的资料，不少仍保存在上海商业储蓄银行的案卷中。银行的内部刊物《海光》，也刊载了诸如解放区土改的文章，甚至连章士钊致李宗仁劝他归顺人民的长信也刊载了。"[10]

但他对共产党的顾虑并没有从此打消，12月7日，他看到香港道路的整齐、街市的繁荣，感叹："四十年以来，内战不歇，人人为私，致造成今日之局面。今后下去，政治经济另走一条路，此路乃为人民所过不惯者也。然事逼处此，有何另外法子也。寄语现在旅居国外友人，此时不必作归计。太平局面，只有英美二国有，自由亦只其有，人生在世，不必另有所求矣。"[11]

12月12日，他想起1927年宁汉分裂时，"汉口共党政府主动，组织各业工会，清算斗争，颇有令人难以终日之苦。共党号称为人民解放军，先从工人主政入手，即从银行方面，首先驱逐经理，由工役组织委员会，开始清算。其时，我是在上海好，还是不在上海好？此一套工夫，我颇难欣赏，故还是不看见的好。其所以不要看原因，乃是太党幼稚。"[12]他甚至设想了12条具体"做法"，认为共产党按如此做法，五年内即有成效，把生产搞好。

12月16日，北平将要易帜，局势发生变化，他从澳大利亚回来的中共地下党员、哥伦比亚大学经济学博士冀朝鼎那里听说：

"共党对英国人颇好，取得政权后，必许其做生意，因英国人肯合作，对美国推板一点"。

"细察现在局势，共军必取得政权，最后归宿必用马克斯主义。我年纪已老，应当退休，不问行事，返上海为一最短时期，不可站下去，站下去有种种不对。对方来谈，是否不与他谈，且来者皆系投机分子，廿年以来，看见很多。

比较无共党势力地方为香港，可以当作昔日之租界。迁居此地，一如前清官员往青岛一样，久而久之，他们忘记我们了。且此地尚有朋友，可以与美国通信，看看报，读读书，有相当自由，此为最宝贵之精神食粮也。"[13]

两天后（12月18日），他继续写道："若云中国共产党并非受俄国人主持，或云不信仰马克斯主义者，乃是自欺欺人之语。无论他们及其党徒或一般小政客及投机分子如何说法（有人相信为真，且有外国人相信），我们不能相信。"[14]

12月27日，在返回上海的船上，他有这样的思考："香港报纸常载共党议论，云现下与苏联斗争政策不同，采用民主经济政策，许私人企业，并与外人通商。此乃共党深知推行社会主义，非有一相当时期不可。……吾人可因此推论到聪明而切实计划之共党或社会主义者，当非轻狂之徒，处心积虑为人民谋幸福，决不肯轻举妄动。"[15]

一年后，局势早已发生巨变。1949年12月5日，陈光甫从报纸上看到大陆新政权公布的下一年度预算，军费支出的庞大引发了他的感想："总支出中，军费占38.8%，据估计约养军至少五百万人，而国民党之在台湾及海南各地者，闻尚有军队一百余万人，军队如此之多，自足影响于经济建设。"他忆及清末，袁世凯在小站练兵不过二十多万人，辛亥革命后扩充军队，各军阀"皆欲拥兵自卫，以致民穷财尽"。（其实，小站练兵最初不过7300人，最后也不过数万人。）"吾国殊无此力量养六百余万军队，推测明年复员，最多保留二百五十万军队，方能使我国逐渐建设。"[16]

跟国民党打过二十多年交道的陈光甫此时的心态相当矛盾。1948年12月2日，他在香港医院检查身体，与英国看护妇谈起英国的生活情形，感叹说："生活艰苦，过惯了亦不觉得。我们日子太舒服，贫富不均，以致社会不安。

英国医药费、教育费，均由政府供给。英国人对于政府，亦不吹毛求疵。他们亦有其享乐的地方，看报读书，料理田园，爱家、爱地方，不似中国一天到晚怨恨政府，故中国事难办。然而他们皆是有固定职业者，否则牢骚比我们还要大而多，革命还要快。我们今日之处境，正是革无能政府之命，要求改善，要求生活。"[17]12月5日，在谈及香港的"富力雄厚"时，他认为是"英人政策宽大"、"居民运用天才而成"，相比之下，"中国政府近年处处消灭人民的创造力，私人企业不发达。"[18]

12月14日，他对国民党统治的方方面面都表示不满：

> 各地有省政府、市政府之政治单位，纸片上画得分明，[无]奈看来是：电灯不明、电话不灵、道路不平
>
> 政治上：赏罚不公、纲纪不明、责任不清
>
> 社会上：人民无自信心、工商业废弛、教育破产、一片凄凉景象
>
> 管理外汇，愈管而资金愈逃避，醉心管理者如徐柜园辈，死也不明白。外国人如 Rogers 辈总以为法子不错，人不行，不知中国政治不行，说管理正好帮助政府中人方便。但他们不承认，因中心欣赏之故，好比唱戏人总想唱一出好戏，不知政治经济环境，死硬的做，弄得百姓鸡犬不安，可怕的学说！[19]

北伐时期，陈光甫和上海其他金融巨头曾以财力支持蒋介石。1949年4月21日，谷正纲等从溪口回到上海，通过杜月笙邀请他和钱新之等人座谈，转告蒋介石的话，"北伐时上海这班人帮他的忙，如今重新表示感谢；今后如北伐时一样，还要希望我们这群人（颜骏人、钱新之、我等）帮他的忙。如今和谈决裂，共产党对内无 Principle（原则），对外要走亲苏的路线，与过去外交中立，不亲苏也不亲美的政策不合。如今要决心破坏二十年买国民党的政绩，而所提的条件直似无条件投降，不能接受。和既不能，只有继续作战。"谷甚至提出了"拼命保命，破产保产"的口号，然而时移势异，一

切都变了。当天，陈光甫情绪不好，一声不吭，他说自己如果说话也不会好听，这一心迹在日记中袒露无遗：

> 今日之争非仅国民党与共产党之争，实在可说是一个社会革命。共产党的政策是穷人翻身，土地改革，努力生产，清算少数分子⋯⋯所以有号召，所以有今天的成就。反观国民党执政二十多年，没有替农民做一点事，也无裨于工商业。[20]

最后这一句话，可以算是他对自己支持过的国民党政权的盖棺定论。

此前4月5日，他出席泰国首相銮披纹举办的酒会之后，在日记中称这位手握大权的军人，"面孔上的独裁风度与中国军人如蒋先生相仿佛。"[21] 一句话就可以看出他此时对蒋介石的评价。

离上海解放还有一个月，他预感到即将发生什么，默默地告别了大陆。6月底，蒋介石派洪兰友带着亲笔信到香港 '慰问' 像他那样有影响的头面人物，7月2日，由杜月笙出面宴请，洪在致辞中说了一番蒋与李意见 "已趋一致，颇为融洽"，"第三次世界大战不久必将发生，是以政府可得最后胜利" 等空话，当天的陈光甫日记写了很长一段话：

> 政府向来予人以 "空心丸"，不知已有若干次，受者深知其味，今又再来一次，未免难受。洪述各点，皆不符于实情，蒋、李（宗仁）两人之间隔阂甚深，当竞选副总统时，蒋自居于家长身份，属意孙科，而李竟选成功，蒋极不满，从此即不融洽。蒋退位后，李出任代，毫无实权，蒋仍暗中指挥，⋯⋯退位者仍握权不放，使当政者莫能展布，实谈不上转好现象。[22]

对于第三次世界大战爆发在即，他询问正在香港的美国华侨领袖李国钦，李说，纽约的看法是近二十年间或不至发生。他由此感到这只是国民党一些人的幻想罢了。想起此前1948年9月，南京政府发行金圆券，强制收购金银和外币，蒋发表谈话痛骂上海金融、工商界"只知自私，不爱国家"，对那次"辞令严厉，有若疯狂"、"令人难堪，亦令人不解"的谈话，他记忆深刻，如今蒋又派人"慰问"来了。他说：

> 此皆出于蒋一时之冲动。蒋于国事，无论懂与不懂，一切必须亲为裁决，不旁诸博询，不虚心下问，信任佞人，致成今日之局面。[23]

显然，他再也不会像北伐时期那样支持蒋介石了。

二

1949 年初，形势急转直下，国民党政权已岌岌可危，陈光甫为自己和家人设计了一个应急计划，必要时准备和妻子出走香港，并在那里安家，然后到新加坡、曼谷、仰光、菲律宾、美国等地旅行，他已经申请了护照，并设法取得去马尼拉的签证。就在这时，南京政府发生变化，1 月 21 日，蒋介石宣布"引退"，由李宗仁代行总统职权。李一上台，就急切地谋求与胜券在握的共产党和谈，其中一个举措就是邀请几位在全国有很大影响的社会名流，组成"上海人民和平代表团"，到北平"敲门"，试图利用他们的社会声望敲开和平之门，陈光甫就是李宗仁选中的代表之一。

1 月 24 日，李派代表刘仲容带亲笔信到上海见他，刘前脚到上海，后脚就被紧急召回南京，那封信只好由章士钊转交。1 月 29 日是春节，第二天，李再次派亲信甘介侯带亲笔信到上海，动员他。第三天，李亲自来上海，当天上午在中国银行召见了颜惠庆、章士钊、江庸、陈光甫等二十多位各界社会名流，晚上国民党中央社发布消息说已推出无党派社会领袖颜惠庆、章士钊、江庸、陈光甫、冷遹等五人以"私人资格"前往北平。实际上陈、冷两人压根没有同意，颜惠庆 2 月 1 日的日记说，"李代总统似乎急于让我们马上启程。可是，代表团的两名成员出于个人的原因，好像尚未决定接受总统的提名。"[24] 2月3日的日记中点明这两人是陈光甫、冷遹。陈光甫的日记有更详细的记载：

> 当夏历新年之际，代总统李宗仁要求我参加人民和平代表团去北平，目的是寻求和平，但并不需要共产党人谈判和平条件。更确切地说，其主要任务是使在北平的共产党领导人认识人民的苦难以及实现和平的迫切需要。代表团不代表官方，它将为政府的正式代表团与赤色分子的谈判铺平道路。
>
> 我试图拒绝。我的理由是，我是银行家，一个资本主义制度的代表；在政府和共产党人处于战争状态的时候，我曾两次被作为工具去华盛顿为政府寻求财政援助；我通常被认为是亲美分子。
>
> 当代总统自南京飞沪，作短暂的然而是戏剧性的访问时，我提出了上述理由。2月1日上午10时，我被召到中国银行大楼。我向代总统解释：我不是寻求和平的适当人选，在代表团中有我的名字可能使共产党人感到刺眼；我认为张元济、侯德榜、卢作孚将是更为合适的人选。但是，代总统不听我的陈述，并且说，我应该去。[25]

李宗仁在召见他们之后一起午餐，饭后继续与邵力子、颜惠庆、章士钊、江庸、梅贻琦、冷遹、张公权和陈光甫等少数人座谈，李说，计划中的代表团是"和平攻势"的一部分，目的是向国际社会证明他对于和平的诚意与渴望，从而赢得他们的同情和支持，这个使团可以称为"敲门使团"，并说，美国驻华大使司徒雷登表示，虽然没有蒋介石，华盛顿仍将支持南京政府。李的这番话引起了陈光甫的注意，他感到李千方百计动员和平代表团北上，眼光却落在华盛顿，是要争取美国的财政援助，所以才会那么在乎陈光甫。

与美国保持着长期友好关系、受到美国重视的陈光甫当然欣赏李的立场，没有美国的援助，上海的商业，包括他本人的银行早就破产了。他想，和平代表团如果能促进和平，导致某种形式的"联合政府"产生，那是最好的结局。如果不成功，至少也会赢得美国的同情与援助。因此，他有点动心，去还是不去，有点犹豫了。

经过再三慎重考虑，最终他还是决定不参加这个代表团，2月3日，他给李宗仁写了一封信："惟兹事体大，涵义微妙，人选如何，实成败所系。弟一生从事商业银行，与英美关系较深，且曾厕身立法委员，如滥竽其中，转授对方藉口之柄，将恐有碍进行。"[26] 同时他希望已辞去总统府秘书长的吴忠信到南京为他解释一下。

他与李宗仁早在北伐时代就有交情，1928年李曾邀他从政，他微笑着说："等到有一天您荣任国家元首时，如有差遣，我一定不辞犬马！"如今真到了这一天，他却拒绝了，"陈说现在时移势异，今非昔比，他实在难践前诺了。"[27]

由于他的拒绝，冷遹又因江苏省议会即将开幕而不能去，"上海人民和平代表团"的人选发生变化，2月6日宣布由颜惠庆、章士钊、江庸及沪江大学校长凌宪初、大夏大学校长欧元怀、永利化学公司总经理侯德榜等六人组成。但李宗仁很快从北平方面获悉，中共对陈光甫不参加代表团"有点儿失望"。2月8日，李再次飞到上海，一是再次动员他，同时与他讨论上海的经济问题。一到上海，李即在黄绍竑的寓所召见了陈光甫、钱新之、张公权等银行家并一起吃午饭。陈光甫日记说：

> 我参加和平代表团去北平的问题再次被提出来。在我们互相问候之后，代总统立即重新提出他的要求。他说，他在北平的代表送来消息，由于我不去北平，共产党人有点儿失望。因此，代总统要求我我根据这一情况重新考虑。我很为难，但是，我告诉李代总统，我真正看不出改变我的决定的理由。他是个好人，不想过分勉强我。[29]

当天下午，他到颜惠庆家参加会议，讨论去北平的和平代表团可以做些什么。甘介侯希望他能重新考虑不去北平的决定，他的回答仍然是否定的。甘问为什么？他说：赤色分子宣称，如果代表团希望参观北平，不准备讨论和平条件的话，他们愿意接待。他不喜欢共产党的这种广播。章士钊将他拉到另一房间，说自己收到北平的电报，共产党人渴望他参加代表团。他再次说明：上海的财政形势如此严重，如果我参加代表团，共产党人无非希望从我身上取得如何使上海经济成功运转的主意。事情到了这一步，眼前已没有解决办法，我的意见是只有依靠美国的援助，说得更明确些，我们必须有美元。过去两年，我们大概得到 15 亿美元的援助，上海，乃至中国的经济才得以运转。由于赤色分子不断攻击"美帝国主义"，我无法想象，我如何与他们谈话，这可能受到莫斯科的影响。在我与共产党人之间缺乏走到一起并进行讨论的共同基础。他还对章士钊说，如果共产党人对我上述仅仅是纲要性的阐述有兴趣，可以给我一个电报，我将去北平。[29]

2 月 13 日，由邵力子、颜惠庆、章士钊、江庸四人组成的和平代表团终于成行。第二天，他在日记里又一次说明了自己不去的原因，两个星期前，在得知组织代表团的提议时，他最初的反应是一半愿去，一半不愿去，甚至可以说略微倾向于去。他之所以决定不去当然主要出于个人考虑，但也受到朋友圈的影响。一位姓文的将军说："和平难以实现，代表团的工作注定没有结果。如果随代表团前去，将可能遭到共产党人的攻击。胡适也劝他不要去，认为除了颜惠庆，其他人都不是重要人物，和他们一起去不值得，代表团将不会有任何收获。时任外交次长的叶公超，听到他拒绝去北平后很高兴，说不要和政治纠缠在一起。在中国，政治将长期混乱。他代表着上海商业储蓄银行和中国旅行社这两家成功的企业，不应该使自己卷入，从而损害这两家企业的发展。

> 我感谢这些和别的朋友们，他们关心我的幸福。在他们的劝告和鼓励下，当李代总统 2 月 9 日来到上海要求我重新考虑的时候，我才能作出明确的答复。
> 对于那些不了解我的人来说，通常的意思是，在接受去北平的提议上，我太"滑头"了。是的，"滑头"，在上海方言中不是一个褒义词，它的意思是见风使舵，利用形势以达到自私的目的。我要在日记中澄清这一点，我不像他们想象的那样"滑

头"，如果不是因为我的朋友们，我可能完全不了解形势的错综复杂和后果，接受去北平的提议。[30]

更主要的还是他本人的想法。他自称已不是一个年轻人，退休计划早已酝酿。去年政府几次和他商量，要他担任公职，每次他都想拒绝。虽然这些努力并未完全成功，却使他感到有可能过一种退休生活，实现自己的个人自由。比如拒绝不想担任的工作，不想说什么的时候可以保持沉默，希望走动的时候可以离开上海等，"一个人可以声称反对国民政府，但至少，在它的下面，我已经享受并且实现了这种或类似的个人自由。"对陌生的共产党，他内心充满恐惧，最大的担忧就是可能失去他说的这种"个人自由"，"正是这些思想，使我决定回避任何和共产党人见面的机会。如果我和代表团一起去北平，那末，我将使自己卷入，从而中断退休计划。""愈来愈清楚，共产党人将来到并占领上海。与其说我不喜欢他们的革命，毋宁说是因为我的个人考虑。"从这一刻起，他实际上已作好离开上海的打算。[31]

对陈光甫而言，无论是拒绝参加和平代表团，还是选择离开上海，都只是基于对"个人自由"的追求。

三

3月19日，虽然春寒未尽，但这是一个和畅的春日。前一晚，李宗仁到达上海，地质学家出身的行政院院长翁文灏又来电约陈光甫去谈话。人心惶惶的上海已出现钞荒，大小钱庄、银行都无现钞，顾客有存款也取不到钱，原因是中央银行没有现钞，"如中央银行是民间银行，不会到如此地步。千言万语政治万恶……"

此时，已据有长江以北大半江山的共产党，核准上海商业储蓄银行等五家为"国内汇兑银行"之一，向他伸出了橄榄枝，他心中却不无忧虑，认为——

此事要小心，要遭人忌，国民党政府恶意误会，惟有少做，点缀而已。因果说法可怕，我既不要名，又不在乎利，且些许内汇生意并无利可图也。

此时人家看来，共党赞成我们，叫我们做内汇，人家不知亦想做，做不到内心醋意可怕，因醋成怨，一旦发泄吃不销【消】，对付不了。[32]

上海易帜之后，陈光甫在香港默默地注视大陆局势的变化，上海商业储蓄银行还在营业，但情况已有所不同，其中职工会的权力膨胀令他意外。10月5日，他翻看了四份"本行上海职工会"编印的《上海职工》刊物：

内容所述颇多涉及本行之管理业务方针事件，实已轶出职工会范围。职工会性能，在谋本身之福利，如待遇问题、时间问题等等，即按诸政府政策可以参加企业之管理，所谓参加者，亦只在于了解管理部门之措施或有所建议，殊不能主动干涉，甚至反居于主位，使主管人员增加办理之困难。此种思想，实有错误。

管理人员经营某一企业，必须具备丰富之技能、高深之学理与聚积之经验。职工会现在正在学习，其所学习内容，为毛泽东政治思想，而于银行业务，亦仅"银行实务"之粗浅技能，其不了解业务方针之深意，而欲多出主意，使主管人多所解说，分散精力以应付内部，甚至由此引起误解。

针对职工会提出的主张，如将本行所有外汇移至国内运用于生产，他在日记中逐一进行了辨正。他认为商业银行的功能主要是增加存款，促进国内城乡物资交流，如将外汇移用于生产，或办一工厂，范围也很渺小，"是放弃原有之田地而不垦植，另作开荒之图者，思想殊不准确。"关于办理农贷，他回顾银行曾创办农贷的历史，"而本行如办理农贷，合作法尚未颁布，无所依据，农村工作人员亦未养成，如遇天灾歉收，放款不能收回，则于存款即失保障。何况商业银行尚无后门，可以融通周转资金，一遇银根紧急，则此项呆搁之农贷无法随时收回以为周转。是本行今日贸然从事农贷，势必引起严重后果。"

他批评职工会一知半解，"不深切调查研究，自以为是，而犯主观错误。然此亦政变之初，难免出现各种不合理现象。""是以本行职工会，一方面某其本身之合理福利，一方面则应加强各个之思想学习与技能学习，殊不应干涉本行之政策及管理，以及业务方面，妨碍主管人之执行，花费主管人之精力也。"[33]

12月10日，左派的香港《文汇报》总编辑孙师毅当面恭维陈光甫"素所钦敬"，并告诉他，上海解放初，是共产党方面"授意"上海商业储蓄银行职工会发电请他回上海，否则职工会不会发电。[34] 但年事已高的陈光甫疑虑重重，最终没有回到大陆。作为一代银行家，他创业的成功，他的经营理念，无疑都是十分宝贵的。1949年2月1日，他在日记中写下了有关私人企业的见解：

往昔私人企业之动机与目的，不外牟利与个人享受，而衡量一事业之成败，亦以其获利能力为主，其他不与焉。……

开明之私人资本家近年来已有所觉悟与转变，而其最主要者即为标榜服务社会。换言之，即私人企业之目的已不仅为盈利，而兼有其理想。简化所称之理想，不外为增加对社会之便利，提高人民之生产能力，与乎惠及一般就业水准。

他认为这是西方开明资本家努力的方向，相比之下——

我国私人企业迄未能有此境地。由于政治之不清明，社会之封建，与乎民众知识之落伍，私人企业从始即无西方之基础，多数私人企业除牟利与享受之想望，更无所谓"理想"。其间虽有少数开明人物抱有远大之胸襟，但往往不能不与社会妥协，环境与局势使其"理想"受折磨与阻挫，即便有所表现，亦属非其本来面目。

抗战发生以后，由于局势之浮动及物价之继涨，更使私人企业家无长远之打算，而一般则更看重于近利之获取，是以投机之风大起，推波助澜，危害社会，乃使一般人对商人发生前所未有之厌憎心理，而较大之事业机构，以其近水楼台，更充分表演"长袖善舞"之作风，亦即一般所指之"豪门大户"。

即使其中一些有服务社会之初衷的，处在这样的恶流中，也会不知不觉失去原来的目的，而转为一极其恶俗的盈利机构，"与社会日远，与恶势力愈近"。他分析原因主要有三：

一是生存问题，私人企业的首要目标是生存，而在通货膨胀下如不能盈利，就无法生存，因而不得不致力于盈利。既树立了盈利的目标，那就不能不与社会上的恶势力有所妥协和平衡，也就不能完全避免投机者常用的方法了。

二是局势不定，在大局不定的情况下，如何可以展布远大的理想，出于安全的因素，即使有盈余也只以自保为主，既不肯分给股东，也不肯用之社会。

三是人员的变质，或投机取巧，或利用职权发财，出现正直者先灭亡的反淘汰现象。

因此，私人企业在中国遂变成为社会之累与蠹虫，失去其存在之价值。他们与社会日渐脱节，而与投机者打成一片。此种恶势力正与清末票号相类，因其获利与资力之来源，均已缩至极狭之范围中也。

然而，并非说今后不需要私人企业，所指的是受以上痛染愈深的事业，其将来必被淘汰。除非中国永远如此混沌，否则，私人企业必将接受其应有之责罚，不待言喻。

世界大势以及中国历史均证明，盲目牟利的机构将无永存之地步，必须将理想因素纳入私人企业中，方可存在。理想就是"以所能换所需"，"即尽一分力量，得一份报酬，而不取不应得之利益。"[35]

陈光甫创立的上海商业储蓄银行（包括 1927 年创办的中国旅行社）就不是"盲目牟利之机构"、"恶俗的盈利机构"，而是蕴涵着"服务社会"的真诚理想。他与国民党政权始终保持了相对的独立性。即使曾侧身国民政府，他也不愿同流合污，始终头脑清醒，双手干净。他在美国朝野赢得的声誉不是偶然的。

四

对国民党执政二一多年的失望，并没有使陈光甫认同陌生的共产党。"据上海银行老职员回忆，陈光甫出走前夕，毛泽东曾托人送了一套《毛泽东选集》给他，陈光甫也回送了一部他收藏的清人书法册页。共产党还通过有关渠道，给陈光甫邮寄解放区的宣传品，让他对我党政策有所了解。"[36] 但他并没有因此而留在上海。

对于打败了国民党的共产党，他的心态同样极为复杂，停留香港观望时期，他对重回大陆始终顾虑重重，所以他才会一再拒绝各种劝说、邀请。

1949 年 7 月 1 日，章士钊奉周恩来之命到香港，当面邀请陈光甫、李铭等银行家以及美国的华侨实业家李国钦一起去北平，说毛泽东正在等候他们能否北上的电报，陈拒绝了。章问用什么理由回答，他说：理由很简单，"现在还有营业机构在尚未被共产党人'解放'的地区。如果我赴平，将被蒋主席理解为一种敌对行动，他将可能对我们在重庆、成都、昆明、广州和台湾等地的分支机构搞点动作。"他甚至做了一个砍头的手势说："这么多人，性命交关啊。""章听了我的解释说，这是一个很好的理由，他将打电报告诉毛上述大意。我必须说，章的话听起来很像毛在香港的特别代表。"[37] 也因此，他才会异想天开地向章士钊建议，共产党建立的政府如果名为联合政府，就应该包括像李国钦那样的人，以便打消西方国家的怀疑，李可以担任外交部长或驻美大使。他认为，比起他本人、李铭和化学工业家侯德榜，"李是最适合和毛接触的人。我们在中国都有商业利益。不像李一样能够以中间派的身份说话。作为一个商人，他最能使毛认识到一项受到西方民主国家援助的工业化计划的重要，李可以告诉毛，如何实现这一计划。由于李在纽约和华盛顿的各种关系，如果共产党人希望和西方一起前进并且为得到他们的承认而进行谈判时，李最有资格成为新政权的代言人。"[38]

这些设想显示了陈光甫作为一个资深银行家，在政治上的天真和可爱之处。7月4日，他接到上海商业储蓄银行总经理伍克家转来即将在新政权出任政务院副总理兼轻工业部部长的黄炎培电报，转达周恩来之意，希望他早回大陆，"共为新中华努力"。他让伍克家回电表示感谢，并说明他因健康原因不能回去。

9月12日，新政协即将召开，李济深派李绍程带亲笔信到香港面见陈光甫，信中希望与产业金融界的耆宿及以往有经验的企业经营专家，"能推诚合作，共策进行"，"新中国经济建设根本方针，系以公私兼顾，劳资两利政策，达发展生产繁荣经济之目的。凡有利国计民生之私营经济事业，均坚决保护，鼓励积极经营及扶助其发展。"[39] 这一次，毕生从事金融事业的陈光甫确有心动，10月31日，他给李济深回信："惟以在港养病，因失眠症颇觉严重，且耳鸣头晕，其病源尚未查出，仍在继续就医中，一俟健康稍复，即行北上聆教。"原稿另有"自维虽届衰年，愿一生致力于服务社会，此志不懈，自当为新中国效微劳以竭余力"等语。[40]

10月25日，已是新成立的中央人民政府副主席的李济深再次派李绍程到港，邀请在港的银行家陈光甫、宋汉章、钱新之、周作民、李馥荪五人北上。陈光甫当天的日记说：

> 据说当时在京为此事曾举行过一次会议，有人揣测金融界未曾前往，或有下列三种原因：
>
> （1）彼等握有外汇甚多，不能在解放区过严肃生活，故仍留国外消耗其外汇。
>
> （2）或者怀疑人民政府之政权尚未巩固，故抱观望态度。
>
> （3）或者感觉人民银行之业务过于广泛，在在牵涉商业银行业务范围，故觉商业银行前途难于进展，因而徘徊不前。

当时，李绍程曾荟他有所解说，说他生活向来严肃，至于第三点则不知所云，毛泽东拟亲自出面来信邀请，李济深说不如由他出面较为轻松，免得他们为难，"觉得有非去不可之意"。他准备下星期一请李绍程午餐面述一切，并将这个意思告诉了宋汉章等人。

这一天的日记，他还回顾了投身金融业的心路：

> 余之经营银行宗旨，在于与恶劣环境奋斗，并且要想法帮助生产增加，改善生活水准。数十年来，均照此做 所惜未曾遇到好政府，迭次遭受打击。现在人民政府在华北华中华东，已做到稳定物价、安定金融的好成绩，本人已深所钦佩。例如提高外汇，原为鼓励出口，但在过去即做不到，倘若汇价有动，则物价即涨，现在一面提高汇价，而一面国内物价能以下落，此种显著好现象，真真不容易做到。又如通货发现，在作战期内，自无法可以避免膨胀，惟所采各种征税方法，皆能压平膨胀速度，使得金融安定，工商能以逐渐复夜。凡此皆足以表示人民政府之成功。吾人自问，殊无更好方法可以出力。

针对揣测他们滞留香港不回大陆的三点，他作了如下回答：

> （一）本行外汇资产皆已如数陈报人民银行在案，内中毫无公私不分情事。此在吾国环境中，如此清白，可谓难能。本人在港，纯为就医方便，毫无其他用意。
>
> （二）人民政府奠定全部胜利基础，而且铲除数千年来无法根绝之贪污，政治修明而具实效，尤其抱学习态度，实事求是，彻底研究，有此精神，无事不成。此种刻苦耐劳，全心全意为人民服务之作风，吾人实出自衷心之佩服，无所用其怀疑。
>
> （三）本行在天津和上海竭诚与人民银行合作，最早即在天津独家代理中国银行之在国外收付。内地停业各行均逐步复业，根据人民银行指示，帮助增加生产，参加各种银团。此种积极行动 在解放区皆有事实足以证明。本行总负责人总经理，始终未离上海，各地负责人亦各守岗位，主持业务。

他再三解释："人民政府邀约北上，此在个人实为无比荣誉，奈余年近七旬，常患失眠，并时有头痛，在港就医，未能复原，此时不能作过度之劳动，故逗留此间，期复健康，倘身体转好，随即回去。本人对于本行董事长一职，经已向董事会辞职，实因身体不好之故。上述本行与人民政府合作情形。是本人之去与不去，原足无足轻重。再本行及中国旅行社尚有设在重庆、成都、昆明、贵阳、台湾各地者，办事人员均共事多年，各该地之政治恶劣，足以发生严重后果，甚至有性命关系，余亦不敢行动，致彼等发生困难，好在不久均可解放，将后顾虑能以减少。"[41]

11 月 10 日，新任中央人民政府政务院政务委员的章乃器出面邀请陈光甫、李铭等北上，他既没有打算很快动身，也未一口回绝。第二天，他回信说，"4 月间因疗养方便来港就医，头晕耳鸣之病源尚未查出，复有失眠，病态严重，是以逗留在港，未能即离。迭荷友好邀约，均无法应命，心中至为歉怅。"[42]

就在此时，上海商业储蓄银行业务中出了件事。9 月 15 日该行经手的一笔 950 万港币款项，因港方查补第二密码，延迟了一天，正碰上英镑贬值，上海的中国银行国外部要他们赔偿损失，甚至暗示有吊销执照或没收外汇的可能，要他们迅速解决，不要节外生枝。陈光甫认为问题"不在痛惜财款，而在是非应予剖白，如屈就则将后寸步难行"。11 月 15 日，他约李济深派来的代表李绍诚在家午餐时，将这件事的前因后果书面告诉李，希望李能电告北京，转告主管部门公允解决。同时抄录两份，由张公权转交《文汇报》的张稚琴，此人是李济深的驻港代表。第二天，李绍诚来，说看过书面材料，"认本行立场正确，毫无错误，不能负赔偿损失责任。可惜本行致中国银行函，措词尚嫌软弱，惟此函送出后，此事即告段落，不必再行理会。"他以为可以得到公允解决，先发一电给李济深的秘书，由李转告主管部门电沪，并拟好了电文。当天，他去张公权那里，凑巧张稚琴也在，已看过他提供的材料，答应到广州通过广东省人民政府副主席兼广州市人民政府副市长李章达设法解决。

陈光甫在日记中感叹，连日接洽此事，都有巧合。"李任潮约余北上，经此事发生接触，恐余之将后行动，受此影响，或有促进的可能。"[43] 李任潮就是李济深。

11月19日他再次提及汇款案，"此事现在要通天，讲一个道理。我想共党人士的作风，亦是如此，但沪行人员已存恐惧之心而软化"，只求"财去人安乐"，他表示："余意不在痛惜财物，而在判明是非"。

11月21日，他从张公权那里得知，前一天有一位较有地位的中共官员告诉他，说此事他们颇有理由，可以致电上海市长陈毅公平处理。

11月22日，张稚琴从广州回来。李章达称"现政府政策在收复人心，此事即使政府吃亏，亦不能用高压手段"。广东省人民政府主席叶剑英还曾当面谈起陈光甫，说他"过去做人正派，在国际上极负声誉。"[44]

这一天，陈光甫才发现李绍程原来与李济深没有直接关系，只是与其秘书熟悉。11月25日，中共方面问张公权，汇款案以政治办法解决还是经济方式解决，陈光甫不赞成用政治方法，恐今后"有此结痕，免事易于为难"，所以希望经济方式解决，即交由银行公会仲裁，虽然他知道当时办外汇业务有经验、技能的多已离开，留下来的或技术不专门，而且限于环境，有所畏忌。但他觉得出于第三者的评判，不是对方的压迫，则可以对本行有个交代。

12月21日，他人为主要是自己的银行在上海，把对方当作政府机构，先存恐惧心理，也没有详细调查其中真相，从侧面打听，"大概私营银行司业中，亦俱在恐惧气氛内，故咸认以忍痛赔款为合算，以免动摇本行经营之基础。"[45]

这件事对他最终下不了决心北行到底有多大的影响，很难判断。但这样一件小事也要惊动叶剑英、陈毅、李济深等重要人物才能解决，恐怕也足以使他望而却步。

从此之后，陈光甫再也没有北上的打算了。

注释:

[1]《胡适书信集·中》,北京大学出版社 1996 年版,1093 页。

[2] [3] [4] [5] [6] [7] [8][9][11][12] [13][14] [15][16][17][18][19][21] [32] [33] [34] [35] [41] [43] [44] [45] 上海市档案馆编《陈光甫日记》,上海书店出版社 2002 年版,210、216、227、228-229、229-230、200、212、201—202、202、204、207、208、211-212、242-243、199-200、201、205、224、216、232-234、246、214-216、234-236、236-237、239、244 页。

[20] [22] [23] [25] [26] [28] [29] [30] [31] [38] [39] 转引自杨天石《海外访史录》,社会科学文献出版社 1998 年版,641、644-645、646、632-633、634-635、634-635、638、640、639、647、649 页。

[10][36] 转引自邢建榕《老上海珍档秘闻》,上海世纪出版股份有限公司上海辞书出版社 2007 年版,139—140、142 页。

[24]《颜惠庆日记》,见《颜惠庆回忆录》,商务印书馆 2003 年版,383 页。

[27] 唐德刚撰写、李宗仁口述《李宗仁回忆录》下册,广西人民出版社 1988 年版,657—658 页。

[37] 转引自杨天石《海外访史录》,646-647 页,邢建榕《老上海珍档秘闻》,142 页。

[40] 转引自杨天石《海外访史录》,650 页,邢建榕《老上海珍档秘闻》,143、144。

[42] 转引自杨天石《海外访史录》,650 页。到 1950 年 4 月,中国银行在北京召开董监事会议,邀请原董事陈光甫、宋汉章、张公权、李铭、钱新之等参加,陈光甫等虽未北上,但都出具委托书,委托专人与会。此事激怒蒋介石,对他们施加压力,要求陈光甫立即赴美,不得在港逗留,"逼得陈光甫大哭一场"。见 1950 年 6 月 4 日骆清华致杜维翰函,上海市档案馆藏。转引自邢建榕《徘徊于新旧时代之门:1949 年前后的银行家陈光甫》,《档案里的上海》,上海世纪出版股份有限公司上海辞书出版社 2006 年版,303 页。

胡适

从此"根株浮沧海"

  胡适（1891－1962），原名胡洪骍，字适之，安徽绩溪人，20世纪中国影响最大的思想家之一，倡导自由主义。1910年留学美国，先入康乃尔大学，后入哥伦比亚大学，深受杜威的实验主义哲学影响。

  1917年初，他在《新青年》发表《文学改良刍议》，暴得大名，当年回国任北京大学教授，参与《新青年》编辑，出版新诗集《尝试集》，成为"五四"新文化运动的重要代表人物。20世纪二三十年代，他先后创办过《努力周报》《新月》和《独立评论》等有影响的刊物。

  他一生在哲学、文学、史学、古典文学考证等领域都有开拓之功，著有《中国哲学史大纲》上卷、《白话文学史》上卷和《胡适文存》四集等。

  抗日战争时期，他临危受命出任国民政府驻美国大使，1946年回国担任北京大学校长。1949年1月25日，新华社在第一批43名战犯名单之后，又公布第二批战犯名单14

名，胡适名列其中。4 月，他远赴美国。1958 年，他到台湾出任中央研究院院长。

1948 年 12 月 15 日，他仓促离开北平时，次子胡思杜选择留下，不久被安排到华北人民革命大学政治研究院学习。

1950 年 9 月 22 日，香港《大公报》发表胡思杜的思想总结第二部分《对我父亲——胡适的批判》，第二天，美国《纽约时报》等各大报纸便刊登了。此时连《人民日报》《中国青年》等报刊都还没有转载。

胡思杜指责父亲是"反动阶级的忠臣，人民的敌人"，"在他没有回到人民的怀抱来以前，他总是人民的敌人，也是我自己的敌人，在决心背叛自己阶级的今日，我感受了在父亲问题上有划分敌我的必要……"

9 月 24 日，胡适日记在黏贴有关剪报的旁边写下："小儿此文是奉命发表的。儿子思杜留在北平，昨天忽然变成了新闻人物！此当是共产党得我发表长文的消息之后的反攻。"他的长文是指 9 月 19 日发表在美国 ForeignAffairs（《外交事务》）上的《斯大林策略下的中国 ChinainStalin's GrandStrategy》。这是他 1949 年到美国之后发表的一篇重要文章，对于国民党丢掉大陆，他从二十五年来的历史着眼作出了自己的分析。

从 1954 年 10 月开始，中国大陆掀起批判胡适"反动"思想的运动，读书·生活·新知三联书店将批胡文章结集为八大本的《胡适思想批判》，全国各地也出版了不少《胡适思想批判》或《胡适思想批判集刊》等书。

记者在美国访问胡适，问及："你对这个批判运动怎么看？为什么中国大陆把你定为反动思想？你这个敌对思想是什么思想？"他回答："我第一提倡自由，提倡信仰自由、言论自由、发表自由；第二我提倡怀疑，我一生就反对独断，就是反对教条主义。"

就在大陆批判胡适思想的时候，台湾的国防部总政治部在"特字 99 号"《特种批示》中也称胡适"是我们思想上的敌人"。蒋介石在私人日记中也多次对胡适表示不满，直到他离开世界，只是他完全不知道而已。

留在大陆的钱昌照回忆，1948 年，在南京的一个私人场合，他曾当面问胡适对共产党的看法，胡适回答："毛润之，我和他熟悉。我可以写信给他，不要打仗。至于共产党那里去，我不会。"又说："两害相权取其轻，我愿意留在蒋的一边。"1949 年，钱昌照北上将这些话告诉过毛泽东和周恩来。周恩来当面说："胡就是这样的人。我们对他并不完全否定，但他是不会转变的。"

1956 年 2 月初，毛泽东在中南海怀仁堂宴请出席全国政协会议二届二次会议的知识分子代表时，说了这样一句话："胡适这个人也顽固，我们托人带信给他，劝他回来，也不知他到底贪恋什么？批判嘛，总没有什么好话，说实话，新文化运动他是有功劳的，不能一笔抹杀，应当实事求是。21 世纪，那时候，替他恢复名誉吧。"当时在场的作家唐弢听到了这一番话。

1957 年，胡思杜在唐山铁道学院被划为右派分子，9 月 21 日上吊自杀，年仅 36 岁。胡适至死都不知道留在大陆的儿子早已惨死。

1949 年 1 月 1 日的胡适日记很简短：

> 南京作"逃兵"，作难民，已十七日了！
> 蒋先生有主张和平的文告。[1]

此前 1948 年 12 月 15 日，胡适匆忙离开北大，从南苑机场直飞南京。次子胡思杜不肯随他们同行，留在了大军合围中的古都北平。

两天后（12 月 17 日）就是北大五十周年校庆，恰好是胡适的生日，他在南京不无自责地对美国驻华大使司徒雷登说，抗战胜利后的这些年没有把精力、才能用在思想方面，"而是像他过去做的那样自私地又埋头于他所感兴趣的学术活动中了"，以致共产主义横行。他为此而痛悔。司徒雷登看到——那一刻"他的眼中噙着泪水"。[2]

本来，他在 12 月 4 日跟北大一些同事招待钱端升时就说过："我过了 12 月 17 日（五十周年纪念日），我想到政府所在地去做点有用的工作，不想再做校长了。不做校长了。不做校长时，我也决不做《哲学史》或《水经注》！"[3] 形势变化之快，使他不能在北大等到 17 日。12 月 14 日，陈雪屏又是电话，又是电报，催他当日南下，没有走成。第二天，傅作义来电话，说蒋介石打电话要他南飞。当天黄昏他抵达南京。

1949 年到来的前一天，面对滚滚东去的长江，胡适和傅斯年"相对凄然"，一边喝酒，一边背诵陶渊明的《拟古》诗第九首：

> 种桑长江边，三年望当采。
> 枝条始欲茂，忽值山河改。

柯叶自摧折，根株浮沧海。

春蚕既无食，寒衣欲谁待。

本不植高原，今日复何悔！

　　两个人禁不住潸然泪下。1月2日，胡适还将这首诗抄在日记中。2月12日，他在上海和不久前辞去行政院政务委员的雷震见面时又说起这首诗，雷震认为"正为国民党今日处境之写照"。[4]

　　"枝条始欲茂，忽值山河改"，胡适和傅斯年"两人都下泪了"，他们的泪到底为何而下？那一刻，为什么这首诗一再徘徊在胡适的脑海中？恐怕不是雷震所讲的那么简单。"枝条始欲茂，忽值山河改"，他们哀伤的首先不是国民党这个政权的败亡，而是他们热切向往的渐进变革之路的中断，他们知道以和平方式播洒文明的种子、推动社会进步的一切努力即将付之流水。

　　胡适更感兴趣的是学术工作，是办大学，是从文化上担负起一个知识分子的责任。尽管他在1949年的转折关头再次踏上抗战时走过的赴美游说之路，并说过在道义上站在蒋介石一边这样的话，但他不愿从政做官这一点没有什么改变。这不仅仅是珍惜羽毛，这里固然有他个人性情、趣味、学养、经历等方面的因素，也有他对知识分子应始终与政治保持距离的清醒认识有关。3月7日，他看到石涛画册自题："不识乾坤老，青青天外山"，曾感叹"遗民不肯抛弃希望的心事"。在他流亡美国的日子里，是否也有类似的心事？他在陶渊明的诗和石涛的画中寄托他的哀伤，但他的哀伤又岂是生活在古代的陶渊明、石涛所能体会的。"根株浮沧海"，"青青天外山"，胡适的后半生，这样的哀伤几乎一直在他的心头萦回不去。

一

　　1949年1月8日，蒋介石请胡适吃晚餐，劝他去美国："我不要你做大使，也不要你负什么使命。例如争取美援，不要你去做。我止要你出去看看。"[5]
话虽如此，国民党方面乃至美国方面希望他做大使、做外长的呼声却一直没
有断过。不过他连顾问性质的"总统府资政"都拒绝了，留恋的倒是北大校
长这个身份。

1月21日，胡适打消了将家属送往安徽老家的念头，亲自将夫人江冬秀
和傅斯年夫人俞大彩一起送上开往台湾的轮船。当天，他得知蒋介石已下野
离开南京，由李宗仁代理总统。第二天早晨，他一回到南京就收到"总统府"
秘书长吴忠信的来信及"总统府资政"的聘书。23日，李宗仁来看望他和清
华校长梅贻琦，谈了一个小时。第二天早晨，他写了一封信给吴，恳切表示：

> 依据"大学组织法"，国立大学的校长都不得兼任为俸给的职务。现在我还是
> 国立北京大学校长，因时局关系，此时尚不能辞职。故请先生千万代我辞去总统府
> 的名义与俸津。聘书也请先生代为收回，并乞先生勿发表此事，以免报界无谓的猜
> 测与流言。
>
> 适明晚与梅校长同车去上海小住，特来告辞，恐不能相见，故带此信留呈先生，
> 恳求先生念我愚诚，代我打消此事，不胜感谢！[6]

他也确实尽着作为北大校长的一些责任，3月9日，北大医学院学生焦
增煜从北平逃到上海，刚上岸就被扣押，焦在狱中看报纸，见到梅贻琦的一
则启事，知道第二天胡适有个公开演讲，就给梅打了个电话，恰巧胡适也在
那里，接了电话后，他马上打电话给蒋经国，三十分钟后焦就获释了。焦去
看胡适，报告北平易手和自己出逃的经过，痛哭流涕。胡适当即亲笔给他写
了一份证明书：

> 焦增煜是国立北京大学医学院旧制学生，应于实习两年期满之后给予毕业证
> 书。但当其第六年下学期实习时期，焦君因时局关系，于民国三十八年二月下旬离

开北平。其所携北京大学教务处注册组所给历年成绩表及实习证件，均属真实，特
为证明如右。

国立北京大学校长　胡适　卅八年三月九日 [7]

凭着这一纸证明，这位学生才能漂洋过海，进入加拿大的一家医学院。
这不是孤立的例子，竺可桢日记中也提及，曾有北大法律系学生拿了胡适的
信要到浙大借读。[8]

2月13日，胡适接到北大教授出身的教育部政务次长（代理部务）陈雪
屏来电，国民党元老吴铁城希望他出任驻美大使。在这个问题上他始终比较
清醒。第二天，他就复电："弟深信个人说话较自由，于国家或更有益，故
决不愿改变。"[9]

当然，也有人认为胡适不该从政，香港大学教授陈君葆在2月28日的
日记中说，他与化学家曾昭抡夫妇、刚到香港不久的北平英文时事日报社长
王云槐午餐，"我初与他谈话，便说胡适是不应搞政治的，朱光潜到了不应
该和不必说话的时候，倒说起话来，那真是犯不着。"[10]

6月12日，阎锡山在广州组阁，发表胡适为外交部长。当天的包天笑日
记说："胡适在美国，恐尚未知其事，亦未得其事先同意，将又蹈傅秉常之
覆辙。但傅尚回国一次，胡则在此时期，未必回国也。"[11] 连局外人都有这
样的看法，"倒霉"之中的国民党政客们岂能不知，这只是应付美国人而已。
6月13日，胡适日记只有一句话："马歇尔向国民党新政府提出两条建议"，
同时粘贴了一则英文剪报，由胡适出任外交部长就是马歇尔的两条建议之一。
6月21日，他经过七八天的"仔细考虑"、"日夜自省"，致电外交次长叶公
超等转阎锡山，诚恳提出辞职。电文说："适在此努力为国家辩冤白谤，私
人地位，实更有力量"，他请阎锡山、李宗仁、朱家骅等谅解，他说："今日
恳辞，非为私也。"[12] 但即使穷途中的权势者也不会为一个读书人的诚恳所
感动。6月24日，他给妻子的信里对此深为不满：

去年孙科组阁，曾要我做外交部长，我坚决辞了。此次阎锡山先生组阁，事前未得我同意，竟先发表了我的外交部长。

……即使还有麻烦，我决心不干是不变的。

……我自己深切明白自己是个无能的人，但总有一些人梦想我能做别人不能做的奇迹。徽州俗话说："做戏无法，出个菩萨"，正是这种梦想。[13]

6月28日，他接到阎锡山仍不准他辞职的电报。当夜，他还见到了宋子文给蒋介石的电文："廷黻兄与职商量，劝其（适之）就副院长职，留美一个月，与美政府洽商后，回国任行政院长。但不知国内情形许可此种布置否？适之昨谓李代总统始终未来电邀就外长。堪注意。"蒋复电："甚望适之先生先回国，再商一切也。"

6月30日，胡适连发三个电报，一给阎锡山，一给已接任教育部长的杭立武，都是坚辞外长事。另致电蒋介石，认真地表示宋子文电报中所说，"从未赞成，亦决不赞成。"[14] 8月20日，他在给杭立武的电报说："弟决不愿就外长，亦不愿就任何官职。弟昨始得见新布之千叶【页】白皮书，更觉得我前所谓辩冤白谤，实有需要。若政府不许我向外声明未就外长事。岂非刃我之口，裹我之脚乎？此意乞代陈介、麟、百、骝诸公为感。"[15] 要杭代向蒋介石、蒋梦麟、阎锡山、朱家骅恳求，朱家骅档案中保存了这一来电的抄件。

8月16日，胡适在写给赵元任夫妇的信中祖露心迹：

两个月来，精神上十分苦闷！"外交部长"的事，事前我不知道，事后我打了许多电报辞谢，但政府至今还是用"无赖"的方法，再三劝我不要向外发表不干外长的事！（两个月了。我在3月6日发一电，说，……"政府至今仍不许我向外发表不干外长事，岂非闭我之口，裹我之脚？……"此电去后，十日不得覆电。）

你们劝我在外教书，把家眷接来。此事我也仔细想过，但我不愿意久居外国。读了 White Book 之后，更不愿留在国外做教书生活。

我想回去做点我能做的事。第一，决不做官。第二，也不弄考据了。……至于"我能做"什么，我现在还不很明白。也许写文章，也许是讲演，也许是两者都来。此事请元任替我想想，就给我一个判断，请不必告诉外间朋友。[16]

12月23日，"实在是提不起劲儿来，有些日子真难受"时，他又给赵夫妇写信，再次提及：

6月中，阎内阁发表了我的外交部长，后来他们用种种法子，力劝我不要向外发表我不就外长的话，因此，我从6月到10月初，什么报馆记者都不见！10月初公超的外长发表了，但局势大坏，我也不忍就谈我私人的吃饭问题，所以一搁至今。[17]

蒋介石曾希望他出面组织在野党，宋子文要他出面领导救国运动，他都谢绝了。2月12日胡适日记中载："11：00　雷儆寰来，可同饭。"那天胡适和雷震一起午餐，推心置腹地谈了数小时，他对雷震说，蒋有意让他出面组织一个在野党，但他觉得自己"个性不适合"，做不了这件事。[18] 说者无心，听者有意，雷震此后热心于组织反对党，也许胡适这一天说的话印入了他的心坎。自然这是后话。

6月14日，历史学家、时任中华民国驻联合国大使的蒋廷黻在美国对胡适说，宋子文从欧洲回来后极力主张要他出来领导救国的事业自己愿从旁力助。

胡适去看宋子文，果然如蒋廷黻所言，"我猜想他在欧洲必见了Thomas Corcoran[托马斯·科克兰]，受了他的影响，故作此幻想。"[19]

6月22日晚上，他去宋子文那儿，法国回来的托马斯·科克兰极力主张他出来担任救国事业的领导工作。

他早就猜到宋子文是受此人的影响，蒋廷黻不信。他听了托马斯·科克兰的话，"更恍然明白了。"[20]

即使在"根株浮沧海"的日子里，胡适也没有改变初衷，从无介入实际政治的打算，所以他不可能答应宋子文们要他出面领导政治上救国运动的请求。雷震主持的《自由中国》创刊，他也只愿意做名义上的发行人，连一个政论刊物他都不想直接介入。当然，对他而言不介入直接政治并不是放弃个人应尽的责任。

二

1949 年 3 月下旬，胡适曾到过台湾。3 月 27 日下午，当时的台湾省议会、文化协进会及各文化机关团体发起邀请他作一次公开演讲，他在傅斯年等人陪同下来到中山堂，听众达六千多人，连讲台上也坐满了人，只给他留下一席之地。他的讲题是《中国文化里的自由传统》，提出自由不是舶来品，他以中国古代传统中的谏官御史、史官制度作为例证，并把孔子、老子、孟子都称为自由主义者，认为王充的《论衡》从帝国时代就开辟了自由批评的传统，在范缜、韩愈、王阳明身上他都读出了自由主义精神。他甚至把孔子的"有教无类"及科举制度解释为"教育的平等"。这些观点本身难免有点牵强，他的用意是要在一个面临"自由"与"不自由"、"容忍"与"不容忍"抉择的"危险"时刻，针对有些人说"'自由'是有产阶级的奢侈品，人民并不需要自由"的论调，挖掘出一些古代的自由传统，他说："假如有一天我们都失去了'自由'，到那时候每个人才真正会觉得自由不是奢侈品，而是必需品。"[21]

这次演讲和他此前（1948 年 10 月 20 日）在浙江大学讲的大致相同。在历史转折关头，他耿耿于心的仍是自由，将自由嫁接到中国传统文化的千年老树上，其用意也无非想让真正的自由在中国扎根、生长乃至开花、结果。这一观点从学术上诚然可以商榷，但他的用意则是不容轻慢的。

4月3日，雷震与王世杰到奉化溪口看蒋介石，第一次向蒋透露了他们和胡适等人想筹办《自由中国》的意思，蒋"表示赞成并愿赞助"。[22]（据4月1日蒋经国日记，蒋介石准备发动"民主救国"和"自由中国"两个运动，大约与此有关。）

三天后（4月6日），胡适离开大陆那天，和雷震、王世杰一起吃的早饭，显然获知了蒋的这一态度。

4月14日，在茫茫无际的太平洋上，应雷震之托，他执笔起草了《＜自由中国＞的宗旨》：

> 我们在今天，眼看见共产党的武力踏到的地方，立刻就罩下了一层十分严密的铁幕。在那铁幕底下，报纸完全没有新闻，言论完全失去自由，其他的人民基本自由更无法存在。这是古代专制帝王不敢行的最彻底的愚民政治，这正是国际共产主义有计划的铁幕恐怖。我们实在不能坐视这种可怕的铁幕普遍到全中国。因此，我们发起这个结合，作为"自由中国"运动的一个起点。
>
> 我们的宗旨，就是我们想要做的工作，有这些：
>
> 第一．我们要向全国国民宣传自由与民主的真实价值，并且要督促政府（各级的政府），切实改革政治经济，努力建立自由民主的社会。
>
> 第二．我们要支持并督促政府用种种力量抵抗共产党铁幕之下剥夺一切自由的极权政治，不让他扩张他的势力范围。
>
> 第三．我们要尽我们的努力，援助沦陷区域的同胞，帮助他们早日恢复自由。
>
> 第四．我们的最后目标是要使整个中华民国成为自由的中国。[23]

创办《自由中国》杂志最初的动因确带有挽救国民党政权的意图，所以民主、自由的价值都是包裹在反对"国际共产主义铁幕"的外衣之下，这也是它最初得到蒋介石许可乃至支持的原因，这本小小的半月刊将在孤岛上向蒋的独裁、专横发起挑战，这是蒋始料不及的，胡适却未必心中无数。他是《自由中国》的发起人之一，从2月10日、12日、16日到4月6日，他和杭立武、雷震、王世杰至少商量过四次，杂志的名称还是他向杭立武提议的。但他一直很谨慎，不想介入太深。4月16日，船到檀香山前夕，他写信给雷震、杭立武、王世杰三人：

> 《宗旨》写了几次，都写不成。最后有一篇短的，十分不满意。千万请你们与书琴、佛泉、子水诸君仔细斟酌，最好是完全重写过。
>
> 请注意这不过是拟稿之一种。
>
> 万不得已时，还是不发表书面的宗旨或约章。
>
> 若发表《宗旨》定稿，请不要具名。[24]

不过，雷震他们并没有听从他的意见。当年11月20日，《自由中国》在台湾创刊，不仅把他的这番话原封不动印在扉页上，而且以远在美国的他为"发行人"。在纪念《自由中国》三周年时，他讲过这样一番话：

> ……大陆危急的时候，……许多朋友在南京在上海常常谈到国家的问题，想办一种日报或杂志以振起舆论。在那个时候，大家就定了"自由中国"这个名字。当时有几位朋友要我写一个简单的宣言。
>
> （那时）我们还有半个中国没有被赤祸蹂躏，自由中国还有半个大陆。……

船到檀香山，他就把这几条"宗旨"寄给雷震、杭立武，"希望他们把这个简单的稿子修改扩充。可是他们很客气，没有修改，就将我在船上匆匆写成的文字作为《自由中国》杂志的宣言。这实在令我感到十分惭愧。后来这几条宗旨不但刊载在《自由中国》的第一期，并且每期都刊载，作为提醒我们同人努力的宗旨。到现在，我仍感到惭愧。"[25]

对于以他为"发行人"，他表示自己"最不高兴"，认为"这是作伪"，不是一个"好榜样"。[26]

《自由中国》创刊之初，杭立武还是教育部长，所以这个刊物曾得到教育部的经费补助，创办人也多为国民党高层官员，"但她并不是严格意义上的官方刊物，而毋宁传达了一群自由主义者在国家危难时期的共同声音。"[27]

4月14日夜，写完《自由中国》的宗旨，胡适重读陈独秀的最后论文和书信，感动无比，信笔写下一篇长文，作为《陈独秀的最后见解》序言。此前，2月23日，他就读过陈独秀的最后论文和书信，"深喜他晚年大有进步，已不是'托派'了，已走上民主自由的路了。"在这篇满含感情色彩的序文中，他对"死友"陈独秀的最后见解更是表示由衷的赞佩，认为他"大觉大悟"，"只有他敢指出二十年（现在三十年了）来共产党用来打击民主政治的武器——'无产阶级的民主'原来只是一个空洞的抽象名词！"陈独秀病中写给西流的那封长达五千多字的长信，"陆续写了廿余日才写好"，其中有三千多字是讨论"民主政治"的。胡适称"这封信是中国现代政治思想史上希有的重要文献"。陈独秀在《我的根本意见》一文中提出了"特别重要的是反对党派之自由"，胡适认为，"在这十三个字的短短一句话里，独秀抓住了近代民主政治的生死关头。近代民主政治与独裁政制的基本区别就在这里，承认反对党派之自由，才有近代民主政治。独裁制度就是不容许反对党派的自由。"

在这篇序文最后，胡适说："因为他是一个'终身反对派'，所以他不能不反对独裁政治，所以他从苦痛的经验中悟得近代民主政治的基本内容，特别重要的是反对党派之自由。"[28]

然而当雷震后来一再吁请他出面组织反对党时，他的态度从来没有改变过，那就是不同意。当年12月8日，雷震听到他要组织"自由党"的传闻，曾给他写信：

> 很凑巧的事，蒋廷黻先生对外发表谓先生要组织中国自由党（草案已由纪五弟寄来雪艇先生处见到），《自由中国》刊物适逢其时出版，《新闻天地》附会这两件

事有关联，他的题目是《胡适、自由、自由党》，开头就说"胡适提倡自由主义，不是一日间事，由自由主义进而组自由党，也不是一件传闻的新闻，但是从我国堂堂正正驻联合［国］代表团长蒋廷黻在成功湖宣称，却是一个道地的新闻，何况适逢其时的，由胡适为发行人的《自由中国》半月刊正在此时于台北出版"，谁说天下没有这样凑巧的事。

《中国自由党》章程已拜读，先生愿出来领导，使爱好自由人士以十分的兴奋。既名为党，则不能不讲组织，广纳自由人士于一组织之内，这是万分万分困难的事，希先生对此点特别注意。又负此责者，不但要有组织能力，并须公正、和平与任劳任怨，国民党失败之前车可鉴，务祈（负组织之人，心地不可狭隘）先生注意组织人选，一切毛病与漏洞，将来会由此而生。又，自由党组织部分，定得太简单。[29]

实际上，胡适没有介入蒋廷黻试图组织"自由党"一事，雷震误信了王世杰儿子王纪五的话。此时的雷震对组党也并怎么不热心，更热衷的是发起一个"自由中国运动"，同年，写信恳请胡适出面领导这一运动：

再者，"自由中国运动"因先生不起劲，仍不能开始，港、台一般志同道合之人士及青年学子，十分失望。先生所推荐之人，如孟余、孟真两先生，都不愿担任此工作，而孟余先生更消极。老实说，"自由中国运动"如非先生出来领导，绝对没有希望。以拯救民族文化为己任如先生者，还能这样长此因循下去么？先生不愿组党，犹有理由可说。而先生不做这个运动的领导人，实在说不出道理来。前次征求先生组阁，我是反对的。因如此必然牺牲了先生个人而于国事毫无补益，请先生领导这个运动，我是极端赞成的，因为只有先生才配领导这个运动。[30]

"孟余"是指顾孟余，时在香港，为第三势力领袖。"孟真"就是傅斯年，当时为台湾大学校长。

这封信只留下一个不完整的文本，是否发出也不清楚，但可以肯定的是，胡适始终没有答应雷震，出面领导"自由中国运动"。

三

　　1949 年初，胡适曾有过一闪而过的和平幻想，所以才会想把家属安排到老家安徽绩溪去住。1 月 8 日，蒋介石请他吃晚饭，他为蒋讲了温赖特将军守巴丹半岛力竭投降，胜利后释放回国，美国人热烈欢迎，国会特授于"荣誉勋章"的历史。他当天的日记记下了这件事，并写了"蒋公稍有动意？"一句，蒋是否为这个故事所打动，胡适只是猜测，所以才会在后面加一个问号。从蒋坚持要胡适去美国来看，蒋从不相信"求和"会有结果，所谓"求和"文告都不过是演戏罢了。

　　2 月 15 日，胡适在上海商业储蓄银行分行和老同学、浙江大学校长竺可桢谈了半小时，竺可桢日记说，"八点至霞飞路……晤适之，……适之对于中共与中央和谈之成功甚悲观，但谓北京之解放未始非福。渠不久将赴美国，或将赴台湾一转。"[31]

　　本来他已定下 3 月 9 日赴美，3 月 3 日又将船票退了，改在 4 月初走。次日，他在给妻子江冬秀的信中表示，自己想在上海多住几天，"也正是要看看整个局势如何变化。如果三月里形势好转一点，长江守得住，上海就没有大危险，那时我想你还是回上海来住，但是，我到今天还不敢断定形势如何转变。"[32]

　　也就在这段岁月里，胡适重提"和比战难"的口号，3 月 23 日的包天笑日记记载，听说胡适在台湾讲话指出"和比战为难"。几年后（1952 年 11 月 9 日）在一次记者招待会上，胡适还说：

　　　　"和比战难"，是我三年半前，国共和谈未破裂共匪未渡江前说的。……"和比战难"这个名词，将在未来战史上会留下好几页的记录。在国共和谈时，我说了"和比战难"。某晚，张治中跑来看我，说："胡先生，我对你什么都佩服，就是对你的'和比战难'不敢领教。"我想张治中现在应该佩服我了吧！与共产党谈和，原是不容易的！

其实，他最早提出"和比战难"是在抗战初期，1938、1939年他给南京政府的电报中就强调和比战难百倍。1949年，正是他意识到和平不可能，所以他才会接受蒋介石请他去美国的要求。4月6日上午，他在上海再度登上开往美国的轮船，他自称"此是第六次出国"，或许他知道也是最后的一次。相隔十年，他在《自由中国》纪念会上说："当民国三十八年初，大陆危急的时候，政府要我到国外去。"

4月21日，他乘坐的轮船抵旧金山，还未进口，海关人员就带来一批新闻记者，挟着报纸来访问他，要他谈话，他在几年后回忆："我已经有十多天没有看到报纸了，连忙接过报纸时，我首先看的消息，是国内和平决裂，共军已经渡江。在这和情形下，要与外国的新闻记者谈话，是多么困难。"

4月27日，他到达纽约，住在他当年离开驻美大使职务后租的房子里。此次赴美与抗战时情形不同，国民党政权即将在大陆崩溃，美国朋友问他的态度，他表示："不管局势如何艰难，我始终是坚定的用道义支持蒋总统的。"他后来写下《我们要选择我们的方向》一文，再次重申"我这个观点是永远不变的"。[33]

这和蒋对他的谦恭、拉拢也不无关系，即使在下野溪口时，3月9日，蒋还专门派儿子去上海看他。3月9日的蒋经国日记说，"父亲派我赴沪访胡适先生"。5月8日，浙赣铁路已被解放军占领，长沙、衡阳指日可下，香港学者陈君葆在日记中说："以蒋介石言，已无可为了。而胡适还说'救中国还来得及'！"[34]

5月28日，蒋介石给胡适写了一封密信："此时所缺乏者而急需于美者，不在物质，而在其精神与道义之声援。故现时对美外交之重点，应特别注意于其不承认中共政权为第一要务。至于实际援助，则尚在其次也。对于进行方法，行政与立法两途，不妨同时进行，但仍以行政为正途，且应以此为主务。望先生协助少川大使，多加功夫为盼。"[35]

胡适大致上就是按着蒋的这一思路，开展他最后的民间外交努力，难怪有人说他是"不是大使的'大使'"。然而，国内的局势变化太快，国民党兵败如山倒，使他深感抬不起头，精神上苦闷极了。5月22日，他给赵元任夫妇的信可以看出他当时的处境、心境，其时即使是同情国民党政权的美国人也都"一筹莫展"、"有心无力"。和他抗战之时做"过河卒子"，赴美外交已不可同日而语。到7月6日，胡适在美国展开民间外交的各种努力都归无效，他通知驻美大使馆，取消一切约会，不再接见任何政府或国会的领袖。几年后（1952年12月7日），他这样回忆：

> ……在民国三十八年，我感到抬不起头，说不出话。我曾对家人说，"不要以为胡适之在吃自己的饭。"我们家乡有句俗语："留得青山在，不怕没柴烧！"以我几十年的经验，我感到青山就是国家。国家倒楣的时候，等于青山不在，青山不在的时候，就是吃自己的饭，说自己的话，都不是容易的事情。我在国外这几年，正是国家倒楣的时候，我充满了悲痛的心情，更体验到青山真是我们的国家。
>
> 这次出去我很苦痛，由于许多老朋友的失败心理，使我感到难于说话。所以在民国三十八年七月十六日，我通知中国驻美大使馆，取消一切约会，不接见任何政府或国会的领袖。因为大家成见太深，使我处处碰壁，也因为局势太大，不是私人间的谈话所能转移的。在这个时候，只有替国家保留一些尊严，替国家保留一些人格，所以我取消一切约会。就是自己作文章，说几句话，也是人家请我作，请我说话，才作才说的。因此，三年以来，我只是给国家留了一些体面，其他毫无贡献。即使局势有些好转，也是毛泽东发疯自己造成逼上梁山的局面，我没有功劳。[36]

8月5日，美国政府发表"中美关系白皮书"，认为中国内战的"恶果"非美国所能左右，对国民党的批评极为严厉。之后胡适有5个月没有去过华盛顿，12月中旬，他因事前往，也没有访问任何政府和国会中人。1954年2月，他给司徒雷登的回忆录《旅华五十年记》写序，表达了自己的看法：

> 因为在雅尔达出卖了中国，因为在紧要关头的时候停止了对华的有效援助，而且最主要的，因为自己是有大的权力和无人可与抗争的世界领袖地位，所以倒下来的中国流着血的时候，美国可以说"罪不在我"。
>
> 我也同意司徒博士的看法：美国为了赎罪而应该做到的起码事情，就是继续拒绝承认中共政权并继续反对这一个政权在联合国的席位。这一点跟历史性的伟大传统，至少是相符合的。这个伟大传统就是史汀生和胡佛所高举的以及罗斯福总统和邱吉尔首相所写在"大西洋宪章"的不承认主义。[37]

精神苦闷，整理《水经注》几乎成了他的主要工作。从7月1日后，他常常以考据《水经注》自娱，打发"根株浮沧海"的痛苦时光。虽然他8月间给语言学家赵元任的信中说自己不搞考据了，可是9月5日，他还是禁不住写了一篇5000多字的《象棋小考》。他在文后的"暂记"中说："1949年9月5日是美国的'劳动节'，其前两日为周尾，故共有三日的假期。我在这百忧交迫的时候，决心休息三天，就开始写这篇'象棋小考'。写得太长了，我在客中又没有书，不够参考，故又搁下了。"[38]到10月29日，他还专门给在哈佛大学远东语文系任教的杨联陞写长信讨论此文。

9月30日，他在"百无聊之中"又写了一篇短文《试考董沛所见全氏的水经注校本》。当然，他仍在关注着中国时局的演变。时为联合国粮农组织代表的陈之迈回忆，这年10月底、11月初，胡适两次心脏剧痛，仍不断和友人讨论时事：

> 1、征兵事，必求公平合理。
> 2、蒋介石复职总统问题，最所关心。[39]

四

1949 年 5 月，香港的左派报纸发表了北平辅仁大学校长、七十岁的历史学家陈垣给胡适的公开信（《人民日报》1949 年 4 月 29 日首发），陈垣以幡然悔悟、回头是岸的过来人姿态，一方面对胡适所持的自由思想、治学方法以及一切之一切进行了驳斥，一方面劝说胡适放弃过去的"错误成见"、否定过去的"观点错误"，幡然觉悟，脱离"反人民的集团"，"回到新青年的行列"。[40]

6 月 18 日晚，胡适第一次看到《陈垣给胡适的公开信》英文译本，第一段引用的就是他当初给陈垣最后一信的末段。第二天他在日记中说："全函下流的幼稚话，读了使我不快。此公老了。此信大概真是他写的？"6 月 20 日，他细读了陈垣公开信英译本，"更信此信不是伪造的（？），可怜！"[41]

他们之间在学术上曾有许多交往，胡适离开北平的前夜，还在写信和陈垣讨论学问，信的最后说到："今夜写此短信，中间被电话打断 6 次之多，将来不知何时才有从容治学的福气了"。

6 月 21 日，胡适从 6 月 15 日的《华侨日报》上读到这封公开信的中文本，当天在日记中说："我读了更信此信不是假造的，此公七十岁了，竟丑态毕露如此，甚可怜惜！"[42]

不过到了 6 月 24 日，他的想法就发生了变化："我今天细想，陈垣先生大概不至于'学习'的那么快，如信中提及'萧军批评'，此是最近几个月前发生的事件，作伪的人未免做的太过火了！"25 日，他和蒋廷黻都怀疑陈垣的公开信是他先写了一稿，"共产党用作底子，留下了一小部分作'幌子'（如第一节），另由一个党内作者伪造其余部分。"[43]

12 月 15 日夜，他抄写给陈垣的信，那是 1948 年 12 月 13 日关于考证的一封信，转眼一年了。他顺手写了一个附记："这是我在北平最后的一封论学书，12月14日寄出，15日我出北平了。陈垣先生没有答复我问的话。"[44] 令他意想不到的是，不久后陈垣会发表这样的公开信与他对垒。陈垣的公开信中被引用最多的一句话是：

"你说'决无自由'吗？我现在亲眼看到人民在自由的生活着，青年学生们自由学习着、讨论着，教授们自由的研究着，要肯定的说，只有在这解放区里才有真正的自由。"[45]

后来，胡适在陈垣公开信的后面写了一篇跋，凭他长期以来对老朋友的了解，他断定这么漂亮的白话文不是陈垣自己写的，他从来不写白话文，也决写不出这样漂亮的白话文，显然是别人写好了以他的名义发表的——

"改写这封信的人当然是一位聪明的文人，熟悉共产党的思想路线。可惜他太聪明了，太熟悉中共思想路线了，所以他把这封信写得太过火了，就不像陈垣校长了！"

"在共产党的军队进入北平之后三个月，七十岁的史学者陈垣就得向天下人公告，他的旧治学方法虽然是'科学的'，究竟'是有着基本错误的'！他得向天下人公告，他已'初步研究了辨证唯物论和历史唯物论，确定了今后的治学方法！

所以我说，这封《陈垣给胡适的公开信》最可证明共产党统治之下决没有学术思想的自由。"[46]

即使"根株浮沧海"，远在大洋彼岸的胡适依然热切地关注着此岸的一切，此岸毕竟与他血肉相连啊。5月22日，他在给赵元任夫妇的信中说到，香港《大公报》5月10日发表北大、清华等校校务委员名单，他评说"两校常务七人中，除主席外，色彩皆甚浓厚。"其中提及许多故交、同事的情况，比如原北大法学院院长周炳琳、北大教务长郑天挺等。对周鲠生的情况更是关切："武汉大学怎样了？鲠生怎样了？"[47] 法学家周鲠生不再是武汉大学校长。

8月16日，他给赵元任夫妇的信中谈到一些留在大陆的故友，对大陆的变化及朋友们的出处都表示了深深的关切。他引述原南京市长沈怡来信说起其姐夫、社会学家陶孟和在京沪"很活跃"，"他是道地好人一个，可惜自己太无主意，并且容易冲动，于是别人的见解都成了他自己的一套看法。"并说："七月七日香港《大公报》记'全国社会科学工作者代表会议'筹备会，于7月17日在北平开幕，选出廿九人为常委，其中有孟和、奚若，而没有端升。此段记载说，朱德、董必武都曾到会讲话。朱德说：'世界上只有一种正确的社会科学，这就是马克司、列宁主义'。Wonderful！"[48] 政治学教授张奚若、钱端升都是他的老朋友。

12月23日，他给赵元任夫妇的信中谈到"香港《大公报》发表了几百个新'官'，其中有'中南军政委员会'，主席林彪，副主席四人，委员七一人，'周鲠生，武汉大学教授'是七一人之一。"[49]

这一年胡适59岁，离他生命的终点还有12年。在写给赵元任夫妇的信中，他一再提及"精神上十分苦闷"，这种苦闷伴随着他走过了扰攘不安的1949年。"根株浮沧海"，这种刻骨铭心的哀伤将笼罩在他整个生命的黄昏。

注释：

[1][3][5][9][12][14][19][20][41][42][43]《胡适日记全编·7》，安徽教育出版社2001年版，731、726、732、743、774、778、781—782、774-775、779、778、778-779、780页。

[2] 司徒雷登给美国国务卿的白皮书，转引自《胡适与中国的文艺复兴》，[美]格里德，江苏人民出版社1989年版，327页。

[4][18] 雷震日记，《雷震全集》第31册，台湾桂冠图书出版公司1989年版，130页。

[6][7][15][21][23][25][28][33][36][37][38][39][44][46] 胡颂平编《胡适之先生年谱长编初稿》第六册，台湾远流出版公司1991年版，2068、2077、2099-2100、2078-2081、2082-2083、2083、2089、2092-2093、2097、2098、2100、2107、2063、2126页。

[8][31]《竺可桢日记》第二册，人民出版社1984年版，1229、1218页。

[10][34]《陈君葆日记》下册（1941年-1949年），商务印书馆（香港）有限公司1999年版，

1033、1051 页。

[11] 包天笑《钏影楼回忆录续编》，山西教育出版社、山西古籍出版社 1999 年版，893 页。

[13] [32] 转引周质平《现代人物与文化反思》，九州出版社 2013 年，112—113、104 页。

[16] [17] [47] [48] [49]《胡适书信集》中册，北京大学出版社 1996 年版，1181、1188、1179、1181、1187 页。

[22] 转引自范泓《风雨前行——雷震的一生》，广西师大出版社 2004 年 5 月版，88 页。

[24] [26] [29] [30] 万丽娟编《万山不许一溪奔——胡适雷震来往书信选集》，台湾中央研究院近代史研究所 2001 年版，2、9-10、5-6、8 页。

[27] 余英时《从〈日记〉看胡适生平的几个疑案》，《万象》2004 年第七期，42 页。

[35] 转引自陈漱渝《飘零的落叶——胡适晚年在海外》，《新文学史料》1991 年第 4 期。

[40][45]《中国现代哲学史资料汇编》第四集第二册，1982 年沈阳，34-35、34 页。

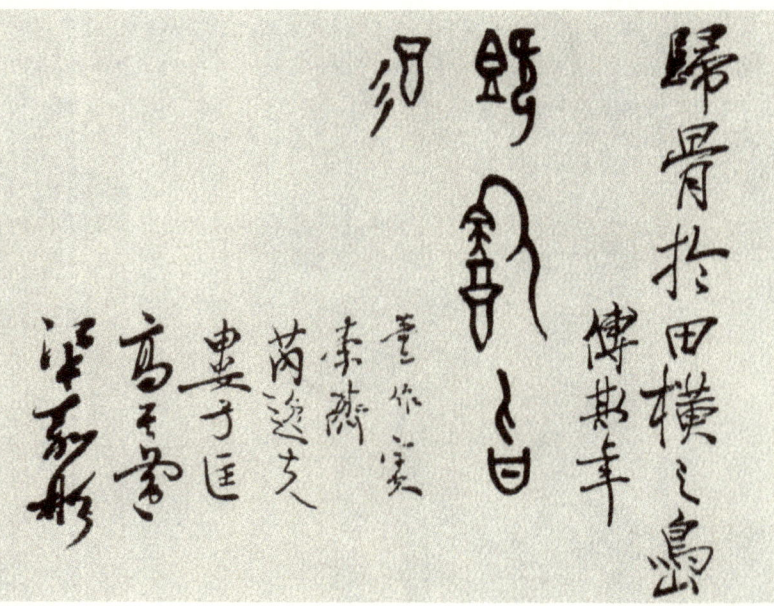

傅斯年手书

傅斯年

"归骨于田横之岛"

　　傅斯年（1896－1950年），字孟真，山东聊城人，"五四"一代知识分子的代表人物，历史学家。在北大求学期间恰逢新文化运动的浪潮高涨，他和罗家伦等同学组织'新潮社"，创办《新潮》杂志，并在《新青年》发表文章，名动一时。1919年5月4日，他出任北京学生游行总指挥。同年他留学英国，在伦敦大学学习历史、数学和实验心理学，后到德国柏林大学学习哲学和历史。回国后，他先后担任中山大学教授、代理文学院院长、中央研究院历史语言研究所所长、西南联大校务委员、北大代理校长等。他主持安阳的考古发掘为殷商史和甲骨文研究奠定了坚实的基础，对古代中国和中国文化研究都具有里程碑意义。自1938年起，他出任国民参政员，直言不讳，曾炮轰炙手可热的行政院副院长孔祥熙。又在1947年连发数文炮轰行政院长宋子文，被舆论界誉为"傅大炮"。

　　从1949年1月起，他出任台湾大学校长。在风雨飘摇、众生彷徨之际，他是最清醒的极少数几个中国知识分子之一，甚至作好了最坏的打算。他在台湾《自由中国》半月刊发表的文字，如今读来仍振聋发聩。他对于国民党权贵的尖锐批评，和他坚持的"反共抗俄"理想，都显示了他作为一个知识分子的浩然正气和远见卓识。可惜天不假年，1950年就猝然病逝，但他留下了一个有学术自由、思想自由传统的台湾大学。

一

1948年最后一天，面对长江滚滚东去，傅斯年和比他年长仅五岁的老师胡适借酒消愁，不约而同地想起了他们熟悉的陶渊明《拟古》第九首：

> 种桑长江边，三年望当采。
>
> 枝条始欲茂，忽值山河改。
>
> 柯叶自摧折，根株浮沧海。……

此刻，国民党大势已去，离南京被共产党军队占领也不到五个月。两个年过半百、名动学界内外的男人竟然流泪了。他们的泪为何而流？我在《胡适：从此"根株浮沧海"》一篇作了简单的分析。

与傅斯年走得很近的屈万里曾听说，傅斯年那时身上经常带着安眠药，预备紧急关头可以"随时吞药自杀"[1]，因为他身体不好，夜难成寐，常备安眠药。但也做好了最坏的打算，万一"沦于敌手"，可以吞药。此时，前方战场攻守之势已易，国民党政权已摇摇欲坠，蒋心中迁台之意早就萌生了。此前12月22日，国民政府教育部正式任命傅斯年为台湾大学校长，实际上这个决定11月就已作出。当月，由他主持的历史语言研究所也迁到了台湾杨梅镇。

1949年1月20日，傅斯年正式就任台大校长，台大中文系教授黄得时请他写几个字，他信笔写下"归骨于田横之岛"的短幅相赠，其中弥漫着凄怆之感，更想不到竟一语成谶。屈万里曾建议将这7个字刻在傅斯年的墓碑上。

对于大局的急转直下，傅斯年忧心忡忡，1948年9月29日，他给蒋介石写了一封长信，就重要军事问题提出五项建言，一是集中兵力，作流动战，不困守一城。二是分地训练，认为台湾不是练兵之地。三特别强调徐州乃南京的门户，虽有重兵，但人事布置令人寝食难安他直言生于 1892 年、毕业于保定陆军军官学校、黄埔军校教官出身的蒋氏亲信刘峙不堪大任，当时刘为徐州"剿总"司令。他列举刘的两个绝大毛病：

> 1、好钱。军人如好赌、好酒、好色、以及好杀，自皆毛病，然毛病之最大者无如好钱。一经好钱，聪明人亦愚蠢，有作为者亦无作为矣。盖有钱之人，心思在钱，即无清明之气、思考之大。刘将军广好钱财之事，人所共知。今日容许自己不再抓钱。然好钱之事须一般人为之，以往好钱之人，今日纵不好钱，其手下之人钱未太多，断不能改，故仍为一腐败团体，欲其办事，难矣。

> 2、天资不足。刘将军不特无近代观念，即一般常识亦在一般高级将领之下。貌虽似奉命惟谨，然以如此知识，实办不了不了事。加以其一向所用人之集团，如在河南、在保定、在重庆等地所表现者，小局面亦难办好，如此大局面，实使京中人士不胜其殷忧也。

如此直言、敢言之士，在大变局前夜鲜有出其右者。接下来他继续强调皖北战区的重要性，又强调以刘峙更使人心不安。在写给朋友李田意的信中他说得更直接："刘极无用"。刘被称为"猪"，却是蒋介石的亲信，他的这些忠言自然不会被接受，但一切不幸被他料中。

第五点他谈起平津、察哈尔、绥远一带今后的形势：

> 闻美国使馆着急青岛，此美国外交官之无识也。除非苏联决定立即掀起世界大战，决不派共党攻击青岛，中国共产党亦不能擅自主张。若就我们之立点看，彼攻青岛则扩大事件，实在太好。以毛泽东之狡猾，亦决不为此也。今后共党如欲扩张，自必向南之鼠扰；如欲"吃棋子"，自为傅作义部。傅部之力量，能应付此否，不无问题。南方训练之兵，调至北方，多不可用。故目下只有就冀、察、绥地方充实

军队，且宜速为之。斯年返国后颇闻若干人对于傅部有推测之辞。若以斯年所见三十年北方将领中，最反覆者无多于冯玉祥，而最忠于上者无过于傅作义。傅氏小心谨慎，有思想而无大志，能实践而不幻想，恰是历史上平内乱将领之典型，如自皇甫嵩以至曾国藩。自彼守涿州出名，遂为阎百川将军所忌，然彼迄未叛阎也。今日北方，只此一地，只此一将，此地又如此重要，此人又如此性格，似当力为培植也。

关于傅作义的判断和对华北局势的评估，也是蒋介石听不进去的，最终傅作义没有成为力挽狂澜、平定太平天国的曾国藩，倒是成了降将。

在上述建言之外，他又提出数年来所主张的四点，一是各地负责军事的必须专心军事；二官兵须为一体，并具体强调了五条措施；三是军费开支要有监管之法，各主要战区须有视察巡回团监督军费使用是否得当，都应由文人及有独立立场的人主持；四是严防军中匪谍。

这是国民党政权在大陆崩溃前夜，他向蒋介石最后也是最重要的建言，几乎都被他言中，也几乎没有被采纳。

11 月 6 日，傅斯年给在耶鲁大学任教的朋友李田意写信，此时，时局几乎都已不可逆转。他说："目前中国的局面，早已料到，本不必惊异，但身陷其境总是心烦。我回来时还很热心，近则觉得实无处可以用力，这个感觉也不是现在才有的，二十年中常常觉得如此。"

当时他从美国治病回来不久，为自己花费了国家一万五千元而感到不安。

"国内之腐败，令人一切寒心，而共党又是灭亡中国的——真如弟在 New-Haven 学生会所说 "Between Devil & Deep Sea"（在魔鬼与深海之间）。此间一切人，不特兵也，Morale（士气）都低，我很高（尽管悲观，这是老习惯），因为我对于中国之命运是看透的。我目下一切照常办公，看书，编稿子，决不早跑，然也决不落在共党之手。既不早跑，则颇有落在敌手之可能？果有那一天，我自有办法，决不受辱的。……

张伯苓先生照旧乐观，胡先生是异常镇静。"

一个月后，北大校长胡适不能再保持"异常震静"，12月15日在大军围城中乘专机仓促南下，傅斯年在南京接机，这才有了年末喝酒背诵陶诗的那一幕。

74岁的张伯苓当然也不能继续"乐观"。一个月前（10月14日），报纸上突然公布他已辞去南开大学校长，由经济学家何廉代理校长，而他和何兼事先一无所知，他也没有提出过辞职。10月29日，他飞往南京，随后到了重庆沙坪坝的南开中学。

在傅斯年眼中不象冯玉祥那样翻来覆去的一代名将傅作义即将走上另外一条路，1949年1月31日接受了中共所谓"和平解放北平"的条件。

二

假如没有傅斯年，在那样动荡的时局中，台湾大学想要在短时间中迅速崛起、发扬光大，奠定一个现代大学的基础，确是难以想象的。

台湾大学最初是日本殖民地时代建立的，所以台大将1945年光复之日作为校庆之期。到傅斯年接手时才迎来了第四次校庆。他之所以能把台大办成孤岛上的北大，这不仅取决于他的干才，取决于他大刀阔斧的勇气与锐气，更主要是他的办学理念，他完全继承了北大的传统，纯粹为办大学而办大学，在相当程度了保持了大学的独立性和学术的尊严，比如拒绝三民主义进学校等。

受命之初，1948年12月18日，傅斯年致电台大文学院沈刚伯院长和台静农等：

> 弟奉总统命长台湾大学，际此国家艰难，当勉为之。台大前身学术空气本是欧洲大陆之正统，当尽力保存。以后如因需要增聘教授，必以学术为标准。迁台学术

机关如中央研究院等，当以台大之学术进步出发点而合作，决不为台大累。总之，时事艰难，必须开诚心、布公道，使主客新旧同心相安，然后可图进步。一切函详。[2]

当时，他就想聘请陈寅恪这样的教授到台大任教。

1949 年 4 月 20 日，他上任未久，在《台湾大学校刊》发表的《国立台湾大学三十七年度第一次校务会议校长报告》中明确提出："第一流的大学，不能徒然是一个教育机关，必须有他的重要学术贡献，但是，也没有一个第一流的大学，把他的教育忽略了的"，他提议通过一年半时间，改进各种通习科目，"务使来校的学生，一进大门来，便得到第一流的教授教他们的普通课，教课之需要实习者，得到充分的实习机会，有富于教本参考书的阅览室可用，有优良的助教改他们的卷子，国文和外国文的程度，一年之内顿然改观。"

同时他也表示，"不是我要把一个大学办成一个专是教书的大学。一个专是教书的大学，不会把书教得很好，因为学术水准低，自然不会把书教得深入浅出。所以在进行本校的教育建设上，也应该时时不忘学术的标准。"他说这些都是"卑之无甚高论"，"但在目前大局不定、社会动荡之下，不特'高调'无从谈起，即此'低调'，若努力担负起来，也是极其吃力的。……究竟大局与环境能允许我们做到几成，总在未知之数"，但以他那种"虽千万人吾往矣"的姿态，他只会一步一个脚印地往前做去。[3]

什么是大学？近代意义上的大学在傅斯年心中是很清晰的，他说："大学是个教授集团，不是一个衙门，照大学法，校长虽然权力甚大，然我为学校之前途计，决不能有极权主义的作风。"[4] 他深知，"一个大学必须大家要办好，才能办好，便可以办的好，决不是校长要办好的。我所谓大家这包括全校教职员、学生、工友在内。"[5]

当然，"大学的主体当然在教授，为教育、为学术的研究，这都是当然的。假如教授受行政人的干预太多了，流弊极大，可以弄到学术研究根本难得进行。"[6] 所以他原则上赞许大学的讲座制度，认为要保障教授的独立性，教学的自由，如果大学教授与中学教员一样，大学便不成其为大学。他在北大度过了人生中重要的六年，赶上了蔡元培主事的时光，风云际会，组织新潮社、创办《新潮》杂志，发表了大量鼓动新文化、新思潮的文章，终于和师长陈独秀、胡适他们一同造成时势，开创了新时代，蔡元培先生"兼容并包，思想自由"的观念，以及"教授治校，学生自治"这一套制度已经植根于他的生命深处。在他短暂的55年人生中，从进入北大读书开始，几乎就一直没有离开过大学。他曾先后出任中山大学、北京大学、西南联大教授。在受命担任台湾大学校长之前，他做过西南联大常委、北京大学代理校长，对办大学并不是个生手。他有着让胡适佩服得不得了的行政能力，同为"五四"时期北大学生领袖的罗家伦和他开玩笑说，蔡元培、胡适是北大的功臣，而他们是功狗。如今走进台大校园，还能找到被称为傅园的傅斯年墓。有学者说：

"台大校史上。孟真（傅斯年）先生虽非创校校长，但在常规及制度之设立上，恐无人能出其右。"[7]

他是"五四"之子，三十年来他的作为表明他是当年"五四"理想最好的捍卫者，三十年后，当他在乱哄哄的孤岛上受命主持小小的台湾大学时，他心中的模本就是三十年前的北大，教授享有学术自由、教学自由，这是不言而喻的，作为校长，他就是要保障教授的这些自由。所以他才会骄傲地对人说："总之，台大仍是民主国家之自由传统，与大陆情形不同，既未统制思想，亦无亲美宣传（对大陆之亲苏不同），亦无'大课'（大课是毛泽东主义）"。[8]

他认为"大学的任务，本来是三项：一是教育的，二是学术研究的，三是事业建设的，三者有不可分性。"[9] 有相辅相成的关系，"大学是学术机关，它的教育的作用，是从学术的立点出发，不是掉转过来；它的学术的作用是从教育的立点出发。换句话说，大学是以学术为中心，而用这中心发挥教育的力量，不是以教育为中心，而从这中心发挥学术的力量。"[10] "我不是把教育看作第二义，教育当然是人生第一义，但是大学的教育，是从学术的立点出发的，所以大学的教育，与中学的教育不同，并与职业教育不同，而且与专科学校的教育不同，而且应该与号称大学或独立学院的教育而以职业为目的者不同。"[11]

他强烈反对把大学当作培养工具的摇篮，坚决摈弃大学的工具主义。抬头看看今天笼罩在工具主义之下的大学，想想傅斯年当年身体力行的理想，不禁让人黯然神伤。

同时，他倡导简朴的学风。9 月 28 日是他到台大的第二个学期，发布了这样一个布告：

"本校学风，素称俭朴，然亦偶有有钱人之子弟，习为奢侈者。兹在学年开学之始，特行告知诸生，如有娇养成性，习尚浮华者，务请不入本校之门；既入本校之门，即须改行自新，须知国家办此大学，费钱甚多，经费皆民脂民膏，岂容此辈滥竽其内，浪费本校教育之努力！以后如见有习尚浮华，衣食奢侈者，必予以纠正，或开除学籍。"[12]

对有钱人子弟，以台大为跳板，一有机会就要出洋，他也深有警惕，认为这是浪费教育资源，退学固然不能禁止，但在发给证件上学校可以有自己的规矩。10 月 12 日发布的布告就是专门防止有钱人子弟"任意来去"的。[13]

什么是大学精神？这是他耿耿于心，始终不曾忘怀的。"大学也必须有大学的样子，包括精神与形式"，[14] "发挥大学精神"、"促进学术空气"是他办台湾大学期间首先考虑的。他一直想写一本阐述大学精神、对大学的见解等的专书，因为事务繁忙，终究没有写成。但在各种零散的演讲、文章、书信、布告等文字中，我们可以大致上看出他的基本观点。

1949 年 11 月，在台大第四次校庆时，他发表演讲说不许把大学作为任何学术以外的目的的工具，"如果问办大学是为什么？我要说：办大学为的是学术，为的是青年，为的是中国和世界的文化，这中间不包括工具主义，所以大学才有它的自尊性。这中间是专求真理，不包括利用大学作为人挤人的工具。"[15]"台湾省既然回到祖国的怀抱，则台湾大学应该以寻求真理为目的，以人类尊严为人格，以扩充知识、利用天然、增厚民生为工作的目标。"[16]

在最根本的意义上说，大学精神就是傅斯年说的"专求真理"（或"寻求真理"）这四个字，这是第一位的，其余的都是次要的。这和竺可桢当年为浙江大学确立的"求是"校训，和哈佛大学的校训也都是相一致的。本着这一理想，傅斯年呼吁学生第一是要立信，在品行上自我修炼，一个社会品行好的人多，社会就会健全，反之就很危险。"这一个时代，真是邪说横流的时代，各种宣传每每以骗人为目的，在宣传者不过是想用宣传达到他的目的，但是若果一个人养成说瞎话的习惯，可就不得了。人与人之间，因为说瞎话不能放心，团体与团体之间，因为说瞎话不能放心，社会上这个风气厉害了，社会就不上轨道。"在大学里这一观念尤其重要，他倡导"知识的诚实"，如果没有这样的精神，学问不能进步，发明更谈不上。"所以立信是做人、做学问一切的根本，也是组织社会、组织国家一切的根本。"[17]

第二是力学，"在这个苦难的时候能有这样一个环境，已经算很有福气了！这个遭遇，这个环境，是万万不可辜负的。……这些年来，大学里最坏的风气，是把拿到大学毕业证书当作第一件重要的上上，其实在大学里得到学问乃是最重要的事，得到证书乃是很次要的事。"重要的是"由学术的培养达到人格的培养"，"须知人格不是一个空的名词，乃是一个积累的东西。积累人格，需要学问和思想的成分很多。"[18]

第三是爱国，他认为这是一种本能，是对民族文化、历史的一种认同感。

第四是爱人，"爱国有时不够，还须爱人。爱国有时失于空洞，虽然并不一定如此。至于爱人，却是步步着实，天天可行的。……克服自私心，克服自己的利害心，便可走上爱人的大路。只要立志走上这个人道的大陆，无论一个人的资质怎么差，每人都有作到释迦牟尼或耶苏［稣］基督或林肯或国父孙中山先生的机会，至少分到他们的精神。"[19]

"这样才可以使我们的大学成为宇宙间的一个有意义的分子"。[20]

三

为维护大学精神，傅斯年一往无前，毫不退缩地站在前面。当时的台湾风雨飘摇，一切都没有上轨道，社会情绪激越，学生左倾严重，校园里扭秧歌、撒传单时有发生，一方面他筚路蓝缕，致力于营造大学的学术氛围。

另一方面还要抵挡来自政治的风浪，以及社会上的各种攻击，他恪守的一条底线就是大学的独立与尊严。

据陈雪屏回忆，他当时的健康情形已很是令人担忧，"但他一方面心忧大局，同时锐志要把台大建设成一个够世界水准的学府，殚精竭虑，竟无一刻的轻松。"[21] 劳累过度成为他盛年早逝的重要原因。

1949 年 4 月 6 日，傅斯年接到国民党警备司令部的公文，指控 14 名学生"张贴标语、散发传单，煽惑人心，扰乱秩序，妨害治安"等，要将他们拘捕，并进校抓人。据包天笑日记，这一天台北宣布戒严，"有几处热闹区域，均断绝交通"，一时风声鹤唳，人心惶惶。第二天，警备司令部的名单上又扩大到 23 人之多，对此，身为大学校长的傅斯年无可奈何，为了保护学生，他当时的态度很明确。4 月 7 日，台大行政会议上作出由校长本人向国民党当局接洽的决定（当时省主席为陈诚），提出四点要求：

一、凡载在名单内之被捕学生，迅即移送法院审讯；二、凡不在名单内而被捕之学生，即予释放；三、以后如不发生新事件，绝不再行拘捕学生；四、准许学校派人探视被捕学生。[22]

傅斯年不断地要求当局"依法处理"，也就是从法律途径上努力，他内心的痛苦旁人是无法体会的。当时国民党残余政权尚未迁台，对学生的思想钳制还没有后来那样严密，白色恐怖尚没有正式揭开帷幕，岛上反内战、反饥饿、反迫害的学生运动也和大陆一样此起彼伏，校园里跳起了秧歌舞，有学生还专门写下《为什么扭秧歌》的文章，一派天真烂漫。傅斯年却深知其中的险恶，他也曾协助国民党当局将一千多名左倾学生遣返大陆，功过是非，后人自可评说。有人说他的"可爱之处"是，他与国民党保持着良好的关系，经常向蒋介石要经费，上一次草山（后改名阳明山）必满载而归。所以他曾开玩笑说："胡适比我伟大，但我比胡适能干。"但他并不跟着国民党当局钳制学生的思想，无论在怎样的情况下，他始终都坚持校园内必须有自由的学风。"当时有位学生受累坐牢，即赖傅斯年营救得以伸冤。中研院史语所还保留了这位学生感谢傅斯年救命之恩的一封信。其他被捕学生有的说：'当时傅斯年自北大带来的自由学风，就算有特务进了校园，也起不了作用。'"[23]

自由学风，无论到时候都会令人向往。当年的台大学子都相信那是他们的校长从老北大带来的，有两个例子可以证明这种学风的可贵。一是傅斯年做校长那一年入学的台大学生可以不读三民主义，也不要升旗，在此之前和傅斯年谢世、钱思亮继任后，这都是不可想象的，算得上是空前绝后。二是台大政治系教授萨孟武一直放言无忌，批评国民党的法统，播洒民主法治的种子，很多外系的学生都去他的课堂旁听，影响越出了校园外，连他的口头禅"因此他之故"也名闻遐迩，成了大家的口头禅，对一代青年产生了深远的影响。萨孟武的言论自然让国民党当局头疼不已，因为有傅斯年在，他就可以在台大继续教下去，不用改变什么，一旦傅斯年不在了，国民党的党团势力渗入台大，也就一切都变了。

傅斯年挺身保护学生的故事，在台大从此传为美谈。难怪在他身后很多年，有人这样说，读书人应该有一种骨气，"这种骨气，已不能在傅斯年以后的历任台大校长身上找到了。"[24]

傅斯年和亦师亦友的胡适一贯主张表达意见要署真名实姓，表示负责任，因为我们要争取的不是匿名的自由，1949年5月初，在台大校园里出现了匿名的油印传单，以极丑的词句攻击训导主任，他发出布告，"须知匿名之事，即不负责任之表示；而丑言攻击，实非大学教育所能容。""总之匿名传单，恶词攻击之风气，与良好之学校风习决不相容"。[25]

5月20日，他发布布告，台湾已宣布戒严，即进入战时状态，要学生注意：所有壁报必须由登记团体盖章才可张贴，其中文字如发生事故，由登记人负责。不得举行非学术性、游艺性、交际性的集会，即使是这类集会事先也要经训导处许可。但当国民党当局变本加厉地践踏大学独立、学术自由的制度，肆意逮捕师生时，他终于忍无可忍，挺身而出，不准军警随意入校捕人。国民党政府下令实行联保制度，一人因政治思想"不纯正"被判罪，其他人都要连坐。面对这样极端反动摧残思想和学术自由的制度，傅斯年愤慨地对国民党当局声明，台大师生由他一人担保，发生问题，他负全部责任；从而迫使这个反动制度在台大无法推行。

他在国民党统治下致力于维护大学独立的原则，可以说已经竭尽所能。早在1932年，面对国民党在大学推行党化教育或所谓三民主义教育，他就尖锐地指出："教育如无相当的独立，是办不好的。官治化最重之国家，当无过于普鲁士……当年以德皇威廉第二之专横，免一个大学校长的职，竟是大难……其用人行政，一秉法规，行政官是不能率然变更的。"[26]

7月11日，叶青在《民族报》发表公开信，攻击傅斯年主持下的台大"优待共产党"，一是台大教授李霁野突然离开，未经系主任、院长同意，只是留信一封，说是请假，传闻先到香港，后到大陆。另一副教授张则是办好了请假手续，送家眷去广州，校方仍发薪水。二是法学院院长萨孟武"参共亲共"、"台湾大学中有些院长和系主任还是共党分子或亲共分子，他们把持院系，排拒异己，正是把他们底院系变成共产党细菌的温床"。

面对这些不顾事实、罗织的大帽子。7月14日，傅斯年挺身而出在同一报纸发表《傅斯年校长的声明》，一一予以驳斥，并断然表示"学校不兼警察任务"、"但是我不兼办警察，更不兼办特工"。这一声明义正词严，55年后依然有着金石般的回响，这是他对大学精神的捍卫。他与叶青的冲突主要就是因为如此，叶青信中一句话露出了马脚，"对于从共区逃出来的学者专家，应该尽量罗致"。傅斯年读出了其弦外之音，但他说："我请教员，当然要依据标准，依据专业之精神，尤其是因台湾大学各院系之需要而定，我若把台湾大学作为'招贤纳士'之处，那真对不起国家了。招贤纳士与办学不能合为一事，国家要如此，可以另设机关，学校若如此，必糟无疑。"他最后表示："反共须有反共的立场，贪官污吏及其他既得利益阶级而把事情办坏了的，我不能引为同志，我的'反共反苏'的徽号，本是共产党送我的，我也受之无愧，我因为民族主义与人道主义，所以反共反苏，我不能用共产党的方法反对共产党，因为若先向共产党拜了老师，用他那一套不讲事理不重人性的办法，则自身先站不住，反共之结果，只有替共产党扩张势力耳。"[27]

在 7 月 20 日发表的《两件有关台湾大学的事》中，他继续说："我不能一面办大学，一面'招贤纳士'。'招贤纳士'在国家有其必要，若是一个人去办，徒是培植自己的势力耳。这是我所绝对不取的。一个大学，兼办'招贤纳士'，必致弄得不成样子，所以这半年以来，我对于请教授，大有来者拒之，不来者寤寐求之之势，这是我为忠于职守应尽的责任，凡资格相合，而为台大目前所需要者，则教育部长之介绍信与自我之介绍信同等效力；如其不然，同等无效。"[28]

叶青又在《民族报》上发表了一个声明。使得傅斯年于 20 日再次发表声明反驳："我与共产党之不能相容，因为我根本看不起共产党那一套作风（即方法）。反对共产党可以反对其目的，也可以反对其方法，苏共在列宁时代与斯太林时代，方法愈演愈凶，目的又截然大变。大体上我并不反对列宁之目的而反对其方法，因为他的目的还有不少人道主义，而其方法则是马嘉维利主义。至于斯太林，则目的全是帝国主义，而其方法则是越变越利害的马嘉维利（今译：马基雅维利）主义。自由主义的方法，绝不能毫无凭据，指人为共产党亦绝不能不重视在法律内的学术自由。"[29]

如他后来给远在法国的李书华信中所说："弟到此办此一大学,真正上当,大概说来:(1)办一新大学容易,改革一个旧大学难。(2)弟在北大任内,多是老朋友,吵架固多,办事也有甚愉快处,此地是'接受别人杂牌队伍'。(3)基于政治情形,此地请人大不易也。简直请谁谁不来。"比如他请竺可桢、陈寅恪等都没有成功。[30]这封信写于1950年10月18日,他重申"总之,台大仍是民主国家之自由传统,与大陆情形不同,既未统制思想,亦无亲美宣传(对大陆之亲苏不同),亦无'大课'(大课是毛泽东主义)"[31]

当然,小到新生入学、盖学生宿舍、学校医院、接济大陆来台学生的"救济金"、解决困难学生"申请工读"等问题,作为校长,傅斯年也无时不牵挂在心。在他手里,台湾大学成为第一流的大学,不是偶然的。

1949年6月13日,傅斯年致电当时迁到广州的行政院副院长朱家骅说:"半年来,台大力求进步,已成良好之大学,目前台湾生活高涨,教授收入不足买一石米,实万分艰苦,敬恳照六月份标准,加发一个月全薪,以利同人。此次可由行政院决定,电台湾省政府转饬台湾银行垫发,由中央担保便可。"[32]

他为师生的生活日夜操心。

在他逝世前不久,给友人的一封信中这样谈到台大:"这一年半大学有惊人的进步……学校在一切环境下。尚能维持其应有之 liberal tradition of universities(大学的自由传统)。虽然不是没有麻烦。"[33]在孤岛当时朝不保夕的大环境下,这已经是了不起的成就。难怪有人这样评价:"傅斯年先生长台大两年的最大的成就,在保持了学术独立和尊严,扩大了研究空气……许多不学无术的党棍子,想混进台大,许多翻云覆雨的官僚政客想染指……两年来明枪暗箭,栽赃诬陷,就地打滚,集无耻之大成的各种手段,都对傅先生施用过,而傅先生英勇坚定,绝不为所动,贯彻自己的主张,且与这些丑恶势力对垒作战。"[34]

四

　　傅斯年对朋友自称"对于中国之命运是看透的","决不早跑,然也决不落在共党之手。"即使落入敌手,他说自有办法,决不受辱。他对共产党的认识如此清晰,难怪毛泽东在 1949 年 8 月 14 日为新华社撰写的时评《丢掉幻想,准备斗争》中才会点名唾骂他:

> 为了侵略的必要,帝国主义给中国造成了数百万区别于旧式文人或士大夫的新式的大小知识分子。对于这些人,帝国主义及其走狗中国的反动政府只能控制其中的一部分人,到了后来,只能控制其中的极少数人,例如胡适、傅斯年、钱穆之类,其他都不能控制了,他们走到了它的反面。[36]

　　"五四"时代,傅斯年在北大念书时,毛泽东是图书馆助理馆员,想与傅斯年、罗家伦这些学生攀谈,却无人愿意听他讲湘南话。

　　1945 年 7 月 1 日,傅斯年和章伯钧、黄炎培、左舜生、褚辅成、冷遹等六参政员为调停国共纠纷,曾访问过延安,住了四夜。同行的历史学家、中国青年党创始人之一左舜生和毛曾是少年中国学会的会友,延安之行,短短几天就看穿老熟人"根本就是一个中国小说和戏剧上的人物"。

　　傅斯年比毛泽东小三岁,他们在延安有过一夜长谈,谈及"五四"时的北大,毛不无感慨地说傅斯年他们是当年的风云人物,他如此回应:"我们不过是陈胜、吴广,你们才是项羽、刘邦。"7 月 5 日早上他临行前,毛让交际处送来毛笔手书:"竹帛烟销帝业虚,关河空锁祖龙居。坑灰未烬山东乱,刘项原来不读书。"毛客气地称他为"孟真先生"。生于富春江畔的桐庐籍唐代诗人章碣这首《焚书坑》是针对秦始皇焚书坑儒而写的。毛在给他的纸条

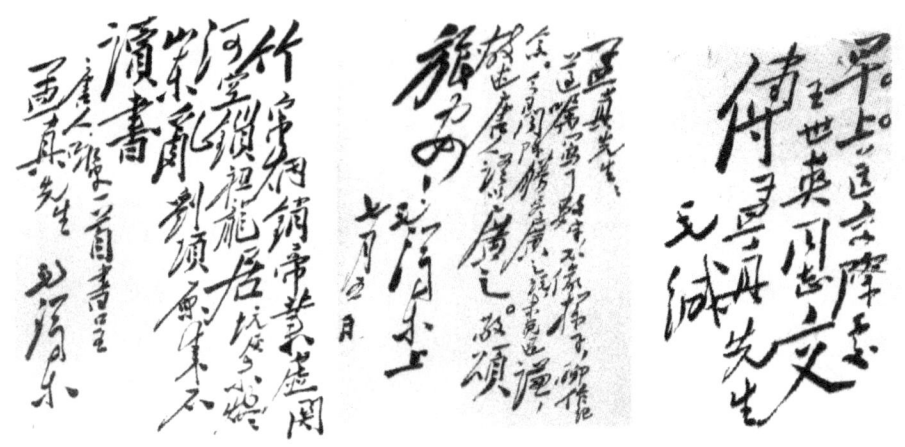

毛泽东书赠傅斯年。

中说："遵嘱写了数字，不像样子，聊作纪念。今日闻陈胜、吴广之说，未免过谦，故述唐人诗以广之。"

傅斯年早在广州中山大学就看穿了苏俄代表鲍罗廷的那套阴谋，"和中共认贼作父的奴性。"在延安他不仅看穿了毛，也看穿了中共反自由、反民主的本质。回到重庆，老同学罗家伦曾听他谈过几次——

> 谈到中国的小说，他发现毛泽东对于坊间各种小说，连低级小说在内，非常之熟。毛泽东从这些材料里去研究民众心理，去利用民众心理的弱点，所以至多不过宋江一流。毛泽东和他漫步到礼堂里，看见密密层层的锦旗，各处向他献的，孟真讽刺的赞道："堂哉！皇哉！"毛有点感觉到。他痛恨同去的人没有出息，他说："章伯钧是由第三党去归宗。"最无耻的是黄炎培等，把毛泽东送他们的土织毛毯，珍如拱璧，视同皇上钦赐饰终大典的陀罗经被一样。"孟真对他们说："你们把他看做护身符，想藉此得保首领以殁吗？"可见孟真知人见事，都很精刻周到，绝无一般书生之见。孟真反共是由他一贯的精神而来的，根本是由于他最高的国家民族的意识，更进就是由于他反专制、反压迫、反违反人性的主张，这些残酷的现象，都是共产党所代表的。[36]

所以1949年前夜离开大陆不曾有过任何犹豫与彷徨。

成为1949年被毛泽东亲笔点名的三个知识分子之一，这是他一生的荣耀。他与共产党早在北伐时期就有过直接接触。他访问延安回到重庆，什么也没有说。当很多青年人成为激烈的左派，有一次闲聊时他对考古学家李济说："我要是十七八岁的青年，我也许对共产党发生兴趣"，接着他又说："但我自从与共产党接触以后，绝对不会当共产党！" [37]

1949年1月21日，蒋退李继，李宗仁马上展开了旨在保住江南半壁江山的和平攻势，希望傅斯年能出来帮忙，但他对和平根本不抱希望，2月初，他给李宗仁写信建言：

> 前奉复电，感佩之至，我公以民生为念，倡导和平，凡在国人，同深感荷，然共产党之行为，实不足以理喻。共产党本为战争党，以往尚如彼好战，今日走上风，实无法与之获得和平，今看共产党态度，下列数事至为玥显：一、分化敌人，彻底消灭中央政权，只与地方谈和，以实行其宰割之策，绝不以人民为念。二、绝对走苏俄路线，受苏俄指挥，而以中国为美苏斗争中之先锋队。三、对多年掌兵符者，必尽量摧毁，介公固彼所不容，而我公及健生宜生诸先生，彼亦一例看待。即我们读书人，不受共产党指挥者，彼亦一样看待也。在此情形之下，中央倡导和平，忍辱负重，至矣尽矣，受其侮辱亦无以复加矣，凡此情形可以见谅于国人矣。乃共产党既如此，则和平运动恐须适可而止矣。盖如文伯、力子、介候诸先生之办法，和平既不可得，所得乃下列之结果：一、江西各省，分崩析裂，给共产党之推张势力以方俱，而人民亦不能减少痛苦。二、合法政权，毫无代价而丧失之。三、中国之自由，由本身断送之。四、外国之援助，绝不可望。中央之诚信，既已大白，则今日权衡轻重，恐须即为下一步之准备，力子、文伯之谈和平，毫无办法，只是投降而已。偏偏共产党只受零星之降，不受具体之降，不知张、邵、甘诸公作何解也？大江以南之局势，如不投降，尚有团结之望，（至少不是公开之纷争）；如走张邵路线，只有全部解体而已。只要合法之政权不断气，无论天涯海角，支持到一年以上，将来未必绝无希望也。司徒大使实一糊涂人，傅泾波尤不可靠，彼等皆不足代表美国，今日希

望以美国之助，与共产党取和，乃绝不可能之事也。

这封信是托翁文灏带到南京的。[38]

这一番肺腑之言，也是当时最有见地的书生之见。

邵力子、张治中这些主张和谈的高官，在他看来只是投降而已，他们果然留在了北平。司徒雷登的秘书傅泾波曾将司徒与《大公报》总经理胡政之的谈话密报蒋介石，身份并不单纯，他一眼看穿。

他的这一立场是很明确的、一贯的，也是公开的，所以毛泽东才会在《放下幻想，准备斗争》的名文中，点了傅斯年的名。他认为之所以"半壁万里，举棋中儿戏失之"，那是因为"不能言和而妄言和，不曾备战而云备战"。他面对滚滚长江潸然泪下之后，等待他的是"不堪回首"。他之所以把全部精力投入到台湾大学的建设，也是一种精神寄托。在 1949 年春天来临时，也只有他有这样的见识。

雷震主持的《自由中国》半月刊从一开始就得到了胡适、傅斯年等自由知识分子的大力支持，11 月 20 日问世的创刊号刊出了傅斯年的《自由与平等》一文。在这篇论文中他指出"自由"、"平等"本来都是法国大革命的口号，马克思主义主张无产阶级专政，完全把"自由"抹杀，苏联的制度"表面说是经济平等，事实上恢复了中古的阶级政权形的不平等"。

他分析说，"马克斯派提倡以无产阶级专政，先是一个根本不平等。个人专政，是一个人有特殊的权能，寡头专政，是少数几个人有特殊权能。一个阶级的专政更不得了，乃是这一个阶级整个有特殊权能。一个人专政已经吃不消，但一个人同他所用的人，终究力量有限，人民还保有若干'自由'，等到一个阶级专政，那么，到处都是专政者，人民的'自由'固然绝对没有了，而'平等'又何在？""再说，在共产主义这这样虚伪的号召'平等'之下，他只相信组织力的，他那种组织，组织到极度，一切组织都成了特务组织，一切作风都成了特务作风，过分的组织固然妨碍'自由'，过分的组织又何尝不妨碍'平等'？""再说，……财富之分配不平均，固然影响'平等'、影响'自由'，政权之如此集中，决不给私人留点'自由'的余地，岂不是影响'自由'、影响'平等'？"政权集中的危害要比金钱集中为害更大，更影响平等。他认为平等是一个法律的观念，没有平等的法律，那里来的平等。他得出的结论是斯大林的苏联是一个"独占式的国家资本主义"（特征是国家控制一切资本，一切人民的生命都成了国家资本，国家是谁？是斯大林和他的政治局）、"选拔式的封建主义"（虽然不是遗传的，却是一个特殊阶级在广大民众上统治，权力无限的统治）、"唯物论的东正教会"（其愚民政策完全一致）。所以他说"苏联实在是自有史以来最反动的一个政治组织，因为他包含中世到近代一切政治制度中一切最反动的部分，而混为一体。"

最后，他说："没有经济平等，固然不能达到真正的政治自由，但是没有政治自由，也决不能达到社会平等。……在'自由''平等'不能理想的达到之前，与其要求绝对的'平等'而受了骗，毋宁保持着相当大量的'自由'，而暂时放弃一部分的经济平等。这样，将来还有奋斗的余地。"[35]

在苏联解体 40 多年前，他就作出了如此一针见血的论断，不能不让后人感叹。

12 月 5 日，他作了一次《苏联究竟是一个什么国家?》的演讲，进一步阐述对苏联的认识，演讲词发表在 12 月 20 日出版的《自由中国》第三期。他说："马克斯注意本身就是一个唯心唯物杂交的'矛盾统一'的畸形产物，他硬把唯物论的名词，填进黑格尔唯心辩证法的架子里。列宁主义又是霸术大师马嘉维利与马克斯主义的混合物。史太林的神通更大，他竟能把马克斯、列宁、马嘉维利、沙皇的传统，来一个'矛盾的统一'。……同时，史太林又向墨索里尼、希特勒学习了不少手法。原来法西斯主义，本是布尔雪维克共产主义的别派，墨索里尼也原是共产党员，列宁的好同志。"

"苏联这个国家有两大特质，第一便是中古的封建主义，加上东正教的御用思想统制。一国之内，有一部分人享有特权。全国人民只许有一种信仰，马、列、史主义。这种政治不平等，思想不自由的现象，本是 16 世纪以来，人类要打倒的目标。苏联的第二个特质是独占资本帝国主义。苏联现在只有一个资本家，这个资本家就是'国家'，'国家'就是史太林。史太林不仅是全国政治主宰，亦如专制时'朕即国家'的君主。同时，他还是唯一的资本家棵，从生产到分配，他可以为所欲为。史太林可以要工人'自动'减薪；自动延长工作时间；'自动'增强工作效率；举凡共产主义国家中，资本家所不敢用不能用的方法，他都用尽了。总而言之，共产党本是近代文明中变态心理的产物，苏联乃是一个集人类文明中罪恶之大成的国家。"[40]

他最重要的一篇政论发表在 1950 年 2 月 16 日出版的《自由中国》第二卷第四期，题为《我们为什么要抗俄反共？》，他说："从中国历史上看，中国共产党是历史型的流寇和邪教的混合体，再加上近代的骗人手段。中国历史上那有一次流寇的暴动曾经给中国文化促进一步？那一次不是把中国文化倒退上几十年或几百年？"他一针见血指出中共无非完成了一次新的改朝换代，而这个新朝并不比从前的更好。

为什么要"抗俄反共"？他回答：

"我们为中国的文明传统，为世界的文明传统，不能不向苏共中共拼命反抗。我们为人在世界上活着有意思一个道理，不能不向苏共中共拼命反抗。假如能把苏共中共打倒，世界和中国还有将来，假如不能，即使有的人能苟全性命，活在这个世界上也是没有意思，所以我们要向苏共中共誓死反抗。除非你甘心作工具，你甘心作一件物，而不作一个人……我们若晓得我们的抗俄反共有中国和西洋的文化传统作后盾，我们还能畏难，还能屈服吗？"[41]

他是对共产极权认识最彻底、表达最直接的知识分子，比起他老师辈的胡适，他更为坚定，更为决绝。此时离他病故不过十个月。

对于共产党夺取大陆的政权，他写了《共产党的吸引力》一文，发表在 1950 年 4 月 16 日出版的《自由中国》第二卷第八期，他认定共产党"是人类有历史以来最大的骗子"，"对于骗术一道，真正算是彻底了，'科学化'，又彻底实行了。"他分析中共骗人的第一个宝贝是"阶级斗争",这是个粗鲁而骗人的说法。由此而来,煽动仇恨意识,将人性中的"小恨"——"想尽方法,充分利用",变成你死我活的"大恨"。"可见阶级斗争是一种说法而已,心理斗争乃是他真正的武器。"一句话,共产党的一切理论和作风都以"恨"为出发点。[42]

一个叫"陈敬仁"的上海读者和几个朋友偶然读到此文,觉得痛快淋漓,"大家拍案叫好,感到非常高兴,比看谭老板唱打鼓骂曹还要舒服"。谭是指京剧名角谭鑫培的孙子谭富英,他给《自由中国》写了一则通信,刊登在第三卷第四期上,傅斯年对"恨"字的阐发尤得他的心:"共产党之得天下以此恨字,而今统治天下仍以此恨字,呜呼!恨之作用大矣哉!"[43]

傅斯年一直恪守论政而不从政的底线,他可以为《自由中国》撰写锋芒的政论,但当胡适推荐他担负领导"自由中国运动"时,他拒绝了,雷震给胡适的一封信里说,傅斯年不愿担任此工作。

他虽然有政治上的见解,有些见解甚至不无时代的局限。他对蒋介石的关系,也不无可议之处。1950年蒋复职"总统",他曾在《中央日报》刊登贺电。

但他终究只是一个读书人,身上有着浓厚的"中国念书人的习气",他的见解哪怕不对,在他也是出于至诚,完全是内心真实想法的流露,丝毫也不作伪,因此才充满了一种与天地精神相往来的浩然之气。他之炮轰孔、宋如此,他受命于危难之际办台湾大学也是如此,用他喜欢的斯宾诺莎的话说就是"我们贡献这个大学于宇宙的精神"。来到孤岛,他已抱定"归骨于田横之岛"的决心,所以才会心无旁骛地办台湾大学,将他最后的生命都投入进去。台大在他手里迅速崛起,不是偶然的。

1950年12月20日,他在岛上一病不起,撒手人寰,让胡适等与他同声相应、同气相投的知识分子悲痛不已,胡适称他是"人间在最稀有的天才","他的记忆力最强,理解力也最强。他能做最细密的绣花针工夫,他又有最大胆的大刀阔斧本领。他是最能做学问的学人，同时他又是最能办事、最有组织才干的天生领袖人物。他的情感最有热力，往往带有爆炸性的；同时他又是最温柔、最富有理智、最有条理的一个可爱可亲的人。"他无论在什么地方，总是一个力量"，"他这样的人，无论在什么地方都能发挥其领袖的才干。他有学问，有办事能力，有人格，有思想，有胆量；敢说话，敢说老实话，这许多才性使他到处成为有力量的人。"

注释：

[1] [21] [22] [23] [37]《传记文学》第二十八卷第一期，20、16、37、37-38、17 页。

[2][32][38] 王汎森、潘光哲、吴政上主编《傅斯年遗札》第三卷，中央研究院历史语言研究所 2011 年，1841—1846、1849—1853、1857;1869;1861—1862 页。

[3] [4][5] [6] [9][10][11][12] [13][14][15][16][17][18][19][20][25][26][28]《傅斯年全集》第五卷，湖南教育出版社 2003 年版，68- 70、79-80、126、95、81、84、85、301、304、89、123、124、124-125、125、126、127、249-250、13、80 页。

[7]《傅斯年全集》第一卷序言，湖南教育出版社 2003 年年版，67 页。

[8] [27] [29] [31]《傅斯年选集》第十册，文星书店 1967 年版，1664、1495-1498、1499-1500、1664 页。

[24]《传记文学》第四十八卷第二期，70 页。

[30] [33]《傅斯年全集》第七卷，湖南教育出版社 2003 年版，377-378、378 页。

[34] 李泉《傅斯年学术思想评传》，北京图书馆出版社 2000 年版，239 页。

[35]《毛泽东选集》第四卷，人民出版社 1968 年版，1374 页。

[36] 罗家伦《元气淋漓的傅孟真》，罗久芳、罗久蓉编辑校注《罗家伦先生文存补遗》，中央研究院近代史研究所 2009 年，82 页。

[39] [40]《傅斯年选集》第九册，文星书店 1967 年版，1579-1584、1485-1593 页。

[41][42]《自由中国》影印本第一集（1949.11—1950.6），秀威资讯科技股份有限公司 2013 年版，110—111、249—251 页。

[43]《自由中国》影印本第二集（1950.7—1950.12），136 页。

张元济

"及身已见太平来"

张元济（1867-1959），号菊生，浙江海盐人，中国近代影响最大的出版家。1892年中进士，先后为翰林院庶吉士、刑部主事、总理事务衙门章京，因参与戊戌变法，被"革职永不叙用"。1898年底，他举家南下上海，任南洋公学译书院主事，1902年，应夏瑞芳邀请，抱着"以扶助教育为己任"进入商务印书馆，历任编译所所长、总经理、监理、董事、董事长等职。正是在他手旦商务印书馆成了中国近代最大的出版机构，他组织编写的新式教科书风行全国，在中国教育史上具有开创性意义。他推出严复、林纾等人翻译的外国学术、文学名著，产生广泛深远的影响。他主持影印《四部丛刊》、校印百纳本《二十四史》，创建东方图书馆，对保存民族文化有重大贡献，著有《校史随笔》《中华民族的人格》等。在出席新政协的几代人中，他是唯一见过光绪帝、孙中山、袁世凯、蒋介石、毛泽东等"中国五位第一号人物"的人。1949年，他毫不犹豫地选择留下，首先是因为年事已高，更重要的是他以为共产党击败国民党将带来鸦片战争以来百亖未有的太平。但政权更迭前后，他就为商务印书馆面临的转折而焦虑、不安和痛苦，在这个机构他服务了近半个世纪，而今却要亲眼看着它迅速走向衰微，并从民营变为国营。

对 83 岁的张元济来说，1949 年又一次面对兴亡易代，他在上海见证了这一幕。5 月 26 日，他写信给老友、在北洋政府历任要职的张国淦："别仅三日，时局骤变。"（后来 9 月 6 日，他给张国淦的信中也有"时局万变，心绪靡宁，久未走谒，弥殷想念"的话。）[1]

他的心情并不像青年人那样简单的欢欣鼓舞，而是有着复杂的历史感，浮动在他眼前的是近百年的风雨沧桑。6 月 17 日，他在写给故交黄访的信中只是淡淡地说："沪上新旧易帜，尚称安定"。[2]

5 月 25 日，上海易帜前夕，中共中央即致电陈毅，聘请包括张元济在内的 14 人为上海市政府顾问。6 月初，陈毅登门拜访张元济。6 月 9 日，中央研究院举行 21 周年成立纪念大会，83 岁的老院士张元济发言时说，"解放军战必胜、攻必克，统一中国虽无问题，但当前患难正多，六百万兵士如何处置？此时且慢庆祝"。[3]

作为戊戌变法的亲历者，他几乎目睹了晚清以来所有的改革与失败、革命与反动、热血与阴谋、屈辱与光荣、欢欣与痛苦，19 世纪中叶以来乱世中国的动荡起伏、知识分子的荣辱浮沉，都已在他的眼底千帆过尽，何况他长期沉溺于中国浩繁的史书中，历史的烟云不断在他的脑海中翻滚，兴耶，亡耶，这一切都清晰地记录在他毕生心血所系的百衲本二十四史中。作为开创中国近代出版业的一代出版巨人，他在商务印书馆的数十年也曾与整个民族同命运、共患难，他对现实的认识又岂是一般人所能比拟。

1898 年即戊戌变法那年，三十出头的张元济受光绪帝召见，进言设馆储才，上《痛除本病统筹全局以救危亡折》，百日维新的失败使他万念成灰，他本人也被"革职永不叙用"，从此他绝意仕途，毅然告别了朝廷，自投身商务印书馆以来，无论历史的风云如何变幻，他只是一心一意地经营他的出版事业（期间1905年他曾官复原职，仅仅三个月就辞职了），把商务印书馆看成终生事业。他是第一代由传统文人士大夫向近代知识分子转型的标志型人物。

到1949年，他大概是戊戌变法硕果仅存的亲历者了。9月19日，毛泽东约他同游天坛，自然而然谈到了戊戌政变的情节，并问及当年光绪召见他的仪式，乃至昔日为官的情况，为官时受禄几何等。[4]

政协会议期间，刚刚创刊的《新建设》杂志多次采访他，请他口述戊戌当年的史事，到最后他都谈不出什么来了：

9月18日，法学家、《新建设》的编委张志让带信给他，请他追述戊戌政变时的往事，"先定讲述之轮廓、计划，按次讲求"。[5]

9月23日，张志让带了三个北大学生来做记录，并借了梁启超等有关戊戌变法的书籍供他参考，他对自己所讲的不满，"殊觉凌乱"。[6]

9月26日，有人送来上次记录的问答稿，请他审阅。第二天他即将修改稿交还。

10月2日，北大三个学生请他继续做戊戌政变的口述。

10月3日，他给他们写信，表示已没有什么可追忆，"昨天所谈元为琐碎，不足录，不如中止"，请他们转达张志让。[7]

1949年的变化是他始料不及的，面对一个前所未有的新时代，老人的心态可以说极为复杂，有兴奋，有惶惑，有欣喜，也有隔膜。8月24日，当他从老友陈叔通的信中得知自己被列为即将召开的新政协会议代表，他马上回信谢绝。1913年9月，熊希龄邀请他出任教育总长，他以"自维庸劣，终不敢误我良友、误我国家，并误我可畏之后生"为由断然拒绝。[8] 这次他所列举"实有难于应召之处"的理由竟有五条之多：

一、"近来脑力渐觉衰退，每思一事，甚易坐忘，遇有需费钻研之事，思虑亦复不能深入……似此衰孱，有何裨补？"

二、"中共诸子多非素识，在会中者，屈计故交大约不及十人。气类太孤，殊觉岑寂。"

三、"素性戆直，不喜人云亦云，况值此国家多难，又重以弓旌之招，若缄默不言，实蹈知者失人之咎。若任情吐露，又招交浅言深之讥。"

四、"都门亲故虽已凋零，然尚不少，廿年阔别，既旧游重到，不能不稍稍周旋，平空添出无数应酬，亦大苦事。"

五、他儿子所在的单位近来正在"倡议裁汰"，如果请假陪同自己北上，"必被顺水推舟，从此失业，以后何以为生？"如果独自北行，"征途旅舍，事事躬亲，亦复精力不逮"。

"再四踌躇"，他只有请陈叔通"善为我辞" [9]

就在写信当晚，上海市政府交际处处长梅达君来访，正式转达了中共中央电邀北上之意，恰逢他早早睡下了，由他儿子接待。

第二天（8月25日）他写信给梅，说自己"并未接得当轴电示，亦无等函牍，自审菲材，愧乏贡献，且年力衰迈，方染微恙，子身远行，征途旅舍，诸事躬亲，亦苦精力不逮"，只得辞谢。并请转达对周恩来的歉意。[10]

两天后，梅达君再次带着上海市长陈毅、副市长潘汉年的慰问信登门造访，请他北上参加政协会议，并希望他于9月10日前到达北平。

8月30日，还在犹豫中的张元济写信给梅达君，再次重申：

"自惭樗栎，愧乏訏谟，且子身远行，惮有种种障碍，再四思维，甚难遽行决定。"[11]

他同时给陈毅、潘汉年回信表示：

"元济樗栎庸材，涓埃莫效，仰蒙宠召，无任悚惭。迩届衰年，时时触发旧疾，惮于远行。……际此残暑，子身远行，殊感不便。故一时行止尚难决定。"[12]

张元济的口气虽有所松动，但仍在观望和犹豫之中。

就在此时，商务印书馆职工出身、此时已位居中央核心层的陈云登门造访，告诉他不久前到东北视察，见到沈阳、长春的商务分馆情况都好，请他放心，并向他介绍了中共在新民主主义时期的经济政策[13]。张元济这才于9月3日决定北上赴会，他在这天的日记中说："定计应政府之召，赴北平参加新政治协商会议。"[14]

9月4日，"梅达君来，谆谆劝行"，他因为要检查身体，"须明后日方能决定行止"。[15] 两天后，他终于在儿子陪同下，登上北行的列车。这一天，他给张国淦写信说："中共招往北平，参与新政治协商会议，经两月之磋磨，难于坚却，已挈小儿同往。"[15]

除了在晚清参加过"预备立宪公会"，自民国以来，他从未参加过任何政治党派，与政治一贯保持着距离。除了1947年、1948年为青年学生仗义执言，他曾与唐文治等老人致信上海当局，确实不问政治久矣。1949年1月30日，甘介侯拿着代总统李宗仁的亲笔信来访，希望他作为和平代表去北平敲门，第二天，他就给李宗仁写信拒绝了这一邀请：

> 古人有言：国家兴亡，匹夫有责。重以谉委，敢不勉竭微忱。年逾八龄，精力衰惫，不克膺此巨任。且连日在报端屡读文告，自揣庸愚，实无涓埃可再为高深之补。辱承谆命，只得拜辞。[17]

和他一样拒绝的还有67岁的银行家陈光甫。

这次应召北上，对张元济来说确实很特殊，因为他心中有一个怀抱了大半生的希望与梦想。9月11日，宋云彬在北平见到张元济，日记中称他虽然已83岁高龄，"而精神矍铄，腰脚甚健，殊可佩也"。[18]

11月26日，张元济在商务印书馆作关于出席政协会议的报告时恳切说："现在有许多人对共产党不满意。是的，共产党并非没有错处，但是现在除了共产党还有谁呢？还有谁能负起这一艰巨的责任呢？我们总希望国事一天一天转好，多说些话是无益的，我们惟有在共产党的领导下，埋头苦干，奋发图强。也有人说，共产党来了，我们的生活苦了。要知道这苦是几百年——尤其是近百年所积累下来的苦，并不是共产党带来的苦。……解放并非换朝代，这是几千年来的大变。……我们全国人民还得忍苦忍劳，咬紧牙关，渡过这一非常时期，建设起独立、民主、和平、统一和富强的新中国。"[19]

这是一个目睹戊戌变法以来所有历史变迁的老人当时的想法，是他的肺腑之言，"独立、民主、和平、统一和富强"毕竟是几代中国知识分子的梦想。也正是抱着这样的梦想，张元济才最终接受邀请，北上参加政协会议。

二

此时，商务印书馆正面临建馆半个多世纪以来最大的考验，职工会与管理层之间即劳资之间的关系出现前所未有的变化。虽然劳资纠纷在商务馆历史上一直没有断过，商务馆的工人运动时起时伏，陈云早期的革命生涯就是从商务馆的工运开始的，作为资方代表，张元济对工运、劳资纠纷，一向的态度就是"和平改革，勿伤元气"。但在1949年的社会大变局中，一切都发生了翻天覆地的变化，即使以张元济在商务馆的德高望重，想要游刃有余地处理劳资之间的种种分歧也非易事。何况商务馆的经济效益滑落，使矛盾变得更为尖锐。3月11日上海尚未解放，商务馆的主动权还未丧失时，他给秘书丁英桂的信中说，收到本公司工会的请柬，请转达工会中人，"际此时艰，万事必以俭啬为主。若会中诸君不能俯采，弟谨先辞谢。"[20]

6月24日到28日，为邀请工会筹备委员到家中茶叙，他给丁英桂至少写了4封信，此前工会来信提议改进业务。6月28日，他看了自己与工会代表谈话记录后，说："似尚有未尽录入者，请补入（如委托造货种种之措施失当等）。"[21]

8月2日，他给丁英桂写信，"又前日十三日与工会讨论薪水，彼此言论想经记出。"[22]

9月5日，他临北上前，"出赴商务印书馆，约职工会常务委员叙谈。略言余将北行，际此艰难，甚盼努力合作。当此合作伊始，彼此都不能相互满意，但望持之以恒，总能达到目的。若辈斤斤于总务改组，新订章程及人选均不满意。余言人选我亦大不满意，但当局诸君斟酌再四，确有为难。此次用人较多，即予备数月之后去留地步。"[23]

也是这一天，他在商务印书馆，"见职工会悬有红字通告，对公司改组总务处办法有所不满，招令会员陈述意见。字迹甚大，张挂在三楼楼梯入口不远之处。"第二天，他写信给丁英桂，"请即照录一分"，并吩咐以后遇有此类通告，"均请录存，以备查考"。[24]

此前6、7月份，张元济几乎为商务馆的业务改进而绞尽了脑汁，一再提及的减薪事宜，工会方面一直未接受。[25] 政协开会期间，他不仅要为商务馆业务上的困境殚精竭虑，而且为困扰着商务馆劳资纠纷而忧心忡忡。9月13日，他在六国饭店收到商务馆总经理陈夙之三天前的来信，"知职工会指责改组案，异常蛮横。夙之提出原则二项，尚正当。然同人无能相助者。"看了此信，他一夜睡不安宁。第二天一大早，他就到北京饭店把信面交同时与会的陈叔通，"甚为不平。言允职工会要求开紧急会议尤不合"。他拟了一份回复陈夙之的电报，陈叔通修改了几处，却不愿列名。9月14日，他又收到陈夙之11日的来信，"职工会要求各节均已接受。只可成事不说矣。"9月15日，他给陈回信，并注明给职工会的几个人传阅。同时，他给商务馆的另一董事陈拨可写信，"请坚持拒开董事会"。当天，陈叔通来，也说"改组案将来仍须提董事"，他们的意见相同。[26]

9月19日，陈叔通转述总工会领导人李立三在政协筹备会上的讲话，"工会要求不宜滥允"，"工会有团结，商业同业无组织，不团结。遇工会过分要求，只图苟安。目前随意应允，且与签约，事后翻悔。此与工会为难者一。

又资方怕事，工会要求不敢与之争辩，一切顺归工会，工会即欲扶助，资方亦无从措词。此与工会为难者二"。李立三希望"资方与劳方尽管斗争，斗争不已，工会出为仲裁，反可持平。并盼资方不可怕事。怕事反要生事等"。陈还带来一份北平药业劳资集体合同，用作参考。他将李立三讲话的大意及药业劳资合同，都随信寄给上海的陈夙之。[27]

10月8日，李立三与总工会另一负责人朱学范来访，张元济对他们说，"本馆职工会筹备会常务不肯加入改组职务，似欠合作"。李立三问及原因，他回答："诸人以恐被疑为资方买收，故而胆怯。"李立三当即表态："职工不应违抗公司用人之权"。[28]

从张元济12月12日给丁英桂的信可知，期间他与工会之间的谈话、折冲也没有停止过。[29]

1949年底，张元济在商务馆工会成立大会上致辞时，因患脑血栓症突然倒地，留下了左半身不遂的后遗症。去了海峡对岸的王云五在《张菊老与商务印书馆》文中，将他的病倒归因于商务馆劳资纠纷中对工会对他的"侮辱"。这一说法后来曾遭到许多研究者、包括张元济后人的质疑与反驳。当然，即使他的直接病因不是劳资纠纷，但对于一位83岁的老人来说，过度的奔波、操劳恐怕也是他病倒的重要原因。

自他进入商务馆以来，经历过辛亥革命、北伐、日本入侵等重大变故，但这一次冲击之大，变化之剧却是前所未有的。他的经验和威望也完全不管用了。他的病倒不仅仅是身体上的崩塌。

三

随着新政权的建立，曾在商务印书馆服务的陈云、胡愈之、茅盾（沈雁冰）、郑振铎、陈叔通等纷纷身居高位，胡愈之直接出掌了全国出版大权。

当年出入商务馆的练习生、职工、编辑，此时居于或将居于国家领导地位，张元济留下的《1949年赴会日记》（9月3日—10月20日）无意中记录了他们之间微妙的关系变化。

商务馆一直缺乏一位能够董理全局的编审部主任，张元济极希望茅盾能重返商务馆。来京前的7月19日，他就提议将商务馆原先的编审部改为出版委员会，请沈雁冰担任会长。董事会已通过了这项决议。9月9日，张元济抵京的第二天早上，茅盾到六国饭店来看他，"雁冰语余，甚愿南下，重回本馆，但此间有关涉文艺职，甚难脱身。余再三致意，渠终辞。余答以亦不敢过强。"[30] 茅盾推荐了郑振铎，实际上郑也很快另有高就（11月被任命为文化部文物局局长），不可能再回到民营的商务印书馆去了。

10月18日午后，即张元济离京南下前一天，他还与陈叔通一起专门拜访茅盾，"余复申前请。沈坚辞。嗣请代拟一进行计划，先用浅文小册，以自然科学、技术、文艺为主。沈谓当与振铎共同商酌。余言叔通未行，并乞会商。"[31]

张元济回到上海后，茅盾几次来信，坚辞商务馆出版委员会会长。毕竟今非昔比，昔日的商务馆练习生、《小说月报》主编，如今即将出任新政权的文化部部长，要他可到一个有着复杂历史的民间出版机构任职，当然不可能了。不过从11月14日、19日茅盾给张元济的两封信看来，他们已商定由他约请国内专家为商务馆编一套《新民主丛书》，以适应新形势的需要，丛书的名称就是他确定的。

商务馆出身的人中身份最特殊、地位最高的无疑是陈云，他成为了新时代财政经济的主要领导人之一。9月25日，张元济到朝阳门大街117号财政管理处访陈云不遇，留下一封信就出来了。这里旧称"九爷府"，此时是财政管理处的办公地。10月2日，陈云来访，和他谈了约一小时才去。他们谈了些什么，他日记中没说，除了叙旧、鼓励、客套，恐怕也不会有更多的话题。

商务印书馆作为近代中国出版界执牛耳的龙头企业，此时已陷入经营、发展的困境之中，这是艰苦卓绝的抗战时期也没有遭遇过的。"沪、港、平三处商务印刷厂抗战前年用纸量75万令，而1948年降至6.6万令；人均用纸量1936年为341令，1948年为130令。1949年头五个月基本上没有出版书籍，现金已入不敷出。上海解放后，局面也不可能在一夜之间有所扭转。1949年用纸量为1.37万令，人均27令，比1948年又有大幅度下降，职工工资减少。最严重的恐怕是新书出版的萎缩。1949年9月出了《小学教师学习丛书》等四套小学丛书，缺乏新意，不足以适应新时代的需要，作者和读者的兴趣亦由此转向其他出版社。"[32]

张元济在北上前夕就给上海市长陈毅呈文，诉说商务馆连职工薪水都发不出来的困难，恳请新政府"垂念此五十余年稍有补助文化教育之机关，予以指导，俾免颠覆"[33]。到北平之后，他更是无时不在为此操心，不断地与老商务馆同人商讨、寻找出路。9月9日，陈叔通对他说，曾留学法国的生物学家夏康农可以到商务馆做编审，并说夏"与当局亦通声气"。[34]10月4日，陈叔通又推荐已加入共产党的报人宦乡替商务馆驻京收集稿件，称他们相识很久，非常了解其人，能文能办事，即将出任外交部欧非司长，"极为当道所重"。当天，宦乡来和张元济见面，谈及商务馆，"将来可注重于文化的工业，如地图、地球仪、玩具等等。又言人情喜新厌故，有商务与新书店同译一书而人多就新书店购读，此必须费一番转移工夫，方可恢复旧日地位。"张元济认为"言极有理"。宦乡又说，过去出版的书必须大加整理，不合用的全部废除。[35]他们一谈就是两个小时，言犹未尽，约定下次再谈。

10月6日，商务印书馆申请出版《共同纲领》，尚未得到回复。张元济在宴请参加政协会议的华侨代表时致辞说，商务馆向来重视华侨子弟的教育，曾专门为华侨学生编过用书，苦于闭门造车，希望得到他们的指导。他几乎不放过任何的机会，时时将商务馆的出版事业放在心头。10月8日，他请茅盾、郑振铎、陈叔通、宦乡等人吃饭，"谈及联合出版社明春恐派纸更各援例，公司无以为继。同人均主直陈为难情形，当可变通。"[36]

10月9日，郑振铎和胡愈之一起来见他，谈起以后的出版趋向，胡认为将注重分工合作，出版、印刷、发行固须分工，即出版也要分别部门各专一类。将来可能会召集出版会议。他说："联合出版社，闻春季须大加扩充，若如今年秋季例，由各家比例出纸，再加以华东、华南、华西、华中，匪特商务一家为难，恐各家亦无此能力。"胡对他说，这本是试办性质，如有困难，自当变通。并转告他中宣部领导陆定一、徐特立要来看他。[37]

第二天宦乡来访，向他建议，政府的思路是分工合作，不妨将新华书店不能尽做的业务分一些给商务馆，如《毛泽东选集》等，"以图挽回馆誉"。以后可以出些自然科学、技术书，教育、工业之类也要重视。[38]

10月11日，胡愈之陪同陆定一、徐特立来和张元济谈出版事，"大意在分工合作。新华与各商营出版应互相扶助，国营并非专利，即马列之书亦可出版，但须送中宣部先看一过。至于印刷发行，亦须分工合作，定一计划。将来出版总署即召开出版会议，将计划提出总会，互相讨论。"这是陆定一的话，徐特立则认为政府可以不必编教科书，只须拟定纲要，给教师、学生以自由，不能越出范围，但不宜株守。这是法国的办法。对此陆没有发表议论。胡的讲话和陆"互相发明"，没有其他意思。[39]

10月16日，张元济离京南下前夕，请胡愈之、叶圣陶、徐伯昕等商务馆旧部吃饭，也是谈出版事。[40]

10月19日，他动身离开北京，胡愈之等到车站送别，等到车即将开动才道别。[41]

半个多世纪以来，集编、印、发于一体的商务印书馆不得不面对从未有过的大变局，商务馆职工也因薪金等问题怨言不断，劳资纠纷高涨，老商务人章锡琛后来在《漫谈商务印书馆》文中回忆："1949年上海解放以后，商务馆为了解除不可克服的困难，八十高龄的张菊老曾经亲自到北京，邀请陈叔通、胡愈之、叶圣陶和我等几个人，商谈争取公私合营的办法。"可惜张元济《1949年赴会日记》中没有记录，其后人张人凤说，这一思路"在一定的历史条件下，是一种最佳的选择"。当然用不了多久，百年中国的出版"巨无霸"、老牌的民间出版机构商务印书馆也将不可抗拒地走向公私合营。

四

张元济在给陈叔通的信中曾列举五条不愿北上的理由，其中一条就是阔别北平廿年，故地重游，不能不与亲戚故旧有所周旋，会给自己平空添出无数应酬，也是一大苦事。旧游之地确实勾起了他对往事无比感慨的回忆。9月8日，他到达北平，被指定下榻在六国饭店，他感叹："至则犹是三十九年前之旧状。宣统三年夏，开全国教育会议，余曾寓此数日也。"[42] 那还是1911年。

自到京之日起，一个半月中张元济与侄孙女、在北大英文系任教的祥保经常见面，这是他最快乐的一件事。在侄孙女陪同下，他游览了故宫，在当年参加殿试、鱼跃龙门的保和殿前摄影留念；在北大议事厅，他在故友蔡元培的画像前"徘徊久之"；在北大附近的几个京菜馆吃饭，品尝久违的北京美食；他还为祥保出生不久的外曾孙起了名字。这一切都一一记在了日记中。

在京期间，他与许多故友亲朋都有会面，看到一些多年不见的年长者，83岁的他禁不住发出"甚清健"、"神识清明"、"有老态矣"、"步履稍艰矣"等感叹。回首前尘，他也曾冠盖京华，春风得意，而今垂垂老矣，重游故地，不禁有物是人非之感。特别是9月12日，他到石老娘胡同看望了知交老友傅增湘之后。

傅增湘是一位著名的版本目录学者、教育家、藏书家，"双鉴楼"、"藏园"的藏书名动天下，曾做过民国教育总长，他们自1911年6月在全国教育会上相识以来，书札往来长达四十多年，一部30多万字的《张元济傅增湘论书尺牍》已成为他们文字之交的永远见证。他们在收藏、校勘、保存、影印古籍等方面多有合作成果，被誉为"珠联璧合"。张元济在商务馆主持影印大型丛书时，也曾得到傅的鼎立支持。傅一生喜欢游历名山大川，性情豪迈，60岁后腰脚犹健，一年要几次出游，足迹遍及大江南北。此时，当张元济见到这位老友时，已是病贫交加、风烛残年，"卧不能兴，舌本艰涩，语不成，偶有一二语尚能达意。见余若喜若悲"，但他们的心意还是相通的，傅增湘将心爱之物一一给老友看。先是从床头拿出自己所作已刊成红本的游记给他看，说是一共有5册。再出示叶恭绰朱笔题的诗扇一把，还叫人从柜子里取出卷首有沈曾植题词的《衲本史记》给他看，"欲取其所题书签，令其仆检觅，不可得，甚为不怡。"张元济和他握手，"嘱其珍重而出"。[43]

9月16日晚上，陈毅带梅达君到饭店看望张元济，问及他在北京的故友"存有几人"，他说前几天看了陈毅的同乡傅增湘，"病瘫痪，口不能言，且贫甚。"所住的正房也为人所占，听说是军队所占，过去是国民党军，现在不清楚。陈毅表示要去查明，设法解决。（他又说到82岁的金籛孙在上海的住宅最近被盗，还被捆绑了两小时，希望能严缉罪犯。陈毅告诉他，他与唐文治为以"汉奸罪"判刑的江亢虎请求出狱就医一事，因为同案人多，有牵涉，很为难，所以没有回复，很抱歉。他表示这本是为私交所请托，非分要求，不必介意。）[44]

10月13日，他又给陈毅写信，详述傅增湘的近况。[45]

10月15日，他即将南下，临别之际，他给周恩来、朱德写信告辞，还抽时间专门看望了傅增湘，病榻上的老友只问及上海一些友人近况。"唏嘘作别，恐此为最后一面矣"。

当天，他与儿子一起寻访岳丈许庚身的故居，半个世纪前他曾在那里生过三年，故宅依然，只是已分给多户人家，而且"门墙多有移动，非复旧时景象矣"，他恋恋不舍地离开，"不胜感慨"。又路过老友许寿裳的故居，"不及其门，怅然而过"。[46]

此前，他曾托一位北大学生陪儿子一起去看了当年的恩人、海盐司乡徐用仪的故宅。戊戌变法之后，他被清廷革职，在朝廷任职的徐用仪悄悄赠他白银 200 两，他终生不能忘怀。

五

在出席新政协的四代人当中，张元济恐怕是唯一一个见过光绪帝、孙中山、袁世凯、蒋介石、毛泽东等"中国五位第一号人物"的人。毛泽东对他极尽礼遇，不仅两次召见，而且在 10 月 9 日全国政协委员会开会结束时，亲自"送于门内"。

9 月 19 日，毛泽东约他同游天坛，毛在祈年殿外等候他，"相与握手，寒暄数语"，"毛对他说，这次革命实际上是人民革命，"非共产【党】所【得】【为】私。即如重庆舰来归，舰上凡七百余人，并无一共产党人，此可为证。"毛对他说，商务印书馆出的书有益于民众，自己曾读过他们出的《科学大全》，"得新知识不少。"[47]

10 月 1 日，张元济写信给毛泽东，并送了一套林则徐的《林文忠公政书》：

> 昨日会推元首，我公荣膺之选，为吾人得人庆也。英伦三岛昔以雅 [鸦] 片强迫售我，林文忠焚毁，乃愿辄于半途，酿成辛丑条约之惨。桎梏百年，贫弱日甚，后虽设禁，终多粉饰。我公发愤为雄，力图自强，必能继前贤，铲此毒，一雪此奇耻。[48]

他儿子张树年回忆："我陪随父亲往北京参加第一届全国政治协商大会。父亲心情激动，认为有生之年终于看到了全国统一，并请商务印书馆北京分馆经理伊见思在旧书铺购得一部最佳版本的《林文忠公政书》。10 月 1 日开国大典结束回到六国饭店，写信给毛泽东主席，并将《林文忠公政书》以函包好，上粘红签写毛泽东主席启。翌晨交大会工作人员送往中南海。"经历了近代以来的风风雨雨，张元济心中永难忘记鸦片战争、八国联军之耻，民族独立与尊严始终是他心头解不开的一个情结。

10月5日，毛泽东亲自回信，感谢送书。

10月6日，教育家、金陵女子大学校长吴贻芳来看张元济时说起，"共产党上级多能虚心采约众论，惟下级未能配合。觉二级与初政有异，颇有异词"，希望他"与当局见面时相机进言"。[49]

他对自己的一言一行，似乎都极为谨慎。9月13日，《大公报》记者高汾对他作了二小时的访谈，高汾临走前，他"谆嘱所谈勿发表"，高答应稿子写成后一定请他本人过目。17日，高汾将问答稿送给他，他略作修订后送还。24日，《光明日报》记者谢公望来访，问及张元济的身世及对新政府的感想，张元济赠给他《刍荛之言》《新治家格言》《奇女吟》各一册，并郑重嘱咐谢如要将他的访谈登报，"请先以稿本见示"。

但对民生疾苦的关注，对国富民强的渴望，他还是常常忍不住放言无忌。在1949年6月的一次上海耆老座谈会上，张元济对生产、开荒、水利、教育等事关民生的方面提出建议。在政协会议讨论《共同纲领》时，他所提的"发展海运"一条，也与此相关。10月11日，毛泽东邀请张元济与周善培到中南海晚餐，使他有了一次向最高领袖当面进言的机会，他说，"一为应令下情可以上达，当局措施容有未当，报纸不敢倡言，宜酌登来稿。报馆应负职，必须有确实地址、姓名，方予录登，以广言路。……二为建设必须进行，最要为交通，其次农业，其次为工业。工业先轻工业，次重工业。国抗战八年，内战三年，民穷财尽，若百端并举，民力实有不逮，不能不权衡缓急。……三为缴粮之事，民间苦于负担甚重。此由有田者有匿报之户，于是实报者意有不平。同匿报者反而减轻，此必须由地方公正绅士出面相助。"对第一条，毛的回答是："可专辟一栏，可先做一样子。"第二条，毛说，"现在铁路需要铁轨，鞍山矿产不能停顿，纺织亦有数十万亦亟于进行"。而他的看法是"现有者无中辍之理，需新创中宜斟酌"。第三条，先是陈毅解释："河北、山东负担较江浙为重。江浙并未微失。又无锡有某姓有田七万亩，缴数甚微，且不肯缴，不能不与以惩儆。"毛补充："现有大军数十万移向江西、福建，分别南下。以下可以减少若干。"[50]

随着时代的转变，与土地有关的矛盾、冲突开始不断浮出水面。

他9月16日的日记详细记下河南第一师范学校副校长高镇武的遭遇与处境，虽然他说高的"乡音甚难懂"——"自言年七十矣。教书数十年，略有储蓄，置有房宅两所。日本军至，为被侵略者；入八路军，国民党来，又为反动派；解放后又目为剥削者。房屋先后均为他人所有，仅留七、八间房，供栖止。全家九口，原有田四十亩，今分回十亩，子媳女均在学校教课。有妻在室，不能力作。以前在供给制时，甚艰苦。近改薪给，较宽裕，生计各无忧，但必须力作耳。"[51]

当天，他向陈毅转述了傅增湘房产为他人所占一事。10月初，他接到远在浙江湖州南浔的藏书家刘承斡9月27日来信，告诉他粮赋很重，嘉业堂藏书楼为解放军占用，请他代向政府转述，恳请撤出部队。他在10月30日回信："承示南中粮赋重重，民力困竭，属向当道进言。某日与孝怀兄同诣毛氏，慨切陈词，毛谓亦知民困甚深，只以大军麋集江浙两省，粮需孔亟，扰及闾阎。今军队陆续南下，可以减少数十万人，以后当可逐渐宽缓云云。至于南浔尊府藏书楼被军队占用，当与韦悫副市长言之。据称此属浙省范围，非上海军管区力所能及，应向浙省政府陈请。鄙见事关文化，尽可据实陈明，请其发还，当不至于被拒。"[52]

10月15日，河北沧州籍学者孙楷弟来访，向张元济谈及他"故乡土地改革事多有未当，言下慨然"。[53]当时，不仅"牢骚太盛"的柳亚子常常被来自故乡的有关土地、房产被占的求援声困扰。6月19日的宋云彬日记说，有人（潘家询）告诉叶圣陶，"苏州解放后征粮甚急，其夫人曾被押追"。叶圣陶致函周恩来，请加调查。信稿交宋云彬斟酌，宋说"措辞须极谨慎，不可使对方误会为地主说话也"。[54]

就在10月11日这次会面时，毛泽东还和张元济他们谈到章士钊想经营商业，将来北京，并为杜月笙说情，想叫杜回上海。周善培马上北上反对，他也说杜名声不佳，而且门徒众多，"有所信赖，于地方上不免受扰"。陈毅表示，杜回上海的事，宜慎重处置。

晚清时在四川办学、从事地方建设卓有成效的周善培谈到读经，进士出身的张元济认为不能向大众普及，"将来大学不妨别立一科，听人研究"，并说现在有人主张用罗马字母改革汉字，他觉得此事甚为不妥，"我国的疆域如此辽阔，种族如此复杂，所以能至今团结成一大国者，全恃文字统一。若改用罗马字母改切汉文，则各省以字母、以自有之方言切成自有之文字，东西南北必不相同。语言既不相同，文字又复殊别，将来必致渐渐分离，甚为可虑。欧洲至今分为若干国，不能融合者，即由语言文字之区别。我国幸有统一之文字，万万不宜自毁。"

中南海的那顿晚饭非常简单，"前后不过十味，烹调并不精，且盆碗亦甚小。各人均自盛饭，此亦一特点也。"[55]但有机会当面向毛泽东畅所欲言，提出自己的看法，张元济的内心是愉快的，所以他才会把谈话内容详细记在当天的日记中。

政协会议期间，他不仅受到毛泽东的两次接见，10月10日朱德也曾登门看他，他在谈话中说此后不会有内战，即外人侵略也将绝迹，但朱德没有这么乐观，认为"我军备未充，尚恐难免。宜并力于钢铁，广储军备，可免窥伺"。他说，东北的钢铁产量不少，朱德告诉他，明年大约可出四十万吨。[56]周恩来和他见面的次数更多，9月11日周到饭店看望他，"谈半小时而去"。[57]9月13日，周请他和其他政协代表吃饭，共六席，推也"居首座"。[58]9月26日，他接到通知周恩来请吃午饭，因事先与陈叔通、马寅初等有约只好辞谢。原来是要邀请他们参加座谈会，他们约定的人基本上都被邀，会后入席，仍以他"居首座"。[59]10月17日，他离京前夕写信向周恩来告别，仍耿耿以国力民生为念，"今广州已下，香港正在肘腋，正宜善为利用，国力民生，两有裨益，必早在荩谋之中，正无俟饶舌也。"[60]

王云五的《张菊老与商务印书馆》一文最初发表时曾转引"民国三十九年十二月《自由中国》半月刊登载同年有人带到香港付邮的一项上海通讯"说:"他(张元济)返沪后,又被任命为华东军政委员会副主席,更觉高兴。不料迭接海盐的家乡来信,谓族众多遭清算,甚至他族里的祠堂和祭田也受到强夺之威胁;于是他在祠堂张贴布告,说明面奉'毛主席'示,下级党政人员不得扰民,一面又向本族招告,谓当汇齐代向有司申诉。稍后他向华东军政委员会主席饶漱石陈说,饶当即劝其勿管闲事,因为他这些亲友都是土豪劣绅之流,是应该清算的。他听到这些话,很是冒火,还印了一张传单,写了一句"本传单系奉毛主席言论自由保证以后而发。"据说布告上这样写着:

> 本祠堂建立于今二百余年,内有祭田五百余亩,大地主张元济现任华东军政委员会副主席,寓上海善钟卢霞飞路上方花园〇号,如有清算斗争者,请至该处捉拿可也。

> 张元济敬启

不久,商务印书馆职工委员会开会时邀请他去讲话,结果遭到谩骂,群情汹汹,他昏倒在讲台上,被送进了虹口医院。[61]

六

参与政协会议的各界代表,文化教育界的名流们,几乎对张元济一致保持了敬意,除了那些与商务有渊源的,来六国饭店看望他的人一天也没有断过,这固然因为他是出版巨子,他主持的商务印书馆对近代中国的文化事业贡献至大,更重要的还是他漫长一生中所表现出的人格风范,深受知识界的景仰。仅9月10日这一天至少就有五拨人来看他(有些未遇),竺可桢、茅以升、蔡邦华、谢家荣一拨，梅兰芳等一拨，梁思成夫妇等一拨，沈钧儒、陶孟和等一拨，钱端升、马叙伦等一拨。[62] 期间，马寅初、严景耀、雷洁琼、汤用彤、金克木、张东荪、徐辈鸿、郭沫若、潘光旦等也都曾先后来看他。10月8日，郭沫若携夫人于立群来访，说在《新建设》看到他的《戊戌政变的追忆》，其中提到的于晦若就是他夫人的祖上，所以想请他题词。

抗战前夕，翰林出身的张元济发奋用白话文编写了一本小册子《口华民族的人格》，列举十几位"富贵不能淫，贫贱不能移，威武不能屈"的大丈夫，以先民的榜样激励国人。政协会议期间，他不断将此书送人，仅日记中所记，得到此书的就有张治中、邵力子、高汾、张难先、吴玉章等人。"中华民族的人格"在张元济身上得到了很好的体现。1949年，在一个新的时代到来之时，张元济依然恪守着那些为人处世的基本原则，即使在小事上也绝不含糊、绝不苟且。

9月14日，张元济托政协会议招待处给商务印书馆发过一份电报。事后他多次向招待处主任邓子平询问费用，邓都不肯说。无奈他只好让人云电报局了解价格，134个字，共28140元，按照招待优待，私人电报半价计算，应付14070元。9月27日，张元济当面把电报费交给邓子平，邓还是再三推却，并说账已付出，不便收回。他恳切表示，"公款不可滥使，照章应缴半价，如收账过于琐屑，即收作招待处公用。"他再三要求，邓才答应留下。[63]

9月18日，华北人民政府等20多家单位在北京饭店举行盛大宴会，招待参加政协会议的著名人士。竺可桢日记说，那天出席宴会的有五百多人，"一席西菜加葡萄酒，费用相当可观。如以每人六千元计，即三百万元，或三万斤小米也。"[64] 显然，他对这样的浪费有看法，干脆"辞谢不往"。[65]

当时张元济已83岁高龄，生活起居都需要有人照顾，所以有关方面允许他的儿子张树年到会陪伴。9月17日，招待处给张树年送了零用钱，张元济表示"不能领受"，"退回未收"。第二天（9月13日），他和政协代表口负责照顾的小组联络人李明灏谈起零用钱和电报费的事。李说这是"规定供给，不必过谦"。但他认为"公家何等艰难，余父子二人来此，食宿已极受优待，何敢再耗公款"？并郑重表示以后送来，也"断不能从命"。[66]

一个月后（10月18日），他在日记中写道："招待处送零用费一万六千元。于原单上注明'不敢领受'。"[67]第二天，他离京之时，招待处的邓子平还要给他一大叠钞票，说是车上无人伴送，"以此备杂用"，他坚决谢绝，"言之再四"，邓才肯收回。[68]

9月19日，毛泽东约他同游天坛之时，有六七个人拿着照相机，随处为他们拍照，有数十次。事后他给陈毅写信索要照片，并询问价钱，表示要照付不误。陈毅怎样回答不知道，10月4日，陈毅派人送来天坛的照片。10月7日，他写信表示感谢。照片的钱有没有付，他日记中没有记录。不过按他的脾气，他是一定要自己掏钱才会心安。

10月7日，连《新建设》杂志送给他的稿费一万四千元，"及问，则来人已去"。第二天他就写信托人送还。[69]大概他认为是自己只是口述，不应该收稿费。老人在这些小事上的认真是我们今天的人所无法想象的。

只有9月25日，招待处带裁缝来给张元济量身材，要给他做棉衣，他"却之再三，坚不允，因许之"。[70]

"数百年旧家无非积德，第一件好事还是读书。"这一年，张元济为香港三联书店写了这样一副对联。说到底，他只是一个读书人，他要始终如一坚守他的处世原则，不论世事如何变幻。

"及身已见太平来"，这是他自挽联中的一句话，当他北上出席政协会议期间，他不断地将《中华民族的人格》一书送人，也许他认定，即使在"太平"时代仍需要强调人格。一个人的人格固然由他一生的事业书写的，也是由点点滴滴的小事构成的。电报费，零用钱、相片钱虽然都是些小事，却是他做人的原则。令他不安的却是时代变了，更令他焦灼的是商务印书馆的事业也能绵延不绝吗？

1950年8月16日，在台湾出版的《自由中国》半月刊第三卷第四期刊登署名"陈敬仁"的一则上海通信，题为《张菊生（元济）靠拢的前前后后》，披露了商务几个职员跟作者的谈话，"以张老头偌大年纪，居然相信共产党拍卖的狗皮膏药，认为他们为人民这一套戏法是真的。张之天真，于此可见。"不仅太天真，而且太糊涂，"太不了解共产党的欺骗与操纵之妙术了。"[71] 游说、影响他靠拢共产党的是他的老友陈叔通，此时已身居第一届全国政治协商会议副主席、中央人民政府委员的高位。

注释：

[1] [2] [8] [9] [10] [11] [12] [16] [17] [20] [21] [22] [24] [29] [48] [52] [60]《张元济书札（增订本）》，商务印书馆 1997 年版，691、989、1278、754-755、857、857、857、691、529、173、174、175、175、176、269、417-418、799 页。

[3] [64]《竺可桢日记》，人民出版社 1984 年版，1261、1287 页。

[4] [5] [6] [7] [14] [15] [23] [26] [27] [28] [30] [31] [34] [35] [36] [37] [38] [39] [40] [41][42][43][44][45][46][47][49][50] [51] [53] [55][56][57] [58] [59][62][63] [65][66][67][68][69][70]《张元济日记》，河北教育出版社 2001 年版，1231、1229、1236、1243、1215、1215、1215-1216、1223、1229、1250-1251、1218、1260、1218、1244、1249、1251、1252、1253-1254、1259、1261、1217、1220、1225、1256、1258、1231、1246、1254、1225、1258、1255、1252、1219、1221、1236-1238、1218、1226、1228-1229、1228、1260、1261、1249、1236 页。

[13] [19] [25] [33] 张树年主编《张元济年谱》，商务印书馆 1991 年版，546、552-553、545、546 页。

[18] [54] 宋云彬《红尘冷眼：一个文化名人笔下的中国三十年》，山西人民出版社 2002 年版，160、134 页。

[32] 张人凤《智民之师·张元济》，山东画报出版社 1998 年版，228-229 页。

[61] 原载王云五《谈往事》，台湾传记文学出版 1968 年版，215 页。转引自张国功《1949 手里的出版家张元济》，《东方文化》2003 年第 2 期；《自由中国》影印本第二集（1950.7—1950.12），台湾秀威资讯科技股份有限公司 2013 年，136—138 页。

[71]《自由中国》影印本第二集（1950.7—1950.12），137 页。

柳亚子等民革政协代表合影。

柳亚子

"牢骚太盛防肠断"

　　柳亚子（1887-1958），原名慰高，字安如，后改名弃疾，字亚子，江苏吴江人，近代有影响的诗人、革命家，一生中写下了7000多首慷慨以慷、意气风发的诗篇，作品有《磨剑室诗词集》《磨剑室文集》《南社纪略》，另编有《南社丛刻》《苏曼殊全集》《南明史料》等。1909年，他与陈去病、高旭等发起光照文学史和革命史的文学团体——南社。辛亥革命后，他曾任中华民国临时大总统府秘书，不到三天就辞职，到上海办报。1923年，他与叶楚伧、邵力子等发起成立新南社，提倡新文学和社会革命。1924年，中国国民党改组，他发起成立吴江县党部，1925年被选为江苏省党部常委兼宣传部长，1926年出席国民党"二大"，当选为中央监察委员。1927年，他因为反对蒋介石的"清共"政策，受到追捕，一度亡命日本。"皖南事变"后，他与宋庆龄、何香凝在香港发表宣言，严词痛斥蒋介石，被开除国民党籍，随后在重庆与谭平山、李济深发起组织"三民主义同志联合会"。1945年毛泽东到重庆，那首《沁园春·雪》就是因他索要抄写的。1948年，他又与宋庆龄等在香港成立"中国国民党革命委员会"，任秘书长。1949年他满以为将受到重用，不料中共给他安排的位置远不及降将李济深、傅作义等人。

开天辟地君真健，俯仰依违我大难。

醉尉夜行呵李广，无车弹铗怨冯驩。

周旋早悔平生拙，生死宁忘一寸丹。

安得南征驰捷报，分湖便是子陵滩。 [1]

1949 年 3 月 28 日夜，与毛泽东相识 23 年、诗词唱和不断的柳亚子写下这首《感事呈毛主席》，诗中弥漫着他内心的不满和牢骚，流露了归隐故乡之意。[2] 这一天离柳亚子到北平不过十天、毛泽东进北平只有三天。一个月后（4 月 29 日），毛泽东写下著名的《七律·和柳亚子先生》，当天中午就让秘书田家英送到柳亚子手中：

饮茶粤海未能忘，索句渝州叶正黄。

三十一年还旧国，落花时节读华章。

牢骚太盛防肠断，风物长宜放眼量。

莫道昆明池水浅，观鱼胜过富春江。

在心向往之的新政权即将诞生之际，柳亚子竟然"牢骚太盛"，几乎成了一个令人费解的谜，柳亚子"牢骚太盛"的原因到底是什么？自毛泽东的诗在《诗刊》1957 年第 1 期发表至今，还没有人提供特别有说服力的解释。孙有光写过一篇回忆文章《周恩来批评柳亚子牢骚太盛》（载《炎黄春秋》2004 年第 6 期），柳亚子 1949 年住在颐和园时，他是负责其生活管理和警卫工作的中共中央社会部便衣保卫队员，亲眼目睹柳亚子发牢骚、打门卫、骂哨兵、打管理员，以及周恩来批评柳亚子、田家英送来毛泽东上面那首诗的经过。当事人的回忆有助于我们破解柳亚子的"牢骚"之谜——

1949 年 4 月 22 日，周恩来在听鹂馆请柳亚子夫妇吃饭，对他打骂门卫、哨兵、管理员的事当面作了批评，并对没有邀请他参与新政协筹备工作等做了一些解释，周说：'因为柳先生年岁大，身体不好，有些事情没有麻烦您，柳先生可能有些误会。不参加新政协筹备工作的，不一定在政府里就不安排重要职位，参加新政协筹备工作的，也不可能都是中央人民政府委员。希望柳先生把眼光放远一些。多多保重身体，今后有的是重要工作要您去做。"[3] 周恩来对柳亚子的劝慰透露了其牢骚的重要原因。只是孙有光记忆的时间有误，4 月 22 日，柳亚子日记没有一个字的记录，倒是 6 月 28 日记有和周恩来在听鹂馆晚餐，但同席的人很多，有张友渔、徐冰等共 13 人，"乘舟而去，徒步而归，余颇有醉意"[4]。参照 7 月 4 日的宋云彬日记，周恩来和他谈话应该是在这一次，这一天，宋云彬曾收到他的来信，其中有"自在听鹂馆与周恩来等作一夕谈后，日来魂梦都安，更觉心平气静矣"这样的话。[5]

此外，仔细对照孙有光的回忆与柳亚子、宋云彬当年的日记，有许多回忆也并不准确、可靠。如孙回忆，"从 3 月 18 日到北平一周多来，柳亚子可以说是满怀喜悦，满心振奋"。3 月 26 日中共中央决定 4 月 1 日在北平和南京国民政府代表举行和谈，将六国饭店作为张治中为首的南京国民政府和谈代表团下榻和工作的地方，包括柳亚子在内住在六国饭店的民主人士都要全部搬出，3 月 29 日柳亚子移居颐和园益寿堂。"由于柳亚子先生对和南京国民党政府和谈本来就不同意，此时为了给国民党和谈代表团腾住地，又让他从生活条件优越的六国饭店移居到生活条件相对较差的颐和园居住；黄炎培 3 月 25 日到北平，3 月 26 日毛主席就在香山双清别墅宴请黄炎培，畅叙别情、纵谈时局，而他到北平一个多星期了，毛主席还没有接见他；有的高级民主人士一来北平就给了专车，而没有给他"。"几件事引起他的不满"，所以他才写下那首不无牢骚和幽怨的诗《感事呈毛主席》。"总的说来，柳亚子的牢骚，是从 3 月 26 日通知让他从六国饭店搬出起，到 4 月 29 日毛主席派田家英给他送诗止，这一个多月的时间中发生的。"[6] 这一番回忆多处有误：

一、从 3 月 18 日到北平一周多来，柳亚子也并不是"满怀喜悦，满心振奋"。

实际上，他初到北平即开始流露出了不痛快，抵京当天他有意到西山碧云寺参拜孙中山的灵堂，因接待部门无法及时提供小车而未能成行。3 月 20 日晚上，他出席李维汉、周扬主持的学术工作者会议，"李、周招宴，饮酒仅七杯，颇不痛快。"[7]3 月 24 日，"下午，赴中国妇女第一次全国代表大会（地址在中南海），被邀讲话，尚未垮台为幸！……又出席文协筹委会，未列名常委，从此可以卸肩了。"[8] 这位名满天下的诗人、南社盟主被摈于文协筹委会常委之外，话虽说得轻松，其中却不无苦涩滋味，"牢骚"已露出端倪。

这和他进北平前的发脾气可不一样，叶圣陶 3 月 17 日日记称："晨起甚早，亚老示以二绝。昨夕在车站等候较久，亚老向招待人员发脾气，既而悔之，遂作二绝。其一云：

驱车赛夜入沧州，俸禄中宵动旅愁。
蛇影杯弓疑过敏，如虹剑气浩难收。

其二云：

谩骂灌夫原失态，数奇李广不成名。
水心两字能箴我，克己终怜负友生。[9]

3 月 25 日的宋云彬日记说，柳亚子"近来兴奋过度，又牢骚满腹，每谈必多感慨"。[10] 这与柳亚子后来写给儿子柳无忌一家的信中所说："我到此后，精神非常好，就是脾气愈来愈躁，喜欢骂人，那也不去管他了。"[11] 前后可以相互印证。由此我们不难想见，柳亚子的"牢骚"也不是从这一天开始的，而是踏进北平不久就有了。

二、孙有光回忆柳亚子移居颐和园的时间不对。据 4 月 22 日柳亚子日记，那天他到陈叔通处，钱端升、齐燕铭来，才知"将迁入颐和园休养"，"或将与不辨菽麦的载湉小丑，同其命运欤！一笑！"[12] 与孙有光回忆 3 月 26 日决定将他移居颐和园相距近一个月。

第二天（4 月 23 日）下午，他到颐和园益寿堂看屋，"结果，非常满意，遂决定星期一搬家。"[13]

星期一即 4 月 25 日，下午他搬进颐和园益寿堂，宋云彬等也是这一天搬离六国饭店。后来他将自己移居颐和园以后的诗集名为《万寿集》，前面有一段话称，齐燕铭说让他们夫妇住到颐和园休养，是"奉毛主席之命"。3 月 28 日，柳亚子写下"分湖便是子陵滩"的诗句时，离移居还有近一个月，可以断定移居不是他牢骚的原因。何况根据柳亚子的日记、书信，他对移居颐和园是满意的，4 月 25 日的日记说："余俩住益寿堂之正落，共五间。心清住西厢，安排甚妥帖。"[14]

他在 1949 年的诗集《光明集》第九卷也说，4 月 23 日去看了颐和园的房子，"其圆满超出意外"。几天后入住益寿堂，"自今而后，其将安我神而悦我魂欤！"[15]

5 月 13 日，他给关系密切的画家尹瘦石写信："我已奉毛主席之命，住在颐和园益寿堂，算是给我养病吧！"[16]

6 月 14 日，他给柳无忌一家的信中说到"颐和园住得非常开心，不想还家，因为上海没有这些好环境好房子来住也。"[17]

7 月 15 日，他在给执弟子礼的曹美成信里也说："我因身体关系，毛主席要我在颐和园静养，不问一切外事。现在在研究南明史料，颇有兴趣，其他则暂时不管，也许永远不管了。"[18] 其中虽不无牢骚与不平，却并非因移居颐和园引起。

三、孙有光回忆，柳亚子"牢骚"原因之一是，他到北平一个多星期了，毛泽东还没有接见他。他在写《感事呈毛主席》诗时，离毛泽东到北平不过三天，这个原因恐怕不成立。实际上，3月25日下午毛到北平，他作为三十个代表之一曾去机场迎接，与沈钧儒、李济深、章伯钧等"同乘第一号车，检阅军队而返"。当晚，毛就派车接他到颐和园饭局，共有两席，主人之外，有他、郭沫若、陈叔通、章乃器、张东荪、沈钧儒、李济深、章伯钧及刚到北平的黄炎培等民主人士，共20人。毛虽没有单独接见他，但对他也是优礼有加，当夜他兴奋难已，赋诗四首，其中除了对毛泽东的赞誉，看不出别的什么。

倒是他在文坛上不仅未受重视，更令他不安的是他在参与创建的民革也受到排挤，2月28日，即他到北平前20天，李济深主持民革第一次中央联席会议，推选出席新政协代表，柳亚子竟被排除在外，也就不可能参加新政协筹备会了（后来民革的政协代表名额由6人增至16人，他才被补入）。不到一年前，在中共中央邀请各党派代表、民主人士到解放区参加新政协的名单上，柳亚子名列第五，何况他曾是民革秘书长，当时还是中央监察委员会主席，现在却连代表都不是，内心的不满可想而知。

至于"无车弹铗怨冯驩"，出入没有专车，对于63岁、高度近视的他确有诸多不便，他也确有意见，但决非他"牢骚太盛"的根本原因。

四、柳亚子的牢骚并不始自3月26日，也没有到4月29日终止，其牢骚远不是这一个多月间的事。

3月25日，柳亚子日记说："上午，赴云彬处与愈之深谈。"[19] 到底深谈些什么，他没有只字透露，好在宋云彬日记留下了较为详细的记录："愈之谈及张申府，谓张之大病在不肯忘其过去之革命历史。彼与毛泽东氏在北大图书馆有同事之雅，周恩来加入中共，亦由彼介绍，遂以革命先进自居。初不知此等思想实为一沉重之包袱，不将此包袱丢去，未有不流于反革命者。"[20]

胡愈之的公开身份是文化人，实际上却是"在公开活动中不以共产党员面目出现"的"特别党员"[21]，长期在文化界从事统战工作，他和柳亚子"深谈"决非是一般朋友之间谈话那么简单。作为一位身份不公开的共产党人，胡愈之负有特殊使命，当他察觉柳亚子不忘自己过去的革命历史以及与领袖密切来往的关系，处处以"革命先进自居"，不无"居功自傲"之嫌，有意以张申府的例子敲山震虎。

与胡愈之共事多年，虽书生气十足、看问题却比较中肯的宋云彬对胡评价很低，他后来在日记中说"此公对朋友全无诚意。"[22] 显然不同意胡的意见，当天他在日记中感叹："人能不忘其过去之光荣历史，必知自惜羽毛。张申府在政协失败后，不惜与国民党特务周旋，甚且假民盟之名向各处捐款，以饱其私囊。"所以张申府的问题恰恰在于忘记了过去的革命历史。他接着说："微闻平津解放后，毛泽东戒其党人，须忘其前功，而努力于建设。愈之殆闻人转述毛氏之言，而加以演绎者也。初不知毛氏此言系对其党人而发，若夫一般知识分子，正惟恐其忘记过去之光荣历史，而自甘堕落耳。"[23] 这已是在嘲笑胡愈之误解了毛泽东的意思。

第二天（3月26日），柳亚子日记中说，"上午，在云彬处与愈之长谈，颇有意义。"[24] 但宋的日记中没有记。

《感事呈毛主席》就是柳亚子和胡愈之长谈之后写下的，可见谈话不仅没有消除他的"牢骚"，反而使他产生了归隐之念，这其实是一种更大的"牢骚"。从胡愈之所举张申府的例子，我们也不难解读柳亚子的"牢骚"首先就是他不忘革命历史，他跟毛泽东相识23年，诗词酬唱，关系非同一般，而且他自认为一贯反对蒋介石，是国民党民主派的灵魂人物，可是当他兴冲冲进北平之后，发现并没有受到那么重视，李济深、谭平山的地位都远在他之上。他后来（7月15日）给曹美成的信中有一句话："现在民联由平山主持，我亦懒得过问。"[25] 想象与现实之间的落差使他牢骚满腹，这一切都被比他年轻的朋友宋云彬看在眼里。虽然他们年龄相差十岁，1942年才在桂林相交，却是一见如故，关系很不一般，他在《八年回忆》中说："我和云彬本无一面之缘，只在茅盾《牯岭之夏》一篇小说上，看见宋少爷的大名，又在香港问过茅盾，知道宋少爷就是云彬"。其时香港刚刚沦陷，柳亚子逃难到了文化人云集的桂林，宋云彬是文化供应社总编辑，柳亚子也在那里安定下来，重新开始南明史研究，创办了南明史料筹征社（简称南史社），自任社长，请宋云彬担任副社长之一。1944年，桂林文化界为柳亚子58岁寿辰举行庆祝活动，宋云彬等特意以南史社名义印行了《柳亚子先生五十晋八寿典纪念册》。

　　1946年8月2日，宋云彬写过《柳亚子》一文，对他们的交情叙述颇详，在桂林时，"我和柳先生有一个时期几乎朝夕过从"。[26]1947年，宋云彬、柳亚子先后来到香港，常有来往。柳亚子发起"扶余诗社"，即请宋云彬担任秘书。1948年国民党革命委员会成立，柳亚子担任中央常委兼秘书长，10月28日，他写信请宋云彬相助，其中有"弟与我兄，均为二十年前风云中硕果仅存之后死者"之句，柳亚子是国民党元老，宋云彬担任过黄埔军校政治部编纂股长、武汉国民政府劳动部秘书，"四一二""七一五"政变后都曾遭到通缉。1949年，他们应邀同船北上，又一起来到北平。

　　正因为两人交情不浅，宋云彬才对他的"牢骚"感到忧虑。4月6日下午，宋走马灯似地参加新闻界在六国饭店召开的座谈会和文艺界在北京饭店举办的招待会。到了北京饭店后，刚好是柳亚子发言，谈及自己与民革、民盟的关系，他马上写了一张字条劝止。他说："亚老近来颇牢落。昨日罗迈报告毕，彼即发表冗长之演词，历述彼与民革关系及在民革之地位，结语则谓余愿归入文化界，请罗先生今后不以余为党派人物云云。因罗氏今天未邀党派人士出席，柳老作不速之客也。"[27]罗迈即中共中央统战部部长李维汉的化名。柳亚子一再强调他与民革、民盟的关系及他在民革中的地位不是没有原因的，1947年年底柳亚子写过《从中国国民党民主派谈起》一文，一直没有公开发表，其中有他对自己的定位："老实讲，我是中国第一流政治家，毛先生也不见得比我高明多少，何况其他。"[28]他认为，孙中山去世以后，国民党已"永久没有领袖了"，何香凝、宋庆龄和李济深虽然"是本党第一流人物"，但"我有科学的预见"，所以"不论本党或中共，听我的话一定成功，不听我的话一定失败。"[29]他之所以请李维汉不要把他当作党派人物而愿意归入文化界，正是一种牢骚，是对自己在"民革"高层受排挤的不满。

4月7日的宋云彬日记说："亚老近来兴奋过度，当有种种不近人情之举，其夫人深为忧虑，特与医师商，请以血压骤高为辞，劝之休息。三时许，医师果来为亚老验血压，验毕，连称奇怪，谓血压骤高，宜屏去一切，专事休息。亚老信之，即作函向民革、民盟请假，并决定两个月以内不出席任何会议。柳夫人之计善矣。"[30]当天的柳亚子日记也说："又为余量血压，较前增加至十度以外，颇有戒心。以后当决心请假一月，不出席任何会议，庶不至由发言而生气，由生气而骂人，由骂人而伤身耳！"[31]

但柳亚子的"牢骚"并未到此为止，4月11日，他写信给尹瘦石："关于全国文学艺术工作者代表大会，大概在五月底召开，我本来也是一个筹备委员，因为我看见不顺眼的事情太多，往往骂坐为快，弄到血压太高，现在，遵照医生的嘱咐，已请假一个月，不再去开会了。"[32]4月27日，他搬到颐和园第三天，路过乐善堂，看门的不让他进去，"一怒冲锋"，看门者也无可奈何，他还不无得意地记入当天日记中。

4月29日上午，柳亚子畅游颐和园各处景致，乘画舫渡昆明湖回到住处，收到毛泽东送来"牢骚太盛防肠断"一诗，心情激动，连写两诗《次韵奉和毛主席惠诗》《叠韵寄呈毛主席一首》，分别有"昆明湖水清如许，未必严光忆富江"与"倘遣名园长属我，躬耕原不恋吴江"等句子。但从5月1日他写在庆祝"五一"诗前面的一句话来看，他的"牢骚"并没有得到缓解："余寂居颐和园，与外界潮流渺不相涉，思之惘然，诗以自讼云尔。"[33]分明有一种被冷落、被闲置的抱怨。

这天下午他正在颐和园午睡，"忽毛主席偕其夫人江青女士暨女公子李讷来访"，先是"谈诗甚畅"，然后到昆明湖上泛舟，"而未能先加准备，余尚能支持，润之则汗珠流面，颇觉过意不去也。……润已疲倦，不及长谈，登岸即坐汽车返，约定双五节以车来迓，谒总理衣冠墓于碧云寺，希望其不开空头支票也。"[34] 很显然，他在兴奋的同时也担心领袖开的是"空头支票"。毛走后，他即写下《偕毛主席游颐和园有作》，第九次用同一韵，最后两句是"名园真许长相惜，金粉楼台胜渡江"。

5月5日是孙中山当年在广州就任"非常大总统"的纪念日，也是马克思的诞辰日，当年柳亚子赠毛泽东诗中有"中山卡尔双源合"之句。上午，毛派秘书田家英来接他到碧云寺，他称自己是"孙先生之信徒，又为毛主席之挚友，今日之游，悲喜交集"，接连写了四首诗。然后，"毛主席赐宴，客为余等四人，陪客者毛夫人、毛小姐、朱总司令、田秘书，谈宴极欢，三时后以汽车送还"。[35] 他在《五月五日马克思诞辰赴毛主席宴集》一诗前面说："谈诗论政，言笑极欢。自揆出生六十三龄，平生未有此乐也！"[36] 当夜，他仍兴奋不已，虽"倦极不堪"，还写信数封，到半夜才睡。

5月21日，毛泽东给柳亚子复信："各信并大作均收敬悉，甚谢！惠我琼瑶，岂有讨厌之理"，对他提出成立国史馆与在故乡江苏任职泼了冷水："（国史馆）弟个人亦不赞成先生从事此项工作，盖恐吃力不讨好。江苏虚衔，亦似以不挂为宜，挂了于己于人不见得有好处。"并劝慰他："某同志妄评大著，查有实据，我亦不以为然。希望先生出以宽大政策，今后和他们相处可能好些。在主政者方面则应进行教导，以期'醉尉夜行'之事不再发生。"[37] 原因是他进北京不久，就有人妄加评议他的诗作，那时他的精神正处于极度亢奋之中，到处给人送诗，确实是泥沙与金子俱下。他曾为此写信给毛，"醉尉夜行"一语即出自《感事呈毛主席》初稿中的"醉尉夜行呵李广"一句。得到领袖的宽慰，无疑消解了他的部分不满。难怪6月14日，柳亚子给儿子的信里说："中共对我极客气，对文化人亦极好。"[38]6月17日，毛泽东还派田家英及警卫员郭安奇接他上香山。

但柳亚子的"牢骚"一直没有停止，心情时好时坏，5月11日，有人从城里来，"言种种腐败情形，殊为不耐"。[39]5月17日傍晚有客人来，他"留之同饭，不肯，送出门外，佩妹邀登景福阁，为哨兵所阻，余大骂拂衣而归，不复管客人的事了。"[40] 6月5日，柳亚子夫妇到华北教科书编审委员会所在地（东四附近的一个院落）拜访宋云彬，叶圣陶、傅彬然等也在这里，叶是这个委员会的主任，宋、傅是成员，但被门房拦住，要登记之后才能进去，他大怒，认为这是官僚作风，不顾阻拦径往里走，警卫员跟着进来，他到了办公室，看见桌上的墨水瓶，随手拿起掷了过去，却溅在柳夫人身上。傅彬然和金灿然闻声而出，向柳亚子道歉，并将警卫员申斥了一番。宋云彬当时正在午睡，忽然被叫醒，说柳亚子夫妇来访，为门房所阻，柳老大怒，正在办公室等候，等宋披衣而出，"则柳老余怒未息，柳太太满身蓝墨水，金灿然正向柳老道歉。柳老立片刻即辞去，余送之登车。"当晚，宋云彬又前去向柳亚子道歉，柳夫人说，"今日警卫员确有不是，因彼曾持所佩木壳枪作恐吓状也。"宋回来后与叶圣陶、金灿然说这个事，叶以为，"我们不需要武装警卫，今后须将警卫员之武装解除，灿然同意。"[41]

柳亚子的发牢骚、发脾气，并非出于偶然，一方面是他对新的政治环境感到陌生和不适应，另一方面是对政治上的安排不满，他总是将自己与李济深等国民党阵营中过来的头面人物攀比。但从性格上说，他本身就富有文人气质，不是老谋深算之辈。早在1946年宋云彬在《柳亚子》一文中就说，在桂林时期，"他喝了酒，有时也会骂，我曾亲见过几次，因此我想当年复社诸君子痛骂那《燕子笺》作者阮大铖的情景，大概也是这样。有人以为柳先生脾气坏，我却觉得这正是柳先生的天真可爱处。"[42]正因为如此，其性情、自信及自负才不会随着政权夏迭而改变，到北平之后，他还在4月16日的日记中写道，在北京饭店，"听恩来报告，极滑稽突梯之致，可儿也。"[43]5月21日，"毛主席来信，颇有啼笑皆非之慨。"[44]6月19日、20日，他在日记中都称毛泽东为"老毛"，称"润之"、"润"更是寻常，因为他自认为和毛是"挚友"，对他而言这不是什么对领袖的不敬。在其身后遗留下的两抽屉印石图章中，还有"兄事斯大林弟畜毛泽东"、"前身祢正平后身王尔德大儿斯大林小儿毛泽东"这样的狂放不羁的印章。

柳亚子本质上是个诗人，一个具有浓郁救世情怀的革命诗人，从来都算不上政治家。1949年5月19日，和他同船北上、74岁高龄的陈叔通为他的《光明集》写序说："亚子柳君，当清之季，慨然以革命自任。时有南社，革命诗人所荟萃，君独出冠时。四十年来，奔走革命，一以主义为归，不折不挠，与恶魔搏斗。所遭至困，顾未尝废诗。"[45]

作为南社盟主，他一贯以"诗坛领袖"自居，以"推倒一世豪杰，开拓万古心胸"自期，1945年毛泽东写给他的信中曾说："先生诗慨当以慷，卑视陆游陈亮，读之使人感发奋起。"他也写下"除却毛公即柳公，纷纭余子虎龙从"、"一代文豪应属我"等诗句，还说过这样一番话："辛亥革命总算是成功了，但诗界革命是失败的。……国民党的诗人，于右任最高明，但篇章太少，是名家而不是大家；中共方面，毛润之一枝笔确是开天辟地的神手，

青年柳亚子

可惜他勤劳国事，早把这劳什子置诸脑后了。这样，收束旧时代，清算旧体诗，也许我是当仁不让呢！"[46]

1949 年 4 月到 6 月，他在北平组织"南社"和"新南社"雅集、筹办"文研会"，大概就是他作为"诗坛领袖"的最后活动。

4 月 2 日，他与南社旧友、民主促进会发起人马叙伦谈论"南社临时雅集事"。4 月 15 日，他到中山公园来今雨轩看场地，将在这儿举行南社暨新南社联合临时雅集。第二天下午，南社、新南社联合临时雅集在来今雨轩如期举行，他任主席，从二点半开始，到 6 点才散，宾主共有 80 多人到会，周恩来、叶剑英、李立三等许多中共领导人都以来宾资格讲话，欧阳予倩、邵力子等社友纷纷发言，最后由他致谢辞。[47] 叶圣陶伉俪和宋云彬等也应邀出席，风云际会，"可谓极一时之盛矣"，他内心的兴奋可想而知，当天的宋云彬日记说"今日亚老乐矣"。[48]

接着，柳亚子又始热衷于筹组成立文研会，他甚至想请毛泽东担任名誉主席。6 月 19 日，在颐和园听鹂馆召开文研会筹备会议时，他被推为主席，"俨然黄袍加身，拟推老毛为名誉主席，未知其肯入我彀中否也。"[49] 5 月 21 日，他忙于"赶弄文研会聘书及开会通告"，到晚二十一时才休息。第二天，他又"忙于发通告"，自嘲"春蚕自缚，殊自笑也"。[50] 6 月 26 日下午，文研会成立会在中山公园来今雨轩举行，到会的有一百多人，到 5 点钟散会，他又是兴奋，又是"倦极不堪"，[51]

第二天上午，好友宋云彬给他写了一封长信：

  ……我有许多话很想跟您说。但自从搬出六国饭店以来，我们隔得太远了，见面时又常有许多客人在一起，无法畅谈，现在只好写信了。第一桩事情，我觉得您的那篇《文研会缘起》写得不大实际，而且容易引起误会，容易被人当作把柄来攻击您。例如您说"残劫之余，艰于匡复，司农仰屋，干部乏材，国脉所关，敝屣视之"。如果有人把它演绎一番，那么，'司农仰屋'不就是说人民政府的经济没有办法吗？"干部乏材"不就是说干部都是无能的，都是要不得的吗？最后两句，不是说人民政府轻视文化吗？幸而您写的是文言，又用了典故。否则流传出去，被帝国主义者的新闻记得到了，他们会立刻翻译出来，向全世界宣传说："你们瞧，连一向同情共产党的国民党元老柳亚子先生都这样说了，难道还是我们造谣言吗？"亚老请您想想，万一真的被反动派当作把柄来作反宣传，您不是要懊悔吗？而说事实绝非如是。即"国脉所关，敝屣视之"来说，可以说决无其事。中共确是重视文化的，赵城藏经之抢救，不是最现实的例子吗？……

根据上面所说的理由，我觉得亚老这次发起"文研会"是一桩不必要的事情，同时觉得做的有点儿过火。亚老有四十年革命历史，没有人不景仰。到过延安的几位朋友曾经对我说，他们在延安的时候，一谈到国民党的老前辈像亚老、廖夫人、孙夫人，没有不表示敬意的。这是事实，决非我说的阿谀的话。亚老又是一个热情横溢的人，常常感情盖过了理智，尤其在神经兴奋的时候。现在颇有人利用亚老这一个弱点（热情横溢原不能说是弱点，可是过分兴奋，任凭感情做事，就成为弱点了），怂恿亚老，戟刺亚老，说得不客气一点，利用亚老来抬高自己身份，或作进身的阶梯。而亚老又往往遇事不多加考虑，对人不多加分析，纯凭一腔热情，或挺身替人家打不平（其实有些并不是不平的事情），或具名替人家作保荐，于是抗议之书、绍介之函，日必数通，何亚老不惮烦也？

这样发展下去，有几种不好的结果是可以预料得到的：一、一些怕受批评，怕招是非的朋友，不敢多跟亚老接近了（我得声明，我还不至于这样），而一些来历不够明白，心里怀着鬼胎的人，倒多围集到亚老的周围来了。他们不会对亚老有所规箴，只是阿谀顺旨，起哄头，掉花枪，非把亚老置之火炉之上不可。二、常常接到亚老的抗议书或绍介信的领袖们，觉得亚老实在太难服侍了，或者竟觉得柳老先生太多事了，于是最初每函必复，后来渐渐懒于作复了。这样，自然会引起亚老的不快，增多亚老的牢骚。三、一些素来对亚老感情不很融洽的人，更加会拿"亚老神经有毛病"或"亚老又在发神经了"等等恶意中伤的话来作宣传。我的愚见，以为像亚老那样有光荣的革命历史的人，有崇高的地位的人，在今天最好不多讲话，不多做不必要的事情，逢到有应该由亚老站出来讲话的时候才来讲话，"夫人不言，言必有中"。这样，亚老的德望和地位必然会一天天增高。否则"杀君马者路旁儿"，我虑亚老之马力将竭矣。率直陈词，不避冒渎，死罪死罪。[52]

信写成后，宋云彬先拿给叶圣陶看，"圣陶连称好极了，即挂号寄出。"宋在当天日记中抄录了此信，并在日记中说："亚老自来北平后，精神亢奋，言动屡越常轨，而二三无聊之徒复围集其周遭，图有所凭借，余故致书恳切规劝之。"[53]

这封信无疑也为揭开柳亚子"牢骚"之谜提供了许多重要线索。在革命大功告成、山河重新一统之际，他的举动就有点显得不合时宜了。1946 年 8 月，宋云彬在为《人物》杂志写的《柳亚子》一文说："到了清朝末年，又是豺狼当道，奸佞满朝，政治败坏，民生憔悴，于是一部分士大夫，又起来组织'南社'，和恶势力斗争了。……南社在表面上是文人的集会，无非诗酒唱和，而事实上却是文化界的革命集团。……加入南社的人，都是能做诗写文章的，他们借诗文来发挥民族思想，发挥自由平等主义。"[54] 这也是中国士大夫的一种传统，从东汉末年的士大夫到明末复社，史不绝书。然而，革命成功了，时代剧变了，还需要不是党统一安排的"南社雅集"和"文研会"吗？中山公园的雅集注定成为绝唱，"文研会"也必然无疾而终，因为"文代会"马上要召开了。7 月 2 日，负责接待的中共干部徐冰以汽车接柳亚子去参加全国文学艺术工作者代表大会，最后"周扬以车送归"。"文代会"之后当然不再需要什么"文研会"了。

至于柳亚子喜打抱不平，到处写信从以下两事可知，1949 年初黄绍竑的侄女黄波拉摆脱国民党特务的监视，仓促来到北平，食宿都发生困难。柳亚子为此写信给毛泽东，请求帮助。毛派秘书对黄一家作了安排。此外，如他为了画家尹瘦石成为"文代会"筹备委员的事，到处给茅盾、周扬等写信。这类事他都热心得很，所以他自称是个"无事忙"的贾宝玉。

7 月 1 日，宋云彬收到柳亚子回信，在日记中说："接柳亚老复函，谓：'荷惠笺，深感厚爱，昔称诤友，于兄见之矣'然又谓'事之委曲不尽然者'，则亚老仍未能了解余之真意也。"[55]

7月4日，宋云彬又收到柳亚子来信，"谓前函尚多意气之辞"，自从在听鹂馆与周恩来等一夕谈后，已经"心平气静"。[56] 大概就是这次，他在周恩来的谈话中得知自己在即将成立的新政府中"还是有一定职位的"。7月8日，宋云彬又给柳亚子写了一封回信，并附诗一首：

> 屈子感情原激越，贾生才调亦纵横。
>
> 倘逢盛世如今日，未必牢骚诉不平。[57]

7月21日，他收到柳亚子来信与和诗，即《口号答云彬》：

> 屈子怀沙逢乱国，贾生赋鵩值休明。
>
> 忏除结习我知勉，不作苏俄叶赛宁。[58]

三天后（7月24日），宋云彬到颐和园看望柳亚子，在那里吃午饭，当天在日记中说："亚老精神又由亢奋而转入消沉，宛如去年在香港时候矣。柳太太谓余言，亚老在故乡有稻田千亩，解放后人民政府征粮甚亟，每亩□斗□升，折缴人民币，无垢因此售去美钞六百元。又云，乡间戚友为无法缴纳征粮款，纷纷来函请亚老向政府说情者，亚老皆置之不理。此亚老识大处也，谁谓亚老有神经病哉。"[59]

然而，对于"热情横溢"的柳亚子来说，他内心的不平静是可想而知的。此后，自北行以来写诗不断、到处赠诗的他很长时间几乎都不写诗，1949年下半年没什么诗，连"开国大典"都没有诗，尽管他被安排为新成立的中央人民政府委员。

但，这并不意味着柳亚子不发"牢骚"了，直到9月的政协会议期间，他还对北上的夏衍抱怨。当时，夏衍作为华东的代表来参加政协会议，呆了兴奋的 10 天，有一天晚上：

"我正要上床，柳亚子敲门进来了，我和这位爱国忧民的南社诗人也算是老朋友了，过去，不论在香港，在重庆，即使在时局十分艰险的时候，他一直是爽朗、乐观的，可是在这举国欢腾的日子，他却显得有点心情抑郁，寒暄了几句之后，他就问我上海解放后有没有去过苏州，他说，假如那一带局面安定，他打算回吴江去当隐士了。这句话使我大吃一惊，'一唱雄鸡天下白'，为什么会有这种想法呢？他就坦率地说出了他对某些人事安排的不满，他用责问的口吻说，李任潮怎么能当副主席，难道你们忘记了他 20 年代的历史？对这样的事我当然不好插嘴，我想把话岔开，问他最近有什么新作？柳无忌是不是也在北京？可他还是滔滔不绝地讲了他对某人某事的不满。后来读了他和毛主席的唱和诗，才懂得他'牢骚太甚'的原因，并不在于'出无车'和'食无鱼'，至于'莫道昆明池水浅'这句诗的谜底，则直到恩来同志和我讲了当时的情况之后，才弄清楚。浪漫主义诗人和现实主义政治家之间，还是有一道鸿沟的，亚子先生实在也太天真了。"[60]

他对李济深身居高位心中不服气，他永远忘不了 1927 年"四一二"之后李济深在广州屠杀共产党人这一幕。他在 1949 年的日记中两处提及李时都不怎么友好，一是 4 月 24 日，一次聚餐，客人有他、李、俞平伯等三十多人，"食菜用鸡尾酒形式，彼辈为任潮进一特别面，任言太多，谁要谁分取，余言分我一杯羹可耳！后来纪事诗中，有'分我杯羹惭李密'句，正此意也。"[61] 他关于这一天的纪事诗有"分我杯羹容李广"之句，与日记虽有所出入，"分我杯羹"的意思却是相同的，其中充满抑制不住的"牢骚"和酸葡萄之意。二是 4 月 28 日早上他接到电话，李济深将于下午二时到颐和园做客，"心清与佩妹准备欢迎，均甚忙碌，余则淡然置之，但亦不免布置一番耳！"下午 4 点，李济深才来到颐和园，5 点到他的住处，他没有出去迎接。"晚饭后客始去，余与心、佩同送之，旋绕乐寿堂一周而返，堂前牡丹盛开，色香均绝，可爱也。"[62] 从这些笔墨看，他似乎心情颇好。

只有 5 月 6 日，毛泽东和他相约碧云寺的第二天，李济深等到颐和园看他，他在记事诗中还夸李"将军饶有书生气"，并自注"任潮以武人而娴文翰"。[63] 让人颇为意外，大概心情大好之故。他之所以对李济深心存不服，除了对夏衍说的这番话，早在他听说毛泽东 4 月 3 日在香山接见李济深等民主人士，此前还接见了傅作义之后，就在私下发牢骚说：

> 共产党内有些高级干部说："早革命不如晚革命，晚革命不如不革命，不革命不如反革命"，我也有同感。李任潮在 1927 年蒋介石叛变革命后是跟着蒋介石屠杀共产党的；傅宜生在 1946 年蒋介石撕毁政协决议后，执行蒋介石进攻解放区消灭共产党的命令是最积极的。现在他们倒成了毛主席的座上客。1927 年蒋介石叛变革命后我是被蒋介石通缉的，我一直是反对蒋介石，跟着共产党走的，现在却让我来这里坐"冷板凳"了。[64]

直到 10 月 6 日晚上，夏衍还在一次座谈会上听到刘少奇说：

> "老不如新，新不如不，不不如反"的说法，是以自己的利益为中心，而不是以人民的利益为中心的观点，是向人民提条件，这不是共产党的观点，这是落后的观点，落后的思想。[65]

这些话无疑就是针对柳亚子这样的落后观点、落后思想。李济深当时的地位岂是他可以比肩的，徐铸成的回忆可以作为旁证。3 月 18 日徐进北平，几天后到北京饭店串门，李济深说自己闷在饭店里无聊，请徐带他出去玩玩。第二天，徐即请李等到饭馆吃饭、戏院看戏。结果负责接待的人埋怨说："徐先生，你给我们开的玩笑太大了。你知道，任公这样一个人物，去馆子和戏院，要布置多少人暗中保护？"[66]

夏衍称"亚子先生实在也太天真了"，宋云彬称柳亚子"天真可爱"，都可谓一语中的，"天真"的诗人革命家又哪里懂得那些权谋、权术、策略，纵横捭阖之道，书生之见与"政治家"的"高瞻远瞩"必然是不一致的，他内心的不平衡，他的"牢骚"满腹也是必然的，他的喜怒哀乐都在写在脸上。

他想不到的是被安排为中央人民政府副主席的李济深也照样心中不满。当李在香港北上之前，还曾自信将会出任联合政府主席。两个老友李思浩（做过北洋政府财政总长）、袁良（做过北平市长）托金雄白带信给他，提醒他：一、就政治立场来说，现阶段的中国还不宜于实行社会主义；二、以他们之间的友谊，也希望他不要凭一时的意气而应郑重其出处。记者出身的金雄白与他相识于 1927 年，当面问及："你决定与中共合作，是不是出于反对国民政府的那一个为最主要的原因？但我希望知道的是，是你到底为了什么要反对？"李回答："我反对长期来的专制独裁"。金说："假定你要去参加共党组织，但人们一致认为，毛泽东的专制独裁，或许还会远过于别人。如其有一天，你亲身体验到这样的处境时，你又将如何？"李沉吟了几乎有五分钟之久，才迸出一句："我会再革命的！"金说："到那时，还能容你再革命吗？"他黯然无语。[67] 其实，压根就没有什么"联合政府"，更不会有"主席"等着他。

要是柳亚子知道李济深的那把"副主席"的交椅也坐不了几年，1954 年就改任全国人民代表大会常务委员会副委员长，而这一切又早就在安排之中时，不知会作何感想。就在 1949 年 11 月 15 日，李济深当上副主席不久，周恩来约见苏联大使罗申时，提及李济深和张澜这两位副主席，直言他们"仅在形式上是政府成员"，而"暂时受到我们的信任"。[68] 这当然不是牢骚满腹的柳亚子所能知道的。

注释：

[1] 此诗原稿上有明显的修改之处，发表时如下：
开天辟地君大健，说项依刘我大难。
夺席谈经非五鹿，无车弹铗怨冯驩。
头颅早悔平生贱，肝胆宁忘一寸丹。

安得南征驰捷报，分湖便是子陵滩。

与原稿相比，第二、第三句改动最大，第四、五句改动了个别词句。不过全诗意思并无什么大的不同，毛泽东看到的是原稿。

[2]1912 初，柳亚子担任中华民国南京临时政府总统孙中山的秘书，不满当时与袁世凯议和的气氛，托病辞职前写下了一首《感事》诗，最后两句是："不如归去分湖好，烟水能容一钓舟。"

[3][6] [64]《炎黄春秋》2004 年第 6 期，23、19-24、20 页。

[4] [7][8] [12] [13] [14] [19] [24] [31] [34] [35] [39] [40] [43] [44] [47] [49] [50] [51] [61] [62]柳亚子文集《自传·年谱·日记》，上海人民出版社 1986 年版，374、341、343、358、358、359、343、343、350、362、363、366、367、355、368、354-356、371、372、373、358-359、360-361 页。

[5][10] [20] [22] [23] [27] [30] [41] [48] [52] [53] [55] [56] [57] [58] [59]宋云彬《红尘冷眼》，山西人民出版社 2002 年版，139、115、115、188、115、118、118、131、120、136-137、137、138、139、139-140、143、143 页。

[9] 叶圣陶《旅途日记五种·北上日记》，生活·读书·新知三联书店 1998 年版，172 页。

[11] [16] [17] [18] [25] [32] [38]柳亚子文集《书信辑录》，上海人民出版社 1985 年版，354、351、354 页、363、363、350、355 页。

[15] [33] [36] [45] [63]《柳亚子文集·磨剑室诗词集》，上海人民出版社 1986 年版，1571、1581、1590、1506、1592 页。

[21] 于友《胡愈之传》，新华出版社 1993 年版，112 页。

[26] [42] [54]《宋云彬杂文集》，生活·读书·新知三联书店 1985 年版，467、468-469、465-466 页。

[28] [29] [46]（《柳亚子选集》，人民出版社 1989 年版，584、591、1084-1085 页。

[37]《毛泽东书信选集》，人民出版社 1983 年版，321 页。

[60]《懒寻旧梦录》[增补本]，生活·读书·新知三联书店 2000 年版，424 页。

[65] 沈宁 沈旦华编《岁月如水流去 夏衍日记》，中华书局 2016 年 1 月版，90 页。

[66]《徐铸成回忆录》，生活·读书·新知三联书店 1998 年版，185 页。

[67] 金雄白《记者生涯五十年》，跃升文化事业有限公司 1989 年版，147—148 页。

[68] 罗申关于中国国内的政治和经济状况问题与周恩来的谈话记录，俄国档案影本存沈志华处，编号 SD09845。转引自高华《历史笔记》，香港牛津大学出版社 2014 年，508 页。

竺可桢

"使我垂老泪盈盈"

竺可桢（1890-1974），浙江上虞人，科学家，教育家，被誉为"品格和学问的伟人"。1910年赴美国留学，1918年获哈佛大学地学系博士学位，回国后先任武昌高等师范学校教员、东南大学地学系主任、中央研究院气象研究所所长，成为我国近代气象学和近代地理学的奠基人，中央研究院第一届院士，有《二十八宿起源之时代与地点》《我国五千年气候变迁的初步研究》《物候学》等著作。

自1936年起，他出任浙江大学校长，在抗日战争的烽火硝烟中，在贵州的穷乡僻壤，他将浙大从一所地方性大学办成了全国著名的综合性大学，在中国高等教育史上写下了耀眼的篇章。1949年10月，他拒绝去台湾，被新政权任命为中国科学院副院长。1961年1月21日，他被打成右派的长子竺津死于劳教农场，年仅40岁。第二年，72岁的他终于加入中共。他的孙女竺明芝从此生活在绝望境地，1977年患了精神分裂症。

一

1949 年元旦，竺可桢日记写道："今日元旦，见报载蒋总统之文告，谓共产党苟有诚意，中央政府愿意和平。渠之个人进退，可以不计云。此与过去之戡乱到底口吻不相同。一般老百姓莫不希望和平，故闻者莫不喜形于色。"[1]

时局动荡，身为大学校长，竺可桢肩头的压力很重，内心一点也不乐观，更不会"喜形于色"。自 1936 年接任浙大校长以来，十三年的光阴已无情地逝去，期间经历了艰苦卓绝的 8 年抗战，4 次西迁，颠沛流离，在广西宜山日寇飞机的轰炸下，他将"求是"确立为浙大校训，他明确解释"求是"就是"冒百死排万难以求真知"，正是凭着这种精神，在遥远的西南边陲，这位科学家愣是把浙大办成了全国瞩目的一流学府，被李约瑟誉为"东方剑桥"、"民主堡垒"，培养了各领域出类拔萃的一代英才，他也因此成为 20 世纪中国教育史上一位足以与蔡元培相比的"伟大的大学校长"（数学家苏步青语）。

竺可桢本来打算维持浙大到大变局的最后一小时，但 4 月 29 日他被迫离开了浙大。4 月 28 日，即红旗插上南京城头第四天，杭州市政府转来教育部长杭立武的电报："俞市长烦速转浙大竺校长，望早莅沪。教授愿离校者到沪后可设法。晓峰已到。杭立武。"4 月 26 日，竺可桢听说军警闯入上海交大，逮捕了 80 多名学生，为浙大师生的安全感到担忧。 27 日，他接连走访浙江省教育厅长、省政府秘书长、省保安司令，询问军队是否会进浙大捕人，没有得到确切答复，放心不下，当即给杭立武复电："沪校疏散，浙大师生震惊，此时暂难离杭。"[2]

当晚，他得到省主席和保安司令"决不入浙大捕人"的保证，加上杭立武4月29日又一次来电催他。所以，他虽感为难，但还是决定暂时离开浙大，他的日记对当时心态有详细记录：

> 因余觉部中既有电嘱余去沪，余虽覆电谓师生见沪上报载疏散十五大学莫不震惧，但昨晚郑石君已谓省府决无来浙大捉人之意，故余已无留浙大之理由。兼之杭州谣传日多，谓余将出任维持会副主席，故余若再留浙大，极难剖白对于政治上有何关系，因之决计暂时避开。不料晨间又接杭立武电，谓有要事相商，速来沪云云，因此余之地位遂成 untenable[站不住脚]，不可避免的要离杭了，否则只能辞职离校，但后一着亦须离杭遂行。于是再四思维，不得不出之一走。[3]

当天下午，大雨不止，他没有带家属同行。原定14：30开车，结果焦灼地等到晚上23：15才开车，大批士兵蜂拥上车，一路上也有士兵上车，一度还因士兵抢车辆而停车。车厢人满为患，其中95%是兵，"余闻一军宣谈国民党与共产党之战，目前共军得势已无可挽回。……又一军人谈在沈阳如何脱走情形，从不闻有同仇敌忾之意气，亦无愤恨复仇之心理，所谓军无斗志也。"[4]

直到4月30日中午十二点半，火车才好不容易到达上海西站，人满为患，他只能从车窗跳出，出站时军警要上海身份证，"颇有刁难"。一到中央研究院安顿下来，他先安排陪同他的姚维明回杭州，并请转告夫人陈汲（允敏）"决不去台湾或广州"。当天下午三点，他见到杭立武，所谓"要事相商"果然是要他去台湾或夏门，他当即拒绝，并提出辞职。当晚，杭立武送来旅费二千万元，他只是"当袁泮五元"了事。[5]从到达上海第一天起，他就没有想过去台湾。

5月2日早晨，他到街上买烧饼充饥，《新闻报》上有钮永建、竺可桢飞台湾的消息，他大为惊惶，不知这消息从何而来。当天，杭立武正在搬家，仍劝他去台湾，并告诉他办护照要去广州，国民政府行政院及各部早在南京陷落前就已迁至广州，当时他应邀去巴黎参加科学与其社会关系委员会会议，必须到广州才能办理护照。[6]

当天，他给严仁赓、苏步青写信，"于狂风骤雨中仓皇出走，抛十余年共患难之友朋、生徒、妻子于不顾"，事出无奈，希望他们见谅，并表示自己已向教育部辞去浙大校长职务，回中央研究院。至于上海各报所谓他昨天已飞抵台湾的报道，"近代物理学尚未发现分身之术，兄等置之一笑可耳。"实际上是辟谣。[7]

5月6日，竺可桢在路上遇到蒋经国。据他事后告诉接近的人，蒋曾劝他去台湾，他婉言谢绝了。浙大学生谢觉民回忆，多年后，在台湾，蒋经国单独邀请他午餐，亲口对他说："当年我奉父命，邀请令师竺可桢先生前来台湾，可惜他未能前来"。[8]

5月17日中午，他接到傅斯年台北来电，邀他去台湾大学，他在日记说："得孟真自电，嘱赴台大。余将函覆辞谢。因余十四年长浙大，若欲重执教鞭，亦非有一年之温习静读不可也。"[9]

5月19日晨，竺可桢接到杭立武从广州来电："请上海医学院朱院长接洽，乘机飞穗，已为兄办护照，并闻，弟杭立武辰巧"。[10]"巧"即18日，杭立武称已替他办好护照，是指去巴黎的事。之前5月9日，竺可桢曾打电话给Unesco（巴黎科学与其社会关系委员会）的施茂德，知Unesco尚未回电。此时陈毅的大军离龙华机场只有五里地。

5月20日，因为护照已办妥，竺可桢到中央银行，"拟提取所存六百余元美金以为万一赴法国出席科学会议可作为旅费，不料私人存款亦须在广州提取，故此款又落空矣。"他感叹："凡奉公守法之人往往吃亏，此现政府之所以不能受人爱戴也。"[11]

从"万一赴法国出席科学会议"中"万一"一词即可知，竺可桢其实也没有下决心去法国，至于广州、台湾则从来没打算去。无论时局如何演变，他已选择留下，不想再上国民党这条船了。

5月27日，上海已解放，《大公报》报道了"竺可桢未去台湾"的消息。

二

当1949年来临的时候，竺可桢尚未最后意识到曲将终、人将散。但他对国民党的腐败、暴戾很是反感。上海易手之后，他日记中有两段话基本代表了他对国民党的评价，5月26日，他和友人谈及政局，"以为国民党之失，乃国民党之所自取。在民国廿五六年蒋介石为国人众望所归，但十年来刚愎自私，包揽、放纵贪污，卒致身败名裂，不亦可惜乎？余谓唐明皇开元、天宝二个时期截然不同。有一杨国忠已足以偾事，何况如杨国忠者尚不止一人乎？"第二天的日记说："民十六年国民党北伐，人民欢腾一如今日。但国民党不自振作，包庇贪污，赏罚不明，卒致有今日之颠覆。解放军之来，人民如大旱之望云霓。希望能苦干到底，不要如国民党之腐败。"[12]

他在日记中几次提到蒋介石心腹爱将汤恩伯的贪婪：

3月23日，当他听说，汤"在沪曾要求七千条金子为代价，可以撤兵之说"后，感叹"目前买卖货物，价值较大者均值百抽一为保安捐，真可谓苛政猛于虎矣"。[13]

5月20日他又记下汤向中央银行提取金条一万根及所有银元的传说，并进一步议论，"空穴来风，非无根之谣乎？上海各校闻传将以关金发薪，依照底数每元关金作八十万金圆（市价二百四十万），而袁洋价已二千七百万一枚，则教授薪亦不过袁洋三数枚而已……"[14]

竺可桢对国民党的恶感并非始于1949年，1961年12月30日他为申请加入共产党而写的《思想自传》说："对于一般的国民党党员我是瞧不起的，不但是我自以为做科学和教育事业为清高，我从宋子文、孔祥熙的明目张胆贪污行为，更觉得官是做不得的。"宋是他在哈佛大学时的同学，"功课很平凡"，做了财政部长，"数年之间顿成富翁"，他埋头科学研究，不太关心时事，可对宋、孔的贪污腐败，他是打心眼里蔑视。不过他对蒋有好感，认为北伐消灭北洋军阀有很大功劳，"到了 1941 年以后，蒋介石不顾舆情，一天天地压迫学生，我才慢慢地对他失去幻想。"抗战胜利后，他曾在杭州和职业教育家江问渔以及少数浙大同事说过，"为国家前途计，为蒋介石个人计，最好的办法是蒋通电下野。"[15]

可以说，他对国民党经历了一个从失望到绝望的过程，他曾数次拒绝加入国民党，因为他"素来对于政党毫无兴趣，而且深深痛恶陈立夫的作风和宋子文、孔祥熙的贪污"，他公开主张"大学是超政治的，三青团不应进入大学"。[16] 到 1943 年，"那时大学校长几乎全已加入国民党，只有他一个人不是党员。那一年，教育部强迫各大学校长到重庆参加训练团，未经他的同意公布他为三青团监事，所以要他填写入党志愿书时他就填了，反正入不入党也没有区别了（还领了党证）。三青团与国民党合并后，他居然被列名国民党中央委员。但他从未交过党费，没有参加过党员会议，更不用说中央委员会会议。抗战胜利后，陈布雷几次来信要他登记，他都复信拒绝了。[17]

在 1949 年的名人抢夺战中，国民党方面虽然一再想拉竺可桢去台湾，但对他也是心存芥蒂，并将他列入所谓"和平分子"黑名单。4 月 15 日，竺可桢的朋友周普文告诉他，曾见到过特务人员的两张黑名单，一张是"反动分子"，不易见到；一张是"和平分子"，很多知识界的朋友都榜上有名，竺可桢也在其中。[18] "黑名单"对于竺可桢最终下决心不去台湾，恐怕不会没有影响。他在《思想自传》中讲到 1949 年的选择时，解释杭州解放前三天离开浙大到上海中央研究院的原因："首先由于国民党特务视浙大为眼中钉，而且从他们看来我是站在学生方面，是他们的对立面，在他们撤走以前，有可能做些对我不利的事情。其次，我对共产党办学方针毫不了解，不如回中央研究院重理旧业为适当。"[19]

对于蒋介石排除国民党内的异己，将深得杭州市民拥护、对浙大多有照顾的浙江省主席陈仪免职、幽禁，竺可桢日记中多次表示不满：

2月17日一早，他从《大公报》获知陈仪（公洽）被免职，想起陈在浙江省主席任上"对于浙大备极爱护"，如给教职员工的无价米、吴大信等任的无条件释放，都令他感激。

2月18日，他听说陈仪去职就是与上月26日吴大信等获释时浙大学生大贴标语有关，当时省府不问不闻，特务的报告则夸大其词。这个说法三天后（2月21日）他在送别陈仪时，从陈的口中得到证实，"心中极为不安"，在他看来，陈离开浙江"是一极大损失，因其人确有理想、且具胆识也"。临行前夕，陈仪还叮嘱他，浙大学生办的《每日新闻》千万不要向校外发行，"不然必起冲突"。[20]

3月3日，朱家骅告诉他，陈仪的免职令17日前一周已到，孙科在广州也不明底蕴，后来他在上海遇浙江警察厅长，"知陈公洽确不见客，谓其曾函共产方面，而愿单独媾和云云。"

3月4日，竺可桢回到杭州，"李季谷来，知陈公洽确被监视于衢州汤恩伯家中，因渠曾亲笔函某长君，劝采取个别与共产党取得和平之故云云……"[21] 6月6日，他前天听说陈仪"已被押至台湾"，但告诉他的人"认为无性命之忧"。[22] 7月4日，"李季谷来，知外传陈公洽在台与张学良被一同枪毙之说不确。"[23] 最后陈仪还是被蒋介石下令杀害了。

在上海最后的白色恐怖中，竺可桢更是见证了国民党的暴戾：

5月6日，他从上海医学院朱恒璧那里得知，国民党士兵4月26日进入复旦，校长章友三受到侮辱，"谓不许友三声张，且搜查其寓所至三次之多，而主持之者皆系学生也。复旦校舍亦受破坏。交大驻兵至万人，在校中搜出左派宣传刊物至二卡车之多，使王之卓不能抗议驻兵云。"[24]

5月8日、9日，他听说儿童教育家陈鹤琴前日曾被上海警察局拘捕，因左翼的中小学教职员联谊会曾发贴聘其为顾问。请柬尚未发出就遭到检查，陈以此而被捕。"局中刑事科长适酒醉"，有人问如何发落，"科长乘醉狂言曰一律枪毙。其草菅人命如此"，"后经章友三、王之卓、朱恒璧等四校长向市长力保，由陈良面批交警察厅毛森释放。余闻之毛发为之森然。"[25]

5月22日，他在霞飞路看见"有黄牛党以高价买卖银元而枪毙"，不过他认为"昨日枪毙者计六人。但抬高银元黑市决非六人所能为力，亦冤哉枉也。"[26]

6月20日，蒋介石派飞机轰炸上海，竺可桢认为"此时轰炸上海，徒苦人民，实乏意义也"。[27]

正是对国民党的暴戾有清楚的认识，他对蒋介石和国民党政权才会从失望走向绝望。

三

对浙大和学生的深厚感情，对于竺可桢选择留下也有着举足轻重的影响。长期以来国民党强硬势力总是指责他"放纵学生自由，甚至纵容共党"，甚至将浙大称为"共匪之租界"，其实毫无根据。他一贯信奉孟子、王阳明的的性善说，在浙大，他就是以这样的观点看待学生，认为每个学生都是好的。他理解学生对现状的强烈不满，1948年6月22日说："学校为社会之缩影。因政治不安定，所以学生喜作政治活动"。但他向来不赞成学生从事政治活动，更不认同学生的左倾。

到1948年7月5日，他还对学生说："目前苏联供给我们以马列主义，美国供给我以白米面包，但吾人而有知，应该有独立之思想，不能人云亦云，食人唾余更属可鄙"。1949年1月2日晚，他观看了学生游艺会，其中有"讥讽政府"的《逃》和《皇帝与太阳》等话剧；4月5日晚，他带着孩子去参加浙大合唱团春季音乐会，合唱中有沈思岩的《贵州谣》及《八月葵花》等歌曲，他"均嫌政治气味太重"。[28] 此前 1947 年 11 月 10 日，他在浙大校务会议上说："余同情于子三之惨死，但并不同情于其政治活动。学生在校，尽可自由信仰，但不得有政治活动。"对浙大"民主墙"——生活壁报，他的态度也是如此，他不同意政治气味过浓，但他认为只要学生是以真实姓名发表批评意见，这是言论自由，没有理由取消。浙大学生自治会出的《每日新闻》"全载共产党广播，为保安司令部所不满；且对外销售"，他也只是"嘱自治会将《每日新闻》出版负责人或机关印出（《每日新闻》只有出版地址）。若欲向外发售，必须向市府登记"，并没有加以干预。[29]

竺可桢主张教授治校、学生自治、学术自由，"为学问而学问"，他为浙大确立的校训"求是"就是要求学生追求真理，一切以真理为依归。他本人不过问政治，也劝别人"不必过问政治"。但他担任浙大校长的十三年正是动荡不宁、学潮不断的十三年，特别是 1942 年以来，浙大多次发生学生、老师被捕事件（1942 年、1945 年、1947—1948 年间），每一次他几乎都尽力营救，千方百计地奔走，毫不畏缩，更不推卸责任，法庭审判时他都是亲自到场。也因此这个大学校长身上才散发出一种灼人的光芒，大多数浙大师生对他的爱戴同样完全是发自肺腑的。

对他而言，爱护学生是他的本份、天职，国民党当局每次叫他开除学生，他的态度都很明确："故吾人总须爱惜青年，不能以其喜批评政府而开除之。"他认为"办教育之基本信仰与警察厅长不同"。浙大学生领袖于子三被杀害后，他以校长身份挺身而出，公开自己的道义立场。1949 年 9 月 10 日，他在北平六国饭店见到张元济和沙文汉（沙孟海弟，改名张登，新任浙江教育厅长），"据言于子三并非共产党员。谓余在《申报》上发表了谈话，为于子三抱怨，因此酿成各方之同情，国民党政府因之再不敢大肆搜捕虐杀"。[30]

在浙大的最后时光，为了维护浙大教师、学生的日常生活，为了保证浙大的正常运转，竺可桢几乎成了一架要款的机器，整天为师生的柴米油盐而烦恼，不断地给教育部、行政院发电、写信，甚至到南京面见代总统李宗仁。1月14日，他在上海《申报》上看到一则"竺可桢挑重担"的消息，却深感"不安"，在他看来这不过是分内之事，不该受额外的赞誉。

1月7日，竺可桢写信给教育部代部长陈雪屏催款，"因目前已到公私两无办法之时候。私人方面目前一个月薪水只可购担米（昨白米860元），而公家方面每月经常[费]只一万二千元，不及电费八分之一而已，而一月份经费始终未来，故今日拟请储润科及郑石君二人于星期日赴京。"

1月8日，他派人到南京和教育部、行政院接洽，"告以浙大教员困苦情形及校中拮据状况。"又派人到中央银行借款，"以期于星期二可以加发一个月之薪水，因许多教员均将无法维持生活也。"

1月9日，他在日记中抱怨："又南京公务人员各发二个月之应变费及一千元，而杭州及他埠均未发，此又表示政府之不能公允也。"[31]

1月10日，浙大从中央银行借到2月份的经费款，他决定第二天发薪，300元以内者各发1000元，300元以上者发1500元，其余的等南京款到后再发足。晚饭后，他带着孩子松松到街上一走，才知道物价大涨，米价已近千元一担。

1月11日，他在校务会议报告学校经济情况，"个人方面400元一月之薪水，依11月份之收入15倍计，只能得1700，而昨日米价已1600一石"。学校方面的空缺更大，"全靠生活补助余额及中央银行借到60万元渡日，如此安能长久耶？"只好"电行政院、教育部告急"。[32]

1月13日，他得知财政部已给浙大拨放1到6月的生活补助费，每月近50万元，共288万元。"如本月照15倍发，又给双薪，则尚差15倍（已发15倍），须145万。归还中央[银行]所借60万，则尚可勉强维持也。"[33]

1月22日，他在校务会议和安全会联席会议报告学校经济状况，"谓今日将2月之15倍薪给发后，学生公费2月份每人280元发出后，校中由中央银行所借之130余万元悉数用罄矣。"[34]

1月28日，除夕之夜，"杭城闹市锣鼓喧天，而政府则和战未决、兵临城下"，他想起南宋诗人林升的那首诗："山外青山楼外楼，西湖歌舞几时休？薰风吹得游人醉，莫把杭州作汴州。"不禁感慨系之。[35] 1月29日是春节，"学生方面扮有旱船、狮子、龙灯、蚌壳精等，并有飞机等纸扎之彩。学生等颇热烈庆祝，而教员则忙于谋生，食不饱、衣不暖，故可谓毫无兴致也……。"[36] 他本人更是忧心忡忡。1月31日，他批评"教育部对于各校之经费漫不经心，而任意分发职员，可谓不近情理矣。"[37]

2月8日，"中央所拨1—6月份每月15倍薪日内可到，决先发职教员50倍。"[38] 之后的几天他没有提及此事，看来这笔拨款并未到位。2月12日，他接到浙江省主席陈仪电话，拨给浙大学100石大米，另将2月份每人7斗米提早发放。对陈仪的雪中送炭，他一直心存感激。但杯水车薪，最多只能解燃眉之急。不过十多天后，陈仪就被免职离开了杭州。

2月14日，竺可桢动身去上海，请朱家骅转告陈雪屏，要求给浙大发三个月的"应变费用"。2月15日，他与复旦、交大、同济、上海医专、商校等校长联名致电已迁到广州的陈雪屏，如不能给三个月的应变费，他们将全体飞往广州请愿。

2月27日，他再度来到上海，第二天会同复旦、交大等校代表14人夜车赴南京，准备分别上书行政院和代总统李宗仁，提出改善教职员待遇 [以生活指数计算]，学生伙食费改为银元六元等要求。3月1日，竺可桢们去见李宗仁，因为去了16个人，客厅都坐不下，就站在外面谈。"李德邻比蒋介石要从容得多，而无架子可说，比较平民化。渠即说对于沪杭一带教职员之生活极为关心。"呈文交上后，他们就退出了。[39]

3月3日，他和翁文灏见面，"据云目前中央意见不统一，是令人最伤心之事。余告以目前经费困难，各校长至须汇同集体包围教长、行政院长要钱，实太不堪，故余有不得不去职之势。"

3月4日，他回到杭州，花200元黄包车费才到校，"知十倍之经常费九百余万昨已到，本可发薪水，但以中央银行无钞票，故不能发给。学生自治会新选出之代表包洪枢、杨锡龄来询经费情形"。[40]

3月19日，竺可桢在校务会议报告校中近况，及目前最严重的经济、校舍及毕业生失业等问题，会计报告经济状况，"现尚有现款一千七百余万，应变费六千万未动，购得黄金220两、美钞400元。"[41]4月1日是浙大校庆日，他讲话时先报告了一年来经济情况，"教职员工友所得数目愈大而购买能力愈小，最近且不能按月发给政府规定之数目，如3月指数政府规定为2700倍而到今校中尚只发三百倍（即九分之一）而已。"[42]

4月6日，中央拨款到了二亿一千万元，只能发半数，拟明后日发教员1500倍，学生每人2万元。4月7日，知中央发浙大3月份19亿、4月份垫19亿是事实，且同济每月25亿，比浙大还多，不知何故？"岂因4月1日南京之惨案而由以致此中央欲安定各大学而骤发如此巨款耶？国家已濒破产，如此无计划之发款，吾为前途危；且欲安定大学，最好不要再乱拘学生。报载台湾大学军警包围、拘捕二十学生，如此一波未平、一波又起，岂尚能安定耶？"

4月8日，"自昨日报载各大学共由政府拨四百亿、将以一万倍发薪消息传出后，物价大涨。昨天米价只14万一石，今天已25万。袁大头昨晨每元2万3千至2万5千，今日上午3万5千，下午至4万元矣。"[43]

4月10日，"今日发薪水1万倍，可得150万，调20个袁头。晚浙大学生为南京4月1日学生致哀。"[44]

4月16日，因为物价日涨，竺可桢本来准备将浙大所余2亿元买金子，当时米价46万元一担，他说不管如何先买米400石。结果各米行都要金子，一两金子可购11担糙米，所以昨天又没有买成。等到他再交代速购，"但米价已大涨至六十余万元，故只购得三百石矣。……"他在校务会议上宣读了140多人的联名信，一是攻击驻沪人员无能，二是要求将应变费黄金220两、美金400元分所存储。第二点以18票大多数通过不分散，由安全会统筹办理。

4月17日，"物价更高涨，袁洋已到每枚十九万五，孙洋亦十七万元，而米每担已超出百万元外，较昨日六十余万元又加一倍矣……。" [45]

4月21日下午，他参加校中安全委员会，国民政府拒绝中共提出的八项和谈条件后，时局骤然紧张，物价大涨，"袁头上午17万，下午已23万。米上午140万，下午180万一担矣……" [46]

4月25日，南京易帜，浙大学生自治会的壁报"谣传共军已到沪杭路之王店"，学生自由行动，上午上课已非常零落，下午全部停课，学校进入无政府状态。"中午时忽谣言共军已到，市上纷纷关门，乃由城站有军警抢车开枪之故。"南京警察六千人到杭州缺乏赴广州的车辆，在湖滨抢出租车、各方面的卡车及五金店，全市骚然。浙大医学院的救护车也被抢（经再匹交涉，第二天放回）。下午他主持召于浙大应变会执行会，知应变会现有储粮费220两黄金，除去购豆、米、柴等，还剩下116两，另有400美金。先借给校工每人白米二斗五升。 [47]

5月3日，杭州易帜。浙大这个月的周转金254亿余（约6千袁头）要到5月6日才可提取，根据国民政府教育部的事先关照，"凡沦陷之学校不能支款"，这笔巨款最后无法提取了，他为此耿耿于怀。 [48]

四

即便整天为柴米油盐发愁的日子，竺可桢也没有忘记被国民党关押在狱中的学生。1月25日，李宗仁出任代总统后，"报载政府将释政治犯，停止特务，并各大城市解严，恢复各种停刊之报纸"，浙大即以校方名义向特种刑庭要求保释吴大信、李雅卿、郦伯瑾、陈建新、黄世民等五个学生。午后，他亲自到模范监狱探望吴大信等五人，其时郦伯瑾等三人入狱已达一年之久，他和吴大信等谈了一回就出来了，步行回校。

1月26日早晨，浙大自治会的学生包洪枢等告诉他，他们将集体前往迎接吴大信等出狱。他说，特种法庭虽然答应交保，但是否今天就能释放并不知道。但学生性急，前一天晚上就已开会决定去迎接。因为担心学生安全，他请苏步青等三位教授前往特种法庭，并电话通知相熟识的监狱长，告诉他将有大批学生要去。浙大学生排队前往监狱，一路在墙上大书"还我于子三来""严惩战犯"等标语。竺可桢很担忧，如果与退伍军官及前方撤下来的士兵相遇，将会发生冲突。"幸告无事"，他才松了口气。当晚，他接见吴大信等五人。同时他也接到保安司令部公函，"谓贵校学生午后结队游行，公开散发污蔑政府之传单；在戒严时期急应制止此种行为云云。"[49]

第二天上午，他与苏步青召集学生自治会代表包洪枢、左大康等七八人开会，批评他们，"校中集队去之学生二百余人不应该以浙大名义在广济医院及各处墙上乱写标语，因墙各有主，不能乱涂；且前方退回中央军已云集杭州，一旦治安不稳，则此辈军队随时可以浙大为目标而进攻，则浙大之安全不可保。学生集全力以筑围墙、轮[流]守夜，为的是安全，而到处标语，适足以召祸而已"。[50]

风雨飘摇之中，竺可桢坚持浙大的办学原则。2月7日，陈仪亲自出面向他说情，有两个学生想到浙大借读，其中一个是暨南大学外文系三年级的郁飞，即被日本人杀害于印尼的著名作家郁达夫之子，当时住在陈家。竺可桢表示："余颇以为难，因欲来借读者人数甚多，且此二校均在上海南京继续开学，何必借读于浙大。"[51] 2月10日，陈仪再次问及郁达夫儿子来浙大借读的事，"余以暨南在沪开学，目前暂难有办法，俟开学时有余额再说。"[52]哪怕有留美老朋友胡适亲笔信，他也不能通融。3月25日上午，北大法律系二年级学生华力带着胡适的亲笔信前来，竺可桢表示"浙大开学已六星期，此时不能再收借读生"，只有等暑假再参加入学考试。[53]

对1945年"失踪"的浙大教授费巩（香曾），竺可桢一直念念不忘，直到1949年还多次在日记提及：

3 月 27 日晚，费巩的哥哥费盛伯到杭，费巩的事曾问过邵力子，"据云恐已绝望；徐恩曾则认青年团所为；亦有传说谓其在台湾云云。"[54] 他认为台湾之说完全不可靠。

3 月 29 日，他请费盛伯夫妇在西泠饭店吃饭时，费谈及弟弟失踪时各种奇怪的"预兆"，比如有人梦见费巩"满身是血"，占卜得"易校灭趾"四字，"灭趾"就是失踪的意思，等等。到 1968 年，竺可桢还在这天的日记后面补记了一句："谈费巩失踪之先兆统是迷信。"[55]

1949 年 12 月 31 日，竺可桢在北京接到费盛伯来信，称费巩之死"系三青团康泽所为"，他马上写信给政务院总理周恩来，"嘱追查其事"，并表示"日后当面询此事也"。[56]

竺可桢爱校如家，爱生如子，对浙大和学生的深厚感情成为他选择留下的重要因素之一。也因此，浙大师生才会一再吁请他重回浙大。对于倾注了壮岁全部心血的浙大，他在离开之后，仍无时不在关心，在上海等待变化期间，他和杭州联系频繁，浙大师生盼望他能回校，他则以"一时难脱身"推辞。5 月 1 日，他初到上海，就在日记中表示自己身为浙大校长，"故有部令不得不来沪"，王劲夫来电请他回杭，同时接到全体师生来电，要派代表到上海请他回去，他只是叹息："但余目前已无 [从] 去杭矣"。5 月 3 日，他接到电话，知杭州已于下午三点半"失落"，电话到杭州已无人接。5 月 4 日，"但目前杭州已失去联络，浙大学生不致来沪矣。"5 月 22 日下午，他听说有人骑脚踏车到上海，称杭州有三处被炸，钱江大桥、城站与浙大，他很着急，"深望此说之不可靠也"。5 月 31 日，他从来信及来人得知，"知杭州一切安好，并无轰炸城站及浙大之事；并知 5 月 3 日杭州之解放极为平安。学校尚未接收，但照常上课。每人曾由文教处发三千元之人民币，教授与校工一律待遇。校务会议常务委员为蔡邦华、王劲夫及谭天锡三人云云。……振公函则谓杭州市长谭震林已按中共当局令余回浙大主持。如此信确，乃其不幸之事，因余对浙大校长一职实已厌恶万分

也……" [57]

6月2日，他写信给蔡邦华、王国松、谭天锡及所有同事、学生，恳切表示不回浙大，"十四年来，弟在浙大虽竭尽绵力而仍不免左支右绌，烂额焦头"，现在年达耳顺，精力日衰，更应"退让贤路"。[58] 长期的校长生涯使他心力交瘁，他想回到科学研究的本行中去，这是长久以来的心愿。本来1936年受命出任浙大校长只是临时性的，因抗战而一拖再拖。在时代巨变之后，他再也不想恋栈，所以他才会说"厌恶万分"。

6月10日，竺可桢收到杭州来信，得知浙江军管会于6日起派军事代表二人，并派严仁赓、陈立、许良英、包洪枢等九人组成接管小组，召集临时校务会议，"指出嗣后浙江大学是人民的学校，担负着培养人才的重大任务。目前工作仍由临时校务会议执行，但一切措施，应有军事代表签署始能生效力。"6月27日，有人告诉他，大多数教员热切盼望他回校。当时盛传浙大法学院将与上海各校法学院合并，浙大有人希望他能向新政权进言，他表示自己既已辞了校长，不便专门进言，"但如其咨询，自当尽忠以告。"[59] 7月5日，他听说"前天浙大同学会讨论事务，决计挽留余回校"，并派出多人到杭州，与浙大同人商量挽留办法。"余表示决绝不干，谓余在浙大十三、四年，自四十六以至六十岁，实为余之壮年时期。现已达衰老，应让余退休。因大学校长职务繁重，非老朽如余所能胜任也。"[60]

7月17日，在北平科学会议期间举行的浙大校友会上，王淦昌、蔡邦华、苏步青、贝时璋等与会的教授纷纷发言，请他回浙大，他甚为感动，回答时几乎说不出话来。[61] 裘克安甚至提议发起请他回校的签名运动。9月6日，蔡邦华告诉他，浙大接管后，停聘了60多名教授，物理系教授胡刚复等都在其中，他感叹："可知浙大接管情形与北大、清华、南开可谓全不相同也"。[62]

五

与浙大风雨同舟十三年，竺可桢迎来了 60 岁生日，在浙大的中共地下党积极安排下，由学生普选产生、实际上掌握在地下党手里的学生自治会出面，一场庆祝敬爱的竺校长 60 岁生日的活动 2 月间就拉开了序幕。学生误以为 2 月 25 日是竺可桢生日，师生自发举行庆祝活动，学生准备演戏，教职员纷纷送礼、写贺诗，祝廉先教授的贺诗中有"日下弦歌有替人""桃李花开千万树"等句子。

实际上这一天离他真正的生日还有十来天，他在日记中说："而且今天阳历二月廿五、阴历正月廿八，和我的阳历和阴历的生日统如风马牛不相及，亦是可笑事也。但是亲友如此记挂我，我内心总是感激的。"[63]

早在 2 月 21 日，他就在《浙江大学日刊》刊登一则《竺可桢启事》，郑重表示，礼物一律不收，开会一概不到：

> 近有同事同学发起为桢庆祝生日。现值海内鼎沸，同室操戈，民生凋敝，已至极点。学校经费拮据，赖举债以度日，同人月所入不足以温饱，同学赖公费以维持菜根淡饭，以致老弱者疾病丛生，死亡相继；幼壮者营养不良，发育堪虞。值此时际，马齿加长，徒增悲悯，尚何庆祝之足云。[64]

其实，3 月 7 日才是竺可桢的生日。3 月 6 日，浙大学生自治会举办盛大的祝寿晚会，他辞而不往；学生敬献"浙大保姆"的锦旗，他坚辞不受。3 月 7 日，学生代表提出建"可桢图书馆"作为纪念，他的回答是："人尚健在，何必？"为了避免师生来祝寿，他带着家人外出，中午在小吃店里吃面条、馄饨，度过 60 岁生日。3 月 8 日，因为学生为他的生日大做广告，贺电、贺信不断，他将贺礼一律退还。3月12日，夏承焘教授在日记中说："学生贴出祝竺校长六十寿文字，记校长小节数事，可见其人格，颇为感奋。"[65]

那一刻，竺可桢尚未意识到自己的校长生涯即将告终，他更不会想到如此大规模地庆祝他的生日并非完全是师生们自发的，而是有组织在背后推动。当然，学生对他的爱戴确乎是诚挚的，否则光凭中共地下党的组织也不会有这么热烈。

当时的浙大物理系助教、中共杭州工委委员许良英告诉我："1949年元旦，我们用'中共杭州工委'的名义给他和一批开明的教授发贺年信（用地下党组织名义发信，这在杭州历史上是唯一的一次），并发动学生为他60岁寿辰开展全校祝寿活动。"

当蒋介石发表"和平"文告、黯然下野时，竺可桢收到一封盖有"中国共产党杭州工作委员会"印记的特殊新年贺信，信中希望他坚持工作，保卫人民财产，恳切地希望他留下参加新中国的建设。接着，他又接到"中共杭州工委"翻印的新华社新年献词《将革命进行到底》。这对于他去、留之间的选择到底产生了多大的作用，我们无法判断，但有三件事可以大致上看出他的心态。

一是在竺可桢支持下，1月3日，浙大学生普选成立了护校（实际上是迎接解放）的"应变委员会"。几天后，他专门抽时间约见"学生所推举之应变委员会来谈话"。[66]1月19日，他接受学生"应变会"前一天提出的加固学校围墙的建议，决定"即日交包工估价，由学生担任填土等工作"。[67]自从传来国民政府将迁往广州的消息以来，人心惶惶，许多大学都在考虑迁校，浙大却忙于筑墙，其中深意思尽在不言之中。

1月20日，浙大校方也组织了"安全委员会"。2月9日，"午后三点召集教授会、讲师助教会、职员会、学生自治会等各推代表讨论应变联系问题，……决定应变分纵的组织与横的组织。纵的方面以安全委员为枢纽，分救护、消防、警卫、粮食、水电、总务等组。横的方面分讲师助教、学生自治会、校工等，由安全委员会主席召集会议。"[68]

4月24日，为加强"安全委员会"的组织，讨论后决定名称为"浙大应变执行会"，竺可桢为7人主席团成员之一，主席为浙大经济学教授严仁赓，副主席是数学教授苏步青。4月29日，竺可桢被迫离校赴沪时给严、苏留下一封诚挚感人的信，在申述自己不得不离开浙大的苦衷后，还有一句加了着重号、意味深长的话：

所幸应变执行会得兄等主持，必能渡此苦海以创新局面，而发扬浙大。 [69]

写完信之后，他又在后面加了一番话："又启者：执行会重要职员如警卫组主任等，必须住入校内，想兄等亦早见及，但急待实行耳。"

严仁赓一直保存着这封信，二十多年前复印了一份给许良英，许先生又复印了一份给我。

二是竺可桢多方了解共产党进城后的情况。1月8日，他在浙大的泼斯顿夫人那里看到陈达夫人北平来信，"知共军入清华时在十二月廿九。当时颇为惊慌，但仅数小时此惊涛即成过去云云。"[70] 2月13日，他听说"诸暨乡下几全在土共之手。但土共并不猖獗，与人民尚相安云。"[71] 4月6日，他请北平新来的朝阳大学教务长王镇远、北大政治学教授崔书琴吃晚饭，饭后请王镇远讲北平近况，王是3月8日离开北平的，"云北平情形，共军纪律佳；共党干部作集团生活，无贪污之事，是其佳点；惟缺乏干部，经济生活更不如前。"[72]

三是在等待时代巨变的日子里，竺可桢并没有焦躁不安，六神无主，除了工作之外，依然是平静地读书、思考，似乎超越于当时的急风暴雨之外——

3月17日，他读 Clarence Mill 的《气候与人生》；3月21、23日，读《世界之罗盘》，关于地缘政治学等文；3月24日，读《洪北江诗文集》，他第二天日记将洪写于1794年的《治平》《生计》二篇，与马尔萨斯1798年出版的《人口论》做了对比，"马尔萨斯谓人口增加速率是几何级数，而食物生产增加是数学级数，其言简而包含甚广；[洪]氏则比较笼统：'然言其户口，则视卅年以前增五倍焉，视六十年以前增十倍焉，视百年、百数十年以前不啻增二十倍焉'。"两者比较，竺可桢发出了"中国科学之不能兴，亦以此"的慨叹。[73]

3月28日，他读费正清1948年出版的《美国与中国》；3月30日，读阿诺德·汤因比的《文化在审判中》；4月9日，读马尔萨斯《人口论》，"全文不过十页、四千余字而已；较之洪亮平《治平》、《生计》两篇1200字长约三倍余。但马文头三页约一千五百字全系空论，实际有关人口者不过三千字，而其中重复者有之。至于立论，马尔萨斯似较精辟，对于数字更为精密。马尔萨斯提及循环，其原因殊不近理也。"当时，英国剑桥大学圣约翰学院Lilley教授约他为科学之社会关系史委员会撰稿，他想写一篇《十八世纪末中国之人口压力及一位中国马尔萨斯所倡之学说》。[74]

4月11、12日，他连日读英年早逝的浙大教授张荫麟留下的遗著《中国史纲》，感到"极为精彩"；4月16日，他到浙大图书馆读《耶鲁评论》及《元史·元太祖本纪》；4月19日，到浙大国文系图书馆读顾炎武《日知录》中关于天文与地理部分；4月20日，他着手翻译洪亮吉《意言》中关于"治平"一章（22日译完）。

5月11日，他在上海读了Bishop的《关于中国上古史及史前期新石器时代与铜器时代之经过》，认为"陕甘为古代文化发源地，则其蛛丝马迹更易推断也。"5月16、19、20日，他一直读费正清《美国与中国》；5月18日，他到科学社图书馆读张荫麟发表在《东方杂志》上的《洪亮吉及其人口论》。他在《东方杂志》上还发现自己的两篇旧文：《江浙二省人口之密度》和《论禁屠、祈雨与旱灾》，感慨地说："时隔二十四五年，真如弹指声中一瞬而已。"[75]

5月24日，他一边听着炮声，一边还在读Heapo的《宇宙之构造》。去留之间他已作出抉择，才会保持波澜不惊的心境，每日读书不辍。

<h1 style="text-align:center">六</h1>

国民党特务人员把竺可桢列入"和平分子"名单，浙大壁报上的左倾青年指责他"科学救国"、"第三条道路"不仅无损于他的人格，而且最好不过地说明了他是一个追求真理的科学家，一个自由知识分子。

1月16日，王淦昌从美国回来，杭州科学工作者协会举行欢迎会，同时讨论如何应付目前变局的问题。竺可桢发言指出，"科学工作者在目前此种局势下，不但要在物质上应变，而且要在精神上应变，就是说，科学工作者应抱坚定之立场，追求真理。不论在何种社会环境之下，一切以真理为依归，决不指鹿为马，抹杀真理。"[76]

2月14日，他去上海时目睹金山卫及上海附近到处在修工事，听说要筑3500个碉堡，已筑成2000个。面对连天炮火，这位信仰和平的科学家，心情可想而知。3月21日，严仁赓在浙大工学院礼堂演讲《有效需求，正义、平等与自由》，反对胡适提出的"有政治自由始有经济自由"之说，主张先有经济自由而后始有政治自由。有学生提问，何时才会有经济自由，严答以怕要等到共产党当政才会有经济自由。另一同学即起问：那么必须有一种政治而后才能有经济自由吗？对此，竺可桢认为，政治自由与经济自由恐不能分得如此清楚，"亦犹鸡蛋生鸡与鸡生鸡蛋之孰先孰后问题乎"。[77]

4月1日是浙大二十二周年纪念节，竺可桢在演讲中指出真金不怕火烧，引用古希腊诗人"从困苦艰难中方可得到真学问和经验"，及孟子"天将降大任于斯人也"的格言，认为现在就是考验大家的时期。他强调"但问是非，不问利害"的精神，要求浙大学子恪守"求是"校训，并倡导"恕"："目前要世界和平，第一要做到恕字，要能消弭猜忌、嫉妒、仇恨的心理。吾人检讨自己，学校、整个社会及民族均如此。整天说人家的坏话，从不会产生世界和平。要复兴中国，须得和平。惟和平始能增进生产、安定民生，建设和教育才有办法。我们在大学亦应自己检讨，不要开口便骂政府的贪污无能。学校应当改良之处甚多，如公物之不知爱惜，房屋草地马路之不整洁，以及公共图书之失落破坏，即是吾人不顾公德之表示。借书而久假不归，亦非好道德。借书正应如手中得金圆券一样，随借随脱手，方可使要阅者遍受其利。惟有每公民能公而忘私，恕人责己，国家才会太平，民族才会复兴。"[78] 这一点给夏承焘教授留下很深印象，当天在日记中说："早往大学路开二十二年校庆纪念会，竺校长讲恕道，甚好。"[79]

这些言论大体上代表了竺可桢的真实思想，难怪浙大一些左倾学生公开对他这个"和平分子"表示不满。6月8日，他在上海收到夫人陈允敏杭州来信，得知浙大校内的壁报指责他——"受英美教育之毒，做事不彻底，不能对恶势力争斗，只剩了些科学救国空谈。竺对于旧的固然厌恶，对于新的心存怀疑。但民主与反民主不容有中间路的，而竺某偏偏走了中间毁灭之路云云。"[80] 无论国民党特务将他列入"和平分子"的"黑名单"，还是浙大壁报说他走"中间路"，其实都是准确的。

虽然竺可桢读过斯诺的《西行漫记》、赵超构的《延安一月》，他心爱的女儿竺梅投奔了解放区，但如他自己所言，他对共产党的认识毕竟是"一鳞半爪"，对解放区的情形也是"毫无所知"，"对于马列主义更是一窍不通"，他曾私下对一位浙大同事说过，他其实知道"共产党无自由"，而且他曾在浙大公开批评过共产党，"世界上有两种势力最大，一个力量以恨为出发点，一个力量以爱为出发点。共产党是以恨为出发点，所以天天要讲斗争、打击、痛骂。"他认为"要拯救中国，要达到世界永久和平，只有以爱为出发点才能做到"。在政治上他崇拜、服膺的是孙中山、甘地。[81]

1945年，他读了约翰·里德《震撼世界的十日》，认为"里德系共产党，故其言不免于偏"。1947年6月7日，他在太平洋船上读了白修德的《中国之震雷》（现译《中国的惊雷》），虽然相信在抗战中，共产党在土地改革方面"统比国民党政府做的彻底而努力得多"，但也认为这本书"对于［国民党］政府攻击不遗余力。所叙多为事实，但对于共产党则赞扬备至，不免偏激"。

竺可桢对共产党真正有了直接的感性认识，而不是通过阅读、听说，还是从亲历上海解放开始的。我们可以从他日记中看到他对新政权、新时代的最初认识——

5月26日，他一觉醒来，上海已经变了，"法界与河南之英界公共汽车已照常行驶。解放军在路站岗，秩序极佳，绝不见欺侮老百姓之事。在研究院门前亦有岗位，院中同人予以食物均不受。守门之站岗者倦则卧地，亦绝不扰人，纪律之佳诚难得也。"[82]

5月27日午后，他出门，只见"人山人海如上元、元旦假日状态。时有鼓吹之汽车疾驰而过，喊口号'共产党万岁''毛主席万岁'等。在六新公司有毛泽东、陈毅司令像高悬空际。南京路店铺均尚关闭，公共汽车亦不开。法租界则电车公共汽车照常行驶中。霞飞路店门均开，时有学生带锣鼓游行，且见女学生插鲜花于解放军衣襟上。霞飞路行人观者如睹……。"[83]

5月30日下午，谢季华来和钱临照一起来看他，谢季华刚从南京到丹阳，与陈毅同来，曾听陈毅说共产党将尽力宽大对待敌党，胡适、傅孟真、翁文灏"均无避去之需要'。陈毅曾看过中央研究院院士录，"见有郭沫若之名，知研究院之能兼收并蓄。"并提及竺可桢，说应当电告杭州市长谭震林到浙大访竺，陈毅此时还不知道他在上海。[84]

从6月1日起时钟又拨迟一小时，"因解放军来沪后，以北平未用夏令时间，京、沪与平不能有异，故又将时钟拨回一小时。不知城邑与乡村不同。农夫日出而作，日入而息，夏季时间不必提早。城邑则惯有夜市，如不拨早，晨间日光浪费。或者以为夏令时间为英美办法，苏联并未颁行。不知道莫斯科、列宁格勒纬度已高，夏季拨早一小时不能节省电费，因夏日昼可自晨三、四点到晚九点、十点也。倒是北纬三、四十度有夏令时间之需也。"[85]

对此，气象学家竺可桢尤为敏感。

6 月 12 日，上海新政府文教处副处长李亚农来，"余告以上海船舶往来甚众，不久台风时期将届，应未雨绸缪，先为之备。次谈及夏季时间改早问题。余以为大城邑如上海，改早时间可以省电，不妨由公用局之用电度数算出之。"[86]

6 月 8 日，有人来，"谈及人民政府接收到中央银行之廉洁自持、奉公守法，且互相监视，先公后私，公事未完亦不回家；一切招待均经拒绝。金门饭店驻解放军，置铁床不卧而睡地板，推酒肉不食而吃盐菜，其精神尤足佩者"。又听说有人从江阴来，"谓乡下情形不如此良好"，他感叹"可知人民政府亦人才不足用也"。[87]

6 月 17 日，中央研究院被接收。18 日院中联谊会请民主人士施复亮来讲演知识分子的改造。他和李亚农等谈及 8 月将开的科学会议请了七八百人之多，他说"如此众多，费款必多；将来招待，一切从简。"[88]

6 月 19 日下午，中国技术协会举行全体会员大会，他因为担心"开会时间甚久（目前上海习惯开会，每达五、六小时）"，所以不去参加。[89]

6 月 29 日，《新闻日报》记者采访竺可桢，问他两个问题，一是人民政府对于国民党特务向来极宽大，但今日起沿户搜查，问他作何感想？二是中共 28 周年，问他有什么意见。他的回答是"均无意见可以发表"。[90]

6 月 30 日，即中共 28 周年纪念前夜，华东局与人民政府邀请各界人士吃饭，近一千二三百人，来宾中宋庆龄、黄炎培、陈叔通等及工人代表、农民代表均有演讲，"一致向共产党致敬"。[91]

7 月 11 日，他北上出席科学会议，路过济南，山东省教育厅长、济南市教育局长招待中餐，"菜颇丰，仍为中国旧习惯也。"[92]

7 月 13 日，他来到阔别十三年的北平，"今日重来，更觉北京之伟大"。当天开会，吴玉章讲中国人民势力之伟大，科学家应为人民服务。徐特立讲唯物史观，"北京市叶剑英讲廿分钟，极中肯。"郭沫若、李济深等讲，下午周恩来讲。7月19日周恩来约晚饭，饭后询问他们对此次科学会议的意见，"谓人民政府起自农村，对于农村建设较有把握，而对于工业建设颇有茫然之感。"甚至说到以华北农业生产为例，50个农夫养一个兵，100万兵就要5000万农民。[93]

7月23日，他随科学参观团到东北参观。31日，他们参观抚顺一个制铝厂遗址，"现其机器为苏联移去，人民政府将向苏联索回云。"[94]

8月13日，他在大连参观时得知，"据中苏条约，苏军可驻军卅年云云。"[95]

8月19日，他们在大连海滨公园，同行的王成组"因在海滨照苏联军营，致被押至公安局"，他们都"颇为惊恐"，不过当地交际处处长很快就将人保释出来了。[96]

9月18日，华北人民政府、北京市人民政府等二十团体请吃晚饭，500人以上到场，"此一席西菜加葡萄酒，费用当可观。如以每人六千元计，即三百万元，或三万斤小米也……"[97]

七

风雨飘摇之际，气象学界仍为庆祝竺可桢60岁生日出专集、辟纪念室，以表彰他的筚路蓝缕之功。6月14日，在上海的一次气象讨论会上，赵九章代表气象学会当面将5月间编印的《竺可桢先生六旬寿辰纪念专刊》交给他，共收入文章17篇，报告一篇，印刷也很精致。他在致谢词时说，在浙大十三年，"对于本行已极落伍，如陶渊明《桃花源记》之渔父，因避秦乱而入异地，及其返家，则一切茫然，不知有两汉、无论魏晋，以其如余今日之于气象矣……"[98] 实际上，他在十三年的大学校长生涯中也未停止对科学前沿的关注，放弃科学研究，不仅手不释卷，而且利用休息时间写了不少有见地、有科学价值的专业论文。如今告别浙大，他渴望全身心地回到正常的科学研究中，当然，此后将面临什么，还是个问号。

此前，他在 5 月 27 日的日记中说："科学对于建设极为重要，希望共产党能重视之。"[99] 6 月 5 日，在讨论中央研究院出路的会上，他提出联合政府成立后科学研究是否将着重于实际应用方面，"虽是俄国对于理论亦极注重，但以中国经济之支绌，将来难免不为专题而给款，而此等专题胥为应用的……。"[100]

6 月 9 日，中央研究院召开成立 21 周年纪念大会，因等待市政府来宾，从八点半一直等到了九点，陈毅亲自参加。先是竺可桢发言报告中央研究院的历史半小时，提及蔡元培、丁文江，尤其是杨杏佛的筚路蓝缕之功。接着，陈毅讲了一小时，"述理论对于革命之重要。谓共产党之成功，由于知识高于国民党。述共产党之虚心采纳，谓批评不妨严，而希望不能过大。谓民主之要义在于少数服从多数，而多数要尊重少数之意见。"他以为"其言极为合理"。对于宣传部冯定讲的"马列主义为世界理论最高原则"、"无产阶级主观的意见比资产阶级客观的意见更为客观"，他以为"言颇费解"。[101] 几天以后，中央研究院被接收。

8 月 18 日，竺可桢受命参观东北时，曾在大连做过一次《说台风》的演讲，发表在 10 月的《科学大众》上。9 月 16 日，他与陶孟和、吴有训等联名写信给赵元任等旅居海外的学者，告诉他们上海解放四个月来，"于人民政府领导下，各方面奋力建设均获相当进展。"动员他们回国参加"新中国建设"。[102]

10 月 16 日，竺可桢得知自己已被内定为中国科学院副院长之一（院长是郭沫若），不可能再回上海了，"在未与郭沫若接洽以前，不知院中之大政方针，故亦事事摸不着头脑。"[103] 10 月 20 日，他到北大理学院和饶树人谈科学院事，"深以为大学教授所费于开会之时间太多，每周自三四小时至十小时不等。外间又谣传研究事将全归科学院办理，大学只是教书。以为从此中国科学将永无发展之余地云云。余谓科学院大政方针虽尚未定，但大概不至于如此极端。"陆定一等都劝他暂时不要南归，等科学院有了眉目再说。[104]

10月23日，他日记中又提及"余屡欲南回，均为人劝阻"。新政权要他参加赴苏联代表团，出席"十月革命节"，24日，"余以科学院方开始接管筹备，希望明年能往。"[105]

11月7日，他在南京研究院联谊会庆祝十月革命32周年会上演讲，称苏联对于纯粹科学也极注意，"士大夫观念之应打倒，再不能有文人相轻，以致各列门户之恶习惯。"[106]

从10月起，竺可桢读的书悄悄发生变化。10月20日，"午后三点至东安市场购列宁著《唯物主义与经验批判主义》及斯大林著《列宁主义问题》……。"[107]10月31日，他在北京回南京路上读列宁《唯物主义与经验批判主义》，"列宁对于哲学科学颇为广博。书中对马赫学派攻击不遗余力。"[108]11月5日，他借来一本关于苏联文教事业的书，"其中述苏联科学院事颇详。"[109]12月10日，他读《科学与社会》一书，有关于汤因比《历史研究》的批评，"系用唯物辩证法出发点者"。[110]

从12月19日起，竺可桢开始学俄文。几天后，他在日记中记着，一早起来读半小时俄语。12月21日，他到三联书店买了《联共党史》。晚上，他到中南海参加中苏友好总会举办的晚会，庆祝斯大林七十寿辰。第二天，科学院中苏友好支会也举行斯大林七十寿辰庆祝会，当晚各民主党派在北京饭店联合庆祝斯大林七十寿辰，他没有去。

60岁的竺可桢从头学俄文也好，阅读《联共党史》《唯物主义与经验批判主义》也好，无非都是为了适应新的时代，一个他所陌生的时代。既然选择了留下，这一切自然无法避免。甚至儿子惨死，也只能写下这样的悼亡诗：

……

失言自知咎应得，却毒元方腹疾婴。

痛尔壮年竟早逝，使我垂老泪盈盈。

注释:

[1] [3] [4] [5] [6] [9] [10] [11] [12] [13] [14] [18] [20] [21] [22] [23] [24] [25] [26] [27] [28] [29] [30] [31] [32] [33] [34] [35] [36] [37] [38] [39] [40] [41] [42] [43] [44] [45] [46] [47] [48] [49] [50] [51] [52] [53] [54] [55] [56] [57] [59] [60] [61] [62] [63] [66] [67] [68] [70] [71] [72] [73] [74] [75] [77] [78] [80] [82] [83] [84] [85] [86] [87] [88] [89] [90] [91] [92] [93] [94] [95] [96] [97] [98] [99] [100] [101] [103] [104] [105] [106] [107] [108] [109] [110]《竺可桢日记》第二册,人民出版社 1984 年版,1201、1244、1245、1246、1246-1247、1252、1253、1253、1256、1229、1253、1238、1219-1221、1225、1260、1268、1248、1249、1254、1264、1234、1217-1218、1285、1203、1204、1205、1208、1210、1211、1212、1215-1216、1224、1225、1227-1228、1232、1235、1236、1238、1240、1241-1242、1247、1209、1210、1215、1216、1229、1230、1231、1306、1257、1266、1268、1272、1284、1222、1203、1207、1216、1203、1218、1235、1230、1235-1236、1252-1253、1228、1232-1233、1260、1255-1256、1256、1257、1257-1258、1261、1260、1263、1264、1266、1267、1270、1272、1275、1278、1279、1287、1262、1256、1259、1260、1292、1293-1294、1294、1297、1294、1295、1296、1303 页。

[2]《竺可桢传》,科学出版社 1990 年版,152 页。

[7] [58] [64] [76]《竺可桢全集》第二卷,上海科技教育出版社 2004 年版,696、697、692、691 页。

[8]《竺可桢诞辰百周年纪念文集》,浙江大学出版社 1990 年版,44 页。

[15] [16] [17] [19] [81]《竺可桢全集》第四卷,上海科技教育出版社 2004 年版,99、94、100、100、100 页。

[65] [79]《夏承焘集》第六册,浙江古籍、浙江教育出版社 1997 版,47、53 页。

[69] 竺可桢手迹原件复印件。

[102]《竺可桢全集》第三卷,上海科技教育出版社 2004 年版,9 页。

梁漱溟

"用笔杆子杀人"

　　梁漱溟（1893—1988）是毛泽东的同龄人，毕业于顺天中学堂，参加过同盟会京津支部，民国初年当过新闻记者、司法总长的秘书。虽然没有受过高等教育、也未出过国门，蔡元培却请他到北大教印度哲学，从1917年到1924年他一直在北大任教，1921年因出版《东西文化及其哲学》一书而名声大噪。离开北大后，他致力于乡村建设运动，先后在山东、河南等地搞试验，在全国产生了很大影响。1937年抗日战争爆发，他受邀出任国民参政员，奔赴国难。在此后10年里，他身历许多重大的历史事件，是"统一建国同志会"的发起人之一，也是中国民主政团同盟的创始人之一，在香港主办《光明报》（《光明日报》前身）。他曾两次去延安，和毛泽东彻夜长谈。在关键的历史时刻担任中国民主同盟秘书长，参加过1946年的政协会议，以第三方面介入国共和谈。1949年12月他受邀从重庆到北京，被安排为全国政协委员。

1953 年 9 月 11 日，梁漱溟应周恩来之邀在政协扩大会议发言时，说了这些话：

> 是我想重点说的，那就是农民问题或乡村问题。过去中国将近三十年的革命中，中共都是依靠农民而以乡村为根据地的。但自进入城市之后，工作重点转移于城市，从农民成长起来的干部亦都转入城市，乡村便不免空虚。特别是近几年来，城里的工人生活提高得快，而乡村的农民生活却依然很苦，所以各地乡下人都往城里（包括北京）跑，城里不能容，又赶他们回去，形成了矛盾。有人说，如今工人的生活在九天，农民的生活在九地，有"九天九地"之差，这话值得引起注意。我们的建国运动如果忽略或遗漏了中国人民的大多数——农民，那是不相宜的。尤其中共之成为领导党，主要亦在过去依靠了农民，今天要是忽略了他们，人家会说你们进了城，嫌弃他们了。这一问题望政府重视。

不料得罪了以农民运动起家、自以为代表农民利益的毛泽东，在中央人民政府委员会第二十七次会议上指责梁漱溟是杀人不见血的"杀人犯"：

"讲老实话，蒋介石是用枪杆子杀人，梁漱溟是用笔杆子杀人。杀人有两种，一种是用枪杆子杀人，一种是用笔杆子杀人。伪装得最巧妙，杀人不见血的，是用笔杀人。你就是这样一个杀人犯。

梁漱溟反动透顶，他就是不承认，他说他美得很。他跟傅作义先生不同。傅先生公开承认自己反动透顶，但是傅先生在和平解放北京时为人民立了功。你梁漱溟的功在那里？你一生一世对人民有什么功？一丝也没有，一毫也没有。而你却把自己描写成了不起的天下第一美人，比西施还美，比王昭君还美，还比得上杨贵妃。"

他作为政协委员列席了这次会议，申请发言辩解，与毛当面发生顶撞，从此由座上宾沦为"反面教员"。

一

1949 年，57 岁的梁漱溟住在重庆北碚，在私立勉仁文学院和勉仁中学讲学，同时致力于《中国文化要义》的写作，继续"了解旧中国，建设新中国"的思考。他虽已退出实际政治，蛰居山城，闭门读书，甚至想学佛修炼，但这位"不以学问为学问"的"最后一个儒者"、"中国的甘地"仍无时不在关心中国问题，热切注视着时局的动向。他后来在《我的努力与反省》中自述：

> 1948 年除夕，我在重庆特园得《大公报》王文彬先生电话，以蒋介石下野，大局急转直下的消息见告，并问我对时局要不要发表意见。我马上写了一篇《过去内战的责任在谁》，预备发表，却不料第二天——49 年元旦——蒋只发一要和平文告，并未下野；时局发展似尚有待。我就把文章交给王先生（文彬），留待时机到了再行发出。[1]

蒋介石的和平文告发表后，他赶忙写了两封信，分别给民盟主席张澜和中共领袖毛泽东、周恩来，时在 1 月 5 日和 1 月 6 日。1 月 8 日，他托盟友何乃仁将信带到上海，给毛、周的信一方面请张澜设法转去，另一方面寄给当时在北平的山东乡村建设研究院学生李渊庭，托罗子为转交周恩来。

此时，国民党大势已去、有借重被取缔的民盟重启和谈之意。梁漱溟在 1 月 5 日写给张澜的信中提出两点看法：一是国民党政府曾取缔民盟，当时还有民盟的人拘押未放，这一点不解决，对政府就无话可谈；二是政府谈和平，我们也可以和它谈和平，但一切违背政协决议的举措必须取消，那么自然和平。同时他申明退出现实政治，"只发言，不行动；只是个人，不在组织"

的原则，并阐述他坚持这一原则的三条理由：

（1）在组织则不得以个人意见发言，甚至要作不合自己意见的发言，这不是他个性所能接受的；

（2）如组织松散，不加拘束，他或许有发言机会，但如此放任自由，不是组织之道，且担心因他一人发言不慎而组织受累，所以不可行。

（3）"时人习与斗争之说，对人每存敌意，而敌意一存虽有善言亦难得其考虑。"为了使人能平静地考虑他的意见，他愿恪守上述原则，"以减少其敌对之心理"。

他反复表示，他所能贡献给国人的主要是思想、见解，"此外无所有也。"并再次重申了1947年9月发表的脱盟声明，希望得到盟内许可。[2]

在1月6日写给毛、周的信中，他首先表明自己不参加中共政治上所号召的新政协，请他们原谅；其次是他今后几年对国事所持的"只发言，不行动；只是个人，不在组织"原则。并强调他对中国问题一直有自己独特的见解，只是抗战如同救火，为争取团结、民主，他只能与在野各方保持一致行动，对言论是有保留的。既然外患已除，"则事莫大于建造新中国，完成近百年来历史文化之大转变，此事至远且大，贵乎有眼光而甚忌躁切。"

他称自己的主要工作是在思想、见解方面（这一点他给张澜等的信和好多文章中一再表示过），希望能保持"从容恬静"的状态，在《中国文化要义》之后，他还将写《现代中国政治问题研究》，提出具体的方案（由于始料不及的大变局，这本书最终没有完成）。[3]

1949年元旦，他在重庆的罗斯福图书馆作过一场题为《中国文化问题》的讲演（当月18日，讲稿在重庆《大公报》发表时，改题为《中国哪一天能太平？》），指出中国历史自秦汉以来只有一治一乱的循环而没有革命，清末以来近四十年由外引发的革命"是一非常杂乱的革命（太不正常，太不单纯）"，以资产阶级为革命主体的革命和以资产阶级为革命对象的革命"几乎结联起来"，梁漱溟对此感到困惑。他说问题的关键在于中国社会结构的特殊性，中国不同于西方，它是一个职业分途的社会，而不是阶级对立的社会，表现在文化上既不是个人本位，也不是社会本位，而是伦理本位。只要新秩序建不起来，中国就永不得太平。[4]

接着，《大公报》重庆版又发表了他那篇早就写好的《中国内战责任在谁？》。他回忆，"1 月 20 日蒋介石让位于李宗仁，当日《大公报》便刊出来我那篇文章。"[5] 开篇即说："我写此文意在说明两点：第一、过去内战的责任不在中国共产党。第二、今天好战者既已不存在，全国各方应该共某和平统一，不要再打。"然后历数抗战胜利以来中共一再让步、蒋介石一再压逼的一系列事实，指出内战的罪责主要在蒋。他还提及北平军调部撤消，叶剑英撤退时曾对许多人说过："我们现在必须要打，要打到国民党好战分子不再好战为止。请大家朋友放心，我们必不超过这分际。超过这分际便是共产党的错误，便是一种不可恕的错误！"最后提出：

> 在一切污蔑与误会祛除之后，各方面就可无顾虑地与中共开诚相见，共谋和平。
> 这是我希望于国人一面底。另一方面我希望中国共产党，本其不好战之心，本其过
> 去委曲求全之精神，与各方共同完成和平统一。这是更要紧的一面。因为谁的力量
> 大，谁对于国家的责任也大。谁不善用他们的力量，谁就负罪于国家。所以全国人
> 过去所责望于国民党者，今天就要责望于共产党。好战者今天既不能存在，内战不
> 应该再有。任何问题用政治方式解决，不要用武力；以武力求统一，只有再延迟中
> 国的统一。[6]

要知道，此时的国民党仍拥有半壁江山，在杨森统治下的重庆，发表这样直白的文章，家人和亲友都为他的安危感到担忧。1 月 24 日，他在《大公报》发表《给各方朋友一封公开的信》，声明今后三年对国事"只发言，不行动；只是个人，不在组织"，这一立场早在 1946 年政协会议前后就多次表示过。

他说自己自 18 岁参加辛亥革命以来，"对于国事未敢一日自惜其力"，如今将致力于文化研究工作，陆续以思想见解主张贡献于国人，"对于时局，在必要时是要说几句话的，但不采取任何行动。"[7]

也因此，当他的广西同乡、相识已久的李宗仁上台，积极请人奔走和平之时，一电再电三电请他出山，他只是回答说："我只呼吁和平而不奔走和平，早曾有声明在先，恕我难应命。"[8] 杨森甚至为他买好了机票，他仍谢绝了。有一次，李宗仁飞到重庆，派程思远到北碚看他，并送了一大笔钱，邀他到重庆一见。因为办学经费十分困难，他收下了这笔钱，感谢李的盛意，却不去见面。

他之所以要反复强调并恪守"只发言，不行动；只是个人，不在组织"这两条原则，目的是，"向全国各界表明，我发表的对当前国事的主张，完全是个人的言论，本意是为国家和百姓免受战祸的延续，但对于不对，能不能行得通，则听凭各界评论，特别是当事者国共双方。我个人的这些言论有无背景，则以不行动（言论除外）来澄清之。"[9]

二

毛泽东提出和谈的"八项条件"，第一项就是"惩办战争罪犯"。邵力子发愁不好办，孙科率直地表示不能接受。2 月 13 日，以"中间人"自居的梁漱溟在《大公报》重庆版同时发表《论和谈中的一个难题——并告国民党之在高位者》和《敬告中国共产党》两封公开信，也就是周恩来 1953 年指责的"在紧要关头却是维护蒋介石集团的统治、使人民失败的"那两篇文章。

第一封就是后来被称为"敬告中国国民党"的那封信（其实原题不是这样）。第二封是原题如此。针对惩办战犯等问题，梁漱溟说："我若是孙科院长，我将向国人请求把一切罪过一人承担起来，自杀以谢天下！这才对得起国父在天之灵！"[10] 他主张讲清楚内战的责任，要求每一个中国人都要讲人格、负责任，并提出解决这一"和谈难题"的具体方案：

> 一、凡是国民党在高位的，应表示负责精神，自认做事失败，对不起国家、对不起人民，一律随蒋介石下野，闭门思过；
>
> 二、国民党这样做了以后，共产党应宣布三年作战，事非得已。对于人民所遭受的损害表示歉疚。今后只要各方讲理而不用兵，共产党愿以政治方式解决一切问题，绝不用兵，以免再给人民和国家带来灾难；
>
> 三、在国、共之外公推信誉素著的公正人士（5-7人），调查事实，确定究竟是哪些人破坏和平、造成内战的惨剧。再经过公开审判、辩论，作出历史定论。对有负于国、有负于民的人也不用什么刑罚，只送给他们每人两个字作谥，永留史册。

在"百万雄师"即将过大江之际，他还在那里呼吁和平，本来就已经书生气太重了，何况还提出如此不着边际、让手握枪杆者啼笑皆非的解决方案。他深谙中国文化之道，却如此天真烂漫，似乎一点也不懂中国的历史，对中国的政治文化仿佛完全无知。但也因此多了几分可爱之处，他毕竟只是个一介书生，而不是什么翻手为云、覆手为雨的政治人物。如他自己所说，他只是一个思想者，而不是行动者。

他在信中还提到在谢绝李宗仁召他入京时的三点建议，一是请李宗仁邀请"一个爱国家更爱民主的人"李任仁出来策划和平；二是说国民党党内党外有资望的国民党员，简直没有一个干净无疵的人足以领导，只有"国民党元老中唯一人品学问最好之人"顾孟余够资格；三是请李宗仁准备引退，以全大局。[11]

他的这些话，在位的国民党当政者听了不会高兴，事实上，当时也没有人顾得上去听他这些不中听的话了。但他认为这是应负的责任，他虽然不再奔走和平，却还是要为和平呼吁，不管有没有人听。

《敬告中国共产党》（今天早就不可能有人用这种语气了）一开始就重申

了他的一贯原则——"任何问题要用政治方式解决，不要用武力。"

他说过去曾拿这句话责望于国民党，今天则拿这句话责望于共产党。他所要正告共产党的是，"从正面说，就是要容纳异己；从负面说，就是不要用武力。"他郑重请求共产党容许一切异己的存在，"今天中共既在势力上若将领导中国，自己亦声言要来领导中国，同时又始终在以'联合''民主'相号召（未曾宣称一党专政），我就要求作一诤友。类如我说不要再打的话，应该不犯'反革命'之罪。"

他批评当时已在共产党领导下的北方竟不许中间路线存在，"自由主义者"成了恶名词，主张和平即被指为阴谋、反人民，缺乏容纳异己的空气。他希望共产党"千万不要蹈过去国民党的覆辙。"他说，"我坚决反对内战到底！我不能因为那方用戡乱一名词而同意其作战；我一样不能因这方用革命一名词而同意其再打。即令让一步是革命，革命亦不等于除恶。若以旧日'替天行道'的观念来革命，那是不懂革命理论的。""我没有张君劢先生那样天性，非要避免暴力革命不可。但我对于中共之滥用武力，却一直是不赞成。"

最后他重提旧事，十年前他曾当面对毛泽东说："我祝望中国共产党继续争取政治上的胜利，而不要滥用武力，则于国于党同受其福。"十年前的毛泽东——"笑颜以谢，说，感谢你的好意。"他希望十年后的毛泽东也能如此。[12]

为什么他会提出这样的主张？因为他不相信武力统一中国之路会走得通，这也是 1938 年初他在延安和毛泽东彻夜长谈时争辩的焦点。这不是他"一时兴起而提出的"，而是"数十年研究中国历史、现状得出的一个结果。"[13]

就在这一天，一个叫胡明树的左派作家发表一首题为《诗赠大仇人梁漱溟先生》的打油诗："哦，我的梁漱溟先生！你认为自己是现代中国的圣人吗？"此前，2 月 10 日，左派文学评论家楼栖在《梁漱溟与蒋经国》一文中写道："像梁漱溟这样的旧式儒家知识分子……必须经过一场自我改造。"

国民党方面对他的指责也一直没有停过，来自左派的嘲弄、讽刺和批判则从这时起才骤然升温，左派最无法接受和容忍的是梁漱溟那种自以为掌握了终极真理，而又深入到骨髓的那种极为固执的自信，还有他身上那种坚不可摧的道德自信，天降大任于一身的文化责任感和使命感。

但他没有意识到这一切，他是一位有几分书呆子气的读书人，一个弥漫着浩然之气的儒者，而作为一个政治人物，在讲实力、讲权谋的政治尺度下他无疑是蹩脚的。他在政治上的见解或许也算不上高明，有时候还有点可笑，如同他的这两封信，不过这些书生之见说出了他的心里话，他的真诚是一点也不用怀疑的。

当然，他并非一点先见之明都没有，一位朋友从香港带来《文汇报》《华商报》《群众》等共产党或左翼的报刊，其中有左翼作家靳以在《中建》杂志发表的《质梁漱溟》一文，从开头骂他"倚老卖老"、"自我陶醉"、"大放厥词"，到最后的"自我欣赏"、"妄自尊大"，[14] 整篇短文都满了火药味。但他没有生气，3月10日，他在《大公报》重庆版发表《答香港骂我的朋友》说：

> 我知道共产党有排他性。你们尽管排斥我，而我心中却无所谓敌人。我与任何方面不取敌对态度。过去国民党与我作对，我到不能与他硬来时，只有让他一下。——我知道他必不会久。今天我知道共产党要来了，而我对他只能"和而不同"。在共产党的天下里，我就非小心不可。所以就预先决定三年内只发言不行动，只是个人不在组织。并在发表最近几篇言论之前，特于一月六日把此意写信告知毛泽东、周恩来两位。

也是在这封信中，他重申"不要在人格上轻于怀疑人家"、"不要在识见上过于相信自己"的观点，认为这是"合作"的前提。他表示自己从没有高兴积极过，也没有厌倦消极过，而是极有耐烦地为大局努力工作。"你们不要看我是过时的人物，其实我的时运还在后头。如其不信，十年之内自有事实证明。"[15]

此刻，梁漱溟的立场让他亲自参与创建的民盟也难以容忍，尽管他早已提出退盟的要求，但在 3 月 19 日下午北京饭店举行的民盟总部临时工作委员会常会上，柳亚子还是"提议开除梁漱溟"，与会的有沈钧儒、章伯钧、千家驹、潘光旦等十多人，最后"决议由秘书处撰文申斥，并声明断绝关系"，柳亚子私下认为"差强人意"。[16]

5 月，勉仁文学院院刊发表梁漱溟前一年写的《勉仁文学院创办缘起及旨趣》，其中袒露了传承中国文化的责任感、使命感。同月，他写下《过去和谈中我负疚之一事》长文，对发生 1946 年的一段往事向共产党表示歉疚。作为中国民主同盟秘书长、政协代表、第三方面的重要人物，梁漱溟一直在为和平奔走努力。那年 10 月下旬，国共和谈的破裂已进入倒计时，他和其他第三方面代表无不忧心忡忡，在和谈大门即将关闭、全面内战迫在眉睫之际，情急之下，他们未向国、共两方代表征求意见就自行制定了一个折衷方案（当时国民党军正攻下张家口、安东等重要城市，占了便宜），内容包括就地停战，暂时维持现状等。在规定共产党军队驻地的同时，没有对国民党军队驻地同样予以规定；此外，由国民政府派交通警察（实际上是戴笠的忠义救国军改编）接收原属共方的 20 个县，也是中共绝对无法接受的。这个折衷方案分送国民政府、中共及美国总统特使马歇尔，周恩来见了声泪俱下，认为第三方面失信（曾口头有约"彼此有所决定，事先互相关照"），和国民党一同压迫他们。梁漱溟等仓皇将另外两份原件收回，周恩来"方才收泪息怒"。但他表示自己对共方并无恶意，"究竟折衷方案有何严重错误，至今我仍不大清楚。因为周先生愤激之余，说话语无伦次；而我在惶恐中亦听不清。事后再见面，亦未追问其所以然。"尽管如此，他最后仍真诚地表示："我真惭愧像我这样人岂配担当国家大事。几天之内，向各方朋友告辞。我便离开南京了。"[17]

这一插曲也使他下决心告别十年现实政治的生涯，重新回到文化研究中去。

三

1949 年 6 月，梁漱溟完成了《中国文化要义》，这本书断续化了九年功夫，是继 1921 年出版的《东西文化及其哲学》之后又一部重要著作。他可以暂时松一口气，休息一下。重庆北碚的北温泉附近有一座缙云山，山顶有个缙云寺。当年夏天，勉仁文学院一放暑假，他就和谢无良夫妇及勉仁文学院的两个同事上山"闭关习静"，住在缙云寺附近的民居。

从 8 月 4 日到 9 月 11 日，他在闭关的一个多月留下了一册日记。其时，南京、上海都已易手，"北平"即将改回"北京"，成为新政权的首都，整个古老大陆正经历着一场天翻地覆的大变动，南方许多地方硝烟未熄，国民党还在作最后的挣扎。作为"问题中人"，而非"学问中人"，梁漱溟毕生的追求都和整个民族的命运休戚与共，所以即使在闭关静修之时，他的内心也不平静，对山下的世界尤其是局势的变化，始终未能忘怀，可以说无时不在关心——8 月 5 日，"报载长沙局部和平讯。"8 月 18 日，"闻福州撤守。"8 月 28 日，"闻兰州撤守。"9 月 6 日，"闻昆明有变，空运已停。"9 日，"午后天晴。滇事似缓和。"这些政局、军事的变化，载入了他简短的日记中。

尽管他知道"必要从世俗生命所具之一种贪迷奔逐之势中超脱出来"，才能修成"佛法"，如他在 8 月 12 日的日记中所说，"每日一心不免二月，去道最远，平素未尝不自知，而以此今日修道感觉最深切。"但真要超脱又谈何容易，"平常余每因极细小不成问题之事而不能入寐"。

他感叹自己"迟钝"，实际上是"放不下"，"因对世事放不下，修持自难得力。然细思所谓放下，只能是放平，而不可能是放弃不管。放平是佛法，放弃非佛法，不独于悲心不合，亦于大手印之不作分别取舍不合也。……佛法在此，世法亦在此"。短短一个月中，他虽居山顶，人员、书信、电话的往来仍非常频繁,他常感学佛的"功课受妨碍"。这些琐碎的书信和人员往来,常常打断他的修行——

8月5日,他给民生轮船公司创办人卢作孚的弟弟、北碚实验区区长卢子英写信。7日有人上山,他又写了"答仲华信"。10日,他儿子送来五封信,他当即作复。13日,"为张德钧事答周通旦信。"15日,吴汉骧上山看他,得知吴宓不肯就任院长,改推他人,他写信促驾。吴当时在勉仁文学院任教。16日,他收到北平燕京大学教授、民盟要角之一张东荪的来信。17日,勉仁中学教师、职员王勤庄等上山,他和路明书店已签定《中国文化要义》的出版合同,并收到此书13、14章的校样。他给勉仁文学院的同事李源澄、侯子温写信。18日,勉仁中学派人送药来,把他校对完成的十三、四章清样带走……

名义上是在缙云山闭关,其实各种牵累不断,他感叹"功课颇受杂事妨碍"。

8月20日早课后,他与美国使馆人谈话,这是卢子英前一天来电话约的,大致上问的是过去民盟的事。第二天,卢子英上山晤谈。有人拿着熟人的介绍信来见。他又感叹:"功课受妨碍。"22日,他写了三封信。24日,先后有两批人上山来见。收到有人从香港来信,顾孟余深盼与他一谈。他当即回信不愿走动。25日,他给张东荪回信,托人转寄。 30日,他给人写信,突然发现缙云寺前桂花盛开。

9月1日,卢子英来电话,仍不能上山。他说:"俗人生活不出二种:一是赶日子——赶忙不及;一是遣日子——消遣无聊。"第二天夜里,他已睡下,忽接到卢子英的电话,重庆大火,灾情极重。3日,他写了多封信给山下的人问平安。又有人上山,"功课颇缺。"……

透过这些枯燥而琐碎的记录,我们不难看出,即便住在山顶上学佛,他与世俗的联系几乎无一日中断过。在他交往的人中既有张东荪、顾孟余、孙伏园、卢作孚、张澜、熊十力等名人,更多的是普通的同事、朋友、晚辈等,或为国事，或为勉仁文学院、勉仁中学的校事，或为所属农场及其他种种世事，这一切他一概都"放不下"。难怪他总是要做梦，他在日记中不断地记下自己的梦：

8月9日，"夜来梦中行业几乎杀盗淫皆有表露，无始习气深如此。"10日，"夜来梦中不免名利恭敬之念，及苟免自全之心。"14日，"夜间几无时无梦，心不能闲之病极大；人以为我入道必易，实则适得其反。"15日，"夜来仍苦梦多，醒时疲劳，必经一时间疲劳乃除。"16日，"夜来梦似减轻"。17日，"夜来梦境较悠闲，如游西湖或观剧等；然入寐即入梦，总不菲廓然无梦。"21日，"夜梦未见减少，头脑未见清爽。"31日，"午睡酣沉，但仍不能无梦耳。"9月6日，"夜梦又似初来时一般，午睡亦浮而不沉。"[18]

梁漱溟一个多月的学佛实际上并无所成，9月8日，他在下山前夕大失眠，"宣告上山一月之失败"，实际上他在8月19日的日记中已说得很明白："自皈依上师之日即先曾自己审查一番：一切法中佛法最胜，我岂有疑，然从人类文化发展说，当前需要则在中国文化，而非佛法之时机。同时我于当前中国建国问题及世界文化转变问题，自觉有其责任，更无第二人代得，在我心中亦可说除此事更无事在，斯为皈依者，自感慧力不足。"[19]

四

1949年11月，《中国文化要义》由成都路明书店出版。梁漱溟在10月所写的自序中说，这本书主要是阐述他对中国历史和文化的见解，而不是什么"学者专家之作"，"认识老中国，建设新中国"是他始终如一的追求。他对自己的定位是"一个有思想，又且本着他的思想而行动的人"。[20] 这本书清楚地梳理了中国政治文化的脉络，就中国民主何以难产等重大问题提出了自己独特的解释，强调了民族文化和社会结构的特殊性。他概括指出中国民族性当中自私自利、勤俭、爱讲礼貌、和平文弱、知足自得、守旧、马虎、坚忍及残忍、韧性及弹性、圆熟老到等十个特点，并作出了令人信服的分析。他的政治见解实际上都是由他的文化价值观派生出来的。

同月，龙山书局出版《梁漱溟先生近年言论集》，收入他在 1941 年至 1949 年间发表的政见性论述文章 23 篇，其中包括未曾公开发表过的《过去和谈中我负疚之一事》。

直到此时，包括成都、重庆在内的西南残山剩水依然属于国民党势力范围，是军统、中统等特务组织横行的天下，《大公报》重庆版已于 9 月 17 日被国民党当局以"改组"的名义窃夺，但梁漱溟并没有因为尖锐批评蒋介石和国民党而遭到什么意外或干扰，民间出版社照样出版他的著作，效率之高，足以让生活在今天的我们感叹不已。

12 月中旬，梁漱溟到重庆鲜特生家，和青年裴治镕住在一屋。鲜特生就是鲜英，张澜的学生，从军出身，他的家"特园"曾被誉为"民主之家"，是民盟的聚集地。

裴治镕是专做国民党中上层将领策反工作的中共地下党员，久闻梁漱溟的大名，对他非常恭敬。有一天，裴拿着毛泽东不久前作的七律《闻人民解放军占领南京》读给他听，当读到"宜将剩勇追穷寇，不可沽名学霸王"时，他连连摇头，说："错了！错了！"并说："中国文化是以意欲自为调和持中为根本精神的。偏激与惰后都不行。唯有调和持中的中国文化必将统治世界。而真正统一中国的方法也只能是适应中国文化之根本精神的中和。"还引述《孙子兵法》中"穷寇莫追"的论点，说明"追穷寇"的错误。[21]

梁漱溟从来没有想过要离开中国，"虽有人来请我去香港，但我主意已定，不论国共两党胜负如何，我作为一个生于斯、长于斯，并自问为中国的前途操过心、出过力的炎黄子孙，有什么理由跑到香港去呢？"[22]

1949 年在隆隆的炮火声中结束，年末，梁漱溟所在的重庆也不可抗拒地迎来了解放。在毛泽东、周恩来的盛情邀请下，1950 年 1 月，他终于离开生活了三年的重庆，抵达北京。他想远离政治中心，做一个著书立说的观察者而不得。其实，从大局未定之时所写的那些文章来看，梁漱溟基本上是站在共产党一边的。他在《敬告中国共产党》文中有这样一段话：

> 我再恳切地说两句要审慎的话：第一我要说，如果用武力打下去，我不否认有在一年内外统一全国之可能。但到那时却既没有"联合"，也没有"民主'。虽然中共在主观亦许无意于不要联合，不要民主，而其事实结果则必致如此。武力与民主，其性不相容；武力统一之下，不会有民主的。第二我更进一层说，不要联合，不要民主，而真能统一稳定下去，像布尔什维克之在苏联那样，我并不不欢迎——我欢迎。不过我担保不会稳定，即统一必不久。[23]

由此不难判断，梁漱溟所追求的社会理想主要是统一、稳定，民主、不民主倒在其次。因此一旦武力能够实现苏联那样的统一与稳定，他对共产党就心悦诚服，他对新政权的拥护也是发自内心的。或许梁漱溟从来就不是一个自由主义者，他在 1940 年代为民主奔走只是为了谋求国家的统一与稳定，这也是当年他和民盟其他领袖最大的分歧之一。这一点，他在给张澜和给毛泽东、周恩来的信中都坦白指出了。当他目睹共产党用武力完成了大一统的事业，他曾在 1951 年写给林伯渠的信中说："今后政治上将一切听从中共领导，并且听从中共朋友对我个人的安排。"[24] 从此，他的文化救世论也彻底幻灭。

1953 年，毛泽东指控梁漱溟"不问政治是假的，不想做官也是假的"，事实证明，他"不问政治"确是假的，不过"不想做官"却是真的，终其一生，他都只是徘徊在动、静之间的一介书生，属于那种不为功名利禄所动、"虽千万人吾往矣"的读书人。由于他对自己的理想、见解有着异乎寻常的自信和执着，身上自有一股浩然之气，所以有时候看起来他是那样的不合时宜，1949 年如此，1953 年又何尝不是如此。

注释:

[1][4] [5][6] [7] [8][10][11][12][15] [17] [23]《梁漱溟全集》第6卷，山东人民出版社1993年版，970、786-789、971、790-795、796、971、800、800-801、803-807、809-810、830、805-806 页。

[2] [3] [18] [19] [24]《梁漱溟全集》第8卷，山东人民出版社1993年版，74、76、422-428、424、77 页。

[9] [13] [22] 汪东林《梁漱溟问答录》，湖南出版社1988年版，107、109、110 页。

[14]《批评中国资产阶级中间路线参考资料》第四辑，中国人民大学1958年版，54-56 页。

[16]《柳亚子文集　自传·年谱·日记》，上海人民出版社1986年版，340 页。

[20]《梁漱溟全集》第3卷，山东人民出版社1990年版，6页。

[21] 于东《梁漱溟异议"追穷寇"》，1989年3月21日《团结报》。

宋云彬

"避席畏闻谈学习"

　　宋云彬（1897—1979），浙江海宁人，文史学者、编辑家，著有《明文学史》《中国文学史简编》《中国近百年史》《玄武门之变》等，参与校点《二十四史》。

　　1924年，他加入过中共，曾任黄埔军校政治部编纂股长，"四一二"事变后任武汉《民国日报》编辑，兼国民政府劳动部秘书，"七一五"事变后遭到通缉。1930年代他任开明书店编辑，主持编辑校订大型辞书《辞通》、主编过《中学生》杂志。抗战期间在桂林参与创办文化供应社，编辑《野草》杂志。抗战胜利后到重庆主编民盟刊物《民主生活》。

　　1949年，他应中共之邀从香港到北平，参加教科书编审工作。1952年，他回到浙江，任省文联主席、省文史馆馆长。1957年，他被打成右派，所谓"章罗联盟"在浙江的一个据点，就是以姜震中和他为核心的"右派秘密集团"。当时他担任民盟浙江省副主委，他的所谓"右派"言论，不过是他曾经说过这样一句话："过去民主党派是摆摆样子的，今后大有可为了"。

　　　　此行合有新收获，顽钝如余只自羞。

　　这是宋云彬在"知北游"船上写下的诗句。

　　1949 年春天，他应邀北上时确曾满怀兴奋与向往，由衷心地支持、拥护新变化和即将出现的新秩序。因此他才会写信给老朋友柳亚子，担心其"牢骚"会被敌对的美国或蒋介石所利用，作为攻击中共的口实。

　　4 月 21 日，尚未成立的新政权派出 40 多名代表出席巴黎和平大会，而法国政府限制代表入境人数（每国只准 5 名代表入境），他就主张发电抗议。但他并没有因此失去自我，对当时身历的变化、所见所闻他都保留了个人看法，在他没有打算公诸于世的日记中不时地流露内心的轨迹，呈现出他的书生本色。

　　5 月 4 日，《人民日报》推出"五四"纪念特刊，他应约发表一篇短文，但他在当天的日记中自嘲，"无非说些知识分子应与工农结合云云，亦八股也。"[1] 虽然他奉命成为 1949 年后第一批中小学课本的重要编撰者，他内心却不认同同事中有人热衷于"人民八股"。

　　宋云彬到北平，"原无久留之意"，所以他将 9 月之前的日记称为"北游日记"（9 月以后才改称《北京日记》）。3 月 30 日，他写信劝家人不要北行，"盖余感觉北平非久居之地，上海解放已在远，……甚望能及时南下"。[2]

　　然而，在他到达北平一个多月后，中共方面于 4 月 8 日决定要组织一个"教科书编审委员会"（在中央人民政府成立前，暂隶华北人民政府），他是主要成员之一。15 日举行第一次会议，他是国文组召集人，南归之念就变得奢侈了。5 月 5 日，叶圣陶对他说，"教科书编审工作难做好，在此生活不习惯，上海解放后，必须南返。"他说自己也早有这种打算，"圣陶可谓同志矣"。[3]

6月4日，叶圣陶与同事傅彬然闲谈时说，想要南返，而又摆脱不了这里的工作，"颇感踌躇"。他与叶圣陶有同感，而傅彬然"则意兴正浓也"。[4] 从他的日记可以看出，他与同舟北上的老朋友傅彬然已渐行渐远，和叶圣陶、郑振铎则相知依旧，6月10日，他们几人一起喝酒聊天，"无话不谈，积闷尽抒"。[5]

6月14日，他特地约了代表共产党一方参加教科书编审的胡绳喝酒，"告以今后计划，拟将家眷安顿在上海，余亦不长居北平，如有某种教科书需余编辑，则商定目录后在上海编写。归来与圣陶谈，圣陶之计划亦如是，但不知能实现否耳"。同一天的日记说，"迩来情绪不佳，一念在港之妻女，一曾友朋多无聊，而剑行、伯宁之工作问题一时不得解决，亦令人闷闷也。"[6] 对熟悉或不熟悉的知识分子当中，一下子变得"满脸进步相，开口改造，闭口学习者"，他非常反感，所以他才会如此认同叶圣陶说的"上海解放后，必须南返"，因为心气相通。

一、代表名单的忧虑

宋云彬抵北平不久，就在日记中多次流露心迹，想退出民盟、救国会这些民主党派。他在4月5日的日记中说，"余于抗战时及旧政协前后，颇作党派活动，今则无此雅兴矣。盖以前为坚持抗战，争取民主，不得不凭借党派作活动，今革命已将大功告成，此后建设事业须脚踏实地，空头宣传无益，余当脱离民盟，专心致志，为人民政府编纂中学教本，庶几不背'为人民服务'之原则也。"[7]（后来他在7月18日写信告诉外地的民盟朋友，"今后之民盟实与中共分工而非分派"，[8] 这一见解极为深刻。）

4月7日下午，他参加在柳亚子房间举行的民盟小组会，小组有五、六人，组长是山西人杜任之，"观其谈吐，亦一革命八股家也"，因其自称在辅仁大学教唯物辩证法，他就问陈援庵先生近况如何，此人竟瞠目不知所对，他解释说"即陈垣先生，辅仁大学校长也"。对方答："喔，不很熟悉，此人盖老顽固也"。他问："君知陈先生有何著作否？"则连连摇头说："怕不见得有吧？"[9] 这个杜任之1905年年5月出生，山西省万荣县人，1927年加入中共，1929年初留学德国，先后入柏林大学德语学院、哥廷根大学、费莱堡大学学习。1933年10月回山西秘密从事革命活动，公开身份为山西大学讲师，后任教授、法学院院长兼训导长。杜与傅作义是老相识，因此1948年被派到北平进行革命活动，公开身份是华北学院教授、政治系主任，主要是做傅作义的工作，算得上是老资格的革命者，在宋云彬眼里却只是一个"革命八股家"而已。

当天，他对叶圣陶说，"将摆脱一切党派关系，实则余只与民盟及所谓救国会有联系耳，曰一切者夸辞也。圣陶大表同意。"[10]3月18日，救国会开会，他即"藉辞请假不去"。[11]5月25日，救国会召开临时会，他也是"辞以病，未出席"。[12]

6月8日，他出席救国会例会，沈钧儒作报告，政协筹备开会，救国会有7个代表名额，李章达对外代表救国会，是当然代表，但远在香港、不能赶回来参加，须另外派人代他出席，作为"代表之代表"。邓初民说可以请宋云彬代表，他"不表同意"。散会后，在邓的房间内小坐片刻，他还对邓说："今后如讨论政协代表，万勿提及余名。"这是救国会第一次开会讨论推举政协代表，"同志间颇能互相谦让，独曹孟君争之最力。张志让今晚亦出席，一听到谈判政协代表，不终会而去。"[13] 宋云彬最初对代表名额也未在意。6月21日他遇到沈钧儒，说要提名他为新政协会议代表，并已函告上海方面的救国会同人，当无问题。并说："我觉得你应该由救国会提名的。"[14] 他没有表示内心的想法。但后来情况发生变化。为了新政协会议代表的事，几乎每次开会他都要出席，代表名单成了这一时期他最关心的事之一。

6月27日，救国会的例会上讨论新政协代表提名问题，正开会时，沈钧儒接到上海来电，王造时等要求缓提新政协代表名单。沈将电文向大家报告后，说这是王造时鼓动的。[15]

第二天，宋云彬写信给沈钧儒说，上海昨晚的来电颇引起自己的疑虑，认为是沈已将拟议的代表名单抄寄上海，引起他们的不满，王造时和他素不相识，见到"宋云彬"之名一定很诧异。他说："衡老既已将余名提出，希望不因上海方面之不满而重行圈去。末复说明，此间同人如叶圣陶、司建人均已确定被提名为新政协代表，此外必有二三人从别方面提出者，余倘不能出席新政协，殊为难甚，恐将影响及于工作情绪也。"[16]

从此很长一段时间，他就一直为这代表名额的事困扰，时时关注，生怕被人从名单中剔除。7月4日，救国会例会商讨新政协提名问题，沈钧儒说名单已交给中共统战部的齐燕铭斟酌，中共给救国会分配的名额只有10人，候补2人，但名单上共列了14人，预备另外2人从别的方面产生，"以显示救国会人才之众多"。史良说今天出席的人"大都皆在名单之内"，又说："如宋先生等早已安排定当矣"。[17]

7月11日的救国会例会，沈钧儒报告拟定提出的新政协代表名单，共12人，后二人是候补，宋云彬名列第八。[18]

7月18日，救国会例会仍然是讨论新政协代表提名问题，"上海方面，王造时最热中，曾召开会员大会，函电交驰，向衡老力争，非请衡老提出他的名字不可。"庞荩青则在听了沈报告名单后"大发牢骚"，他认为自己代表北方救国会，竟不得提名，"殊不公平"。沈钧儒给庞讲了个故事，全国妇代会时，统战部为刘清扬作了布置，选举委员时，她可得百票以上，她不知其事，擅自向代表拉票，选举结果她得到一百数十票，在被选委员中名次很高。复选时，团支部把提前布置的百票全部抽走，结果她只剩下数十票，降为候补委员。他讲这个故事，言外之意就是名单必须经统战部同意，"而代表亦非运动争取可得"，庞"恐未能了解也"。宋云彬在日记中不无幸灾乐祸地写道："此公好名不亚于余，然自知之明则不逮余远甚矣。"回到住处，他与叶圣陶对饮红玫瑰酒，说起开会时的情形，"相与大笑"。[19]他之所以能笑，而庞只能落得"面红耳赤，意殊不平"，而王造时——与沈钧儒、史良等同为救国会的缔造者、声名显赫的"七君子"之一，曾在抗日论坛上发出狮子吼，结果连得一政协代表名额都成了笑柄，难道不值得深思吗？人品端正的宋云彬在这里竟也露出了文人沾沾自喜的一面，不亦悲乎？

当然，他忠实地记录了历史，提名代表不独救国会如此。（谢觉哉7月7日的日记说："复周谷城信。周来信盼得选为政协代表，复信已将其材料转筹备会。"）7月17日，同是沈钧儒主持的社会科学工作者筹备会上，通过了参加政协的代表名单，连候补共17人。不过，"代表名单并非开会时公共提名商讨，乃经常务委员在会外与统战部协商定妥，由主席将名单宣读，众无异议，即作为通过矣。"[20]只是社科界没有人像王造时、庞荩青这样提出异议罢了。

7月19日，连日忙于筹备教代会的傅彬然对叶圣陶说，教代会所提政协代表名单中，宋云彬也列名在内，如果宋能在救国会提出，那么他们教科书编委会将有五人出席政协会议。[21]

7月20日，胡愈之告诉宋云彬，昨天民盟开会所提的政协代表名单中有胡本人，这样，救国会又可多提出一人。[22]

7月21日，有人告诉宋云彬，沈钧儒已将正式的新政协代表名单交给齐燕铭。因为尘埃并未落定，他内心仍忐忑不安："救国会之名单何以迟至今日尚未提出（新政协筹备会请各党派于本月15日前提出名单），又何谓非正式名单，令人不解，然亦不便追问也。"[23]

7月25日的救国会例会上，沈钧儒作报告，讲了三件事，一是最近民盟开会公开批评罗隆基，"楚图南发言最多，罗除一二事不服外，余均接受，态度尚好。"二是毛泽东曾两次到北京饭店看望张澜，请他为民盟努力。6月23日，张澜、罗隆基、史良等人才从上海到北平。三是"王造时来信，哀恳提名新政协，言辞悽婉，谓我与衡老二十年交谊，且为'七君子'之一。若不代表救国会参加新政协，有何面目见人"。显然，沈钧儒对王造时的哀恳持嘲弄、起码是轻蔑的态度。尽管抗战前夕他们曾一同为抗日入狱，轰动中外。

然后，沈钧儒又将救国会拟提出的政协代表名单读了一遍：李章达、沙千里、沈志远、千家驹、萨空了、曹孟君、闵刚侯、方与严、宋云彬、刘思慕、孙晓村、张曼筠，最后二人为候补。宋云彬从第八名改为第九名，他在日记中说"余名列第九，亦可笑也"。晚上他回到住所，叶圣陶出席教代会回来，出示教代会所提政协代表名单，竟没有傅彬然，他大为诧异。当晚有人在救国会开会时还问过他，傅能否从教代会产生，他说可能。等沈钧儒读了名单，方与严不从教代会产生，列入救国会名单，教代会方面减少一个竞争者，他觉得傅更无问题。"孰知事出意外，有如是者？"他感到大惑不解。[24]

8月1日本来该是救国会例会，到下午他还没接到通知，就打电话去问，才知沈钧儒另有要事，例会停开。"余对于救国会例会向少出席，自被提名新政协代表，每会必到，深恐有人先我得鹿，或被排挤出去。今日例会停开，不能聆听衡老报告，未知名单已否提交新政协筹备会，所提人名有无更动，念念不能忘，甚矣余之热中也。庄生朝受命而夕饮冰，良有以哉。"[25]

8月11日，宋云彬与胡愈之通电话，"知救国会之新政协代表名单至今尚未提出，因统战部曾向衡老表示，不妨慢慢提出也。看来统战部还想安排一些人进来，我的大名恐终被挤出耳。近来想法又有点不同，觉得做不做新政协代表也无所谓。难道我真正进步了吗？"[26]

8月15日，他去北京饭店出席救国会例会，"有人问衡老新政协代表已未确定，衡老谓已全部确定，二十五日将开筹备会，下月十日正式开会云。救国会所提名单是否依照前次决议，不得而知，亦未便问衡老，恐为人窃笑也。"可见他还是很在意，而不是"无所谓"。8月17日，在中南海任事的熟人高祖文和他一起在叶圣陶家喝酒时，告诉他已见到新政协代表名单，其中有他，他有一种石头落地的感觉："然则救国会名单确已提交筹备会矣"。[27]

8 月 22 日，救国会例会，"衡老报告，谓此次各方所提政协代表必须能来平报到出席者，否则应另易他人；刘思慕已有信来，不能出席，拟将孙晓村递补为正式代表，而另推一候补代表。经愈之等推出秦柳方、李庚、陆诒、庞荩青四人，由衡老决定之。"[28]

8 月 29 日的救国会例会，他难得的未在日记中提及代表名额问题。9 月 3 日，宋云彬终于可以放心了，因为这一天他收到了新政协筹备会的三件来函，一是代表名单，二是通知去北京饭店摄影，代表证上需要半身照片，三是通知本月 6 日到北京饭店办理报到手续。9 月 5 日本是救国会例会的时间，他没有接到通知，估计已停开。6 日晚他在报到时领到了纪念章一枚，7 日上午，他遇到同舟北上的徐铸成、赵超构、王芸生、金仲华等，他们都从上海专程北上参加新政协。18 日，"各单位代表名次，统战部极为重视，闻事前曾再三斟酌，郑重商讨，然救国会所提名单，以余列第九名，方与严等皆在前，非所谓卢前王后邪？"

17 日下午，救国会的政协代表在北京饭店集议，萨空了报告联络情况，沙千里将以首席代表资格发言，推宋云彬起草发言词，"情难却，允之"。19 日，他花了一整天时间认真起草救国会代表的发言词，共二千字。当晚在沈钧儒家讨论，"沈体兰报告，此次各单位首席代表发言，只限于对三个文件（政协组织法、政府组织法及共同纲领）提出意见，因之余所拟之发言稿完全无用。"他提议由刘思慕重新起草，大家都赞同。大约也是这天，他获知救国会不久将宣告解散，已推定胡愈之、史良等筹备一切，包括起草解散宣言及编印有关救国会之历史文件等。[29] 第二天，他到北京饭店和刘思慕等商讨起草发言稿。

9 月 24 日，昔日的"七君子"之一沙千里代表救国会在政协会上发言。"救国会之发言稿，本无精彩，开头又经沈志远加上一段'人民八股'，更觉无聊。余以救国会代表名义出席政协，听了沙千里把这篇发言稿在台上念，觉得惭愧之至。"[30]

"我们认为中国人民政治办商会议的召开，有着空前伟大的划时代的历史意义。这种划时代的意义，不仅在于宣告了二十二年蒋朝国民党法西斯统治的死亡，而且在于它永远地结束很久以来帝国主义、封建地主、官僚资产阶级对中国人民的残暴统治，尤其在于它宣告了四亿七千五百万人的中国人民自己做了国家主人的一个人民新世纪的开端。这样一个伟大的开端，是在一个为马列主义所武装的中国共产党领导之下完成的，是在五千年来中华民族历史中最伟大的政治家——毛泽东主席的领导之下完成的。"[31]

这就是沈志远加上去的'人民八股'，然后是对三个文件的表态："完全同意"或"完全接受'。

曾为民盟中常委、副秘书长的周鲸文在《风暴十年》中回忆，政办会议之后，毛泽东一度认为民主党派似乎太多了，有意将救国会、农工民主党、民主促进会和九三学社取消，合并到民盟，将致公党合并到民革，只保留民盟、民革、民建三个。"后来毛泽东一想，这样合并于他有损，外边一定说他过河拆桥，拉完磨杀驴，因之他说：'既然开销差不多，为何不多挂几个招牌，看来也火热。'"结果，农工民主党、民主促进会、九三学社和致公党都留下了，只有救国会在经过十四年的风雨历程后，于1949年12月18日发表结束宣言，正式宣布解散。这在9月15日晚上中南海春藕轩的攻协党员大会上，夏衍听到周恩来报告说，承认"五一"以前已组成而敢于和国民党分裂的11个小党派，"五一"以后组成的取消了20个以上的团体。[32] 实际上此前组成的团体也有许多未被接受。"五一"是指1948年5月1日，中共中央发布纪念"五一"劳动节口号，其中第五项号召"各民主党派，各人民团体及社会贤达，迅速召开政治协商会议，讨论并实现召集人民代表大会，成立民主联合政府"，5月5日，民盟、民革、致公党、农工民主党、中国民主促进会、三民主义同志联合会和郭沫若等无党派人士通电响应这一号召，8月1日毛泽东曾正式给他们复电。

二、会山会海的困惑

开不完的座谈会、晚会、学习会让宋云彬感到难以招架，自 1949 年 3 月 18 日抵达北平以来，各种各样的会几乎无一日断过，有时一日数会，乃至同时有几个会，只好赶场子，比如 4 月 6 日下午两时新闻界人士在六国饭店开座谈会，他被邀出席。三时，文艺界在北京饭店有招待会。所以，他在前一个会只坐了 30 分钟，又匆匆去赶第二个会。还有就是"凡开会必有报告，报告必冗长，此亦一时风气也"。4 月 10 日下午，他出席教育座谈会，"听冗长之报告，殊不可耐。……名为座谈会，实则二三人作报告，已将全会时间占尽，我等皆坐而未谈也。一笑。"[33] 所以，4 月 17 日教育座谈会第二次开会，他就不去出席，表示"此种集会绝不感兴趣"。[34] 5 月 17 日晚，参加一个关于教科书的座谈会后，他认为"除圣陶有较深刻之见解外，余人均尚空谈，可谓白费时间。"[35] 8 月 13 日又有教育座谈会，他不去出席。能躲的就躲，这是他当时的大致态度。

3 月 21 日，宋云彬参加一个二百多人的座谈会，其实只是李维汉作报告，"报告甚长，历三小时始毕"。[36] 5 月 5 日是马克思纪念日，下午三时周恩来在北京饭店作报告，由文管会以座谈会名义邀请文化界人士出席，他在日记中感叹："到者二百余人，欲'座谈'何可得也？周报告甚长，主要在阐明新民主主义真义及共产党政策。然对文化界人士报告，有些浅近的道理大可'一笔带过'，而彼乃反复陈说，便觉辞费矣。"到六点半宣布中间休息时，他和叶圣陶就"乘机脱身"，看戏去了。[37]

但是有时候想"脱身"而不得，5 月 10 日，他在中山公园露天音乐堂听董必武的报告，有三四千听众，中间休息时，他想提前离开，"至门口为警卫所阻，谓不能出去"。后来下雨，"幸不久即止，否则淋漓尽致矣。"[38]

5月11日又有晚会，他们讨论董必武的报告，"时髦术语，称为'学习报告'。会中提及所谓'学习'问题，推彬然等拟计划。余表示吾人应不断学习，匪自今始。唯物辩证法等亦当涉猎，且时时研究，但如被指定读某书，限期读完，提出报告，则无此雅兴也。"

第二天晚上，他和叶圣陶对酌，"谈小资产阶级"，表示"近来对于满脸进步相，开口改造，闭口学习者，颇为反感。将来当撰一文，专谈知识分子，择一适当刊物发表。"[39]

几天后（5月15日），他从天津参加开明书店分店的开张仪式回北平时，在火车上吟成《自嘲》诗一首，其中就有"避席畏闻谈学习，出门怕见扭秧歌"之句。[40]不过话虽如此，9月1日他在送儿子宋剑行去东北前夕，仍是"切嘱今后当多看新出版书报，庶几思想日有进步，认识不致错误。"[41]

6月9日，他出席学术工作者协会常务理事会，沈志远报告时说"学协"可能要改名"社会科学工作者协会"，周扬、齐燕铭都有所暗示。6月22日，他出席中国学术工作者协会常务理事会，"学协受某方暗示，似非改换名称，重新组织不可。李鹤鸣、侯外庐、沈志远等似颇不平。鹤鸣谓我们应开一名单给他们看看，愤懑之情见于辞色矣。"当晚，他从叶圣陶那里得知，已接新政协筹备会通知，周恩来、沈钧儒、郭沫若三人发起召集社会科学工作者协会，"然则今日学协之会诚多此一举矣"。[42]几天后（25日），他作为史学方面的13人之一参加了成立社会科学工作者协会的座谈会，与会共57人，名单都是"经周恩来详细拟定，列名单前后皆费一番推敲云"。周作报告，然后多人发言，"沈志远竟明言此会之召集，主要目的在产生新政协代表云云，颇失态。侯外庐则以泛滥无归之言词，历述学术工作者协会之工作成绩，亦近孟浪。"[43]

7月17日，他出席社会科学工作者协会筹备会，沈钧儒主席，"发言者有陶孟和等，大抵皆空泛，尤以樊弘为最冗长而最不得体，听者必多反感也。"[44]

一方面他对那么多的会感到疲倦，一方面这毕竟是一种"待遇"，没能参加，他又会感到失落。3月29日，他和徐铸成、王芸生、傅彬然等同游天坛，回音壁被封闭，未能入内参观，"出来时未循原路，误入禁地，遭军士检查。"傅彬然告诉军士，他们是民主人士，并拿出六国饭店的小木牌给军士看，"窘状可掬也"。接着，他们又到别处去玩耍，又是听大鼓、又是打弹子，吃面食，喝白酒，等回到饭店，才知叶圣陶被接到某处出席座谈会没回来。"此一座谈会余与圣陶、彬然同被邀请，但时间屡次更改，本已定今日午后五时许，复接电话，谓又改期，故余与彬然往游天坛，初不料至五时许果派车来接圣陶去矣。"[45]

4月21日晚，周恩来在北京饭店有报告，招待处的李女士来请叶圣陶，"圣陶以疲倦不出，叶师母愿偕柳太太一起去。余问李女士，余等是否亦被邀，因余不在房间内，恐招待处无法通知也。李女士去后复来，谓招待处已决定请宋先生去，余婉辞拒之。"[46]

8月21日他在日记中说，"金灿然扬言胡乔木将于傍晚来本会，与同人商讨《论人民民主专政》（曰商讨者客气话，实则领导同人学习也），彬然及时赶到，但待至八时尚无踪影，亦无电话来，何轻诺寡信如是耶！"[47] 他听叶蠖生谈了许多闻所未闻的组织中事，由一句"惜不便详记耳"可知，连私秘性最强的日记都不便记，该是多么触目惊心。

此外，不愉快的事还有许多。4月19日晚，宋云彬与叶圣陶作了一次长谈，兴致很好，回来还想与傅彬然谈，"彬然忽谓招待处李女士携表四份来，请各人填写学历，家庭状况及将来志愿等等，李女士说此系照例手续，不必请各人自己填写，可请傅先生代他们三位一填（三位指圣陶伉俪及余），所以我已经替你和圣陶、圣陶夫人都填了。余闻言大不快。余等此来，先有周恩来电邀，复经香港中共人士催请，到平已匝月，彼等岂不知余等之情况，而尚须加以调查、研究乎？李女士明知此时欲余等填表，可能引起反感，故不直接送与圣陶，而请彬然代填。既知此种措施能引人起反感，又何必多此一举？"

第二天早晨，他起得特别早，"以此事告之圣陶，圣陶亦有同感。"他表示要到招待处将傅彬然代填的表格拿回来，看看内容如何，叶圣陶也同意。接着，他就去招待处向吴良琦索取，吴的表情很尴尬，支吾一番后，将三份表格交给他。"彬然知其事，大不谓然，谓余有意俾招待处人难过，不合民主作风。余为详述彼等此种措施之不当，然彬然不悟也。"在作了些修改后，他将原表还了回去，并在当天的日记详细记下这件事。4 月 21 日晨间，宋云彬与叶圣陶"谈及昨晨与彬然吵嘴事"，圣陶认为"彬然认为中共人士凡事皆无错误，亦一偏见"。[48]

三、书生本色

当时应邀北上的知识分子大多处于兴奋状态，即有困惑也是浅浅的。4 月 15 日，《新民报》主笔赵超构和《世界知识》杂志主编金仲华打赌，前者说大军将于 10 天内渡江，后者认为没这么快。4 月 16 日听了周恩来的报告，赵超构"大得意"，以为他赌胜了金仲华。[49] 4 月 24 日，大军已下南京，金仲华赌输了，请宋云彬、叶圣陶、萨空了、傅彬然、刘尊棋等吃了一顿，多数是"知北游"的同行者。街头的宣传车、秧歌队，胜利的喜悦感染着这些曾经沧海的知识分子，却少有想得更远的。

8 月 22 日，宋云彬与昔日同舟北上的陈叔通谈了半小时，几天前陈从上海北来，曾与毛泽东作过六小时的长谈。"彼告毛氏，目前各方皆呈'脱节'现象，非经长期努力不能克服，而最主要者为发展生产。发展生产亦非空话所能做到，除土改外，政府必须帮助农民凿井开沟渠，以利灌溉，必须广设大规模之肥料厂，供给农民肥料。必待生产发展，农民生活程度普遍提高，然后谈得到'城乡交流'也。"陈叔通还说，"联合政府即将成立，而人才殊感缺乏，不仅各民主党派中少人才，即中共干部，亦刻苦耐劳有余，学问经验不足也。"对此，宋云彬的评价是"叔老人极通达，所言切中时弊，然对于中苏关系不能了然，他日有机会当为详细解说之。"[50]

实际上，他对中苏关系也未必有很深的了解。对政治他终究是外行，应邀北上，只是"客人"，他的好友叶圣陶对此有极为清楚的认识。从 6 月 29 日起，他所在的教科书编委会待遇从供给改为薪给，大抵按照北平大学教授的标准，每月可得小米一千多斤（8 月 5 日补发 7 月份全部薪水，小米 1040 斤，按每斤 88 元折算，共 91500 元。市价每斤一百二三十元），同一时期，北京饭店的理发师每月可得小米 300 斤。当时的物价一个西瓜就要千元，理发一次 400 元，只有西红柿便宜，一百元可买最大的六七个。9 月 2 日，他收到《光明日报》送来的稿费，千字一千二百元，他私下表示"未免太少"。[51]

不过，他在北平的生活还是过得有滋有味，每天几乎都要和叶圣陶小酌，值得一提的还有他记下的一些鲜活细节，比如 7 月 10 日，他和叶圣陶经过一个西瓜摊，他请叶伉俪同吃西瓜，叶说这样吃不雅观，他说反正没有熟人，吃几块何妨。正在立吃之际，忽然有人拍他的肩，说："吃不得的。"回头一看，原来是郑振铎，"相与大笑"，一同步行回来。[52]

9 月 23 日即政协会议期间，他开完会，"邀章元善同返，大吃螃蟹，饮白干甚多，既有醉意，遂大唱昆曲，章君和之。至美亦有醉意。伴送章君至胡同口，沿途大叫'三轮'，旁若无人。今宵乐哉。"[53]

如此举动似乎不像他的为人风格。30 年代在开明书店工作的那些岁月，宋云彬就已养成了开明人特有的笃实、质朴、稳健作风，也就是脚踏实地、认真勤勉、一丝不苟的"开明风"。积习难改，即使在北平编教科书的日子里，作为一个严谨的文史学者，他对当时读到的书或审读的教材也常有直言不讳的意见，哪怕是对范文澜这样的马克思主义史学权威，或者徐特立这样的元老，茅盾这样的"文坛巨匠"，仍不脱书生本色，这与他为能否最终进入政协代表名单而忧心忡忡的心态大相径庭。

3 月 31 日，他读了两天前买的郭湛波《近三十年中国思想史》，"内容贫乏，叙述失次，当时仅翻目录，以为此书可作写《章太炎评传》参考之厎，现在失望矣。"[54]

范文澜等编的《中国通史简编》经删改，准备用作高中课本，第一册完成后交给他审阅，5月18日，他花了一天时间，通读一遍，并加了标点，提出八项意见，说明此书作高中课本，"实在勉强之至"，他认为"此书观点尚正确，而文句多别扭"。[55] 7月27日，此书再次删改后交给他最后校阅，他说，"范著叙述无次序，文字亦'别扭'，再加删节，愈不成话。"对书中可笑的常识错误，他认为，"范氏颇读古书，不致有此误会，可知此书实未经范氏细心校阅也。"[56] 第二天，他写信给范文澜，将《中国通史简编》"种种错误与缺点告之"。[57] 8月6日，他收到范文澜回信，到底对方作出了怎样的反应，他却没有记。

7月13日，宋云彬受文供社之托审阅邓初民的《寻找知识的方法》，"看前三章，无论文字内容，均有问题，修改太费事，拟提出意见，仍请邓老自加删改为妥。"[58]

8月18日，他读了中共宣传部编的《初中中国近代史》下册稿，"不特辞句不通，且凌乱无次序，原欲稍加修改，用作教本，今若此，只得敬谢不敏矣。"[59]

8月19日，他审阅新华书店出版的《中等国文》第三册，选了中共"五老"之一徐特立的两篇文章，他认为"均不知所云，非特文句不通，语意亦不连贯"。[60] 他接着发了一通感慨："近来朋辈中颇有强调所谓思想问题者，以为只要思想搞通，文章写不通也无关重要；又，凡解放区刊布之小册子，不论其文字如何不通，必奉为至宝，大有'曾经圣人手，议论安敢到'之慨。最近彬然与朱智贤合辑一书，供师范作教本，所搜焦者皆解放区材料（大抵是讲各科教学法的），文句不通，出人意表，而彬然则赞美不置。圣陶曾因此大为不快，颇有辞职不干之意。此类文字，如任其谬种流传，毒害青年将不知伊于胡底。圣陶拟订中学课程标准，其中有一项说：'一个词儿用得合适不合适，一个虚字该补上还是该删掉，都是内容问题，不是'文字问题'。表达内容既然以语言为工具，惟有语言运用的得当，才能表达的得当。'至哉言乎！圣陶殆有为而发欤？"[61]

这也显示出读书人的天真可爱之处，1957 年 4 月 10 日，毛泽东在中南海的卧室里召见《人民日报》编委，讲了许多问题，"大家谈到有些民主人士，如黄炎培，喜欢写诗，诗又不合平仄，还要在《人民日报》上发表。毛的意见是，还要从政治上考虑。人家是歌功颂德，诗不好也是可以登的。"[62] "诗不好也是可以登的"，这恐怕是宋云彬怎么也想不通的。

回到 1949 年。8 月 27 日，宋云彬到北大出席国文座谈会，讨论大一国文教学问题时，对于清华所选大一国文目录"颇表不满"。[63] 29 日，他继续审阅清华所选的"大一国文教材"，认为"茅盾之《托尔斯泰博物馆》，疵谬百出，此种作文，若在□□教刑时代，应责手心数十下矣。"[64]

他为人处世也有慎重的一面，比如他对柳亚子"牢骚"的劝阻，比如 6 月 19 日，有人告诉叶圣陶"苏州解放后征粮甚急，其夫人曾被押迫"时，叶圣陶当即写信给周恩来请求进行调查。信稿请宋云彬斟酌，他的意见是"措辞须极谨慎，不可使对方误会为地主说话也"。[65] 7 月 31 日，浙江老家有人来，说起"故乡自解放后，一般商人均感到前途渺茫，尽量享乐，赌风为之大盛。四乡散兵游勇及国民党特务横行骚扰，使城镇上的人不敢下乡。"[66] 他并无什么表示。

尽管他小心翼翼、处世低调，仍免不了时时流露出一个读书人的书生气来：

3 月 26 日晚，他与张志让、徐铸成去看京剧，演《得意缘》的梁小鸾最近被推为全国妇女代表大会代表，"思想当甚进步，然艺实平平"。[67]

7 月 5 日，他看了文代会的曲艺晚会，连阔如是北平曲艺界出席文代会的代表，"然其'评书'表演殊平平也"。[68]

3 月 27 日晚，他参加国民戏院的晚会，主要是欢送巴黎世界和平大会代表出国，代表团正、副团长郭沫若、马寅初先后致答辞，他的评价是："郭氏所陈都老生常谈，并无精彩处；马氏则近乎荒唐矣：彼谓第三次世界大战一旦爆发，中国完了，全世界也完了，此何言耶？此老倔强可爱，惜所见不广耳。"[69]

4月16日，听了周恩来的报告，他感慨当年在重庆曾家岩听周的报告，"时作悲愤语"，"今则时移势迁，满怀愉快，语调亦转为轻松矣。"[70]

4月21日，他在北京饭店出席文化界拥护巴黎和平大会座谈会，直言"夏康农主席发言多无次序"。[71]

8月8日，有人告诉宋云彬，开明书店老同事周予同等对时局以及他们的工作态度"均不了了"，"予同且常以恶意揣测，谓余等甘受人利用云云。此公头脑恐已无法改造，日后必为新社会所摈弃，余敢作此预言。"[72]

而历史的吊诡却是仅仅八年后宋云彬自己成了右派，"为新社会所摈弃"长达二十二年。

注释：

[1] [2][3][4][5][6][7][8][9][10] [11] [12] [13] [14] [15] [16] [17] [18] [19] [20] [21] [22] [23] [24] [25] [26] [27] [28] [29] [30] [33] [34] [35] [36] [37] [38] [39] [40] [41] [42] [43] [44] [45] [46] [47] [48] [49] [50] [51] [52] [53] [54] [55] [56] [57] [58] [59] [60] [61] [63] [64] [65] [66] [67] [68] [69] [70] [71] [72] 宋云彬《红尘冷眼》，山西人民出版社 2002 年版，125、116、125、130-13、132、133、117、142、118、118、121、129、131、134、137、137、139、140、142、141-142、142、142、143、144、146、149、151、153、162、167、119、121、128、14、125、126、126、127、15、135、135、141-142、116、122、152、122、120、152-153、157、140、165、117、128、144、145、141、151、151、151-152、153、154、134、145、115、139、115、120、122、148 页。

[31]《人民日报》1949 年 9 月 25 日，转引自沙千里《漫话救国会》，文史资料出版社 1983 年版，180 页。

[32] 沈宁 沈旦华编《岁月如水流去 夏衍日记》，中华书局 2016 年 1 月版，90 页。79 页。

[62] 王若水《新发现的毛泽东》下册，明报出版社 2002 年版，538 页。

夏衍和华东区的政协代表合影。

夏衍

从"不习惯"到"习惯"

　　夏衍（1900-1995）。原名沈乃熙，字端先，浙江杭州人，左翼作家、文艺评论家、翻译家、报人，中国左翼电影运动的重要开拓者和组织者。1919年在杭州参加"五四"运动，参与创办了学生刊物《双十》（后改为《浙江新潮》）。1920年到日本留学，开始接受马克思主义，1924年加入中国国民党，担任国民党驻日总支部常委兼组织部部长。1927年"四一二"之后加入中国共产党，翻译了高尔基的《母亲》等名著。1929年，参加筹备左翼作家联盟，后当选"左联"执行委员，参与创办在中共直接领导的第一个戏剧团体"上海艺术剧社'，1933年后担任中共上海文委成员、电影组组长。

　　抗日战争爆发后，他在上海、广州、桂林、香港主办《救亡日报》《华商报》等，后辗转到重庆，在周恩来直接领导下主持大后方的左翼文化运动，主要是戏剧运动，曾任《新华日报》代总编辑。抗战胜利后，先后在上海、南京、香港等地领导左翼文化工作。

　　1949年5日，夏衍任上海军管会文管会副主任，负责接收上海的文教单位，后任上海市委常委、上海市委宣传部长、上海市文化局局长等职。1954年后进京，任文化部副部长，分管电影与外事。1955年5月，他受潘汉年案牵连，被中组部隔离审查。1965年，他已被免职。1966年"文革"开始，他作为"电影艺术反党黑纲领的炮制者"受到残酷迫害，被囚禁八年又七个月，一条腿被打断，右眼近乎失明。

一

夏衍那篇曾震撼、感动过几代读者的报告文学《包身工》已被挤出新版的中学语文教科书，倘若他地下有知，不知是喜是忧？这位 19 岁在杭州接受"五四"洗礼的热血青年，曾留学日本，于 1927 年"四一二"以后的白色恐怖中加入中共，以左翼文化人的面目在上海展开其革命生涯，十年间创作了大量话剧和电影剧本。抗战爆发后，他操笔上阵，投身新闻界，从《救亡日报》到《新华日报》，从《建国日报》到《华商报》，他有过十二年的职业报人生涯，也曾是《新民报》等民间报纸的专栏作者，他那些简短的杂文、时评，如寸铁杀人的匕首，在抗日和反国民党的历史洪流中发挥过特有的作用，成为中共安在国民党统治区的一颗重要文化棋子。

经历漫长的地下斗争岁月，夏衍终于迎来了从"地下"走到"地上"的这一天。1949 年 4 月 28 日，时任中共香港工委书记的他与潘汉年、许涤新等受命北上。此时，"百万雄师"已横渡长江，上海指日可下，几个"老上海"即将参与接管中国最大的文化和工商业中心。他们一行先到了天津、北平，到处是庆祝"五一"劳动节的标语，到处是《解放区的天》《团结就是力量》的歌声。夏衍回忆："我是平生第一次到解放区，什么'规矩'都不懂，如需要衣物和零花钱可以向后勤部去领，住旅馆、叫汽车可以不必付钱，一切都由'公家'供给等等"。

在北平，他们受到毛泽东、朱德、刘少奇、周恩来的接见。中共高层已内定陈毅任上海市长，潘汉年任上海市常务副市长，分管政法、统战工作，许涤新协助曾山接管财经，夏衍任市委常委兼文化局长，接管文教系统。毛、刘、周分别找他们谈话都带有交代工作性质。临别时刘少奇向夏衍透露对天津解放后禁了一批旧戏很有意见，交代对京戏和地方戏剧先不要禁，禁了戏大批旧艺人失业，就会闹事。戏剧肯定是要改革的，但不要急，要抓大事，这些事可以放一放，等天下平定了再说。陈毅的看法与刘不谋而合："上海有几十家戏院、书场和大世界之类的游艺场所，直接间接依此为生的人大约三十多万。要是硬干，这些人马上就会发生吃饭问题。因为我们并没有新的节目给人家，多少年来，还只有一出《白毛女》。不能天天都是《白毛女》，只好逐步逐步地改。"上海在整个接管过程没有禁过一出戏、一本书，恐怕就与刘、陈的这些认识有关。

周恩来的交代更是事无巨细，认为旧文艺工作者（旧艺人）在数量上比新文艺工作者多，在和群众联系这一点上，也比新文艺工作者更宽广、更密切。在谈到接管上海文教系统的工作时，周对夏衍说，"梅兰芳、周信芳、袁雪芬都还在上海吧？上海一解放，你就得一一登门拜访，不要发通知要他们到机关来谈话，你们要认识他们在群众中的影响，要比话剧演员大得多。"[1]除了旧政权的留用人员，各大学、科学单位、图书馆、博物馆等等工作人员，除极个别反共分子外，一律让他们继续工作，维持原职原薪，这样做可能有人反对，一定要先做好思想工作。对一切接管机关，必须先作调查研究，摸清情况，等大局稳定下来之后，再提改组和改造的问题。周的这番句话最清楚不过地表明了这只是一种权宜之计，是新政权初创时期一切都从稳定大局出发的谋略。夏衍他们进上海以后，可以说忠实地、不折不扣地执行了这些谋略。

5月16日，在北平度过紧张、兴奋的十几天后，夏衍他们乘火车南下，一路上走走停停，直到23日黄昏才抵达丹阳。此时，小小的丹阳城聚集了成千个接管干部，热闹极了，"一上街，走几步就会碰上一个熟人"，顾准、黄源、于伶……都在这里。5月24日，一位管总务的发给夏衍一套黄布军装，一支手枪和一根皮带，一穿上这套军服就算入了伍，后来他填写履历表，在

"何时入伍"这一栏就写"1949 年 5 月 24 日，在丹阳"。当晚，他随大军向熟悉的上海进发。

从 1927 年到 1937 年的"左翼十年"中，他在上海安家，不仅写出了《包身工》《上海的屋檐下》等大量文学作品，还参与发起"左联"，积极投身新的电影事业，如今当他以胜利者的姿态重返上海，昔日的"五四"少年已 49 岁。作为上海文管会的实际负责人（主任由陈毅兼，只是挂名，说是为了他工作方便。一位排名在他前面的副主任韦悫，因是党外人士，也只是挂名），他已经是共产党的高级干部，但他身上的文化人习性却没有在一夜之间消失，所以最初曾感到那么"不习惯"。

二

5 月 27 日，在安顿好工作以后，夏衍要了一辆吉普车，匆忙赶回阔别三年的家里去看看。当时还没有给他配警卫员，他也不知道接管初期负责干部不准单独行动的规矩。虽然这次回家他只是洗了个澡、拿了换洗衣服就离开，但引起了附近居民的注意，妻子看到他一身军装也大吃一惊。这本来是一件稀松平常的事，但文管会负责保卫的人认为这是"冒险"行动，很快向上级作了汇报，第二天新成立的上海公安局就给他配了警卫员。书生气未泯的夏衍面有难色地说，不需要吧，上海这地方我很熟，我的家在上海，连回家也带警卫员吗？而上级的决定是不容置疑的，从此他"带上了警卫员，坐上了一辆很大的汽车，俨然成了一个被保护的'目标'"。巧的是，他乘坐的这辆克拉斯勒轿车过去的主人竟是陈训悆（陈布雷同父异母的弟弟，曾是国民党在上海主管宣传的官员），四年前正是此人下令查封了创刊才 12 天的《建国日报》，此事让他有点高兴，这也算是小小的一个"报应"。

多年后，他在《懒寻旧梦录》回忆，"当然，书生从政，不习惯的事还是很多的。首先碰到的是一个'制度'问题，可以举出几件很为难、也很有趣的事情。一件是文管会搬到汉口路之后不久，冯雪峰到文管会来找我，进门就被门岗挡住，到了传达室，又要他填表，这一下把雪峰激怒了，发生了争吵。葛蕴芳（秘书）及时把这件事告诉了我，我下楼把他请进了办公室，他第一句话就是'你们的衙门真难进啊'，我只能道了歉。事后我批评了警卫和传达室，说凡是我的朋友都不要阻挡，可是他们不服，回答我的只有一句话：'这是制度。'另一件事带有喜剧性，大概是6月中旬，华东局副秘书长吴仲超同志派一个人事干部来要我填表，我填了姓名、籍贯、性别、入党入伍时期之后，有一栏'级别'，我就填不下去了，因为我入党二十多年，从来就不知道自己的级别。那位人事干部感到很奇怪，要我再想一想，我只能说'的确不知道'。对方问：'那么你每月领几斤小米？'我说我从来不吃小米，也从来没有领过。他更加惶惑了，那么你的生活谁供给的，吃饭、住房子……我说我的生活靠稿费、版税，除了皖南事变后南方局要我从桂林撤退到香港，组织上给我买了飞机票，以及1946年恩来同志要我去新加坡，组织上给了我一笔旅费之外，我一直是自力更生、卖文为业。这一下对方只能问，那么你到上海之前，在党内担任的是什么职务？这倒容易回答的，我在香港时是南方分局成员、香港工委书记。他满腹怀疑地拿着我的表格走了。后来潘汉年告诉我，说华东局、市委根据你的党龄、过去和现在的职务，评了'兵团级'，当然我还是不懂得兵团级是怎样一个职位。"[2]

"除了思想感情上的问题外，也还有一个生活方式的问题，出门得带警卫员，到很近的地方去开会，也不让步行，非坐汽车不可。特别是在重庆、香港、丹阳，还是称兄道弟的老朋友，都不再叫我的名字，而叫我部长、局长了。有一次总政的马寒冰从北京到上海，我约他谈话，他一进门就立正敬礼，高声地喊：'报告，马寒冰奉命来到'，这又使我吃了一惊。这一类使我感到拘束和不安的事情很多，据老区来的同志说，这是'制度'，目的是为了'安全'、'保密'和'上下有别'。难道这都是新社会的新风尚么？对这一类事，我也疑'惑'了很久。

党的制度和社会风尚是难于违抗的，我努力克制自己，适应新风，后来也就渐渐地习惯了。我学会了写应景和表态文章，学会了在大庭广众之间作'报告'，久而久之，习以为常，也就惑而'不惑'了。"[3]

三十年后（1979 年 5 月），夏衍在《从心底里怀念我们的好市长——纪念上海解放三十周年》文中深情回忆 1949 年，有一次在陈毅办公室开完会，"离开的时候他把我叫住说：你回去，把这套军装脱下，你这个文化人穿这套衣服有点滑稽。我不懂他的意思，说：我没有中山装，只有西服和袍子。他说：西服也可以嘛。老刘（指刘长胜同志）不是穿着西装在市委办公吗？他又说：我要你脱下军装，不单是为了滑稽的问题，因为你穿了这套服装，使过去和你在一起工作的人对你见外。你要记住，让这些人永远和从前一样把你当作自己的朋友。"[4]

实际上，由于长期在国统区和香港等地从事左翼文化活动、办报写作，夏衍身上不符合中共铁的纪律、规范约束的"毛病"很多，这一切不会因为他在丹阳穿上了军装而改变。同样，今时不同往日，他与过去那些文化界老朋友之间政治身份、工作性质、社会地位等方面的差距、隔阂，也不会因为他重新换上了西服而消失。毕竟时代已经转换，岂是儒将陈毅的文采风流和昔日长期扮演文化角色的夏衍所能改变的。他回忆说：

> 我这个人爱开玩笑，讲话随便，特别是对熟悉的老朋友。有一次在文艺界的集会上，碰到赵丹，我拍了一下他的肩膀说："阿丹，看你这个样子，当小生的连胡子也不刮。"赵丹乐了，说："你这位部长未免也管得太宽了。"这一类事大概不止这一次，也不仅对赵丹，对白杨、秦怡等人也是如此，因为他们都是我 30 年代的共过患难的老朋友，不这样反而会显得见外。可是想不到这件事就不止一次受到了批评，说你现在是部长、局长，用这种态度对待非党人士（他们当时还没有入党），实在是太不庄重，有失身份。我不买账，辩了几句，大概这些事也传开了，后来冯

定同志诚恳地劝告我："今后还是注意一点为好，环境变了，过去我们是地下党，现在是执政党了，要注意到群众中的影响。"他的好意我的完全了解的，但当了执政党就一定要有"架子"？这一点我一直想不通。

这一类事碰到很多了，我也不得不静下来进行了反省，渐渐懂得了这是一种历史转折时期的社会风气，对革命的新风是不可违拗的，于是我就努力地去应顺和适应，后来也就渐渐地习惯了。但对于有些"规矩"，我还是不习惯，或者说始终感到不舒服，例如出门一定要带警卫员，出去开会或者到朋友家去串门一定要事先通知警卫班，——乃至对朋友的夫人要叫"你的爱人"之类，对前者我只能服从，对后者我就"顽抗"到底。[5]

面对新的现实，除了"适应"、"服从"和"习惯"，夏衍还能有别的选择吗？

三

穿军装进上海不久，夏衍就察觉到中共宣传、文化系统的干部知识水平太低，常识严重不足，特别是跟处以下的干部谈话，许多问题讲不通，一般说来，他们对政治性的名词、术语比较熟悉，也随口会说，但一接触到业务上的问题，就连最普通的名词、人名、书名、地名，都是"从来没有听说过"。他们知识面太窄（历史和科学常识严重匮乏），而且缺乏自知之明，他发现这是一个带普遍性的问题。作为中共在上海乃至华东文化、宣传系统的主要领导，他一再在座谈会上号召部下多读书，多学一些过去不知道的事情，但是言者谆谆，听者藐藐，几乎毫无作用。

在这种情况下，他就自作主张对宣传部和文化局科一级干部来了一次常识测验，按初中程度的标准出了50道题，结果六十分以下的占70%，连"五四"运动发生在哪一年，答对的人也寥寥无几。有些常识性问题的答案更是笑话百出，一些人不知道上海有过公共租界和法租界、不知道有过"左联"、"社联"这些组织，延安文艺座谈会哪年开的、毛泽东主要讲了些什么统统都不知道，更不用说康生发动的"抢救运动"了。

因为事先考虑到他们的"面子"问题，他规定答卷一律不署名，测验结果也不公开发表，只供领导参考。这事得到陈毅的肯定，还说他不够大手笔，应该署名、公布成绩，让他们丢一下脸。不料后来竟被人当作为把柄，说他搞测验是"长知识分子的志气，灭工农干部的威风"。知识测验之后的那些怪话，使他遭遇了一种无形的抗拒。

身为中共在上海的高级干部，夏衍的主要毛病一是讲话不小心，比如有一位党外老作家问他，文艺除了为工农兵服务，可不可以为小资产阶级服务。他自己长期在蒋管区工作，编的剧本也都是给小市民看的，所以满不在乎地回答说："可以"，还翻开毛泽东《在延安文艺座谈会上的讲话》，指着其中一段话说，文艺的服务对象有四种人，"第四是为城市的小资产阶级劳动群众和知识分子"，他还引经据典说毛不也说过"他们也是革命的同盟者，他们是能够长期地和我们合作的"。他自认为是按"讲话"精神回答的，所以讲过以后也就不放在心上了，哪知道这些话传到北京文艺界就变成了夏衍在上海提倡"文艺为小资产阶级服务"。急得天津的老朋友阿英连忙写信劝他以后说话要小心。

1949年以后"留用"的前大学校长、教授、专家、工程师、名演员，一律拿"保留工资"，用国民党时代的金圆券折合老区的人民币，再折合新人民币，他们的每月收入一般都有二百元到五百元不等。而从解放区来的和地下党的党政军干部，在一段不短的时间里实行的都是供给制，这是从解放区沿袭下来的老办法，即便后来改为工资制，也还是"低薪制"，所以市长、部长、司令员的收入要比工程师、名演员低得多。党政军干部的供给制、"低薪制"和"留用人员"的"保留工资"这就发生了矛盾。

有一次，陈毅请刘伯承在家里吃饭，夏衍、潘汉年作陪。饭后闲谈，这两位威名显赫的元帅都在哭穷，陈毅孩子多，家累重，钱不够用。刘伯承则说自己想买一部开明书店出版的《二十五史》，一问价钱，只好放弃这一念头。陈毅不无自嘲地对夏衍说，老潘可以靠小董（董慧的父亲是香港巨富），你则有版税稿费，你们都是老财，我们当兵的都是两袖清风。

可是另一方面，拿"保留工资"的人也有不满、不平，他们的看法是，你们住的是公家的洋房，有汽车，有办公室，有不花钱的秘书，出差旅费可以报销，我们搭一次电车、打一个电话也得自己陶钱。

这种矛盾在巨大的时代变迁中只不过小事一桩，大家都服从这种安排，矛盾还没有表面化，夏衍却在思考这些不该思考的问题了。

四

办了十二年的报纸，当天翻地覆之后，夏衍对报纸自然还是关注的，这几乎是一种职业习惯。当时，连北京、上海这样的大都市（更不用说其他地方），当天的早报也要到中午甚至下午才能看到，新闻的来源只有新华社一家，外国通讯社的电讯一律不用。他虽然同意报纸是党和人民的耳目、喉舌这个观点，但是他认为以中国之大、国际变化之快，不用外电，又没有"本报讯"、"专访"，读者怎么能不闭塞？外电有造谣污蔑之词，为什么不可以像批"白皮书"那样让群众知道并一一驳斥呢？报上可以看到党和政府的正式文件，为什么作为喉舌的党报，可以几天乃至一星期没有一篇社论呢？至于不登广告，即使像他那样没有学过政治经济学的人也能够看出，这是一种重生产、轻流通的表现。对此，他大惑不解。

他曾不止一次地和主持《解放日报》的范长江、恽逸群等人谈论这些问题，对当时的新闻工作很有一些意见，"最少也可以说是不习惯"。恽逸群不无迟疑地说："过去《申报》每天出六七张，现在《解放日报》只出一张，消息少，又有什么办法？"《大公报》记者出身的范长江似乎有点怪他多事，北京的报纸只出一张，上海当然不能例外，不让外国通讯社发稿，那是军管会下的命令。夏衍说，美国新闻处天天造谣，说什么上海屠杀了大批留用人员，上海每天有成千上万的人饿死等等，把这些弥天大谎揭穿不是可以激发广大老百姓的义愤吗？但范长江摇头说，这样的问题地方报纸不能作主。

报纸上连气象预报都不登，不久上海遭遇强台风袭击，事先没有任何准备，损失惨重。对此，夏衍在一次会上提出疑问，有关方面的回答是蒋介石的飞机经常来轰炸，发表气象预报会给敌人提供情报。他认为这实际上是缺乏科学常识，长江口就有美国兵舰，上海一带的气象，他们肯定是知道得很清楚的。何况台湾的气象台也能测出上海一带的气象。

1949 年 7 月 25 日，上海遭遇 1915 年 7 月 28 日以来最大的一次台风，死亡 19 人，其中 5 人因房屋倒塌触电而死，上海街头的行道树有被连根拔起的，有被风吹倒的，积水盈尺，司机纷纷涉水回家，街上到处是散置的车辆，学校停课、工厂停工、电车与公共一车停驶，来往上海的铁路交通也停了。[6]

事过境迁，夏衍直到 1981 年还记得："1949 年春我从香港回到北平、上海，看报就有些不习惯，出版迟，新闻单调，社论短评很少，还有一件最使我很感奇怪的是报上看不到一条广告。作为一个读者，我努力适应这种新风，后来渐渐也习惯了。因为不像白区和海外，报纸很少，没有竞争，不适应也别无办法。"[7]

他写文章也不够小心，"一个当惯了编辑或记者的人，一旦放下了笔，就会像演员不登台一样地感到手痒。1949 年上海解放后，《新民晚报》在上海继续刊行，当超构同志问我，'可不可以再给我们写一点？'的时候，我请示了陈毅同志之后，便'欣然同意'了，我想写点杂文，只是为了'过瘾'，而陈毅同志则比我想得更加全面，他鼓励我写，还说，可以写得'自由'一点，千万不要把'党八股'带到民办报纸里去，和党报口径不同也不要紧。最使我难忘的是他说：'不要用一个笔名写，我替你保密。'超构同志给我辟了一个专栏，大概是叫'灯下闲话'吧，每天四、五百字，我每隔一、两天写一篇。当时上海解放不久，市民思想混乱，黑市盛行，潜伏的特务又不断制造谣言，因此那时写的文章，主要的目的是从民间的角度，'匡正时弊'。当时我刚五十岁，精力饱满，尽管工作很忙，还是不断地写，记得同年9月我去北京参加第一届政治协商会议，火车上也写，会场上也写，几乎每篇都换一个笔名，一直写到50年八九月间为止，大概总有一百多篇吧。"这是他在1982年12月29日写的《迎新忆旧》中的回忆。[8]

从1949年8月1日起，实际上只写到第二年6月，他在《新民晚报》的"灯下闲话"专栏不到一年就停了。为什么不写了呢？一是工作太忙，二是"密"最终还是没有保住，渐渐传开了，各式各样的怪话纷至沓来，有人说他贪恋稿费，有人说党的"高干"在民办报纸写文章"是无组织无纪律的自由主义"。听到"高干"这两个字他最初很吃惊，原来自己已不是普通党员，而是高级干部了，写文章的自由也没有了。

9月5日，夏衍与陈毅、刘晓等二十人一行从上海北站出发，到北平出席"开国大典"。第二天，经过南京，他们不仅拜访了邓小平、刘伯承，还去晓庄谒陶行知墓，游览了玄武湖。9月7日下午，他们路过济南，拜访了康生，游览了大明湖、趵突泉，晚上还看了平剧。9月8日，他们抵达北平，从第二天起，见到很多新朋旧友，包括郭沫若、廖承志、周扬、陆定一、白杨等人。

9月15日下午，他与周扬等同车到中南海春藕轩开政协党员大会，林伯渠主持，周恩来报告之后，刘少奇在报告中说得直截了当：

> 我党胜利了，得了天下，但得天下后重要者要天下归服，如不归服，天下即坐不稳。此皇宫是不容易坐稳的。
>
> 不要拒绝人家来归服。我拒绝而人家走了，天下就坐不稳。

次日上午，中央统战部在中南海迎春堂召开座谈会，夏衍发言检讨了过去统战政策的关门主义及小算盘主义。[9]

9月13日，长期负责情报工作的中共中央社会部部长李克农约他吃饭，与廖承志、潘汉年等谈了抗战期间在桂林的一些往事。李当年是八路军驻桂林办事处负责人，他是《救亡日报》总编辑，常有来往。李对他说，那时环境很坏，但是目标只有一个：反对国民党顽固派，所以你可以像野马一样地蹦跳，可现在环境变了，当了执政党的领导干部，你这匹野马也得戴上辔头了。对这句话，夏衍当时并没有太在意，他认为自己在桂林、香港工作时，基本上还是循规蹈矩，算不上"野马"。

直到这年初冬，夏衍遇到一件难办的事去请示陈毅，陈毅在详细指点了处理方法之后，忽然若有所感地笑着说，你别看我是个武人，我还是粗中有细的。办事要有锐气，同时也要有一点耐心。在复杂的环境中工作，你要记住两句话："害人之心不可有，防人之心不可无。"

不知道李克农、陈毅他们一次次的告诫，对他从"不适应"到"适应"、从"不习惯"转向"习惯"到底产生了多大的影响，但决不会没有影响。回顾他自己走过的道路，书生气未泯的夏衍无比感慨地说："像我这样一个政治上缺乏经验的人，'文人办报'不容易，'文人从政'就更应该如履薄冰了。"[10]

注释：

[1] [4] [7] [8]《夏衍七十年文选》，上海文艺出版社 1996 年版，426、441、344、820-821 页。

[2] [3] [5] [10]夏衍《懒寻旧梦录》[增补本]，生活·读书·新知三联书店 2000 年 9 月版，410、429-430、417-418、430 页。

[6] 包天笑《钏影楼回忆录续编》，山西教育出版社、山西古籍出版社 1999 年版，914 页。

[9] 沈宁 沈旦华编《岁月如水流去 夏衍日记》，中华书局 2016 年 1 月版，77—80 页。

胡风

————

"时间开始了"

　　胡风（1904 或 1902-1985），原名张光人，湖北蕲春人，诗人、文艺理论家。1925 年进入北大预科，一年后改入清华英文系，不久辍学，回乡从事革命活动。1929 年，他到日本东京留学，因在留日学生中组织抗日文化团体，于 1933 年被驱逐出境。回到上海后，他曾出任中国左翼作家联盟宣传部长、行政书记，常与鲁迅来往，受到鲁迅的赏识。

　　抗日战争爆发后，他在大后方主编《七月》杂志，编辑出版了《七月诗丛》和《七月文丛》，从 1945 年起主编文学杂志《希望》，悉心扶植路翎等有才华的文学新人，形成了现代文学史上重要的流派"七月"派。

　　在 1949 年之前，他出版过诗集《为祖国而歌》和文艺批评论文集《民族战争与文艺性格》《论民族形式问题》《论现实主义的路》等。

　　作为马克思主义的信奉者，他一向以为和中共是"自己人"，却向来与中共在文学界的主管周扬等人不和，曾多次发生笔战。1948 年，他还和当时在香港的中共文艺界负责人笔战过。他的文艺思想注定了 1949 年后的命运。1953 年，中共在文艺界的重要负责人之一林默涵发表《胡风的反马克思主义的文艺思想》，直接指出："胡风的文艺思想，在实质上是反马克思主义的，是和毛泽东同志所指示的文艺方针背道而驰的"。

1954 年，他向中共中央递交《关于几年来文艺实践情况的报告》，即"三十万言书"。因他是人大代表，当年 7 月 18 日，由全国人大秘书长彭真宣布他已被逮捕。作为"胡风反革命集团"之首，他遭到全国范围铺天盖地的批判，在北京关押十年半之后被判处有期徒刑 14 年，押赴四川服刑。

"胡风反革命集团"一案波及全国各地数以千计的人，大批诗人、作家、评论家被定为"胡风分子"，或被判刑，或遭其他处分，牛汉、曾卓、绿原、路翎、鲁藜、阿垅、冀汸、王元化、吕荧、谢韬、罗洛、张中晓、彭燕郊、贾植芳、刘雪苇、彭柏山等都在其中。

1969 年 5 月，胡风刑满，却没有获释，军管会指示"关死为止"，直到 1979 年才释放。他在狱中精神崩溃，得了心因性精神病，失去了明亮的眼神和眯缝着眼的微笑。对于他一生跟随的中共加给他的残酷迫害，他已无力想明白了。

1973 年，胡风还在狱中，在香港新亚书院求学的翟志成就在《鲁迅与胡风之反控制斗争》一文指出，他遭难的源头可以追溯到 1936 年 5 月 9 日，他受鲁迅之命写下《人民大众向文学要求什么》一文，提出"民族革命战争的大众文学"口号，与周扬等代表共产党提出的"国防文学"口号公开发生冲突。此时离共产党夺取政权还有十三年，离他下狱还有十八年。

哪怕胡风作为左翼文学理论家，一心支持、跟随共产党，毛泽东也要除掉他。因为他的文艺方向和毛泽东绝对主导的文艺方向不一致，无论毛还是共都不容许存在一个胡风为中心的"文艺小集团"。

一

1949 年 10 月 1 日下午三点十五分，毛泽东在天安门城楼宣告中央人民政府成立，朗诵公告，阅兵。周恩来在休息室对夏衍和丁玲说："你们得描写这个场面。"两个赤色文人竟不约而同地回答："语言太不够，太无力了。"[1]

此时，26 岁的新华社编辑李慎之站在天安门的观礼台上，度过了极端兴奋的 7 个小时，在这 7 个小时中，他平生第一次亲眼目睹了如此威武雄壮的阅兵式，如此五彩缤纷的礼花，如此热情欢呼的人群……这一切都令他无比激动、无比感慨。"躬奉盛典，岂可无诗"，他不断地回忆自己的革命生涯，一步步走向革命的心路历程，竭力想把当时的感受用诗的语言表达出来，"但是，想来想去竟是'万感填胸艰一字'，只能自己在脑子里不断重复'今天的感情决不是用文字所能表达的'一句话。"让才华横溢的的青年李慎之意想不到的是，他以为决然无法用文字表达的感情竟被一个人表达出来了，五十年后，76 岁的李慎之 如此感叹。这个人就是胡风。

"盛典"之后大约一个多月，《人民日报》连续几期以整版篇幅发表胡风的长诗，五十年后，李慎之虽然已记不清诗的内容，"但是却清楚地记得它的题目：《时间开始了》，甚至记得这五个字的毛笔字的模样"。

"时间开始了"，胡风的这一句"神来之笔"让李慎之不无羡慕、甚至不无妒嫉，尽管他并不怎么赞赏胡风的才气。

《时间开始了！》共分《欢乐颂》《光荣赞》《青春曲》《英雄谱》（《安魂曲》）和《胜利颂》（《第二欢乐颂》）五个部分，除了《胜利颂》到 1950

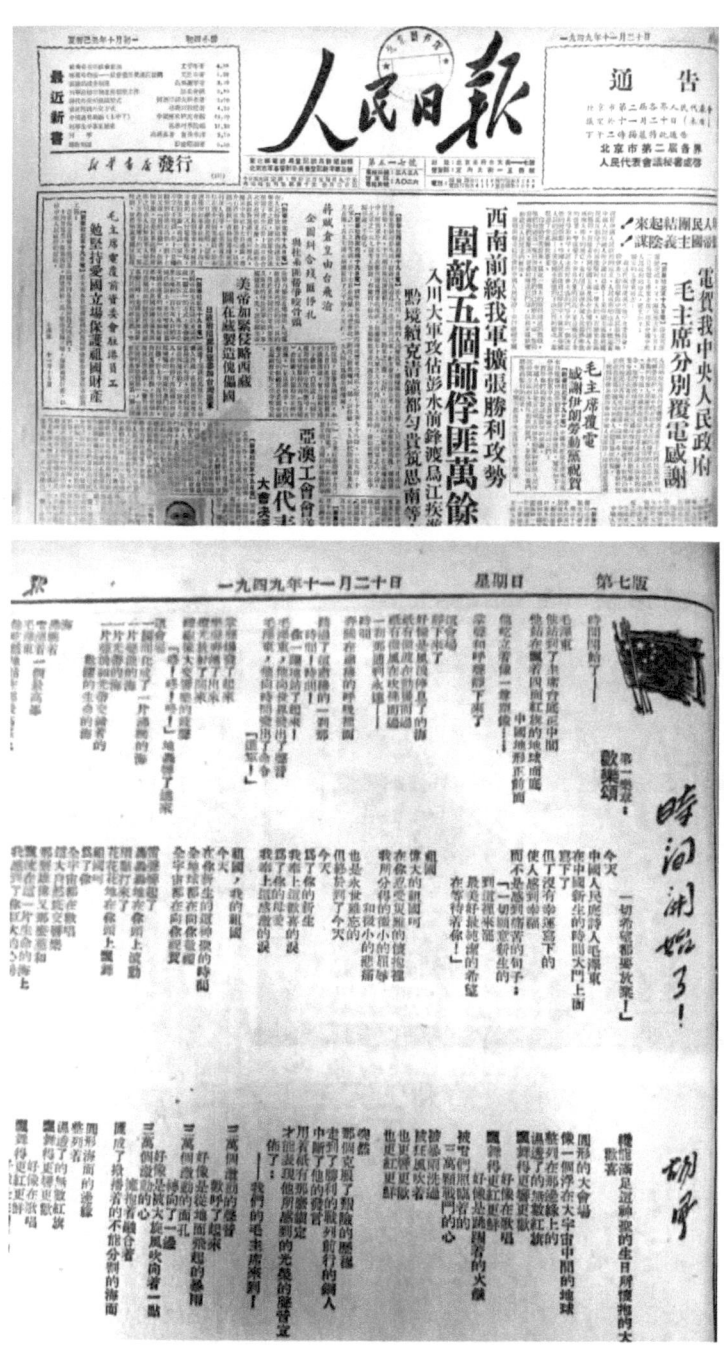

1949年11月20日，《人民日报》以整版篇幅发表胡风的长诗《时间开始了》。

年 1 月才完成，《青春曲》最后没有完成，其余部分写于 1949 年 11 月到 12 月间。从胡风日记可知，这首长达 4600 行的组诗他在 11 月 6 日落笔时并不叫《时间到了》，而是叫《时间到了》，11 月 10 日续写时依然叫《时间到了》，第二天，在写完第一乐章《欢乐颂》时，才改题为《时间开始了》。12 日，他抄改完《时间开始了》第一乐章。17 日，虽然"痔疮剧痛"，但他说：

> ……两个月来，心里面的一股音乐，发出了最强音，达到了甜美的高峰。
>
> 肖邦啊，肖邦啊，我向你顶礼！
>
> 格拉齐亚啊，你永生在我心里！

这也正是胡风"躬奉盛典"的两个月，《时间开始了》就是他内心的音乐，是他面对新生的中华人民共和国唱出的真诚赞歌，他真诚地认为这是自己一生"甜美的高峰"。11 月 20 日，诗人、也是《人民日报》副刊编辑马凡陀来看他，送来当天的《人民日报》样报，《欢乐颂》已发表在上面。[2]

《欢乐颂》就是"毛泽东颂"，还是让我们来听听胡风当年的"音乐"吧——

> 毛泽东
>
> 列宁、斯大林的这个伟大的学生
>
> 他微微俯着身躯
>
> 好像正要迈开大步的
>
> 神话里的巨人
>
> 毛泽东！毛泽东！
>
> 中国大地上最无畏的战士
>
> 中国人民最亲爱的儿子
>
> 你微微俯着身躯

你坚定地忘着前方

随着你抬起的巨人的手势

大自然的交响涌出了最强音

全人类的希望发出了最强光

你镇定地迈开了第一步

你沉着的声音像一声惊雷……[3]

其实,《欢乐颂》欢呼的不是 1949 年 10 月 1 日的那一幕(《胜利颂》才是歌唱 10 月 1 日的),而是 7 月 1 日晚上毛泽东出现在庆祝中共生日的三万人大会上时的情景。当时全场欢声雷动、如同一片欢乐的海洋,作为第一届文代会的代表,胡风也在现场,亲身体会到了平生最大、最强烈的"欢乐"。他在当天的日记中写道:"《论人民民主专政》发表。……四时吃饭后,到中南海齐集,到体育场,参加三万人的庆祝中共二十八周年的大会。暴风雨来了,全场不动,暴风雨过后庆祝会开始。中途毛泽东主席来到,全场欢动。近十二时散会。"[4]

《欢乐颂》面世不久就被译成俄文,发表在苏联的《十月》杂志上,当年 12 月 30 日就出版单行本,"惊住了一切人"。[5]他在 11 月 26 日的家书中说:"这当权文坛多冷酷,没有一个人打电话写信来,但我晓得是震倒了他们的。"《欢乐颂》在文学圈和朋友中的反响,胡风日记时有透露:

11 月 20 日,"下午,谢韬来,谈《欢乐颂》,四时左右去。"21 日,"上午,《北平儿童》汤小微来,……并谈到《欢乐颂》。"[6]23 日,"得王亚平信,谈到《欢乐颂》。"25 日,"电话中知道,盛家伦要把《欢乐颂》写成一个交响乐。"[7]26 日,"得鲁藜、芦甸信,谈到《欢乐颂》。得 M 信,她读到《欢乐颂》。"[8]12 月 3 日,"下午,鲁煤来,谈到《欢乐颂》。……夜,戈金来,谈到《欢乐颂》。"[9]5 日,"鲁藜从天津来,谈到《欢乐颂》等,一道出街吃面。……得侯唯动信,谈到《欢乐颂》。"[10]8 日,"……得柏山信,谈到《欢乐颂》。"

[11] 11 日，"校改《欢乐颂》，何英来取去付印。……M 转来绿原信，谈到《欢乐颂》。……得葛一虹信，想印《欢乐颂》。"[12] 15 日，"王朝闻来，设计《时间开始了》分册封面。"17 日，"海燕顾君送来《欢乐颂》校样，校过。"[13] 18 日，"下午，牛汉来，谈到《欢乐颂》。…… 在萧三汽车上，他谈到《欢乐颂》。"[14]

此外，他还听说 '臧诗人碧小说家都叫了好的"，[15] "臧诗人"即臧克家，"碧小说家"就是碧野。

11 月 16 日，在完成第一乐章不久，胡风继续写《时间开始了》的第二乐章，写得并"不顺遂"，加上痔疮发作，"很不舒服"。11 月 19 日，他又说，"心里唱着一支小曲，第二乐章的情绪凝住了似的。"[16] 但他一直以最大的热情投入到这部组诗的创作中：

> 11 月 23 日上午，想到第四乐章，燃烧得几乎不能呼吸，一直到下午。
> ……写下第四乐章开始约五六十行。
> 呼吸困难，到瑞芳处休息，她母亲和姐姐来亲切地谈话。

同一天，他给路翎的信中也说："这些时，差不多完全被一股什么力量冲激着 [着]，但又不能喷出来。成天像在海涛上掀簸着。第二章还只写一点点。真想全部弄完它。一些东西时常烧起来，困难的是有时不顺遂，好像力气不够似的。"[17]

11 月 24 日，胡风在日记中说："续写《赞美歌》。上午，非常激动，终于把难关冲破了。"[18]

后来（1951 年 1 月 16 日），胡风在给诗人牛汉的信中说："写的时候，整个历史，整个宇宙都汇成了一个奔腾的海（《欢乐颂》）、奔腾的大河（《光荣赞》、《安魂曲》）、阳光灿烂的海（《欢乐颂》）在我心里响着，有时候甚至感到了呼吸窒息似地燃烧。"[19] 11 月 29 日，他在家书中说，第三乐章，将有一场猛烈的燃烧，他要以此"打动这个时代的麻木和阴冷"。

他想不到的是，《欢乐颂》在《人民日报》发表之后，《时间开始了》后面几个乐章的发表却遇到了困难。先是 12 月 4 日，他接到《人民日报》编辑马凡陀的电话，"《赞美歌》他们嫌长，不想用了。但亚群在电话中说，还想争取。"第二天，"徐放来。把《赞美歌》改名为《光荣赞》，并改正几小点。他们还想争取能发表。"[20] 12 月 6 日，他在家书中说："但我无论如何要烧起来，写完它，送给这个时代底青年们。据现在知道的，凡看到《欢乐颂》的人都感到它的热力，青年们则简直烧在幸福感里面了。"12 月 8 日，"得亚平信，报告《光荣赞》的发表问题。"[21] 15 日，他和胡乔木通电话，才知道胡"不赞成《光荣赞》里面的'理论'见解，当然不能在《人民日报》上发表了"。[22]

他只好设法将《光荣赞》《英雄谱》（《安魂曲》）等几个乐章交给《光明日报》和《天津日报》发表。令他意想不到的或许是，他满腔热情讴歌这个新生的人民共和国，竟然遭到了一连串的误解、歪曲与批评（那已是 1950年的事）——

曾肯定过《时间开始了》的萧三在《文艺报》关于诗的笔谈中说他的诗里有"牢骚"，沙鸥说有"色情"，何其芳甚至批评他将毛泽东比作"海"是对毛主席的歪曲，因为毛自比"小学生"。就连经手发表《欢乐颂》的马凡陀（袁水拍）也反戈一击，批评胡风将毛泽东的形象歪曲成脱离人民群众的"站到云端里的神"，与毛泽东"甘当小学生"的思想不同。黄药眠在《大众诗歌》第六期发表长篇大论的《评〈时间开始了〉》，"这更不从内容出发，对于内容随便加上歪曲的解释"。文化部编审处召开讨论会，在《光明日报》发表了一篇集体批评《评〈安魂曲〉》。批评火力之猛完全出乎胡风的意外，"而且还故意地拉到政治问题和人事问题上去"。[23]

如果说因为《时间开始了》有一处涉及"僵硬的官僚主义"，批评者质问他骂的究竟是谁，我们还可以理解，那么批评者无限上纲、任意罗织罪名的本领也实在太大了。由于这些批评，已印好的诗集，新华书店限制发行，出版社后来只好当废纸卖了。

这一切恐怕都是不信邪的胡风难以理解的，他悲剧的命运实际上早已拉开帷幕，只是他没有感觉到而已。1948年3月，在香港出版、"也代表延安"的《大众文艺丛刊》第一辑就有多篇文章将矛头对准了他，邵荃麟执笔的《对于当前文艺运动的意见》不点名地批判了他"个人主义的文艺思想"。他在重庆时期的好友乔冠华以"乔木"的笔名发表《论文艺创作与主观》，点名批判他的文艺观点是"主观唯心主义"，这篇文章受到了"延安同志"的肯定。至于为什么要批判胡风？邵荃麟说得很清楚："胡风是以马克思主义者的面目出现的，但我们认为他不是马克思主义者，有些人甚至有一种误会，以为他的理论就是党的理论，这是必须讲清楚的。"在有了毛泽东在延安文艺座谈会上的讲话之后，还需要胡风的文艺思想吗？自认为一辈子跟着中共革命的胡风确实太天真了。他后来在"三十万言书"中说："1948年在香港的同志们发表批评我的文字之前，同志们没有通知过我。只有一次从接近国民党的出版人姚篷子口中听到，说刘伯闵（国民党三陈派文化头领）在同汽车的时候告诉他，香港要清算胡风。我当时不大相信，因为这和当时整个局势的斗争要求和气氛是连不起来的。甚至觉得是国民党文化机关玩的小花样：造谣。到香港的同志们把批评到我的文章的校样寄来的时候，那刊物也已经出版了。"[24]

尽管有这样严厉的"清算"，可他认为毕竟只是"自己人""同志"之间的批评，他还是满怀希望地从上海到香港，从香港到了北方被解放了的土地上。这段洋溢着欢乐的文字真实地反映了他当时的心情：

> 虽然地上盖着雪层，空口吹着寒风，但我好象从严冬走进了和煦的春光里面。土地对于我有一种全新的香味，风物对于我有一种全新的彩色，人物对于我有一种全新的气质。[25]

到 3 月 22 日，他在写给周恩来的信中还说："我走的是满天星满地花的道路"。

二

1949 年 1 月 6 日下午，胡风应中共中央邀请从香港北上，他们一行九人乘坐一艘挪威船，"由东北商人承包运货到解放区。"[26] 13 日下午在辽宁庄河县上岸，17 日到达沈阳，第二天（1 月 18 日），他就听到了不祥的消息，"谢东平找来，闲谈甚久，知道华东文化人听说我有政治问题。"[27] 此后，这样的信息就没有断过：

1 月 20 日，胡风和去过延安的党外小说家萧军见面，硬气的萧军"似忍不住流泪"。萧军因为看不惯苏联军队在东北的做法，在他主办的《文化报》上忍不住进行了一些婉转的批评，当时正在挨批。1 月 31 日，胡风在日记中说："有人因萧军而对我误解"，"我不断地成为造谣对象，……"[28] 尽管如此，2 月 10 日他又一次到文协看萧军，聊了三个小时。

3 月 30 日，聂绀弩的妻子周颖跟他闲谈时，说起吴晗、田汉夫妇对他的攻击。第二天，曾在左联共事、中共中央华南分局香港"文委"书记的冯乃超和妻子、女儿来看他，谈了一些闲天，提起他在重庆的老熟人乔冠华说他的态度"坏得很"。[29]

4 月 2 日，胡风记下了曾任《新华日报》副刊主编的李亚群和他的谈话：

我有小布尔急进性，

许多青年同意我，但他们主观强，

为市民，或间接为工农兵（但不熟悉工农兵不是不行么？）

虚伪的爱国主义模糊了阶级观点，是实。

批评应该尽量估计优点（即令是百分之一的马列主义）[30]

对于这一切，胡风以后在"三十万言书"中提到，"我听到了不少关于我的传闻，我连想象都不能想象。那些不但太违背常识，而且有的可以归结到政治性的问题上去，例如在华北大学，读了我的作品的学生在鉴定上就要写上'受了胡风思想影响'一条。又例如，在延安时期，周扬同志在讲演中讲到鲁迅的时候总要骂到我。和我有过联系的青年作者几乎很少没有发生过'问题'的。"[31]

对当时文艺界的许多不正常现象，他也敏锐地感受到了，"但同时由于过去的记忆和香港论争的影响，我警惕到自己的处境，产生了我暂时不能写理论批评文字，不要在这个革命形势的紧要关头由我弄出麻烦来，对不起党和这个时代的消极情绪。"[32]

事实上，5月18日，从延安来的诗人艾青就当面说胡风"情绪'消极'"。[33] 不过，他还没有特别在意自己的处境（虽然他自认为"我多少懂得革命，更懂得自己的处境"），没有意识到罗网已为他张开，因为他始终认为自己"是大半生追求这个革命，把能有的忠诚放在渴求这个革命的胜利上面的人"，他做梦都不会想到他只是被看作是共产党的"同路人"。所以他才会在7月18日即文代会闭幕这一天写给北大老同学朱企霞的信中抱怨：

> 我，一直只是一个"同路人"，也许你并不了解。为什么如此？那说起来话长，总之，在中国，做一点文化特别是文艺上的斗争，是并不那么容易的，有些事非自己滴着血负担不可。但现在，我是愉快、幸福了，觉得放下了这点负担也不会成为损失。我想以后不弄过去那一套了，学习着写写散文之类，直接从生活吸取一些，也算是一点对于人民的工作。到底能做多少，能否做好，那就不管了。[34]

他是从地位显赫的毛泽东秘书、新华社社长、中宣部副部长胡乔木那里得知自己不过是"同路人"，而不是"自己人"的。这一年，他在日记中三次提及胡乔木。6月9日，"得胡乔木信，官架子十二万分。"[35] 11月27日，他本来提出要见周恩来，周没时间，安排胡乔木和他谈，胡主要谈了两点：

1、我对世界、历史的看法和共产党不同，
2、要和整个共产党做朋友。[36]

对此，他在"三十万言书"中有更详细的回忆：

胡乔木同志和我谈话：（一）说我对于党的事业是做过真诚强烈的追求的；（二）说我对世界对历史的看法和共产党不同，而且这还不是"庸众"的意见；（三）他劝我，脱离了共产党就是脱离了群众，应该和整个共产党做朋友，应该多看看共产党里面的坏人……他的话给了我很大的鼓励，也使我感到了出乎意外的迷惑。多看看共产党里面的坏人这意思我懂，以为是应该正视党内思想斗争以至邪正斗争的意思，但我对世界对历史的看法虽然只限于从一个小角度出发，在涉及了的具体问题上可能有错误，但怎么会和党不同呢？而且，我大半生追随了党的事业，怎么还会有一个把党和我一个个人平列起来的"和整个共产党做朋友"的问题呢？但由于他的坦白的态度，我当时把心里的话告诉了他：我耽心文艺上会出现一个灰色时期。这也是我想和周总理谈的主要意思。胡乔木同志当时断然否认了。[37]

这次谈话在胡风心中投下了阴影，他感到迷惑不解："自己大半生追随党的事业，这一点也得到了党的认可，怎么还会有一个把党和自己个人并列起来的'和整个共产党做朋友'的问题呢？提到'脱离了党就是脱离了群众'，是不是意味着自己应该入党？是不是因为不在党内，文艺领导才不信任他？"[38]

三天后（11月30日），正在创作《时间开始了》的胡风给胡乔木写信，表示了入党的意愿，没有得到回音。（此前，6月11日，曾是他学生的陈绪宗南下上海前夕，也劝过他，叫他"要求入党"。）等到他下一次见到胡乔木，胡只是说，这问题也可以考虑，但并不"奉劝"他这样做。从此再无下文。

另一个不能不提的人就是周扬，众所周知，胡风和周扬之间的恩怨是胡风悲剧的重要原因之一，早在左翼文学激荡的 1930 年代他们就在"左联"共事，他们之间的分歧和矛盾由来已久，那时周扬就把胡风看成是"政治敌人"。当周扬以"文艺上的胜利者"姿态进入北平，成为"革命文学班头"，任中宣部副部长、文化部副部长等要职，而胡风只是被邀请的客人、一个"同路人"，地位悬殊，身份已明。胡风一到东北解放区就听说了许多有关周扬的事，知道周扬在延安文艺界的权势，并屡屡流露对周扬不满：

2 月 5 日，他和作家草明闲谈，"对今天周扬文章所提的写真人真事的说法，觉得不妥"。[39]

2 月 8 日，他碰到"左联"时的老友、曾任周恩来秘书的吴奚如，知道一些朋友的消息，"周扬在鲁艺整风，骂人打人"；"田间曾被整得很苦"；"毛主席为纠偏，曾到党校赔不是"；"没有作品，不能受人尊重"。[40]

3 月 5 日，陈宗绪告诉胡风别人对他的看法："有原则性，但不易接受别人意见"；"不到延安，是因为周扬的关系。"[41] 陈宗绪是他在北碚复旦大学任教时的学生，后来去了延安，时在共青团中央工作。

3 月 6 日，他听李则蓝说，周扬反对出版丁玲的小说《太阳照在桑干河上》，认为里面两个人物恋爱是反阶级的。但毛泽东说这部作品好，周的看法是错的，而且由江青、艾思奇、萧三向宣传部保证。李劝他"在宣传部做点小工作，学习一个时期"、"不应向真诚的青年随便谈人事上的意见。"[42]

可是，胡风不仅无意向周扬俯首投降，而且还要平起平坐，发牢骚，有怨气，其命运就不可避免了。他妻子梅志说周扬和胡风关系恶化是在 1949 年之后，"1949 年之后见一面就不容易了"。在 1949 年，他们见面还是频繁的。

3 月 26 日胡风到达北平，住进北京饭店，在走道上遇到艾青。艾青引来了周扬、沙可夫。[43]

30 日，周扬来，闲谈了约一小时——

要找出共同的语言（工农兵的共同语言和干部的共同语言）。

周扬谈话中的另一点——从实际出发，无论是洋的、土的，合乎实际要求的都要，否则，任何"权威"都要打倒。 [44]

4月25日，周扬派人给胡风送来了《唯物论与经济批判论》。

5月8月，"周扬夫妇引着他们的女儿来坐了一会。"第二天，胡风在日记中对周扬号召写长篇，"于是不问内容，抢着发表长篇"的现象表示忧虑和不满。[45]

5月24日，胡风正在艾青房里，周扬也来了，一道吃饭，听他们谈论文代会的准备情形。[46]

6月18日下午，胡风到文代会，"见到丁玲、周文、周扬等文艺巨头们。他们要开会，坐了一会辞出了"。[47]

9月10日，胡风和巴金到北京饭店照相，在郑振铎房里和曹禺等闲谈。

"周扬来坐了一会。

真正熟悉政策＋文字技术，就能有有思想的创作。"

10月10日，"周扬来，谈些什么过去的错误，等等。"27日，"给周扬信。周扬来，谈到文艺学院问题。赞成我到各处走走。"[48]

分别十二年，胡风与周扬在全新的形势下重逢，他的心中虽是沉重的，但他们的矛盾最初并没有白热化。

早在1949年之前，周扬就把胡风一手捧起来的诗人田间、艾青、邹荻帆等收为己用。1949年，周扬让田间在张家口写信劝告他"主动放弃反对党的立场"。[49]

1949年以后，在筹备成立华东文联时，刘雪苇曾提议由胡风担任主席，自己当副主席，立即遭到周扬等人的制止和斥责。[50]

胡风虽然不清楚周扬对他的真实态度，但也不是完全没有察觉。

三

1949 年 7 月 2 日，"中华全国文学艺术工作者代表大会"（即通常所说的"第一次文代会"）在北平隆重召开，胡风被安排为 99 名大会主席团成员之一，但未进入常务主席团的 17 人名单。他这一天的日记也很简略："上午，开幕式。十二时过散会。有一个农民老大娘致词。"[51]

大会开幕式上发言的共有 10 人，胡风却只提及"农民老大娘"李秀真，在《时间开始了》第二乐章《光荣赞》中，他还专门为她写了一曲赞歌。[52]

7 月 4 日，茅盾在大会作关于国统区文艺的报告《在反动派压迫下斗争和发展的革命文艺》，不点名地批评了胡风的文艺思想，以及他影响下的作者、作品："1944 年左右重庆出现了一种强调'生命力'的思想倾向。这实际上是小资产阶级禁受不住长期的黑暗与苦难生活的表现。"关于文艺上的"主观"，"不得不归结到毛泽东的《文艺讲话》中所提出的关于作家的立场、观点、态度等问题"。当天，胡风在日记中表示不屑："上午，由茅盾作国统区报告，还是胡绳、黄药眠所搞的那一套。"[53]

本来胡风也是文代会"章程起草及重要文件起草委员会"的成员之一，和茅盾一同负责起草国统区文艺的报告。但是，从起草到定稿近两个月间，他只参加过第一次会，筹委会请冯乃超等人出面劝说，茅盾也曾亲自登门，统统无效。6 月 9 日的胡风日记说：

> 看了杨晦等起草的国统区报告草稿（铅印的），主要的是对于我的污蔑。
> 沙可夫、丁玲来，沙可夫谈起报告，我表明了态度，拒绝了出席会议。
> ……
> 康濯、冯乃超来，又谈报告问题。[54]

6月24日，"茅盾差遣太太来要稿。"[55] 或许也与此有关。

因为胡风知道报告草稿主要"污蔑"他的，所以拒绝参加。他在"三十万言书"中说：

> 原来第一次草稿给我看过，我当时表示有意见。后来要改写，康濯同志来说，改写了还要给我看。但实际上并没有。……这个听说是以胡绳同志等为中心所改写的报告，骨子里几乎主要是以所谓胡风文艺思想为对象，而且是把问题的本来内容简单化了甚至歪曲了以后再加以论述的。整个十年来国统区文艺的主要障碍，原来是所谓胡风文艺思想。[56]

这个报告的主要基调，其实在一年前香港出版的《大众文艺丛刊》就已确定。"黄药眠说，香港文艺论争有意义，开始接受毛泽东文艺思想。"[57] 所谓"香港文艺论争"就是对胡风文艺思想的批判和否定。胡风的意见当然不会被接受。茅盾在报告打印稿后面附带声明，这份报告原决由"胡风先生和我"共同起草，"胡风先生力辞"，所以只好由报告人独自负责了。胡风的女儿晓风说："这也是让他为难的事，不知该怎么写才好。按自己的看法来写，势必要得罪人；如按要求的来写，吹捧一些名家名人，他又做不来，只好仍是坚辞了。"[58]

实际情况并非如此简单，当时胡风就对一同出席大会的朋友们说过："报告当然不是他（指茅盾）个人的意见，而是事先拟定好了的，与香港的论调如出一辙。""他叫我一同签名，我怎么能签这个名呢，这不是自己给自己念紧箍咒么？"[59]

早在4月26日，胡风就给小说家路翎写信说："没有做任何事。现在在等开文协代表大会，没有法子不参加，所以只好在这里等。但我不提任何意见，只能如此也应该如此。"[60]

5月7日，他给"七月派"诗人方然、罗洛等人的信中也说，因为非得参加这个会不可，"所以滞留在北平。但我对这毫无兴趣"。[61]

他盼着早日回到上海，6月9日的家书说："我多么希望回来看你们，……然而，非得等着开这一个会不可，有些像非还不可的一笔债一样。在政治任务上，这个会是必要的，但看一看情形，从蒋管区来的一些奇怪角色，成绩是不会有的。当然，政治号召总可以做到，现在是谁都愿意插进革命关系里面来的。至于我，十几年来所结的仇都要碰面了，真是难得的机会。佀你放心，我愉快得很，不会被他们影响心情的。"

就在此时，不断传来关于他的非议，6月13日，"吴清友来闲谈了一会。说是有人说，我到解放区以后见人不大讲话。"[62] 6月28日，胡风到华北文艺社，"与田间、欧阳山闲谈，他们给了我很多忠告。"[63]

其实，他也不是没有注意，不光自己注意，还要妻子梅志注意。4月19日，他在家书中说："无论现在或局势改变后，对一般人说话要谨慎。对熟朋友或老朋友，只就我们底地位说家常话，不要牵涉上大问题的空话。一句笑话也可以引起误解的。"6月9日的家书交代："注意：不要管闲事，不要为任何人说话。任何人想找革命路子你都要推开不管。弄得不好，太不值得了。不得已，就推到我头上，等我回来再说。"6月20日，他又一次叮嘱："谈到具体事情，说话要慎重。我们有了一点所谓地位，每句话都会有影响的。愈对不相干的人说话愈要小心。……对无论什么人，说到出版社，就说以后没有精力时间，早已预定解放后就办理结束。"

文代会召开的前几天，胡风"突然"发现其他人对他的态度发生了戏剧性变化：

6月27日，他"到丁玲处闲谈了一会。雪峰来汇报，他们一道'去一个地方'，我赶快一个人走了出来"。6月28日，"昨晚去了'去一个地方'的人，脸色全变了，避免和我谈话。"[64] 6月30日上午，他到怀仁堂参加文代会预备会，"已见过的人避不讲话，新见到的人，有的很亲热。"[65]

7月6日，文代会进入第五天，周恩来的政治报告说："抗日战争期间在国民党统治区域成立的中华全国文艺协会，也就是今天的大会发起团体之一，除了很少几个反动分子被淘汰以外，那个团体的文艺工作者几乎全部都团结在新民主主义的旗帜之下，并且他们的主要代表人物也几乎全部都来参加了这个大会。"这个"中华全国文艺协会"前身即 1938 年在武汉成立的"中华全国文艺界抗敌协会"，抗战胜利，更名为"中华全国文艺协会"，胡风一直是文艺理论方面的主要负责人。

这年 3 月 26 日，当胡风奉周恩来之命从石家庄兴冲冲地赶到北平，准备参与筹备体现大团结的"文代会"时，他想不到，一切都已安排好了，压根就用不着他操心。十天后，筹委会安排给他的工作看起来很多，又是《文艺报》的编委会的编委（另两个编委是茅盾、厂民），并内定他为主编；又是章程起草及重要文件起草委员会委员（共 11 个委员）；又是小说组的委员；又是诗歌组委员，并和艾青同为召集人。面对一切都已安排妥当，包括他在这个新格局中的位置，他心里却一片冰凉，产生了"消极"情绪。4 月 8 日，"被茅盾绑 [架] 到永安饭店商提蒋管区参加'文协'的代表名单，到后谈了几句就溜出来"。[66]

安排给他的四个职务中，最重要的无疑是《文艺报》主编一职，他为什么不高兴？"三十万言书"说得很明白："开会（1949 年 4 月 15 日）之前没有同志和我谈过，这次会周扬同志又没有出席，但突然由茅盾同志在会上提出的时候，连人事安排都已事先拟好了。由于我的消极情绪，由于这么一个重要的工作却是这样被突然地提了出来，我感到了非常惶惑，不敢马上接受。"[67]

4 月 16 日，他在北京饭店遇到周恩来，周和他握手时说，知道他要"忙"起来了。他由此"直觉地感到这工作是受到了周总理的特别注意"，愈加怀疑周扬他们为什么事先不直接和他谈一谈，可见不信任他，至少是不支持他做这个工作。所以，不管茅盾如何劝驾，"惶惑"的胡风始终不愿出任《文艺报》主编，日记中至少 6 次提及此事：

17 日，茅盾等来谈《文艺报》事，"我坚辞主编责任。"

18 日，"上午，访沙可夫谈辞去《文艺报》编辑事。"（他表示这个工作由他做恐怕不合适，实际上希望周扬约他谈一谈。结果周扬、沙可夫都没有给他回音。）[68]

20 日，"厂民来，要填表去登记《文艺报》，我辞谢了。"[69]

26 日，"晨，茅盾来，还是要我不辞《文艺报》编委。"[70]

29 日，"茅盾送来《文艺报》第一期稿，我没有看。"

30 日，"晨，被茅盾吵醒，又是《文艺报》的编辑问题。"[71]

5 月 24 日，他在给"七月"派诗人田间的信中吐露："但在我，这'历史的隔膜'恐怕要永远背下去的。这以前，我以为戋的一点微弱的努力可以'聊胜于无'，而且还是别人所不屑做，不能做的。……我满腔幸福地迎接了今天，所以，对这'隔膜'我坦然得很，我有勇气让别人判定我过去无一是处。……我也并不是不想解除这个'隔膜'，但难的是没有这个力气。两个月了，总觉得是在大潮边晃来晃去。所以下了决心辞去了负责编辑《文艺报》这一类的不能'摸底'的工作。"[72] 在周扬他们看来，这简直就是闹意见、闹情绪，甚至是搞对抗。

让我们再回到第一次文代会，7 月 9 日下午，"第一团开会，讨论国统区报告，说了话。"10 日，"上午，自由发言，周扬'亲自'来邀过。下午，文学组开会，丁玲又要我发言。终于推脱了。"[73]

11 日，他重看国统区报告。李亚群来闲谈了一会，对国统区报告不满。[74]

15 日上午，他被叫去圈全国委员会候选人。

"……写对于国统区报告的意见，交出。"[75]

文代会于 19 日闭幕，24 日上午，文协开会，执行主席艾青指名要胡风"自由发言"，他自称"讲了四五句伤人的话"，其实也没有什么，只是说："我说不出值得说的话来，浪费了代表们的宝贵时间，就等于谋财害命，所以不敢说什么。"[76]

27 日，丁玲夫妇和他喝茶，谈到十一时，"由我谈到文代会情况，谈到我的态度问题，等。"[77]

胡风对这次文代会"不满意"、认为"很混乱"，不是没有原因的。"先是，我提了两个作家可以当代表，但被否定了，也没有向我说明。其次，从开会前几天到会议进行中的大半时间内，负责的同志们忽然都避开我，见了一个也不打招呼，面对面了顶多只是勉强招呼一下而已。有一次宴会，几乎每一个熟悉的负责同志都从我避开脸去。我感到很奇怪，不知道出了什么大问题。到国统区报告出来后，我知道问题是不简单了。"[78]

四

关于胡风的性格，有研究者指出："胡风的性格，和鲁迅颇相似：自负、主观、狂妄、倔强、不肯吃眼前亏；虽然耿直，却又多疑；心内一盘火，外面冷如冰；特别是喜欢用尖酸刻薄的语句，对别人冷嘲热讽，不仅易于招怨，而且一旦结怨便成死地。"[79]

鲁迅在 1936 年 8 月，也就是离世前两个多月曾公开说过："我倒明白了胡风鲠直，易于招怨，是可接近的，而对于周起应之类，轻易诬人的青年，反而怀疑以至憎恶起来了。自然，周起应也许别有他的优点。也许后来不复如此，仍将成为一个真的革命者；胡风也自有他的缺点，神经质，繁琐，以及在理论上的有些拘泥的倾向，文字的不肯大众化，但他明明是有为的青年……"[80] "周起应"就是周扬。

"七月派"作家贾植芳也说过，"胡风耿直，但太偏颇，爱憎太分明。"

以胡风这样的性格，在天下定于一尊之后，他的命运又怎么可能好到哪里去呢？

一方面，胡风在他认定的"空气坏的洞中"给路翎、田间等朋友的信中不时地吐露内心的灰暗、痛苦。5月30日，他写给路翎说："文艺这领域，笼罩着绝大的苦闷。许多人，等于带上了枷。但健康的愿望普遍存在，小媳妇一样，经常怕挨打地存在着。"8月16日，他又给路翎写信："要拿出东西去，从庸俗和虚伪中间来歌颂这个时代的真实的斗争"。

10月24和25日，他给路翎写信说："我一时不能回上海，不让走。真不知如何是好。但住一些时也好，看能摸清问题到底在什么地方否。""我留一两个月也说不定，但怕的是拉到所谓文化部里。那我是宁愿卖纸烟也不干的。""斗争，总是付出代价的。在过去，我们付过，现在，还要付下去。困难的是，现在是一开口一举步都怕碰伤了大的存在的威信。……看情形，文艺上的斗争还得经过长途，这中间，要受得住，要每一工作都更深沉一些。"[31]

10月28日，他在家书中透露："留我，是要我在文化部下面挂个名，住在这里。这等于把我摆在沙滩子上，替茅部长象征一统，如此而已。"11月8日，他家书中又说周扬好像也想他在文联或文协担个名义，"以示一统，也为他们挣场面。我并不是不愿使他满足，无奈这样一来，等于使我躺在沙滩上，麻痹了我又对大局无益。"

11月11日，他写信给路翎："我在这里做客，遵命多留些时。等着和一位忙人谈话，最后非得找他谈话，许多事是弄不清的。"[82] 这个"忙人"就是日理万机的周恩来。他在信中私下称周为"父质"，因周太忙，为了等待约见，一等就等了很久，他都等得很不耐烦了。

那时胡风正在投入《时间开始了》的创作，11月23日，他写信给路翎说："好象颇为打动了僵死的东西，也好像有破坏统一战线之类玩意儿在酝酿着，不知道如何？过几天总可知道一些。"[83] 12月1日，他读了路翎发表在《天津日报》的小说《朱桂花的故事》后写信："好，这个仗我们要打下去，从黑浪中把这个时代美好的东西显示出来，创造新的生活。"[84]

另一方面，正如后来胡风说的，"在我自己，是大半生追求这个革命，把能有的忠诚放在渴求这个革命的胜利上面的人，现在身受到了这个胜利，应该在一个作家的身份上站在人民面前拥护这个革命，歌颂这个革命，解释这个革命的。"[85] "在政协会议期间及新中国成立后，宏大的幸福感把我的心情提升了起来"，[86] 因此，他在个人处境不好的情况下，依然满怀"感激的心情"写下《时间开始了》，写下一个"同路人"对毛泽东、对共产党的全部感情。

《时间开始了》不是胡风的什么"神来之笔"，他对毛泽东的膜拜由来已久，1945年在重庆见到毛泽东，虽然只说了几句话，但他激动不已。毛泽东论鲁迅的文章也是他首先在自己主办的杂志上发表的。毛泽东的《在延安文艺座谈会上的讲话》发表以后，他在重庆也以自己的方式作出了回应，虽然在当时的环境下不能直言。只是他自认为更好地落实了毛泽东的文艺思想，而不是公式化的生搬硬套。可以说，《时间开始了》从开篇到结束，对毛泽东的歌颂完全发自内心，毫无矫饰，说是他的文艺思想的一次实践诚然不会错，他对毛泽东、对共产党发自内心的崇拜、热爱，对新政权、新时代的由衷赞美是主要的。在他看来，毛泽东就是"大海"、就是"顶峰"、就是"神话中的巨人"：

> 海
> 掀播着
> 涌着一个最高峰
> 毛泽东
> 他屹然地站在那里
> 他背后的地球面上
> 照临着碧蓝的天空
> ……
> 毛泽东！毛泽东！
> 由于你
> 我们的祖国
> 我们的人民

感到了大宇宙的永生的呼吸

受到了全地球的战斗的召唤[87]

正因为他认为自己无比忠诚地信仰共产党和伟大领袖，所以哪怕有冷水乃至污水向他泼来，也改变不了他的忠诚。某种意义上也可以说是胡风借诗来表达他的忠诚，一种类似屈原写《离骚》时的心情。

1949年11月8日，作家、文艺理论家何其芳在论文集《关于现实主义》序言中严厉批评胡风倡导的"主观战斗精神"，当胡风在《为了明天·校后附记》愤然反驳时，却没有注意到何其芳文中最致命的一句话："对于这种理论倾向的坚持就实质上成为一种对于毛泽东的文艺方向的抗拒了"。这是个天大的罪名，胡风竟不加以反驳，轻易地疏忽了，所有的祸根其实都源于此。他的悲剧还可以追到1936年周扬等人提出的"国防文学"和胡风受鲁迅之命提出的"民族革命战争的大众文学"两个口号之争。这年6月，胡风在《文学丛报》发表《人民大众向文学要求什么？》，率先提出后一口号，因此被周扬、田汉、夏衍、阳翰笙等指为"内奸"。鲁迅在《答徐懋庸并关于抗日统一战线问题》文中说得很清楚："……这口号不是胡风提的，胡风做过一篇文章是事实，但那是我请他做的，他的文章解释得不清楚也是事实。这口号，也不是我一个人的'标新立异'，是几个人大家经过一番商议的，茅盾先生就是参加商议的一个。"[88]

胡风自认为追随革命大半生，对领袖无限忠诚，而且始终认为"党和毛主席"都是信任他的，文艺界的事只是领袖不知情，被周扬这些人蒙蔽了，从来没有想到问题的根本在于他的文艺理论"实质上成为一种对于毛泽东的文艺方向的抗拒了"。"信而见疑，忠而被谤，能无怨乎？"胡风的悲剧几乎是屈原悲剧的现代版，其根本就是他自认为忠而不见信。

虽然他在5月24日写信对田间说，"这说起来是苦的，但也从来没有想到过在个人处境上有'革命成功'的时候"。[89]但这位左翼文坛的猛将忱真诚地为"革命成功"而感到欢欣。5 月 19 日，胡风给"七月派"诗人绿原的信中说："你所欢呼的时代来了。……希望我们的朋友都有礼物献给这个时代。"[90]

他在家书中多次情不自禁地感叹"时代太伟大了"，4 月 19 日的信中这样表达："亲爱的，生在这个时代，我们是幸福的。但我们要决心劳苦地献出我们底一生，做些有益的事。现在我就是更沉着地做着精神上的准备。……但无论怎样，我们和孩子们总会无愧于这个时代的。"6 月 13 日的信中说："这是翻天覆地的历史时期，谁最真诚谁最幸福，至于具体的个别事情，我要退后一步，让得意者们得意去。"[91]

《时间开始了》就是他本人献给"这个时代"的"礼物"，作为诗人，他要向这个时代献出他的"一瓣心香"，"献出别人不能献出的东西"。他几次说自己"好幸福又好难受"，认为这是自己生平第一部最激情的作品，差不多是用整个生命烧着写的，"那里面包含着多么激情、多么神圣的东西呵"。不过，即使在这样的时刻，他也没有完全被"雄大的热情"所淹没，他在 11 月 16 日的信中不无酸楚地说："我们多么可怜，献出心去还要看人家要不要！然而我们是幸福的，我们有东西可以献出去，值得献出去。"

但是，直到 1949 年最后一天，他还在补写《时间开始了》的第四乐章《安魂曲》（后改为《英雄谱》），一个小节，约有三百多行。诗人徐放和话剧编剧鲁煤来看望他，他激动地给他们朗诵刚完稿的《安魂曲》。同一天的日记里，他写下了对妻子和孩子的深情祝福："亲爱的 M，亲爱的晓谷、晓风、晓山，／祝福你们！／祝福你们！"[92]"时间开始了"，等待着胡风的将是什么样的命运？此时他还没意识到。

注释：

　[1] 沈宁 沈旦华编《岁月如水流去 夏衍日记》，中华书局 2016 年 1 月版，86 页。

[2][4][5][6][7][8][9][1C][11][12][´3][14][15][16][18][20][21][22][26][27][28][29][30][33][35][36][39][40][41][42][43][44][45][46][47][48][51][53][54][55][57][62][63][64][65][66][68][69][70][71][73][74][75][77][92]《胡风全集》第10卷，湖北人民出版社1999年版，124—125、84、367、125、126、127、128-129、129、130、131、132、133、367、125、126、129、130、132、3、5、15、47、48-49、67、76、127、19、22、37、37-38、45、47、63、63、79、105、113、118、84、85、76、81、73、77、83、83、84、51、54、55、57、59、86、87、88、91、136页。

[3][52][87]《胡风的诗》，中国文联出版公司1987年版，8、20、45-46、16页。

[17][34][60][61][72][81][82][83][84][89][90]《胡风全集》第9卷，268-269、696、、250、66、544、252、255、266、267、269、270、544、367页。

[19]《胡风诗全编》，浙江文艺出版社，749页。

[23][24][31][32][37][56][67][78][85][86]《胡风三十万言书》，湖北人民出版社2003年版，85-86、46、47-48、47、55-56、51-52、49、51、49、55页。

[25]《胡风杂文集》，三联书店1987年版，439页。

[38][58]晓风/晓山/晓谷著《我的父亲胡风》，春风文艺出版社2001年版，57、49页。

[49]田间《胡风——阴谋家》，《人民日报》1955年5月21日。

[50]《南方日报》编辑部《胡风反革命黑帮的得力支柱——刘雪苇》，1955年7月19日。

[59]绿原《试叩命运之门》，《胡风三十万言书》，4页。

[76]梅志《胡风传》，北京十月文艺出版社1998年版，564页。

[79]翟志成著《中共文艺政策研究论文集》，时报文化出版事业有限公司1983年，120—121页。

[80][88]鲁迅《答徐懋庸并关于抗日统一战线问题》，收入《且介亭杂文末编》，《鲁迅全集》第六卷，人民文学出版社1981年，535、532页。

[91]晓风选编《胡风家书》，复旦大学出版社2007年版，83—84、92页。

国立西南联大举办中等教育师资训练班国文组战时学员毕业学员合影 南教育厅 南教

沈从文（二排右一）在西南联大。

沈从文

"我不毁也会疯去"

　　沈从文（1902—1988），原名沈岳焕，湖南凤凰人，作家。1918年从家乡小学毕业后，随当地土著部队流徙于湘、川、黔边境与沅水流域，曾正式参军。1922年独自来到北京，踏上文学创作之路，写出了大量有着浓郁湘西气息、极富个性魅力的感人作品，代表作有小说《边城》《长河》《丈夫》《柏子》和散文集《湘西》《湘行散记》等，以《边城》享誉世界。自1927年起，在胡适等支持下，先后登上中国公学、青岛大学、西南联大、北京大学的讲坛。1949年在北平围城之际，他选择留下，几个月后第一届文代会在北平举行，他连出席的资格都没有，从此被迫离开文学创作和北大讲台。他的作品更是长期不得出版，作为作家，不仅失去了创作自由，也丧失了谋职的自由。

　　他被安排到中国历史博物馆，一度担任解说员，以后长期研究出土文物、工艺美术及物质文化史等，完成了《中国古代服饰研究》等著作。

一

1948 年 11 月 7 日，战云低垂，在北大校园，沈从文和朱光潜等教授、学生、助教开了一次文学座谈会，师生畅所欲言，平等地探讨"今日文学的方向"。沈从文在发言中反复以红绿灯为喻谈论文学和政治的关系，他提出"文学自然受政治的限制，但是否能保留一点批评、修正的权利呢？"[1]

这大概是他 1949 年以前最后一次参加文学活动，自由表达自己的看法。此时上距他踏上文学之路已有二十几个年头（离他发表传世名作《边城》也足有十四年），下距 12 月 17 日北大 50 周年校庆和解放军完成对北平的包围只剩下了 40 天。如果说，那一刻他尚未想到自己的文学生涯即将走到尽头，那么用不了几天，他就会意识到了。12 月 1 日，北平的战事已进入最后阶段，国民党的失败已无可挽回。沈从文写信给投稿人季陆：

> 大局玄黄未定，惟从大处看发展，中国行将进入一个新时代，则无可怀疑。……人近中年，观念凝固，用笔习惯已不容易扭转，加之误解重重，过不多久即未被迫搁笔，亦终得搁笔。[2]

12 月 20 日，他给朋友炳堃写信说：

> 时代突变，人民均在风雨中失自主性，社会全部及个人理想，似乎均得在变动下重新安排。过程中恐不免有广大牺牲，四十岁以上中年知识分子，于这个过程中或更易毁去。这是必然的。[3]

五天前，北大校长胡适已南飞，北平处于四面楚歌之中。12月16日，傅斯年、陈雪屏给清华校长梅贻琦和北大秘书长郑天挺的电报中，"在学术上有贡献并自愿南来者"名单上就有沈从文。位于中老胡同的沈家一度也曾说客盈门，变得热闹起来。一方面，北大校方转告他可以乘飞机南下，机到即走。一方面，北大学生、中共地下党员乐黛云及左翼进步学生李瑛、王一平等人则先后登门，"希望他不要去台湾，留下来迎接解放，为新时代的文化教育事业出力。"[4] 而此时的沈从文，"竟只想回到家乡去隐居，或到厦大或岭南大学去。对于革命，除感到一种恐怖只想逃避外，其他毫无所知。"[5] 最后，他选择了留下。以后谈到这一选择时，他说更多的是为了家人。他没有料到的自己将要面对的竟是这样一幅图画：

左翼学生在北大校园里贴出大字报，全文抄录郭沫若的《斥反动文艺》，将沈从文定为"桃红色"的"反动"作家，教学楼上挂出了"打倒新月派、现代评论派、第三条路线的沈从文"等大幅标语。半个多世纪后，他的长子、当时只有14岁的沈龙朱接受《南方周末》记者采访时仍清楚地记得："那时候我还是一个小孩儿，在北京四中念书，放了学就云父亲教书的北大看热闹，郭沫若犀利而尖刻地给朱光潜、沈从文、萧乾画像，他们分别被骂成红、黄、蓝、白、黑的作家，我看到父亲是粉红色的，粉红色我觉得还可以。可到家就跟父亲说。我们觉得无所谓的事，对父亲的刺激却很大。"

沈从文后来写给亲戚的信中坦言："用笔了二十多年，根本不和国民党混过，只因习惯为自由处理文字，两年来态度上不积极，作成一些错误，不知不觉便被人推于一个困难环境中，'为国民党利用'的阱坑边缘。如真的和现实政治相混，那就早飞到台湾广州去了，那会搁到这个孤点上受罪？"[6]

1948年3月，大陆战场上胜负将分，在香港等待胜利的郭沫若踌躇满志，以左翼文化旗手的身份，以胜利者的姿态，在《大众文艺丛刊》发表一锤定音式的檄文《斥反动文艺》，以红黄蓝白黑的颜色对一批作家进行定性，指出"我们今天打击的主要对象是蓝色的、黑色的、桃红色的作家"，没有臣服在他大旗下的沈从文被定为"桃红色"作家（朱光潜是"蓝色"作家，萧乾是"黑色"作家），要"毫不容情地举行大反攻"——

> 特别是沈从文，他一直有意识的作为反动派而活动着。在抗战初期全民族对日寇争生死存亡的时候，他高唱着"与抗战无关"论；在抗战后期作家们加强团结，争取民主的时候，他又喊出"反对作家从政"；今天人民正"用革命战争反对反革命战争"，也正是凤凰毁灭自己，从火中再生的时候，他又装起一个悲天悯人的面孔，谥为"民族自杀的悲剧"，把我们的爱国青年学生斥之为"比醉人酒徒还难招架的冲撞大群中小猴儿心性的十万道童"，而企图在报纸副刊上进行其和革命游离的新第三方面，所谓"第四组织"。[7]

（同一辑还有邵荃麟《对于当前文艺运动的意见》、冯乃超的《略评沈从文的〈熊公馆〉》，前者指出宣扬"为艺术而艺术"的沈从文等作为"地主大资产阶级的帮凶和帮闲文艺"，在思想斗争中属于"要无情地加以打击和揭露的"对象。后者则对沈从文纪念熊希龄的《熊公馆》一文作了上纲上线的批判，指责他"粉饰地主阶级恶贯满盈的血腥统治"，是"典型的地主阶级文艺"，是"清客文丐的传统"。[8]）

沈从文的连襟、语言学家周有光92岁时回忆：

> 解放前中国知识分子大多倾向共产党，而沈从文感到恐慌。……现在想来，郭沫若批沈从文是不公平的，这是一种政治性贬低。郭为了政治意图一边倒，揣摩上面的意图，他当时批评许多人都是错误的。
>
> 沈从文自己讲，郭沫若对他很不好。[9]

就郭沫若的文章而言，未必没有"揣摩上面的意图"成分，但更深层的原因还是来自自负全能天才的郭沫若对沈从文的隐恨。早在1930年，年轻的沈从文公开发表《论郭沫若》一文，对这位比他年长10岁的成名人物作了无所顾忌的评价，一再指出郭沫若的"创作是失败了"，写小说不是他的长处，而且"空话"太多，直言郭的小说"并不比目下许多年青人小说更完全更好。""在文字上我们得不到什么东西。"指出郭的文章只适合于檄文、宣言、通电，"一点不适宜于小说。""他看准了时代的变，知道这变中怎么样可以把自己放在时代前面，他就这样做。""让我们把郭沫若的名字置在英雄上、诗人上、煽动者或任何名分上，加以尊敬和同情。小说方面他应该放弃了他那地位，因为那不是也发展天才的处所。"[10]1931 年，他又发表《论中国创作小说》，在论及郭沫若和郁达夫、张资平的小说时说："但三人中郭沫若，创作方面是无多大成就的。"' 但创作小说，三人中却为最坏的一个。""郭沫若用英雄夸大样子，有时使人发笑"。[11]

这样直截了当的批评搁在郭沫若身上，又如何忘得了。1949 年 4 月 5 日，《大公报》编辑、早就是中共地下党员的杨刚到医院看望沈从文，带来了最新的《人民日报》和《进步日报》。第二天，他在病床上写下一篇很长的日记，感叹："可惜这么一个新的国家，新的时代，我竟无从参预。多少比我坏过十分的人，还可从种种情形下得到新生，我却出于环境上性格上的客观的限制，终必牺牲于时代过程中。二十年写文章得罪人多矣。"[12]他"得罪"的人中包括即将登上文艺界权力顶峰的郭沫若。

此外，沈从文对政治的疏离，乃至"反对作家从政"，正好与郭沫若对政治的热衷形成鲜明反差，也注定了他们道不同不相为谋。

沈从文一生都游离于现实政治之外，对任何组织都保持戒心。他从不讳言自己过去"怕中共、怕民盟、怕政治上的术谋"。他从未加入国民党或三青团，虽然他对加入国民党的同事朱光潜、杨振声、周炳琳等"在一处并不觉得难受"。大约 1945 年，闻一多、吴晗邀请他加入民盟，他没有答应。抗战后回到北平，《大公报》记者徐盈介绍他编《现代文艺》月刊，"老担心和政治有关联，怕受人利用，只一期就不干了。"[13] 1948 年，萧乾邀他参与"第三条道路"的《新路》，他也拒绝了（不过他"认为对国内和平会有好作用"）。

二十多年间，他始终坚持"作家不介入分合不定的政治"，不加入什么

"反动"或"进步"的文学集团,既不参加"左联"(好友胡也频曾邀他加入),也不是梁实秋的同道,不是文学研究会、甚至不是"新月社"的成员。他只是坚定地"争取写作自由"。

这位从小当兵的作家压根不相信战争能解决问题,反对任何战争和暴力,但他从来没想过去台湾,或流亡异国。他的生命和他的文字一样只能属于中国。对国民党,他向来没有好感。在西南联大,"因在课室中批评到重庆,稿件受审查,有四个集子不许印行,《长河》被扣"。[14] 当有传言他所尊敬的胡适即将到南京政府任职,他也写信表示忧虑。在他看来,知识分子最好保持不党不偏之身,在政治之外努力,连民盟这些第三方面政治组织,他也是持有戒心的,他在西南联大还写过《我们要个第四党》的文章,结果被国民党禁止发表,并且被昆明出的《扫荡报》大骂了一阵。"文革"期间他在检查中批评自己:"西安延安不分。对国民党固然不抱什么希望,对人民解放战争,也同样抱着怀疑悲观心情。对伟大领袖,也犯大不敬,真是罪该万死,罪该万死。"[15]

像他这样的人,当天下定一之时,被获胜一方抛弃乃是必然的。何况还有一朝得了势、便把令来行的郭沫若在。他已作了最坏的打算,"我准备含笑上绞架"是他当时的话。

二

1949 年终于不可抗拒地来了,沈从文几乎陷入精神崩溃的边缘,变得特别敏感。1 月 2 月,他在六年前写的《绿魇》一文后面题了一句话:"我应当休息了,神经已发展到一个我能适应的最高点上。我不毁也会疯去。"[16] 18 日,他在徐志摩、陆小曼手书影印的《爱眉小札》上充满感慨地写下:

孤城中清理旧稿，忽得此书。约计时日，死者已成尘成土十八年。历史正在用火与血重写，生者不遑为死者哀，转为得休息羡。人生可悯。[17]

此时位于沙滩的北大红楼尚在惊惶当中，而西郊的水木清华已是另一个天地。建筑学家梁思成、逻辑学家金岳霖等在清华任教的朋友都很惦念他，请他到清华住几天，呼吸一下不同的"空气"。

1月28日（即旧历年除夕），沈从文去清华的当天，妻子张兆和写信劝慰他多休息，"多同老金［岳霖］思成夫妇谈话，多同从诚姐弟玩，学一学徐志摩永远不老的青春气息，太消沉了，不是求生之道，文章固不必写，信也是少写为是。"[18]大约29日左右，沈从文复信："我用什么来感谢你？我很累，实在想休息了，只是为了你，在挣扎下去。我能挣扎到多久，自己也难知道！我需要一切从新学习，可等待机会。"[19]

第二天，沈从文在张兆和的来信上写了很多批语，大致可看出他的情绪：

"我头脑已完全不用了，有什么空想。

"关切我好意有什么用，我使人失望本来已太多了。我照料我自己，'我'在什么地方？寻觅，也无处可以找到。

"我'意志'是什么？我写的全是要不得的，这是人家说的。我写了些什么我也就不知道。

"给我不太痛苦的休息，不用醒，就好了，我说的全无人明白。没有一个朋友肯明白敢明白我并不疯。大家都支吾开去，都怕参预。这算什么，人总得休息，自己收拾自己有什么不妥？学哲学的王逊也不理解，才真是把我当了疯子。我看许多人都在参预谋害，有热闹看。

"小妈妈，我有什么悲观？做完了事，能休息，自己就休息了，很自然！若勉强附和，奴颜苟安，这么乐观有什么用？让人乐观去，我也不悲观。

……我没有前提，只是希望有个不太难堪的结尾。没有人肯明白，都支吾开去。

完全在孤立中。孤立而绝望，我本不具生存的幻想。我应当那么休息了！

　　我十分累，十分累。闻狗吠声不已。你还叫什么？吃了我会沉默吧。我无所谓施舍了一身，饲的是狗或虎，原本一样的。社会在发展进步中，一年半载后这些声音会结束了吗？[20]

"没有一个朋友肯明白敢明白我并不疯"，一语道出沈从文那一刻内心极度的痛苦。

同一天，梁思成、林徽音夫妇给张兆和回信，详细汇报沈从文在清华的生活、起居及病况。2月2日，沈从文给张兆和写信说：

　　……"我们要在最困难中去过日子，也不求人帮助。即做点小买卖也无妨。"你说得是，可以活下去，为了你们，我终得挣扎！但是外面风雨必来，我们实无遮蔽。我能挣扎到什么时候，神经不崩毁，只有天知道！我能和命运挣扎？[21]

在清华园的"老金屋子"里，他写过一篇《一个人的自白》："经过了游移、徘徊、极端兴奋和过度颓丧，求生的挣扎与自杀的绝望……反复了三个星期，由沸腾到澄清，我体验了一个'生命'的真实意义。"[22]

他回忆起少年时代的经历，特别是初到北京时的挣扎，饥寒交迫，求学无门，求生无路，苦闷、彷徨，他忘不了初到北京半年里所遇到的挫折、屈辱，但他永远记着唯一一个帮助过他的陌生人，一个每当黄昏串街卖煤油的老头，曾借给他两百铜子，使他度过了一个年关，他把这份善良好意放大了，"这就是《边城》的老祖父，我让他为人服务渡了五十年的船。""渡船"是个象征，他本人就是这样的"渡船"，他感慨——"凡曾经用我的同情和友谊作渡船，把写作生活和思想发展由彼到此的，不少朋友和学生都万万不会想到，这只忘我和无私的抽象渡船，原是从一种如何'现实教育'下造成的！我如不逃避现实，听狭隘的自私和报复心生长，二十三年后北方文运的发展和培育，会成什么样子？不易想象。"[23]

清华七日，温暖的友情似乎缓解了沈从文的紧张情绪，林徽音有点太乐观了，她不知道这只是暂时现象，并不能真正除去他脑子中的过虑与阴影。1956 年写的《沈从文自传》讲到：

> 平津炮声一响，神经在矛盾中日益混乱。只想到胡风代表左翼，郭沫若说我是黄色作家……这些人一上台，我工作已毫无意义。情绪一凝固，任何人来都认为是侦探。
>
> 解放一来，我发现我搞的全错了。一切工作信心全崩溃了。[24]

相隔近两年，1951 年 11 月 11 日，他在《光明日报》公开检讨说："北平城是和平解放的。对历史对新中国都极重要。我却在自己作成的思想战争中病倒下来了。"[25]

四十多年后，张兆和依稀记得：

> 1949 年 2 月、3 月，沈从文不开心，闹情绪，原因主要是郭沫若在香港发表的那篇《斥反动文艺》，北大学生重新抄在大字报上。当时他压力很大，受刺激，心里紧张，觉得没有大希望。……[26]

三

3 月 2 日，在校改完《阿丽丝中国游记》后（准备交给开明书店），沈从文在存底本上留下了这些题识：

> 越看越难受，这有些什么用？
> 一面是千万人在为争取一点原则而死亡，一面是万万人为这个变而彷徨忧惧，

这些文章存在有什么意义?

一切得重新学习,慢慢才会进步,这是我另外一种学习的起始。[27]

大约也是 3 月,他在 1931 年新月书店出版的短篇小说集《沈从文子集》中写了多则题识:

幻念结集,即成这种体制,能善用当然可结佳果,不能善用,即只作成一个真正悲剧结束,混乱而失章次,如一虹桥被新的阵雨击毁,只留下幻光反映于荷珠间。雨后到处有蛙声可闻。杜鹃正为翠翠而悲。

灯熄了,罡风吹着,出自本身内部的旋风也吹着,于是熄了。一切如自然也如宿命。

当时最熟习的本是这些事,一入学校,即失方向,从另一方式发展,越走越离本,终于迷途,陷入泥淖。待返本,只能见彼岸遥遥灯火,船已慢慢沉了,无可停顿,在行进中逐渐下沉。[28]

杜鹃不是为翠翠而悲,实际上是为他而悲,虹桥被毁,灯火已熄,船慢慢下沉,沈从文的世界塌陷了。3月6日,他在家中继续写带有自述性质的《关于西南漆器及其他》,这是他选择"解放"(自杀)前的最后一篇文稿。他回忆起一生许多不幸和幸的往事,自己的理想与追求,一再想起美丽淳朴的湘西,他心爱的《边城》,他的妻子(就是写《边城》时的"新妇"):

那里的翠翠,秉性善良处,熟人一看即可明白,和当时的新妇实在相差不多。但谁也不会料到这个也就要成为预言。一切发展全如预言,在十五年后将用事实证明。塔圮了,船溜了,老船夫于一夜雷雨中死了,剩余一个黑脸长眉性情善良的翠翠,在小河边听杜鹃啼唤。一个悲剧的镜头如此明白具体。[29]

由"思"出发止于"知",由"信"出发归于"盲从",这两条思路注定发生不可调和的冲突。早在 1949 年元旦前夕，他就预见自己二三十年来的用笔方式"统统由一个'思'字出发，此时却必需用'信'字起步，或不容易扭转，过不多久，即未被迫搁笔，亦终得把笔搁下。这是我们一代若干人必然结果。"他与家人的矛盾也来自时代转换之际"思"与"信"的矛盾。一切都不可避免，仿佛宿命。用他自己的话说："外有窘迫，内多矛盾，神经在过分疲乏中，终于逐渐失去常度。"[30]

3 月 13 日，沈从文写信给张兆和的堂兄、烈士张璋之女张以瑛（当时是共产党干部）祖呈自己的灵魂："我因过去生命限制，小时候生活受挫折过多过久，心受伤损。从'个人挣扎'方式中战胜困难，支持下来，因之性情内向，难于与社会适应。而个人独自为战精神加强，长处与弱点即在一处。如工作恰巧和时代需要相配合，当然还可为国家下一代作些事。（因纵不能用笔写文章，即作美术史小说史研究，也必然还有些新的发现，条理出一个新路，足为后来者方便。）但如果工作和时代游离，并且于文字间还多抵牾，我这种'工作至死不殆'强执处，自然即容易成为'顽固'，为作茧自缚困难。即有些些长处，也不免游离于人群的进步理想以外，孤寂而荒凉。这长处如果又大多是'抽象'的，再加上一些情绪纠缠，久而久之，自然是即在家庭方面，也不免如同孤立了。平时这孤立，神经支持下去已极勉强，时代一变，必然完全摧毁。这也就是目下情形。"本来这后面还有一句话，他写好后又用笔划掉了："我的存在即近于完全孤立。"[31]

他在这封信里说到张兆和想找工作，去找钱俊瑞（北平文化教育接管委员会领导人之一），找不着。他说自己也不想在北大教书下去了，想另找一个工作，哪怕随军都可以。"我从否定了我自己用笔工作后 [这句被划了]，只要有机会，不问什么小事，我都要克服困难去做，以为多少总可以把剩余生命为人民做点事。但目前在这里，除神经崩毁发疯，什么都隔着。共产党如要的只是一个人由疯到死亡，当然容易作到。如还以为我尚可争取改造，应当让我见一见丁玲，……如一定要照一个普通职员方式，思想弄通才许动，或只记住我过去一些文章有触犯处，以使我神经崩毁为得，那就照你说的看医生，也毫无用处。我在另外一种攻势中，疲倦得已到一个程度，不是为三姑，不是还希望有机会为人民作一点补过工作，我早已长休息了。"[32]

一个"桃红色"作家一点卑微的愿望，在欢天喜地的时代大转折中，又有谁会放在心上。一种被抛弃、被隔离的无边孤立感使沈从文的精神危机终于以激烈的方式爆发，那是3月28日，幸亏在他家做客的张中和（张兆和堂弟）发现及时。张兆和4月2日写给沈从文大姐、大姐夫等的信中说得很详细：

> 上次我信中曾提到二哥这几个月来精神不安的现象，但是这种不安宁，并不是连续的，有时候忽然心地开朗，下决心改造自己，追求新生，很是高兴；但更多的时候是忧郁，悲观，失望，怀疑，感到人家对他不公平，人家要迫害他，常常说，不如自己死了算了。因为说的太多，我反倒不以为意。他那种不近人情的多疑，不单是我，连所有的朋友都觉得他失之常态，不可救药。不想他竟在五天以前，3月28的上午，忽然用剃刀把自己颈子划破，两腕脉管也割伤，又喝了一些煤油，幸好在白天，伤势也不太严重，即刻送到医院急救，现在住在一个精神病院疗养。
>
> 他一切都很正常，脑子也清楚，只要不谈到他自己；一谈到自己的问题便执着某一点，一定说人家有计划的要打击他谋害他。他平常喜读《变态心理学》，写文章联想又太丰富，前两年写东西遭受人家不公平的误解，心里不痛快。社会一变动，虽然外面的压力并不如想象的大（其实并没有压力），他自己心上的压力首先把自己打倒了。当然，一个人从小自己奋斗出来，写下一堆书，忽然社会变了，一切都得重新估价，他对自己的成绩是珍视的，想象自己作品在重新估价中将会完全被否定，这也是他致命的打击。总而言之，一句话，想不开，闹成现在这样局面，否则好好上课，慢慢来修正自己，适应新环境，不至到这个地步的。眼前书自然不能教了，出院后必须易地疗养，一定要把他观念上的错误纠正过来才能保安全。[33]

几十年后，张兆和仍忘不了"他想用保险片自杀，割脖子上的血管"那一幕，沈从文的脖子上从此留下了"刀割的痕迹"。此前也是 3 月的一天，他 14 岁的长子沈龙朱看见他把手伸到电线的插头上，沈龙朱在慌乱中拔掉电源把父亲蹬开。

四

5 月 30 日下午，沈从文日记提起女作家丁玲、凌叔华，还有《边城》中的翠翠和妻子张兆和（三三）：

> 很静。不过十点钟。忽然一切都静下来了，十分奇怪。第一回闻窗下灶马振翅声。试从听觉搜寻远处，北平似乎全静下来了，十分奇怪。不大和平时相近。远处似闻有鼓声连续。我难道又起始疯狂？
>
> 两边房中孩子鼾声清清楚楚。有种空洞游离感起于心中深处，我似乎完全孤立于人间，我似乎和群的哀乐全隔绝了。绿色的灯光如旧，桌上稿件零乱如旧，靠身的写字桌已跟随了我十八年，臬上一个相片，十九年前照的，丁玲还像是极熟习，那时是她丈夫死去二月，为送她遗孤回到湖南去，在武昌城头上和［凌］叔华一家人照的。抱在叔华手中的小莹，这时已入大学，还有那个遗孤韦护，可能已成为一个青年壮士，——我却被一种不可解的情形，被自己的疯狂，游离于群外，而面对这个相片发呆。
>
> ……
>
> 我的家表面上还是如过云一样，完全一样，兆和健康而正直，孩子们极知自重自爱，我依然守在书桌边，可是，世界变了，一切失去了本来意义。我似乎完全回复到了许久遗忘了的过去情形中，和一切幸福隔绝，而又不悉悲哀为何事，只茫然和面前世界相对，世界在动，一切在动，我却静止而悲悯的望见一切，自己却无份，凡事无份。我没有疯！可是，为什么家庭还照旧，我却如此孤立无援无助的存在。为什么？究竟为什么？你回答我。
>
> 我在毁灭自己。什么是我？我在何处？我要什么？我有什么不愉快？我碰着

了什么事？想不清楚。

　　……

　　夜静得离奇。端午快来了，家乡中一定是还有龙船下河。翠翠，翠翠，你是在一零四小房间中酣睡，还是在杜鹃声中想起我，在我死去以后还想起我？翠翠，三三，我难道又疯狂了？我觉得吓怕，因为一切十分沉默，这不是平常情形。难道我应当休息了？难道我……

　　我在搜寻丧失了的我。……[34]

　　他想到了四个不同的女性，丁玲和凌叔华是他的朋友，十九年以后，经历了天翻地覆的巨变，一个成了文艺官员、新时代的骄子，一个已去国离乡。三三是他相濡以沫十几年的妻子，翠翠是他笔下最可爱、最有生命的人物之一，她们分属历史、现实、理想（或梦境），正是这一切构成了他丰富多彩的生命历程，成全了他辉煌的文学世界。无法守护理想的苦痛，不能被家人理解的苦痛以及连累家人的愧疚感，这一个个结他都无法解开，他的崩溃几乎是必然的。

　　在郭沫若定性的阴影下，新政权的诞生带给沈从文的难以解脱的忧虑和巨大的精神压力，而张兆和与两个天真烂漫的孩子和当时千千万万的人们一样，对新的历史剧变充满了欢欣的期待和乐观的向往。如果说沈从文心理防线的塌陷主要因为大的时代环境变化，当然不会有什么错，但家庭的因素、朋友的冷落同样不可忽略，甚至有可能更为致命。本来他留下就是为了家人，2月2日他在清华写信给张兆和：

　　小妈妈，你的爱，你的对我一切善意，都无从挽救我不受损害。这是凤命。我终得牺牲。我不向南行，留下在这里，本来即是为孩子在新环境中受教育，自己决心作牺牲的！应当放弃了对于一只沉舟的希望，将爱给予下一代。[35]

　　而张兆和并不理解他内心的那种痛苦，她在同一天写给梁思成夫妇的信里说：

> 希望他在清华园休息一阵子，果然因身心舒畅，对事事物物有一种新看法，不再苦恼自己，才不辜负贤先俪和岳公、熙公们的好意。
>
> ……解放军进城后，城内秩序已渐趋安定。大家都好。[36]

四十多年后张兆和说："当时，我们觉得他落后，拖后腿，一家人乱糟糟的。现在想来不太理解他的痛苦心情……"[37] 7月间，沈从文写给老友刘子衡的信也说得很明白：

> 一个与群游离二十年的人，于这个时代中毁废是必然的。解放北平本是一件大事，我适因种种关系荟萃，迫害感与失败感，愧与惧，纠纷成一团，思索复思索，便自以为必成一悲剧结论，方合事实，因之胡涂到自毁。
>
> ……有工作在手时，犹能凭工作稳住自己，一搁下工作，或思索到一种联想上，即刻就转入半痴状态，对面前种种漠然如不相及，只觉得人生可悯。因为人和人关系如此隔离，竟无可沟通。相熟三十年朋友，不仅将如陌生，甚至于且从疏隔成忌误，即家中孩子，也对于我如路人，只奇怪又发了疯。难道我真疯了？我不能疯的！可是事实上，我可能已近于半疯。[38]

沈从文的北大教职被停止，安置到历史博物馆工作后，9月8日，丁玲、何其芳看望了他。随后，他提笔给丁玲写信，他们虽然走的是不同的道路，却是多年前的旧交。丁的丈夫胡也频被杀害后，他曾千里送她和胡也频的遗孤回湖南故乡，交情至深，丁玲被捕，他曾奔走呼号，在《国闻周报》《独立评论》撰文公开抗议，并发表长篇文章《记丁玲》。他在信中袒露心迹：

> 因为心已碎毁，即努力粘合自己，早已失去本来。本出于恐怖迫害，致神经失常，于气、急、怕中逐渐加深，终于崩溃。到医院一受"治疗"，错、乱增加，从

此一来，神经部分组织，转入变态，人格分裂，作事时，犹如条理清楚，即十分辛苦，亦不以为意。回到住处，家中空空的，处理自己，已完全失去定向。在一切暗示控制支配中，永远陷入迫害疯狂回复里，只觉得家庭破灭，生存了无意义。正如一瓦罐，自己胡涂一掼，他人接手过来，更有意用力掼碎，即勉强粘合，从何着手？也可说是一个牺牲于时代中的悲剧标本。如此下去，必然是由疯狂到毁灭。因生命所受挫折，已过担负，每个人神经张力究竟有个限度，一过限度，必崩毁无疑也。[39]

由于张兆和到华北大学接受革命教育，住校。两个孩子读中学，因参加政治集会，常常很晚回家，他告诉丁玲，"每次工作后回到住处，看到家中空空的，总不能不想到一些事情，一思索到神经失常全部过程，头脑即刻混乱成一片，我实在需要得到一点支持，才能够不再崩毁。如你们觉得我用笔离群，离开社会发展，所致过失，必需接受由疯狂发展到毁灭为止教训，我除了放弃一切希望，来沉默接受，似不应再说什么。如中共事实上还在改造我，教育我，使我明白群的伟大，革命的向前性，以及其他，用意实在否定我不健康观念和弱点，……我觉得已面临到一种问题上，即家庭能恢复，头脑方有希望转复常态。"[40]

他说："'向人民投降'，说来也极自然，毫不勉强。"但他再三认为，"目下既然还只在破碎中粘合自己，唯一能帮助我站得住，不至于忽然圮坍的，即工作归来还能看到三姐。这就临到一回考验，在外也在内，在我自己振作，也在中共对我看法！丁玲，照我自己所知说来，我目下还能活下去，从挫折中新生，即因为她和孩子。这个家到不必须受革命拆散时，我要一个家，才可望将全部工作精力解放献给国家，且必然发疯发狂工作，用作补偿过去离群痛苦。我且相信这么工作，对社会用处，比三姐去到别处工作大得多。只要她在北平作事，我工作回来可见见她，什么辛苦会不在意，受挫折的痛苦也忘掉了。一离开，不问是什么方式，我明白我自己，生存全部失败感占了主位，什么都完了。我盼望你为公为私提一提这一点。"[41] "我明白我自己神经所能忍受限度。改造我，唯有三姐还在和我一起方有希望。欲致我疯狂到毁灭，方法简单，鼓励她离开我。（个人容或有些自私心，不知不觉常以自己为本位看事情，易受指责。但是一个集团，有时因权力在手，也会不知不觉运用到虐待个人作不必要牺牲，满足少数，对集团既无补益反增麻烦！）"[42]

这几乎已是他最后的乞求，和生活的全部希望所在。正如他自己反复说的"生命经过这次大交，活下来在普通得失上已了无意义"。[43]

9月20日，他给张兆和写信说："我看了看我写的《湘西》，上面批评到家乡人弱点，都恰恰如批评自己。"他反复说需要妻子的理解，哪怕"只是一小部分"的理解。"我需要有这种理解。它是支持我向上的梯子，椅子，以及一切力量的源泉。"[44]

11月18日，沈从文的日记虽然简短，却留下了一个极为重要的记录。被"淘汰"出局的文学家在和满脑子共产主义理想的两个中学生儿子谈话后写的：

> 和孩子们谈了些话。恰如一幕新式《父与子》。两人躺在床上，和我争立场，龙龙还一面哭一面说。
>
> 很可爱，初生之犊照例气盛，对事无知而有信，国家如能合理发展，必可为一好公民，替人民作许多事！[45]

这样的"父与子"，他在12月25日写得更详细：

> 有天晚上，孩子们从东单劳动服务归来，虽极累还兴奋。上床后，我窝坐在旁边，和他们讨论问题。
>
> "爸爸，我看你老不进步，思想搞不通。国家那么好，还不快快乐乐工作？"
>
> "我工作了好些年，并不十分懒惰。也热爱这个国家，明白个人工作和社会能够发生什么关系。电长远在学习，学的已不少。至于进步不进步，表面上可看不出。我学的不同，用处不同。"
>
> 说进步不同，显然和孩子们说受教育不合。两人都说："凡是进步一看就明白。

你说爱国，过去是什么社会，现在又是什么社会？你得多看看新书，多看看外面世界。你能写文章，怎么不多写些对国家有益的文章？人民要你工作得更多更好，你就得做！"

"我在工作！"

"到博物馆弄古董，有什么意思！"

"那也是历史，是文化！你们不是成天说打倒封建？封建不仅仅是两个字。还有好些东东西西，可让我们明白封建的发展。帝王、官僚、大财主，怎么样糟蹋人民，和劳动人民在被压迫剥削中又还创造了多少文化文明的事实，都值得知道多一些。我那么一面工作，一面学习，正是为人民服务！"

"既然为人民服务，就应该快快乐乐去做！"

"照我个人说来，快乐也要学习的。我在努力学习。这正是不大容易进步处。毛主席文件上不是说起过，学习并不简单，知识分子改造、转变，要有痛苦吗？痛苦能增加人认识……"

于是我们共同演了一幕《父与子》，孩子们凡事由"信"出发，所理解的国家，自然和我由"思"出发明白的国家大不相同。谈下去，两人都落了泪，不多久，又都睡着了。政治在千万万孩子心中脑中如何生根发芽，我懂得很清楚。有了信仰也就有了力量。[46]

当时他的二儿子虎虎读初一，因为要加入少年儿童队，把自传写成给他看，当读到"父亲在解放时神经失常，思想顽固，母亲从学校回来，就和他作思想斗争"时，他说："这个措词不大妥。等妈妈回来看看好些。斗争像打架，不是我的长处。正如妈妈，即再进步些，也不相宜。"孩子说："大家都要求加入，明天就得交去！我一个人若耽误了，下一期还不知什么时候再招，怎么办？"说着大眼泪已挂在眼角，就像10个月前到医院看他时的情形。他知道"政治"已渗入到一个十三岁孩子的生命中，赶紧说："好好，把你自传意思写得更具体些，就交给学校中老师吧。希望你得到许可入队，向妈妈哥哥看齐，我再向你们看齐。"[47]

什么是"疯子"？在沈从文1943年所写、1946年修改的《绿魇》中就有一番解释：

> 大至于人类大规模的屠杀，小至于个人家庭纠纠纷纷，一切"哲人"和这个同题碰头时，理性的光辉都不免失去，乐意转而将它交给"伟人"或"宿命"来处理。这也就是这个动物无可奈何处。到现在为止，我们还缺少一种哲人，有勇气敢将这个问题放到脑子中向深处追究。也有人无章次的梦想，对伟人宿命所能成就的事功怀疑，可惜使用的工具却已失灵，因之名为"诗人"，同时还有个更相宜的名称，就是"疯子"。[48]
>
> 我不敢继续想下去，因为我想象已近乎一个疯子所有。[49]

在这个意义上，1949年的沈从文确实"疯"了，而且"疯"得不轻。因为无法一夜之间彻底否定自己几十年来所"思"，所以他"疯"了。因为不明白，他才在自己作成的"思想战争"中病倒下来，一旦他彻底明白了自己的"极端无知"和"渺小之至"，他就坦然了。当他终于明白"政治无所不在"，并从"思"转向"信"之后，他也就渐渐恢复了"正常"。

假如不是他本人在时代转换之际留下的这些文字，我们几乎无法想象他当时的痛苦与挣扎，那场惊心动魄的"思想战争"。在当年9月的阳光下，当他病情好转时，他写过一首长诗《从悲多汶乐曲所得》，表明他开始接受现实，从崩溃的精神状态中走出来，他回忆起过去美好的一幕幕：

> 看到吴淞操坪口秋天来
> 那一片在微风中动摇的波斯菊；
> 青岛太平岨小小马尾松，
> 黄紫野花烂漫有小兔跳跃，
> 崂山前小女孩恰如一个翠翠；
> 达子营枣树下大片阳光，

《边城》第一行如何下笔；

凡事都在眼底鲜明映照，

．．．．．．．．．．．[50]

以后的三十年，中国少了一个了不起的作家，北京午城门下却多了一个指点解说、抄写说明的老人，《中国服饰研究》就是其中的结晶。

注释:

[1][5]] [13] [14] [15] [22] [23] [24] [29] [30][46][47]《沈从文全集》第27卷，北岳文艺出版社2002年版，290、153、112、89、271、3、19、153、27、49、40-41、39-49页。

[2] [3]《沈从文全集》第18卷，517、523页。

[4]凌宇《沈从文传》，北京十月文艺出版社2003年第2版，340页。

[6]《沈从文全集》第19卷，20-21页。

[12] [32] [33][36][38][39][40][41][42][43][45]《沈从文全集》第19卷，25、20-21、22-23、18、46、48、50-51、51、52-53、52、60页。

[7][8]《大众文艺丛刊》第一辑，香港，1948年3月。

[9] [26][37]陈徒手《人有病　天知否》，人民文学出版社2000年版，14、13、13页。

[10] [11]《沈从文全集》第16卷，153-160、204-208页。

[16] [17] [27] [28]《沈从文全集》第14卷，456、475、455、457-458页。

[18] [19] [20] [21] [34][35][44]《从文家书》，上海远东出版社1996年版，149、150、151-154、157、160-161、157、162-164页。

[25] [48][49]《沈从文全集》第12卷，369、136、156页。

[31]《沈从文全集》第19卷，19-20页。3月20日，叶圣陶抵北平两天后去看沈从文，"从文近来精神失常，意颇怜之。"但他们还是"杂谈一切"。见叶圣陶《旅途日记五种·北行日记》，生活·读书·新知三联书店1987年版，174页。

[50]《沈从文全集》第15卷，223页。

徐铸成

"淘汰为可怕耳"

　　徐铸成（1907—1991），江苏宜兴人，报人。1927年开始投身报业，在《大公报》历任记者、要闻版编辑等。1938年在上海出任《文汇报》总主笔，一举成名。1939年7月，《文汇报》被迫停刊后，重返《大公报》，先后任香港版编辑三任、桂林版总编辑、上海版总编辑。1946年3月，告别前后工作了十八年的《大公报》，再任上海《文汇报》总主笔，1947能月被查封。1948年在创办香港《文汇报》。1949年春天应邀北上，随后主持《文汇报》在上海复刊。1957年他被打成右派之后，作为当局安排的"卧底"，还要奉命定期举报同类的言行。

1947 年 5 月 25 日，上海《文汇报》被国民党当局封杀之前，虽然报馆有近 20 名中共地下党员，但总主笔徐铸成和报纸本身只能说是"中间偏左"，还不是一家由中共完全控制的报纸，他的思想也有"右"的成分。[1] 到 1948 年《文汇报》在香港复刊，情况则有了很大的变化，不仅得到了李济深领导的民革、龙云的云南地方势力在经济上的支持，而且与中共地下党的关系也很深了。如同《大公报》的王芸生在发表《和平无望》之后左转一样，徐铸成从那时起也可以说开始转向了，但大体上还保持着一点报人的本色。

1949 年春天，自香港应邀北上的一路上，四十二岁的徐铸成是兴奋的，他唱京剧、讲豆皮笑话、采访旧闻，"青春结伴好还乡"，不亦乐乎。在山东烟台上岸以后的所见所闻，让他感到"已由旧世界、旧时代开始走进一新天地、新社会"，他忘不了柳亚子在路上将他和郑振铎、宋云彬、叶圣陶称为"四大酒仙"，更忘不了柳亚子赠他的诗，"更有一事心最喜，次公已有后来人"，此时徐铸成仅四十出头，已是新闻界的重要代表，他早年的老师沈颖若，字次公，是柳亚子的同乡总角之交，也是"南社"最初的发起人之一。看着老友的弟子有出息，诗人抑制不住内心的喜悦。

初到烟台，徐铸成在一家书铺看到东北出版的《毛泽东选集》，"红布面，一厚册，如见异品，即购买一本，暇时详读，如获至宝。"等到了北平，他在六国饭店受到礼遇，又获赠皮面精印本的《毛泽东选集》一套。"如获至宝"的这种心情在当时多么虔诚，又是多么真实。

北平是他的旧游之地，求学、工作有五六年之久，而且在那里开始了他一生的新闻生涯。所以他一到北平，就想到处去走走、看看，重温旧梦。第一批北上的重量级民主人士李济深住在北京饭店，几天后他去串门，李很羡慕他可以到处游逛、看戏，说："你究竟是老北京，可以到处玩玩。我来平已匝月，一天到晚闷在饭店里，很无聊，你有机会带我出去玩玩好么？"他毕竟是书生，压根没想得那么复杂，就答应了。第二天，他请李济深和十九路军将领蔡廷锴等吃饭，然后去看戏。中共方面负责接待的人事后埋怨他："徐先生，你给我们开的玩笑太大了。你知道，任公这样一个人物，去馆子和戏院，要布置多少人暗中保护？目前北平城多么不平静，要出点漏子怎么交代！""任公"就是李济深。他这才知道自己闯了"祸"。

对共产党，徐铸成确实不大了解。正如他在 9 月 30 日政协会议闭幕那天的日记中说的："此次政协之社会科学工作者代表，陈伯达居首席，陈绍禹反在其下。甚矣，余对共产党历史之少了解也！"[2] 陈绍禹就是大名鼎鼎的王明。

9 月 14 日下午，他到北京饭店参加座谈会，讨论《共同纲领》，"因连日在讨论中，多对《共同纲领》中不提社会主义，有疑问。因此，今天由周副主席解释，说毛主席一再说，社会主义是遥远将来的事，今天应集中力量于新民主主义建设，发展包括民族资本主义在内的四种经济成分。如过早写出社会主义，易在国内外引起误会。"[3]

他对苏联充满向往，9 月 14 日北平西直门外新建的苏联展览馆落成，他在日记中说："二次大战后，苏实行新的五年计划，成就斐然，尤注意保婴事业。从产品中，看到他们的进步。"他在留言本上写下："我们应坚决向这个方向前进"。[4] 9 月 26 日，他为苏联造出了原子弹而兴奋不已，"苏联宣布已能制造原子弹。此牌推出，英美殊感狼狈，而双方力量接近平衡，或反与维持世界和平有利欤？"[5]

但到底新时代将面临什么，他并没有过多地去想。

一

共产党对香港《文汇报》的支持让徐铸成深为感激。他到北平不久即有过一次天津之行,因为在香港负责报馆事务的张稚琴电告,有一批钢缆准备在解放区出售,利润将用作《文汇报》的经费。天津《进步日报》(前身即《大公报》)的徐盈介绍熟人来谈价格,结果没谈成。他到北平向李济深报告,李马上和当时华北人民政府负责人董必武联络。第二天,董约他们去,了解了详细情况后,即吩咐姚依林去办理,并关照:"这批电缆,由我们全部收购下来。不要讲价还价,他们要多少,就给多少,他们是为维持香港《文汇报》而筹划经费啊!"[6]

这笔生意最后有大约两万港币的利润,足够维持《文汇报》两个多月。

然而,面对新政权的诞生,不仅徐铸成,几乎所有像他一样选择了"知北游"的"中间偏左"的报人,包括《新民报》的赵超构以及老板陈铭德、邓季惺夫妇等也都不是没有困惑。宋云彬日记讲到赵超构因为北平《新民报》被职工控制,"甚愤愤",去找宋云彬喝酒。[7] 这位写过《延安一月》、名动一时的报人本身不是老板,但面对职工控制报纸,主客易位,他越想越不明白了。10 月 8 日,徐铸成与赵超构一起到北京南长街的陈铭德家吃饭,这对缔造了"新民报系"的夫妇"深感能力无从发挥",对北京《新民报》尤感不满。[8]

徐铸成本来也有一脑子的雄心壮志,准备在这个他所向往的新时代里大干一场。在 1952 年 8 月至 10 月的思想改造学习运动中,他曾作过这样的检查:

> 1949 年 3 月我从香港到北京的时候,抱着一肚皮"雄才大略",想在北京搞一个文汇报,以后至少全国 3 个文汇报,我就可以成为新闻界的巨头……到北京后,

和宦乡同志见面，知道这个计划不可能实现，就灰心。回到上海另办报纸的希望也没有实现，于是就工作得不起劲。[9]

宦乡是他昔日上海《文汇报》的同事，而且是他介绍进《文汇报》的，真实的身份是中共地下党员，不久即将出任新政权外交部的司长。宦乡的话当然是知心之言。这些话他连日记都没有写入，可见埋藏得很深、很深。

早在 3 月 14 日，他们一行北上路过济南，宋云彬在一次座谈会上当面问过恽逸群："在此情况下能容许私人办报纸否？"恽逸群的回答就很明确，"日前私人办报，事实上甚为困难"。[10]

恽逸群以中共地下党员的身份长期活跃在上海报界，特别是抗战前他在《立报》的那一段尤其辉煌。1945 年进入山东解放区后先后办过《新华日报》（华中版）、《大众日报》等党报，担任过中共华东局代理宣传部长等职，当时是济南《新民主报》社长兼总编辑。不久他将随军南下，上海一解放，他就接管了老牌的《申报》，创办《解放日报》，金仲华接管《新闻报》，另办《新闻日报》。作为一个响当当的红色报人，恽逸群对即将全面掌握政权的共产党在新闻方面的政策自然是了如指掌。那一天，徐铸成也应该在场，只不过他没有留意。直到宦乡告知，他才心中有了底。

5 月初，上海解放在即，他得到随军南下的允诺，周恩来亲自设宴为他们饯行，同席的报人有《大公报》的王芸生、杨刚、李纯青等人，周说到《大公报》，说张季鸾、胡政之两位先生的确为中国新闻界培养出不少人才。还含笑对他说："铸成同志，你不也是《大公报》出身的么？"[11]此时离胡政之去世不过半个月，这位为报业开了"新路径"的一代报业巨子，在病榻上缠绵一年之后，终于在上海黯然谢世。然而徐铸成忘不了 1937 年上海沦陷之际被解雇的情景，对胡一直心存芥蒂。

此行同行的新闻界朋友有王芸生、杨刚、李纯青、赵超构等，他们到了南京，当地报纸刊出"民主人士俞寰澄、徐铸成等由平抵宁"的新闻，有很多报纸把"徐铸成"放在"俞寰澄"的前面，他认为原因是——过去一段时间，《文汇报》与南京新闻界和读者有过血肉感情，香港《大公报》曾约请女记者浦熙修写了许多"南京特约通讯"，成为她被捕的重要原因之一。期间，徐铸成还曾应邀到中央大学演讲《解放区见闻》，给大学生讲述自己的所闻所感。

5 月 24 日夜，他们随军进入上海，徐铸成回到了久别的家园。《文汇报》的老搭档严宝礼为他接风洗尘，还是在他所熟悉的南京路新雅酒店，但对面著名的新新公司门前，悬挂的标语已是"解放全中国，活捉蒋介石"等内容。四年前他刚从重庆回到上海，也是在同一地点，新新公司从四楼到三楼悬挂着蒋介石的巨幅画像，四周缀有五彩的电灯，还有"欢迎劳苦功高之蒋委员长"标语，"前后相距不过四年，而形势变化如此之速，诚可慨也。"此时离国民党当局封闭《文汇报》也不过短短两年，天翻地覆如此之速，他岂能没有感慨。接着就是《文汇报》的复刊，他当时的心情"也无比开朗"。[12]

尽管上海《文汇报》原有近 20 名中共地下党员都另有高就，只剩下一个候补党员郑心永，报馆里还是"党政工团"齐全，"共同奋发"，力图保持并发扬报纸的特色，以取得读者的信任。他自述：

> 无奈解放后一些套套，每使人瞠目束手。举例言之。在长沙解放之日，我们已在无线电中收到确讯，而翌日刊出，即被指为抢新闻，是资产阶级办报作风，因新华社尚未正式公告也。再如《论人民民主专政》发布之日。要闻编辑郑心永按所列问题，作分题以醒眉目，亦被指为离经叛道。如此重要文件，只能作经典郑重排版，安可自由处理！总之，老区方式，苏联套套，只能老实学习，不问宣传效果，此为当时必经之"改革"。
>
> 因此，我对社论也艰以执笔，因数十年记者经验，从不惯于人云亦云，思想未通即先歌颂，每以此为苦。

他的老朋友李平心体谅他的苦心，常常陪他熬夜，当他舒纸半日，无法下笔之时，总是平心代劳，所以复刊初期屈指可数的社论多半出自平心的手笔。[13]

9月25日，他看了22日的《文汇报》社评，想为平心执笔，大意都是照他信中开列之大纲撰写，比其他各报有内容而不尚空谈。他自述近来懒于写文，"一则自审对各问题无深刻研究，再则每以搬述口号，人云亦云为耻，今后返沪，当努力于基本思想之改造，多看书，细细研究问题，俾不久能多作有益于国家的文字，应不致长为虚名所误也。"[14]

9月29日，徐铸成在和储安平一席谈之后，在日记中写道："甚矣，做事之难，余吃亏在不善应付，只知守分做事，毕竟人还是人，总喜欢多请示商量也，《文汇》复刊前后所遭之挫折，此未始非主要原因。故今日私营报刊者，或以《文汇》为最难捉摸，其实《文汇》历史及背景最光明，动机良善，如能好好指导，必能成一好的教育工具，在群众影响中，亦□比《大公》为差。惜乎，余虽不善处理，而当事者亦气度不广，此为国家之损失，殊可慨也。"[15]

当时上海市委主管宣传的夏衍、姚溱也是报人出身，体谅他们的心思，遇事能推心置腹、披肝沥胆。可见他难以适应的是一种风气、一种导向，不是某个人或某些人。即使夏衍这位中共地下党出身的报人对此时的报纸也很有看法。

徐铸成从二十岁开始从事新闻事业，对新闻的敏感早已融入他的生命中，即使在北平出席新政协期间，他也时刻关心着上海的报纸。当时，浦熙修是《文汇报》驻京记者。他在9月25日看到22、23日的《文汇报》，政协开幕日的专电都是当日登出，而竞争对手《大公报》《解放日报》都没有做到，夸浦熙修、唐海的努力，也为自己先有关照，把握时间，感到欣慰。[16]

复刊后的上海《文汇报》正面临许多困难，发行量一直上不去。9月4日，他即将北行时，严宝礼在家中为他饯行，同席的有陈虞孙、柯灵、郭根、唐海、何柏生等同事，谈起报馆今后的计划。自上海易帜、《文汇报》复刊以来，对新的办报方法，还不能适应，销数远不如《解放日报》及《新闻日报》《大公报》。近月情况稍好，这一天发行量还在涨，已超过二万六千矣。[17] 在北平参加政协会议期间，他为报纸发行量不断上升而欣慰、而喜悦，并一一记在日记里：

9月11日，他接到严宝礼、郭根来信，得知《文汇报》的发行量已升至二万八千份，"甚慰"。[18]

9月16日，《文汇报》编辑、记者任嘉尧从上海来到北平，他得知发行量已涨过三万六，"甚喜"。[19]

9月22日，他接到严宝礼来信，知《文汇报》发行量已涨过四万，"闻之甚喜"。[20]

10月1日，他接到郭根来信，《文汇报》的发行量还在涨，但因纸荒，不敢尽量放手，否则发行量当超过六万份了。[21]

9日晚上，他接到浦熙修的电话，说报馆给他来电，报纸已涨过六万，并问他何时回沪。[22]

在紧张的开会间歇，他也坚持给报馆写信、写稿，9月24日上午，他利用会议间隙，给报馆写信。10月1日晚上，他在极度兴奋中还想写一通讯寄上海，因苦难落笔，想第二天努力写成之。[23]

二

1949年1月2日，因为香港《文汇报》停了"史地"和"新思潮"两个副刊，香港学者陈君葆颇有微词，在当天的日记中说："徐铸成为人怎样，可不晓得，大抵做事能兼顾到情理两方面的总是很少数罢，而这也不是圆滑不圆滑的问题。"[24] 说起徐铸成的为人，他的江苏宜兴同乡储安平就很有看法。

徐铸成生于 1907 年，储安平生于 1909 年，两人只相差两岁，徐在新闻界出道却要早得多。1946 年储安平在上海创办《观察》周刊，写信给徐，请他担任"特约撰稿人"，徐没有回应，连复信都不写。对此，小同乡很有意见。对于这件事，1938 年《光明日报》记者戴晴曾当面问过徐铸成。历经大难、已年届八旬的老报人毫无避讳地回答："我那时可是有点左倾幼稚病，认为他搞第三条道路，实际上帮国民党的忙，最后终会走上反共反人民的道路，就没有回他的信。当时就是那么一种逻辑。"[25] 在《我的同乡》一文中，徐铸成也提到储安平邀请他担任"特约撰述"，"我不同意他们标榜的'第三条道路'，未予答复。"[26]

然而，当 1947 年 5 月 25 日《文汇报》与《新民报》晚刊、《联合日报》被国民党当局封门时，挺身出来说话的恰是储安平。尽管《文汇报》给储安平的印象也不好，他却在《观察》周刊公开发表抗议：

> 我很坦白的说，我对于文汇新民两报的作风（我不常看《联合日报》），有许多地方是不敢苟同的。不敢苟同的主要原因，就是因为这两家报纸的编辑态度不够庄重，言论态度不够严肃；我很少在《文汇报》上读到真正有重量的文字。[27]

但他肯定徐铸成他们都是"比较进步而有独立意志的编辑人员"，国家的进步需要他们。

5 月 28 日（即三报被封三天后），储安平写下《论文汇·新民·联合三报被封及〈大公报〉在这次学潮中表示的态度》一文，发表在 5 月 31 日出版的《观察》周刊（第二卷第十四期），并不因为他对徐铸成这个同乡绝无好感就幸灾乐祸，或者保持沉默、坐视不管。他说：

> 《文汇报》里面，我仅和《文汇报》的总主笔徐铸成先生前后见过四次面，都是寒暄。我曾有事写过两封信给徐先生，但是徐先生为人傲慢，各赐一复。……但

是我们今日所检讨的问题，不是任何涉及私人恩怨的问题。我们今日从政也好，论政也好，必须把私人的感情丢开！这就是今日我们需要锻炼自己的地方。当此一日查封三报，警备车的怪声驰骋于这十里洋场之日，我们仍旧不避危险，挺身发言，实亦因为今日国家这仅有的一点正气，都寄托在我们的肩上，虽然刀枪环绕，亦不能不冒死为之；大义当前，我们实亦不暇顾及一己的吉凶安危了。

徐铸成对此表示感激，后来在回忆录及回忆文字中一再谈及此事："安平这个人有股戆劲，敢于'路见不平，拔刀相助'的"。[28]

实际上储安平办《观察》周刊时的政治倾向也是"右里偏左"，他对国民党毫不留情的批评包含了太多的热忱和情绪。他多次向胡适约稿，胡适之所以一直没有应承，就是不大认同他的观点和一些做法，只是没有明说而已。不过，徐铸成比他还要"左"一些，要说分歧和距离也就是如此。

此时，当他们在北平相逢，一切都已发生变化，他们已"殊途同归"，没有什么区别了（八年后他们又双双成为"右派"）。徐铸成在日记中记下了他们一次愉快的谈话，9月29日也就是政协会议期间，他与储安平见面，储兴奋地告诉他，《观察》即将复刊，组织方面大力支持，但恐群众思想难捉摸，如何办好，毫无把握。储又说，近月至东北旅行，写了视察记二十五万字，材料甚新，特别注重人事制度及工作效率。组织方面极赞赏，力促早日出版。又说事先事后都与组织方面反复商谈。[29]"组织方面"就是指胡乔木。（10月3日，他听胡乔木谈新闻政策，日记中对其评价也很高："此君年仅卅八岁，思想细致、眼光清楚，判断亦明快，洵为少见之人才……"[30]）

1948年12月，《观察》周刊在《文汇报》之后，也终遭国民党当局的封杀，储安平远走北平避祸。1949年5月以后，储安平向共产党方面请求复刊《观察》，胡乔木向周恩来请示汇报，周的意思大致是，既然有那么多读者，当然可以复刊。这样《观察》总算在当年11月1日复刊了，并由周刊改为半月刊。储安平写了25万字的《东北参观报告》，现在也只能在复刊后的《观察》看到两篇，与当年《观察》上的文字已不可同日而语，与早年的《英国采风录》等也无法相提并论。这是一个储安平所陌生的新时代，他的心境、笔端也必然面临着变化，他以满腔的热情讴歌这个时代。我们可以看看胡乔木"极赞赏"的东北旅行记到底写了些什么——

《观察》第六卷第四期（1949 年 12 月 16 日出版）发表储安平《在哈尔滨所见的新的司法工作和监狱工作》，这是《东北参观报告》一书中哈尔滨这一章的第二篇，参观时间是当年 5 月，记述时间是 8 月。在哈尔滨，他看到人民法院的运作，"有明文规定的单行法规，即照单行法规审案，没有法规根据的，就根据政策审案。判决的轻重，要看：（一）所犯的罪行违反人民的利益到什么程度；（二）犯罪行为的性质，如所采的犯罪手段、犯罪的动机等，恶到什么程度；（三）犯人对于自己所犯过失的态度如何等，来分别处理。同时，即使有条文根据者，审判时，亦应入情入理，耐心说服，不应官僚主义地完全死背法律条文。"关于法律，"在原则上，仍旧承认律师制度，但是暂时不准律师出庭。"原因是"在这个过渡时期"，不准律师出庭，可以"使司法工作更能接近群众"。关于苏联式的"人民陪审制度"，"将来中国可能也要采行。但由于实际条件的限制，在东北老区中，还未能试验推行。""对于外侨诉讼案件，是根据主权独立、民族平等，及劳动人民间的国际主义精神来处理的。"比如，"外侨在中国的法院的判决下，被处死刑，在中国的司法历史上是新的纪录。"其他如在监狱中实行"通过劳动改造犯人"、"劳动改造和思想教育结合"等都让储安平感到新鲜。[31]

《观察》第五期（1950 年 1 月 1 日出版）发表储安平《旅大农村中的生产、租佃、劳资、税制、互助情况》，即《东北参观报告》大连这一章的第三篇。储安平如同当年写《观察》报告书那样的耐心，对那里的生产情况、租佃关系、劳资关系、农业所得税、互助形式等都作了不厌其烦、细致入微的记录，其中有大量数字、图表，读起来枯燥无味。或许，正是这样的文字才足以反映出 1949 年储安平内心的变化。恐怕连徐铸成都难以想象这些文字竟出自昔日"搞第三条道路"的同乡笔下。

三

1949年9月4日，徐铸成和王芸生、赵超构、金仲华等报人同车北上，参加新政协"开国盛典"。9月18日，宋云彬在日记中为徐只是个候补代表抱屈，"此次新闻工作者出席政协代表十人，又候补二人，徐铸成名列候补，殊为委屈。"[32]

新闻界的正式代表仅12人，另有候补两人，一共14人，其中，胡乔木、陈克寒、邓拓、徐迈进、张磐石、王芸生、赵超构、金仲华、恽逸群、刘尊棋、杨刚、邵宗汉为正式代表，徐铸成、储安平为候补代表，这个名单的安排很清楚，除了徐铸成、王芸生、赵超构、储安平代表四个党外有代表性的民间报刊，其余都是共产党人。

9月24日，徐铸成在日记中写道："余对政治本少研究，素不知趋合时好，此次政协列为候补代表，友人多有为余不平者，对余则认为余对革命本少贡献，以视老解放区同业之出生入死，得此荣誉，已属分外矣。余不愿妄窃非份【分】，列为候补，反心安理得，俯仰无怍。否则猎等而获，不顾过去，不顾人口，哗众取宠，趋时媚世，一朝得悻，即出而骄人，此为余所不齿。所惧者时代进步一日千里，中国已以崭新面目进步，必当埋头用功，勤求进步，否则时不我待，淘汰为可怕耳。"[33]

10月1日，他收到《文汇报》同事郭根的来信，提及《大公报》对他只是名列候补代表，"备致讥刺"，他们认为"也甚浅薄矣"。王芸生与他都是张季鸾之后《大公报》的接班人，一时之瑜亮，他虽已离开《大公报》，他们之间却仍在暗中较劲。虽然与王芸生一同北行，还在京一起看过戏。郭根说了一句："过去的已永成过去，政治是现实的，今后当格外努力。"被他称许为金玉良言。"但我认为今日能身违【逢】三千年未有之盛，已属本事，而能参加此开国盛典，更为非常的荣誉，此种荣誉，应视为是中共数十年苦斗所得，而谦让于人分享者，凡受到者，均应感激惭愧而不应再计较任何高低，至别人之如何如何，则吾人正不必代为想象也。在报馆言，余当然应以全力求其复兴，恢复其光荣之历史，改正过去之褊狭观念，第一步先把报做好再说。"[34]

面对崭新而陌生的时代，他生怕跟不上节奏而被淘汰。对从事了二十多年、曾经得心应手的报业，他也感到许多的不适应，心头的许多疑惑也还没有解开。尽管如此，新时代的来临还是让他感慨无比。

9月8日晚上，月色甚皎洁，天安门前的大树都被拔去，大概准备改建广场，以备新政府成立庆祝大会之用。

9月12日，他到宣武门，然后步行经西河沿到琉璃厂一带，这一带是他旧游之地，当年住的大沟沿公寓不在了。匆匆二十二年，恰当过去一生之半。[35]

9月29日，徐铸成和昔日无锡三师时的老同学管文蔚在分别二十多年后重逢，管文蔚已是中共高级将领（抗战时即为新四军支队司令，与陈毅并称），他们在六国饭店畅谈，当年他们同班同学中还有共产党高级干部、时任北平军管会文管会主任的钱俊瑞也二十多年不见了，回忆起1925年孙中山去世时，共产党先驱恽代英曾来他们学校演讲，那时管文蔚就已入党。"文蔚性爽直，又是老同学，故谈话极坦率。他说大会甚成功，可以庆慰，但等名单发表以后，中下级干部见有些国民党人士及保守人员亦参加，颇有反感，要好好解释。前此，已有'早革命不如迟革命，迟革命不如不革命，不革命不如反革命'之牢骚。"[36]

10月1日，徐铸成亲历"开国盛典"，"数次泪下，不能自禁"。那天，他正巧和郭春涛、李书城一起站在天安门城楼，想起二十一年前，也是在这里举行庆祝北伐胜利的大会，他初为新闻记者，郭春涛则为国民革命军第二集团军政治部主任，代表冯玉祥发言。然而当时之盛况，与此刻相比则有霄壤之别。他提起旧事，郭春涛也记忆犹新。他问郭有何感想？郭沉吟了一下说：“如蒋不如此倒行逆施，今日亦当为主角欤？”他则认为：“历史人物，往往如此：拼命抓权，排除异己，最后两手空空，成为孤家寡人，殆即所谓历史的辩证法欤？……”[37]

三天后（10月4日），他与恽逸群等谈掌故时说：“如蒋介石接受旧政协条件，而忠实实行，则中国解放可能迟十年。”逸群说：“当时中共干部估计，至少要十二年才能在选举中占胜，可见蒋之撕毁政协决议，纯为自杀。但从深远看，历史有其必然性，蒋及其反动团体，非绝对独裁控制，不能维持其政权，而美帝则绝不让中国能和平进步，必须将中国掌握在手，变成其反苏之基地也。”[38]

李书城也是他二十年前的旧识。这一天在天安门城楼重逢，谈起当年蒋介石和冯玉祥、阎锡山之间的内战，颇似一短剧。那还是1929年，徐铸成才二十出头，初入报界，奉命到太原采访冯玉祥、阎锡山，其时他们正酝酿联合反蒋，中原大战即将拉开序幕。他第一次以《大公报》外勤记者身份采访政治新闻，张季鸾交给他一封给李书城的亲笔信，李当时为策动反蒋的关键人物，有了李的帮助，初出茅庐的徐铸成才写出了一系列不俗的电讯、通信，受到胡政之、张季鸾的夸奖，一炮打响。此后，他到汉口采访张学良，也曾得到李书城的帮助。

匆匆二十年，辛亥革命时与黄兴并肩战斗过的李书城六十八岁矣，这一刻他们在天安门城楼重逢、叙旧，又怎么不让当年的初生牛犊感慨万千呢。

1929年太原那一次是徐铸成和冯玉祥唯一的一次见面，想不到冯在十七八年后还记得这位当年的青年记者。1949年，徐铸成从香港到北京不久，碰到曾在冯玉祥出国旅行期间做过其秘书的余心清，闲谈中余告诉他：“我四八年回国的时候，冯先生一再叮嘱我，过香港时务必去《文汇报》访问你，问问国内情况，千万勿操切去沪宁。可是，轮船在港停留时间不长，未能去看你。我到上海后，就被特务抓了，关在南京好几个月，和谈时才被释放。”[39]

在二十多年的报业生涯中，徐铸成与包括蒋介石在内的无数显赫人物打过交道。一个旧时代无可挽回地落幕了，他以一个新闻记者的眼睛见证了他们的沉浮、成败，所以在"知北游"路上，3月12日，当他遇到已成为阶下囚的王耀武将军时，想起的却是六年前，他在桂林主持《大公报》工作，曾与王耀武有过数面之交。王是蒋的嫡系，所部全是美式装备，是蒋的王牌军之一，那时驻防湘西、常德一带，王在桂林城内建有一幢阔气的公馆，不时回来度假。因为王与《大公报》桂林馆的副经理王文彬熟悉，有一天，文彬告诉徐铸成，王耀武想见见他，并特别在公馆里设了宴。六年后他仍记得，室内外的陈设和那天宴会的丰盛，在当时的桂林"都属罕见"，"最有趣的，主人曾不断问我们：'照外国规矩，此时应酌什么酒？照国际惯例，此时是否应递上手巾？'可以说，主人很谦虚。'每事必问'。也可见那时他已有雄心，抗战胜利后升任方面大员了。"[40]

1945年，王耀武奉派接收山东，被任命为山东省主席兼绥靖区司令，那知仅仅三年就成了阶下囚。当年他曾以主人身份盛情款待徐铸成，而今一介书生还是共产党的座上客，不知王耀武心中有何感想。

徐铸成厌弃了国民党主导的旧时代，如今他所憧憬的新时代降临了，虽然他已从宦乡那里得知至少在全国办三个《文汇报》的宏图不可能实现了，但作为一位曾经成功的职业报人，他想得更多的只能是办报，更好地办报，至于这个心愿能否实现他并不清楚。他当时的心迹可以10月6日的日记为证，这一天是中秋节，从下午到晚上北京都是大雨如注，前门一带积水三四寸，到晚上十点半，"则又一轮皓魄，万里晴空"。他路过天安门广场，当空无丝毫云雾，他想起，"去年在香港过中秋，当时正报初出版、艰苦万状，而情绪甚高，今则在北京，在新中国新定之首都，周遭环境又大大变化，明年今日，不知又在何地度此团圆节，照常理推度，必应在上海，但人事变化殊难测度也。"[41]

"祖国的变化真大"，是他回首当年时发出的慨叹。[42] 他害怕的只是自己跟不上变化，被淘汰出局。

注释：

[1] 据姚芳藻《徐铸成划右派问题的争论》，1957 年 6 月 10 日《文汇报》举行党组扩大会议，专题讨论徐铸成划右事宜。上海市委宣传部副部长陈冰认为他划右派罪证确凿，其中之一就是"从历史上看，徐铸成在解放前《文汇报》，表现不佳，本来就是右派"。对此，当年中共地下党姚溱联系《文汇报》的信使、《文汇报》党组成员、报社编委会秘书温崇实不同意："徐铸成是有错，但当时地下党忽左忽右，也有错，怎能说徐铸成当时就是右派呢？"见《炎黄春秋》2004 年第 10 期，51 页。

[2][3][4][5][6][8][11][12][13][36][37] [42]《徐铸成回忆录》，生活·读书·新知三联书店 1998 年版，204、195、195、201、186-187、208、187、189、190、202、205、207 页。

[7][10][32] 宋云彬《红尘冷眼》，山西人民出版社 2002 年版，117、112、162 页。

[9] 孙葵君《记忆深刻的两次运动》，《从风雨中走来——文汇报回忆录·1》，文汇出版社 1993 年版，118 页。

[24]《陈君葆日记》下（1941 年 -1949 年），1011 页。

[25] 戴晴《梁漱溟王实味储安平》江苏文艺出版社 1989 年版，168 页。

[26][28] 徐铸成《风雨故人》，浙江人民出版社 1985 年版，90、90 页。

[27] 张新颖编《储安平文集》下册，东方出版中心 1998 年版，137 页。

[31] 储安平主编《观察》周刊第六卷影印本，岳麓书社 1999 年版。

[39] 徐铸成《旧闻杂忆》，辽宁教育出版社 2000 年版，14 页。

[40] 徐铸成《旧闻杂忆续编》，四川人民出版社 1982 年版，133—134 页。

[14] [15] [16] [17] [18] [19] [20] [21] [22] [23] [29] [30] [33] [34] [35] [38] [41] 徐时霖整理《徐铸成日记》，生活·读书·新知三联书店 2013 年版，47、51、47、35、39、41、44、53、60、54、51、54、47、53、39-40、55-56、57 页。

附录

"知北游"

从 1948 年到 1949 年，民主党派的头面人物和新闻界、出版界、文艺界的著名知识分子数百人，在中共地下党的精心安排下，分二十多批，先后取道香港北上，从东北、华北上岸，到北平参加即将召开的新政协。

1949 年 2 月底从香港起程的这一批人数多，集中了二十几位知识分子，他们在烟台上岸，经济南、沧州、天津抵达北平。这一批同舟共济的人中，柳亚子、宋云彬、叶圣陶、徐铸成等都留下了北行日记，详细记录了他们舟车北行途中的经过，一路上的心态、思绪，和对未来的向往与憧憬。

一、同舟共济

1949 年 2 月 27 日夜，他们一行悄悄登上"华中轮"。柳亚子后来将一路上写的诗叫做《光明集卷一（华中集）》。

因为货轮按规定只能搭客 12 人，而此行共有 27 人，所以大半人须冒充船员身份，都改穿中式短服，如叶圣陶、曹禺的身份是管舱员，王芸生、徐铸成、赵超构、刘尊棋成了船员（他们四个来自新闻界，被柳亚子叫做"四大金刚"），大家改装之后无不"相视而笑"。因为"殊不相称"，有些"不伦不类"。宋云彬冒充庖务员，所以不用改装。张志让是副会计员，傅彬然、郑振铎是押货员，几个年长的老人（陈叔通 74 岁、马寅初 68 岁、张絅伯 65 岁、包达三 66 岁、柳亚子 63 岁）则装成是年迈的商人，女客都以搭客身份登船。中共香港地下党的乔冠华、潘汉年等人为他们作了周密安排。柳亚子 6 月 14 日给儿子柳无忌一家的信中说："因为我离港时，乔木管制得特别利害，片纸只字不许带"，连他儿子的地址都没带出来。[1] 这个"乔木"就是指乔冠华。即使带出来了也要交给专人妥善保管，叶圣陶 3 月 1 日的日记提到："缘上船之前，所有书籍、信件、字片、印章，凡足以表露其人本来身份者，皆自行李中取出，藏于秘处。设想之周，防备之密，至可佩服。然余之日记本若竟因此遗失，未免怅惜矣。"[2]

船上负责接待工作的是 32 岁的共产党人、胡绳的夫人吴全衡，她带着两个儿子同行。

2 月 27 日，宋云彬和傅彬然、刘尊棋、曹禺、赵超构刚下汽艇，就有两名警察过来盘问，拿着手电筒一再照他的脸，他口衔烟斗徐徐吸之，故作镇定。警察指着他旁边的帆布袋问里面是什么，他说：你们可以检查。警察逐一检查完毕才离开。原因是警察看见他们服装不称，神色张皇，怀疑是走私或别有图谋者。叶圣陶、郑振铎、王芸生、徐铸成走在后面，看见警察，不敢下船，后来还是刘尊棋上岸去把他们找来。

第二天，"华中轮"起锚前，香港海关人员从马寅初的手提箱里翻出一张照片，是他抗战前和朋友们的合影，或西装笔挺，或长袍马褂俨然，海关人员认为"华中号"货轮搭有重要客人，扣船不予放行。经再三交涉，并暗中塞了港币数十元，才得以放行。叶圣陶则听说是因为货轮挂的是葡萄牙旗，葡萄牙领事留难，尚未签证。等到开船已是下午一时。

3 月 3 日，柳亚子专门拜托刘尊棋将所有同舟北上者的姓名、年龄、籍贯等写在一本纪念册上，留作纪念。男女老幼共有 27 人，"历次载运北上之人，以此次为最多。"到北平后几天（3 月 22 日），他给当时还在国民党统治下的上海友人用隐语写信，回首此次北行："弟此次押货内渡，平安到达，已与此间主顾接洽，估计有利可赚，甚为高兴。途中因同业颇多，亦不寂寞，沈裕昌的小老板，亦同舟共济。"[3]

一路上柳亚子兴奋异常，写了许多诗：

《二月二十八日启程有作》

六十三龄万里程，前途真喜向光明。

乘风破浪平生意，席卷南溟下北溟。

《拟民谣二首》

太阳出来满地红，我们有个毛泽东。

人民受苦三千年，今日翻身乐无穷。

太阳出来东方明，我们有个总司令。

"云台麟阁非吾愿，咱就人民子弟兵。"

他还送给同船北上的二十七人每人一首诗，以《同舟二十七人，各系一诗，乡党叙齿云尔》为题收入他的诗集中。有趣的是他给自己也写了一首，最后一句是"半爱江山半美人"。

也许是因为"前途真喜向光明"，这一路上（特别是在船上）不仅柳亚子，其他人也都异常兴奋。2月28日，宋云彬记着：

"午后一时许，轮始启碇。微有风浪，船颠荡，余与徐铸成、柳亚老、王芸生作雀战，两圈未毕，芸生已不支，张季龙（张志让）代之，未几，余亦头昏昏思睡，则由彬然代之。"[4]

柳亚子日记说："中午十二时开船，风浪颇大。偕友戏为雀战，旋下象棋。"[5]

当时王芸生49岁、宋云彬53岁，柳亚子已63岁，如果不是"六十三年万里程，前途真喜向光明"，他的兴致又怎么会如此之高。

叶圣陶日记说："略有风浪，……诸君谋每夕开晚会，亦庄亦谐，讨论与娱乐像兼，以此消此旅中光阴。"[6]

3月1日晚饭后，他们举行了第一次晚会，柳亚子的《北行日记》记得比较简单：

"黄昏开晚会，有平剧清唱、民歌、粤唱、讲古、魔术及集体游戏等，兴趣颇佳。"[7]

叶圣陶日记则记得比较详细：

徐铸成、王芸生、赵超构、储安平、刘尊棋等新闻界政协代表合影。

"包达老谈蒋介石琐事（他是蒋的"总角之交"）。曹禺唱《李陵碑》、《打渔杀
家》，邓小姐唱《贵妃醉酒》，张季龙唱青衣，徐铸成唱老生，余皆不知其何戏。
全衡与郑小姐唱民歌。轮及余说笑话，有余以谜语代之。谜面为"我们一批人乘此
轮赶路"，谜底为《庄子》篇名一。云彬猜中为《知北游》，'知'盖知识分子之简
称也。云彬索奖品，要余作诗一首，并请柳亚老和之。继之为集体游戏数节而散。"[8]

宋云彬日记说："圣陶以我等此行为谜面，请打庄子篇名一，余射中为《知北
游》，意谓知识分子北上也。谓圣陶应有奖品，余请圣陶赋诗一首代之。"[9]

多年后，徐铸成只记得那一天自己曾唱京剧《洪羊洞》、《打渔杀家》两折，他
在回忆录中"自感当年嗓子高扬有韵味"。[10]

散会后，宋云彬和徐铸成等还要打麻将，直到十一时才罢。当天深夜，叶圣陶
就写成七律一首《应云彬命赋一律兼呈同舟诸公》：

南运经时又北游，最欣同气与同舟。

翻身民众开新史，立国规模俟共谋。

篑土为山宁肯后，涓泉归海复何求。

不贤识小原其分，言志奚须故自羞。

3月2日一早，叶圣陶将诗送给宋云彬。早餐以后，大家传阅，一致说好，柳亚子首先和诗一首，《云彬兄嘱和圣翁舟中纪事之作，步韵成此。崔灏吟成，李白搁笔，自惭其粗疏无当也》：

> 栖息经年快壮游，敢言李郭附同舟。
>
> 万夫联臂成新国，一士哦诗见远谋。
>
> 渊默能持君自圣，光明在望我冥求。
>
> 卅年匡济惭无补，镜里头颅只自羞。

陈叔通、张志让等人也纷纷和诗。

柳亚子日记说："下午雀战。黄昏开晚会，陈叔老讲古，述民元议和秘史，英帝国主义者代表朱尔典操纵甚烈，闻所未闻也。邓女士唱民歌及昆曲。郑小姐和包小姐唱西洋歌。云彬、圣陶唱昆曲。徐铸成讲豆皮笑话，有趣之至。王芸生讲宋子文故事，完全洋奴态度，荒唐不成体统了。"[11]

叶圣陶日记可补柳的不足："陈叔老谈民国成立时掌故。柳亚老谈民初革命，一以无民众基础，二以中山先生不能统御众人，当时无强有力之政党，故致徒有民国之招牌。云彬谈民十六以后，杨皙子（杨度）曾赞助中共，在沪多所救护，为前所未闻。继之，几位小姐唱歌。余与云彬合唱'天淡云闲'，此在余为破天荒，自然不合腔拍。邓小姐唱《刺虎》，颇不恶。谋全体合唱，无他歌可唱，仍唱《义勇军进行曲》，此犹是抗战时间之作也。九时过方散。"[12]

宋云彬日记也记着，"陈叔老谈民初掌故，涉及杨皙子（杨度），余作补充，并谓杨皙子晚年曾与中共有联系，闻者皆惊诧。与圣陶合唱昆曲《天淡云闲》一段。方瑞女士唱《刺虎》，博得掌声。"[13]

散会后，他又与傅彬然等雀战到十二时许。

3月3日上午，他们举行座谈会，题为"在文化及一般社会方面如何推进新民主主义之实现"，张志让主席，宋云彬记录，出席的共22人，连一些家属也参加了（如叶圣陶夫人胡墨林），宋云彬私下非议："题既冗长，范围又广，发言者大抵不切实际。"[14]叶圣陶所记也差不多："在座诸人各发言，多有所见，惟皆不甚具体，亦无法作共通结论。"[15]

陈叔通对叶圣陶说，袁世凯称帝时，"英国公使朱尔典实怂恿之。其后各省反对，朱尔典又劝袁氏取消帝制。日本与英国，对我外交往往相反，其公使日置益实不赞同袁氏为帝。今各种记载往往称日本助袁氏称帝，而不及英国，非真相也。"叶圣陶对陈叔通说，"此等事宜笔记之，流传于世，以见其真。"[16]

当天晚饭后又开晚会，宋云彬记着，"陈叔老谈胡林翼故事，谓胡曾联络官文之妾，收为寄女，使官文不加钳制。"[17] 参照叶圣陶日记，实际上是"胡林翼以其母联络官文之妾，收为寄女，使官文不加钳制"。接着，"包达老谈上海掌故。继之诸人唱歌。家宝则谈戏剧而推及其他，以为将来纪录影片必须尽量利用，乃可收社会教育之大效。次言一切文化成果，将来自宜普及于众，然不可仅止于此，又宜使之逐渐提高。其言可谓有心，大家称善。复各说笑话而散。"[18]

3月4日上午，他们开座谈会，先谈新闻事业，然后谈戏剧、电影等。宋云彬也写好了和叶圣陶的诗：

> 蒙叟寓言知北游，纵无风雨亦同舟。
> 大军应作渡江计，国是岂容筑室谋。
> 好向人民勤学习，更将真理细追求。
> 此行合有新收获，顽钝如余只自羞。

因为第二天就要登陆，船上所有人员都来参加这一天的晚会，大家兴致极高，连素来矜持的胡墨林也"破天荒"唱了四句《唱春调》。叶圣陶日记只是讲陈叔通谈甲午之役的轶事"似亦未见记载"，宋云彬日记所记很详细：

"晚会时叔老谈甲午之役，清廷先增兵朝鲜，实由袁世凯张大其辞所致。袁与日驻朝鲜公使争闵氏女，以为有兵在手则势力足以抗日使，后闵氏女果归袁，然中日之战亦由是起矣。"[19]

船员倪君讲了他前两年亲身经历的一件事，足见国民党的腐败。叶圣陶和宋云彬所记大致相同：那时倪在一家轮船招商局的船上服务，从加尔各答返回上海途中遇到飓风，看见一鱼船失去控制，他们驶过去救，发现船上空无一人，只有满船的鲜鱼，长的有一人乃至二三人。他们把鱼装入轮船的冷气室运到上海，卖给渔市商人。渔商说这种鱼非常名贵，如果运到澳大利亚很值钱，每尾可卖到数十美金，可惜上海的制罐业已停顿，很难销售。再三商量，算是勉强成交。等到卸货时，管理码头的军官（这是个军用码头）指责非法，要吊销渔商执照，纳贿然后才无事。可是海关人员又来刁难，又要纳贿。当时天气很热，鱼已卸下三分之二，冰块融化，鱼开始腐烂，腥臭不可闻。渔商准备投入黄浦江，卫生机关人员又来干涉，最后渔商只好雇船，含泪将腐鱼运往吴淞口外的大海中抛弃。

此时的国民党政权实际上比腐鱼还要腐败。

另一船员徐君则讲起抗战时期新四军从苏北渡江的经过，认为"今日之解放军已非昔比，渡江自不成问题"。[20]

船上六天是这一批各有地位的知识分子北行途中最开心的时刻，也许他们没有想到自己记下的点滴都将进入历史。"华中轮"行至东海和黄海南部海面时，风平浪静，天朗气清，以新闻为业的徐铸成常在甲板上找几位老人谈天，健谈的陈叔通说起青年时还没有铁路，坐大车进京；包达三细说早年与蒋介石的交往；柳亚子大谈南社创立和早期过程；马寅初说自己幼时多病，后来长期坚持爬山和冷水浴。因为家乡嵊县多匪，他在上海住旅馆，履历上总是填绍兴，等等。这些富有历史价值的琐闻逸事，后来都被这位报人写进了他的《旧闻杂忆》。

即使在船上，叶圣陶、郑振铎、宋云彬三人也每餐必要喝酒，他们上船前就预购了一打白兰地，因所带有限，所以每餐只以一瓶为度，徐铸成也参与，被柳亚子等称为"四大酒仙"。徐铸成在9月13日的日记中说起叶、郑、宋，"此数兄气质极相近，正直不阿，洁身自爱，殆知识分子中接受优良传统，甚有修养者。"[21]

此后他们一路北上，直到北平难得再有船上的乐趣，只是3月10日在火车上，叶圣陶日记说："车中听云彬谈昆曲，铸成谈平剧，皆颇精。"[22]宋云彬日记也说："与徐铸成、叶圣陶谈京剧、昆剧，兴致甚好。"[23]

三十多年后，叶圣陶忆及此行还是充满感慨，1981年5月，他为《北上日记》写的短序说，他们1949年同舟北上之时，无论是老前辈，还是郑振铎、宋云彬、傅彬然、曹禺这些文化界的老朋友，以及新相识的朋友，他们当中，"大多数都已年过半百，可是兴奋的心情却还像青年。因为大家看得很清楚，中国即将出现一个崭新的局面，并且认为，这一回航海决非寻常的旅行，而是去参与一项极其伟大的工作。至于究竟是什么样的工作，应该怎样去做，自己能不能胜任，就我个人而言，当时是相当模糊的。"他接着说："同行的诸位决不会跟我一样，可惜后来没有机会细谈。现在大多数人已经作古，重温这一段往事，不免怅惘。"[24]

对光明的前途充满向往和乐观的心情，同时未来的一切依然是"相当模糊的"，其实，叶圣陶的心态在经历了大时代风风雨雨的知识分子中乃是普遍的。

二、主人与客人

正如柳亚子北行路上在华东演讲时说的，"譬革命斗争于球赛，中共实任选手，民主人士不过旁观的拉拉队，从旁助威足矣！不必越俎代庖，求工反拙也。"[25] 叶圣陶日记更明确地把邀请他们北上、盛情款待他们的中共方面称为"主人"。事实上，从他们应邀北上的那一刻开始，这种主客之分就已确定。

自"华中轮"在烟台登陆，"拉拉队"作为"实任选手"的座上客，从烟台上岸进入解放区之日起，一路行来，主人与客人的关系是很明显的，叶圣陶他们对于主人的盛情款待内心一直颇为不安——

3月5日当晚，烟台的徐中天市长、军分区贾参谋长设宴款待，请他们尽情享用当地著名的张裕葡萄酒。

3月6日，中共华东局秘书长郭子化、宣传部长匡亚明等从莱阳前来迎接他们一行，中午"正式欢宴"，"菜肴丰盛，佐以烟台美酒，宾主尽欢"。[26] 当夜，烟台市党政军民举行盛大欢迎会，演出京戏《四杰村》《群英会》，"十时大宴，饮酒尽欢"。[27] 叶圣陶第一次在日记中表示"不安"："明日行矣，以此为送别，我人深感受之不安。返宿所已过十一时，颇疲惫矣。"[28]

3月7日，他们一行到达距莱阳三十里的村庄，分别安排借宿在农家，宋云彬与刘尊棋住同一土炕，正准备睡下，"忽招待员又来，谓顷悉此间屋主系一肺病患者，故已为另觅借宿处，请即迁往云云，足见招待之周到也。"[29]

3月10日上午，到了潍坊，他们一行应邀去电影院看电影，"特为我人映一场"。[30] 是苏联的影片，因为没有翻译，他们自始至终不知所演何事，宋云彬问曹禺，这位大戏剧家也摇头，答不知。柳亚子日记说，"观苏联电影空中漫游记，无中文说明，不甚了了，不无遗憾。"[31] 中午，潍坊市各首长举行招待茶会，接着又是宴会。

当夜，他们到了青州，宋云彬日记说："当局为余等备卧车一节，头等车一节。"青州的党政军首长都"在站迎候"。[32] 叶圣陶日记称，"即以招待客人而言，秩序以有计划而井然。侍应员之服务亲切而周到，亦非以往所能想像。若在腐败环境之中，招待客人即为作弊自肥之好机会，决不能使客人心感至此也。"[33]

3月11日，他们一行到达华东党政军各机关所在的村庄，先是茶叙，后是"盛宴"，叶圣陶记："菜多酒多，吾人虽尚饱，亦不得不勉力进之。"[34] 宋云彬日记也说："四时大宴，有白酒，会饮五、六杯，微有醉意矣。"[35] 柳亚子喝了二十杯葡萄酒，"飘飘然有仙意矣！夜会开始，复被推讲话，醉态微醺"。[36] 然后是中共华东局、华东军区的正式欢迎会，专门为他们上演了四出评剧《空城计》《三岔口》《御碑亭》《芦花荡》，叶圣陶说好，徐铸成"颇致赞赏"，马寅初则觉得其中一出休妻的戏，"恶其思想荒谬，不尊重女性"，向来做人、做事都很认真的叶圣陶评价"此老看戏而认真，亦复有趣"。

3月13日，他们一行赴济南前夕，"诸首长俱来陪饮，干杯屡屡"。[37] 柳亚子喝了一杯白兰地、五杯土酒，"颇有醉意"。[38] "诸首长"中包括舒同、许世友等，此前3月11日，宋云彬听了司令官许世友"发声宏大，措辞简捷"的演讲，曾"笑语同座者，此莽张飞也"。[39]

3月14日，他们一行到达济南，当地的党政首脑纷纷到站迎接，安排他们游玩大明湖等名胜，参观图书馆、博物馆、华东大学等。

3月15日，他们到达德州，当地正副市长"设宴款待"，柳亚子记："菜极丰富，鸡鱼最美，葡萄酒性极平和，饮小杯十许杯，兴高采烈"。[40] 不过叶圣陶所记有所不同："地方较朴，饮食亦差，惟烧鸡两大盘极可口。梨绝佳，鲜嫩爽口。"[41]

3月16日晚，他们一行到达沧州，天津专车来接，叶圣陶感慨："解放军以刻苦为一大特点。而招待我人如此隆重，款以彼所从不享用之物品与设备，有心人反感其不安。"[42]

3月18日，北平方面派连贯等三人到天津来迎接他们，当天他们一行抵达北平时，市长叶剑英、负责统一战线的李维汉及马叙伦、郭沫若、沈钧儒等身份显赫的民主人士一起到车站迎接，场面很是隆重。然后，他们被安排住进六国饭店，叶圣陶再次表示了"不安"："服用至舒适，为夙所未享。虽主人过分厚意，实觉居之不安。"[43] 这是他在平生从未享受过的大饭店下榻，却因"被褥太暖，进食太饱，未得美睡"。[44]

3月19日傍晚，叶剑英、李维汉等为他们接风洗尘。柳亚子和陈叔通发言，"大呼万岁，颇得意。尽黄酒十余大杯，数年来无此乐事矣。"[45]

为什么会待客如此之厚？是年10月10月夏衍亲耳听到了毛泽东的解释，就是"确保我们统战成功"，其中特别讲到"妻离子散与北京饭店"："必先主动地使'民主人士'住北京饭店，然后才能使妻不离子不散。"陈云发言时也说："团结民主人士，孤立反动派。"叶圣陶他们就是被团结的民主人士，即将诞生的新政权的贵客。[46]

然而，客人就是客人，尽管"不安"，也只能听由主人安排。3月17日，"今日同车人有主张抵北平后，联合发表宣言者，赵超构与马寅初谓大可不必。"第二天，连贯受命代表主人一方到天津来迎接他们这一行客人，宋云彬"叩以有人主张联合发一宣言，君意如何，则亦谓无此需要"。[47]既然主人认为没有必要，宣言之事也就此作罢。

3月25日下午，他们抵达北平已一周，叶圣陶说，那天在六国饭店大厅举行茶会，"初未知何事，及坐齐，始知中共中央今日迁来北平，毛先生与其诸同志将检阅军队，此间诸客人谋有所表示。"[48]

实际上前往机场欢迎也是主人安排好了的。宋云彬日记所记很详细："上午得通知，下午一时半罗迈召开座谈会，讨论'统战'问题，并谓为郑重起见，特发入场券，将凭券入场云。下午二时许，座谈会开始，罗迈宣布毛主席将于四时许到北平，请同人往西郊欢迎云云，始知所谓座谈会者，设辞也。"[48]

三、恨与爱

从烟台上岸起，他们一行在北行路上的所见所闻，用徐铸成的话说就是——"我们已由旧世界、旧时代开始走进一新天地、新社会矣"。[49]63岁的柳亚子更是异常兴奋，每到一地，都要在欢迎大会上"致答词"，有时候东道主没有安排，他也要"自请讲话"（可他总是说"被推讲话"）。3月8日在烟台正逢"三八节"，他想去出席妇女群众的露天大会，因为风大，被主人方来迎接他们的郭子化、匡亚明所阻拦，"不果，甚怏怏也！"[50] 当晚的欢迎晚会有花鼓戏演出，宋云彬日记说："柳亚老自请讲话，颇慷慨而得体。"[51] 叶圣陶《北上日记》也有记载，3月8日看完戏，"亚老感动甚深，自动要求当众致词。"[52] 柳亚子日记则说："余被推讲话，大呼：'拥护毛主席，拥护中国共产党，打倒蒋介石，打倒美帝国主义'。兴奋至于极度矣！"[53]

3月12日，他们参观了收容国民党战败被俘的投降军官教导团，或称"解放军官团"，实际上就是军官的俘虏团。主人安排其中十多人与他们谈话，最著名的是王耀武，其他也多是军长、参谋长。"王耀武先发言，自谓始臻光明正路，知忠于一人之非。又谓在此学习，读书讨论，大有兴味。又谓此间待遇甚优，颇为感激。……所谓宽大政策之道，于此见之。复参观其宿所。一切生活方面之劳动，各自为之。此辈在蒋管区，固莫非婢仆侍奉之特殊人物也。"[54] 宋云彬日记说，王耀武自称已读过共产党提供的哲学书、小册子之类二十多种，"颇能领悟"。王的参谋长罗幸理是宋云彬的旧识，特别交谈了十多分钟，罗说他们对解放军的宽大，"皆表感谢，并愿今后能为人民服务也"，说起王耀武被俘送入军官团之后"忽有所悟"，自撰一联："早进来，晚进来，早晚要进来；先出去，后出去，先后都出去。"横批为"你也来了！"[55] 其间，柳亚子曾对王耀武们训话，主要意思是"放下屠刀，诞登彼岸"八个字。

国民党军官被俘，尉级多被送入军政大学，主要是学政治知识，毕业后即分到各部队。校级、将级则送入教导团，"令自为学习，调查研究，撰写报告，颇类大学研究生。毕业后大部遣回。若王耀武之辈，今时所不能放心者，惟恐将来民众控诉，指为战犯，要求审判。此间诸首长时时加以宽慰，渠稍放心。以后若无人提出，渠即可为自由之人。"[56]

第二天下午，主人将国民党重要将领杜聿明用卡车送到大礼堂和他们这一行客人谈话，"杜名已列入战犯，故加脚镣。颜色红润，服装整洁，殊不类阶下囚。诸君发问，渠皆言不知其详。亚老、絧老愤甚，发言叱骂一顿，渠笑而受之。一般印象，渠或亦知必将判罪，故态度与王耀武不同。王因希望能得安然释放也。"[57] 这是叶圣陶的记录。柳亚子日记说："闻战犯杜聿明解来大礼堂，即赴会鞫之，余与絧老发言最凌厉，该犯唯唯而已。"[58]

声名显赫的国民党战将、也曾驰骋抗日疆场的杜聿明此刻头上包着白布，脚上带着镣铐。他被俘前曾以砖头击头部自杀未遂，此时伤还未愈。宋云彬说："杜为

从香港北行的船上合影。

1949年徐铸成、柳亚子等在烟台上岸时。

战犯，故不得与王耀武等同受训练。足加镣，状至狼狈。"[59] 郑振铎等纷纷质问杜聿明，杜的答词"狡猾"，但也承认济南撤退时曾奉蒋介石命令放毒气。宋云彬问："君与杜斌丞同族，杜被捕后何不出全力营救？"杜回答说："当时曾发一电向蒋解释。"宋说："以汝当时之地位，苟能尽力营救，杜先生必可免一死，而汝竟只发一电，显系搪塞无诚意，即此一端，可见汝之毫无心肝矣。"已沦为阶下囚的杜聿明闻言，"俯首不答"。[60]

杜斌丞是西北著名的教育家，担任民盟中央常委兼西北总支部主委，1947年3月被国民党当局以"贩卖毒品"的罪名逮捕，10月以"勾结匪军密谋暴动"的罪名在西安枪决。杜斌丞和杜聿明不仅有疏房叔侄关系，而且还教过杜聿明，算是其老师。所以他无言面对宋云彬的质问。

在将杜聿明"叱骂"一番之后，柳亚子以《民主人士会讯战犯》为题赋诗两首：

> 不思忏悔不牺牲，畏死偷生岂重轻。
> 徒费人民膏血养，早应一剑决长鲸。
>
> 畏死偷生不自羞，奴才翻道诩名流。
> 老夫一怒冲冠发，恨少龙泉斩贼头。

当时有人还将这一幕拍下了照片，宋云彬4月11日日记提及刘尊棋送来相片两张，其中一张就是"杜聿明被质问时的情状"。[61]

到北平几天后，3月22日，叶圣陶、宋云彬、许昂若在一起喝酒，"共谓我人历经艰危，而今日犹得在此饮白酒吃花生米，未尝不可慰。昂若在沪，为特务人员监视，前后门各有一怀枪之人，历时半月，居然能溜走到香港，亦为幸事。"[62]

在感叹逃出国民党掌握之"幸"时，他们流露出了对国民党政权的恐惧、憎恶和厌弃，这一切又岂是一个"恨"字了得。与此相反，对共产党他们充满好感和向往之情。

3月5日，从烟台上岸，叶圣陶初见当地的两位中共军政领导，"徐贾二君态度极自然，无官僚风，初入解放区，即觉印象甚佳。"[63] 几天后（3月8日）在莱阳，中共华东局的党政军各机关人员纷纷来看望他们一行，"彼辈均善于谈话，有问必答，态度亲切，言辞朴质。"[64]

3月6日，他们在烟台街头发现商店十有九闭，极为萧条。经了解此地原有人口近二十万，现在只剩下了十万有余，有消费能力的多已离开。傅彬然说："以前的繁荣系建筑在剥削关系上，今此关系已打破，当然萧条。此后生产发展，重进繁荣，乃真繁荣矣。"叶圣陶认为"其言甚确"。[65]

3月7日，叶圣陶听一个小学毕业、从事青年工作十年的青年姜汝谈得头头是道，深为折服："余思共党从生活中教育人，实深得教育之精意，他日当将此意发挥之。"[66] 对"团以下，团长与士兵同等待遇，一切供应皆同"，他也感到新鲜。[67]

3月8日晚，在看了四出《拥护毛主席八项条件》《交易公平》《积极生产》《开荒》的露天戏后，叶圣陶写道："余亦以为如此之戏，与现实生活打成一片，有教育价值而不乏娱乐价值，实为别开途径之佳绩。而场中蓝天为幕，星月交辉，群坐其中，有如在戏场之感，此从来未有之经验也。"[68]

3月10日，他们一行到达青州，叶圣陶听当地干部吴仲超谈收藏保管文物的情形，头头是道，至为心折，感叹说："诬共党者往往谓不要旧文化，安知其胜于笃旧文人多多耶。"[69] 第二天，他在华东正式的欢迎会上演讲："来解放区后，始见具有伟大力量之人民，始见尽职奉公之军人与官吏。其所以致此，则由此次解放战争实为最大规模之教育功课，所有之人皆从其中改变气质，翻过身来，获得新的人生观也。此意尚未想得周全，他日当为文表达之。"[70] 这决非应酬的客套话，而是包括叶圣陶在内的许多知识分子的由衷之言。那一刻，正如他们对国民党的恨一样，他们此时对共产党的爱也难以言表。

3月19日，叶圣陶听了叶剑英的演说，"行百里者半九十，今后军事政治之胜利，其获致尚相当艰苦。即一切反动势力俱已铲除，犹如辟一平地，其一切建设亦非容易，贵乎大家之努力"，以为"其说甚精当"。[71]

3月21日，李维汉与二百多人谈话，主要讲了四点："一、解放军致胜之由（在于土改），二、关于和谈，三、关于新政协，四、共产党人待人处事之态度。"叶圣陶称："其言至亲切，余极为满意"。[72]

3月22日，叶圣陶见到一别十年的曹葆华，曹久居延安，自学俄文，翻译理论书籍，对以前所钟爱的新体诗早就"不复有兴趣矣"，叶夸他"谦和朴实，大有延安风度"。[73] 夸的虽是曹个人，但流露的正是对"延安风度"、对共产党无比的爱意。

此前 3 月 15 日，叶圣陶他们一行到达山东德州，他与宋云彬等一边吃着德州烧鸡，一边喝着喜欢的白干，"酒罢共谈日来之感想，皆希望中共作得美好，为新中国立不拔之基。"[74]

当然，"知北游"以来，他们也并不是事事都感到满意，不说柳亚子的"牢骚"、宋云彬的忧虑，叶圣陶也不无疑问和困惑。3 月 8 日，叶圣陶在出席华东妇女大会后，感慨"解放区开会多，闻一般人颇苦之，不知当前诸妇女中有以为苦者否"。[75] 3 月 14 日，他在济南初见赵俪生，赵当时在华北大学作研究工作，即将迁开封的中原大学。他从赵那里得知"北平解放之后，对知识分子之教育颇感困难"。他和郑振铎听说教员都要受政治训练，"以为殊可不必"。此前数日，陈叔通曾谈及，"凡国民党之所为，令人头痛者，皆宜反其道而行之，否则即引入反感。而令人受训，正是国民党令人头痛者也。"[76] 同一天，宋云彬在济南的座谈会上，当面问恽逸群："在此情况下能容许私人办报纸否？"恽逸群的回答虽然婉转，意思却很明白，"目前私人办报，事实上甚为困难"。[77] 3 月 15 日，也就是宋云彬、叶圣陶等在德州吃烧鸡、酱肉小酌的那天，宋云彬当记着："酒酣耳热，相与剧谈。圣陶颇虑平津当局处理大学教师有偏向，余亦以此为虑。"[78]

只是所有的忧虑、疑惑统统都被淹没在当时客人对主人真诚的爱意里，淹没在主人对客人的热情周到的款待中，这些忧虑、疑惑终究只是私人的记录而已。

注释：

[1] [3]《柳亚子文集·书信辑录》，上海人民出版社 1985 年版，354、348 页。

[2] [6] [8] [12] [15] [16] [18] [20] [22] [24] [28] [30] [33] [34] [37] [41] [42] [43] [44] [48] [52] [54] [56] [57] [62] [63] [64] [65] [66] [67] [68] [69] [70] [71] [72] [73] [74] [75] [76] 叶圣陶《旅途日记五种·北行日记》，生活·读书·新知三联书店 1987 年版，151-152、151、152、153、154、154、154、156、163、118、159、162、163-164、165、168、171、171、172-173、173、176-177、161-162、167、167-168、168、175、157、160、158、160、161、162、163、165、173、174-175、175、170、161、169 页。

[4][9][13] [14] [17] [19] [23] [27] [29] [32] [35] [39] [47] [48] [51] [55] [59] [60] [61] [77] [78] 宋云彬《红尘冷眼》，山西人民出版社 2002 年版，108、108、109、109、109、109、111、110、

111、111、112、112-113、113、114、111、112、112、112、119、112、113 页。

    [5] [7] [11] [31] [38] [40] [45] [50] [53] [58]《柳亚子文集　自传·年谱·日记》，上海人民出版社 1986 年版，332、333、333、335、336、337、340、334、334、336 页。

    [10] [21] [26] [49]《徐铸成回忆录》，生活·读书·新知三联书店 1998 年，179、194、180、181 页。

    [25] [36]《柳亚子文集　磨剑室诗词集》，上海人民出版社 1985 年版，1526、1516 页。

    [46] 沈宁　沈旦华编《岁月如水流去　夏衍日记》，中华书局 2016 年 1 月版，91-92 页。

日记中的"开国盛典"

　　1949 年 9 月 21 日，中国人民政治协商会议在北平开幕，当夜浦熙修就给上海《文汇报》发去专电：《人民代表欢聚一堂　开国盛典隆重举行》（第二天见报），她特别细致地描绘了高悬会场前、"光芒四射"的人民政协大徽章："徽章式样，复杂而美观。中间秋海棠叶之红色中国，高踞白色地球上；上面又高插四面大红旗。淡蓝色的光线自地球周匝发出。其外围，上半圆以蓝色齿轮；下半圆以黄色嘉禾，象征工农。" [1]

　　这是一次盛会，是"开国盛典"，10 月 1 日广场上地动山摇的万岁声、潮水般的人流只是这一盛会的延伸与放大。参与这次盛会的代表共 662 人，年龄最长的萨镇冰已 92 岁，其次司徒美堂、张元济也都在八十岁以上，而年龄最小的学生代表只有 22 岁，周恩来称之为"四世同堂"。不久后以神来之笔写下"时间开始了"的诗人胡风从 9 月 21 日政协第一次会议到 10 月 1 日，所记的几乎都是流水帐，没有流露任何个人的看法。较多记下个人真实感触的是宋云彬，其他如张元济、徐铸成、竺可桢的日记也各有特点，他们是学者、出版家、报人、科学家，更是历史的见证人，那一刻，他们躬逢盛会，亲历开国一幕，并从不同的角度，以不同的文字风格在私秘性最强的日记中记下的点点滴滴，使后世的人们有可能通过这些第一手的私人性记录回到现场，感受早已定格在历史中的"开国盛典"。

　　9 月 21 日晚上，政协第一次全体会议在中南海怀仁堂举行，先由周恩来报告大会筹备的经过，通过 89 人的主席团名单，朱德为执行主席，宣布大会开幕，请毛泽东致开幕词，接着刘少奇、宋庆龄、何香凝、张澜、高岗、陈毅、黄炎培、李立三、赛福鼎、程潜、司徒美堂依次发言，散会时已近 11 点。

1949年10月1日阅兵式。

竺可桢记下了每个人发言的准确时间，毛泽东 18 分钟，刘少奇 14 分钟、宋庆龄 12 分钟、何香凝 15 分钟，高岗 18 分钟，陈毅 5 分钟钟，黄炎培 11 分钟，李立三 16 分钟，维吾尔族的赛福鼎连翻译共 16 分钟，张澜 11 分钟，程潜 9 分钟，华侨代表 82 岁老人司徒美堂连翻译 13 分钟。发言者中宋庆龄、程潜是特邀代表，陈毅是解放军代表，黄炎培是民建代表。

宋云彬私下对这些发言者有一番评头论足："讲演词以宋庆龄的最为生辣，毫无八股气，可惜她不会说国语，用一口道地上海话念出来，就没有劲了。陈毅的最简单，也很得体。黄炎培的发言，既不庄严，又不生动，令人生厌。程潜之讲词文句不通，意思也平常，应考末一名矣。宋庆龄讲话时，正雷雨大作，电灯忽灭，幸不久就亮。"[2]

对于这天宋庆龄的迟到（毛泽东晚上 6 点 53 分到，宋要到 7 点 14 分才到），演讲中又未提毛主席，还有张治中、程潜的演讲，不少代表表示不满。夏衍说他们是"褊狭的见地"，第二天在华东区小组开会时，他做了些解释。[3]

张元济日记说，"十时半散会，先是大雷雨，此时已止。"[4]

徐铸成日记更生动些，"开会后，忽大雷雨，然散会后，又满天星斗矣。"[5]

9 月 22 日，政协召开第二次大会，主要议程是听取筹备会的四个报告，分别是林伯渠、谭平山、董必武、周恩来作报告，张元济只记了一句："是日周恩来演说甚久"。[6] 还是宋云彬有自己的看法，"今日作报告者，大都就拟定之报告书宣读一过，所费时间不多，独谭平山作口头报告，一口广东话，说来又不甚有条理，费时一点钟，令人生倦。"[7]

9月23日下午举行政协第三次全会，有李济深等18人发言，徐铸成日记说："其中，以刘伯承、粟裕、傅作义、梁希发言最得全场欢迎，掌声始终不绝。刘、粟代表二野、三野，向大会保证，决在短期内肃清西南华南残敌，解放台湾。傅甫由绥远赶回。报告绥远和平解放经过。……梁氏为自然科学工作者之首席代表，说明自然科学家今后之态度，以及对新中国服务之热忱，不啻为科学家向新中国宣誓……"[8]

竺可桢日记则说："今日讲演中以梁希、陶孟和、傅作义三人为最佳，廖承志演词亦紧凑。"上午他参加小组会议，国都问题一致赞同，纪年问题也无异议，"关于国旗问题则意见极为分歧。……讨论并无结果而散。"[9]

宋云彬着重记下了傅作义的发言，"傅作义发言最坦率，谓此次赴绥远，蒋介石曾来电邀往重庆，有'足下此次脱险，颇与十年前余自西安脱险相似，深可庆幸'之语，然余决不为所动，今日得参加大会，站在讲台上发言，真是既惭愧，又荣幸，更无限兴奋云云。"[10] 比前，他8月29日听沈钧儒在救国会例会上报告，傅作义、邓宝珊赴归绥已6天，此行可有好结果。行前毛泽东告诉他俩，蒋介石造谣说你们失去自由，今请你们自由赴归绥，你们如愿意返回蒋那边也给你们自由。28日的《光明日报》就收到过重庆蒋介石方面的广播，居然称傅作义已脱险归来，将派机往接云云。但人们都料定傅作义等必能完成使命，重来北平。[11]

这天下午的大会，张元济请假。不过上午在中南海勤政殿举行的小组会上，他明确反对采用西历。先是讨论国旗、国都，关于建都北京，"众无异词"，"至纪年一节，余以采用公历，合于世界大同之义，但目前尚难达到此境。至以现在为划时代，则民国犹是民国，民主犹是民主，不妨仍继续称民国纪元，今年为三十八年，且采用公历今年为一九四九，一则我国历史已有四千三百余年，多数不知历史者不免误认我国立国只有一千九百余年，似失国性；二则公历以耶稣降生为始，于我国回族、藏族不免有影响宗教之戟刺。"经过讨论，再四辩论，陈叔通大主用公历，后来有人提出将原议和他的主张提交总会斟酌。周善培主张改元，"议论甚为透彻"，也提交总会讨论。[12]

9 月 24 日的政协全体会议，各单位代表共有 22 人发言，徐铸成说少有精彩的，只是休息时，新疆等代表献旗，"甚为感动"，他们向毛泽东献民族袍及民族帽，空气更是十分热烈。[13] 竺可桢则说发言者中"以劳动英雄代表刘英源及张难先最为出色"。[14] 他还提到，除了新疆代表献旗和衣冠，西北回族也献旗。宋云彬对发言记得最详细：

> 陈嘉庚平时颇善讲话（虽然说的是土话，必须翻译），今天照发言稿一个字一个字念，像过去私塾学生念书，听起来颇有滑稽之感。梅兰芳善唱戏，但上台读演讲词可不成。张难先发言不落窠臼，最后一段谓"本席这个小组的代表中如张代表元济、周代表善培，都是七八十多岁的人，数十年不愿参加什么政治性的会议。再如李代表书城、宁代表武、张代表醿村等都是中国同盟会的老人，好多年看见旧政府所作所为，都是背叛孙中山先生的主张，遇到什么政治性的会议都是不肯参加的。却是此次所召开的人民政治协商会议，大家都欢欣鼓舞，不顾衰老，毅然参加，这实在是看见解放军军纪之好，政府人员之刻苦努力，以及毛主席、朱总司令之英明领导所感召。就这几位老先生之参加看来，真可以代表全国人民心悦诚服地拥护人民政府。这个意义是非常重大的，故本席附带的报告一下"。生面别开，毫无八股气息，博得全场鼓掌。许德珩之发言稿文字不通，念出来当然也不通，俨然以学者身份登台发言，殊令人齿冷也。救国会之发言稿，本无精彩，开头又经沈志远加上一段"人民八股"，更觉无聊。余以救国会代表名义出席政协，听了沙千里把这篇发言稿在台上念，觉得惭愧之至。[15]

在这些发言者中，陈嘉庚是华侨首席代表，梅兰芳、张难先为特邀代表，许德珩则代表九三学社。

这一天的张元济日记仅说："有代表诸人演说，至十人而止。"[16] 此前 9 月 21 日政协开幕前，张难先等 5 位曾参加过同盟会的代表与出版界元老张元济等 9 人开小组，推张难先为发言人，周善培郑重表示他与张元济"向不参加任何党派，亦不问外事，此次系特别情形，应于发言时为之说明"。[17]

9 月 25 日的政协全体会议上有 20 人发言，宋云彬说，"其中以陈明仁言辞最诚挚，大可钦佩。钱昌照根据事实发议论，颇不空泛。若马叙伦之流，大抵八股一套而已。"[18] 这几个人中，马叙伦是民主促进会的首席代表，陈明仁、钱昌照为特邀代表，两人都是从国民党阵营中倒戈过来的。

竺可桢则认为："以农民团体代表李秀真发言最为率直，周信芳即麒麟童，说话如在[演]话剧，刘晓讲得最长，陈明仁讲反正经过最坦白……"[19]

徐铸成记下了大家忽略的一则花絮："最可笑者，吴奇伟在报告的最后呼口号，竟喊出'中国国民党万岁'，盖彼原为喊'中国共产党万岁！'口滑误喊矣。此版演词，想决难广播矣。"[20]

此人是抗日名将，曾任湖南省政府主席、华北"剿总"司令部副总司令、徐州绥靖公署副主任、广东绥靖公署副主任，在广东东江宣布起义。

9月26日，阎宝航转达周恩来的意思，想请83岁的张元济在第二天的大会上发言，张表示"时间太短，亦不能畅所欲言，请作罢。俟异日有机会再陈管蠡之见。"[21] 这一天，周恩来在六国饭店召集座谈会，参加的数十人都是"长老"，讨论简称"中华民国"的问题。周恩来首先发言，有关议案屡经小组讨论，大致上已没有什么不同意见。只有中华人民共和国名称下加括弧简称"中华民国"，每次会议都有人表示似乎累赘，当初之所以在《共同纲领》草案中写入这一条，主要是为了顾及一部分人的意见，表示不忘辛亥革命创始的功绩。"究应如何定名方为妥协"，他自称受毛主席之命，特约各位长老到这里讨论。有人主张应删去这四个字，张元济发言赞成删去，"何香凝起而抗议，邵力子和黄炎培则折衷其说，谓可暂留。"其他如陈叔通、陈嘉庚、马寅初、徐特立、周善培等都主张删，沈钧儒则说去掉这四个字并无忽视辛亥革命的意思，于是周恩来就拿他的话作为结论。[22]

9月27日，政协全体会议上有代表25人发言，"其中有中共要求其发言者，如李任仁；有自己要求发言者，如罗隆基、刘清扬等。尤其是刘清扬。余笑语邻座之吴茂荪：'清扬如得不到这次的发言机会，将死不瞑目也。'罗努生在旧政协时代为最出风头之人物。此公对美帝一向存有幻想，对苏联素来具有成见。（日本投降时余在昆明。努生主编《民主》周刊，余亦为编辑委员之一。努生告余，据彼观察，此次日本投降，先与苏联默契，换言之，即苏日默契，共同对付美国也。余问以何证之。努生曰，君不见苏联进军东北，日关东军之迅速崩溃乎？设非苏日先有默契，以关东军过去之作战能力而论，决不会崩溃如此之速。且君安知关东军之崩溃，非即关东军撤退之别称乎。余闻之大诧。告以余之所见适与君相反。余以为日本之投降，出自美国之诱胁，杜鲁门闻苏联与日本宣战而表示惊惧，日美两方均竭力夸张原子弹力量之大，皆其证也。努生不以为然。)此次政协主席团无此公名，当非无故。然此公究为政客出身，颇能活动，闻曾与张东荪相约，分别谒见周恩来，互相推荐。周站在统一战线立场，当然予以抚慰。今日努生居然登台发言，可知中共已准备给他相当照顾矣。"宋云彬记得如此详细，对罗隆基（努生）的反感毕露无遗。

等到 25 个代表发言后，大会才进入政协组织法、中央政府组织法、首都、国歌、国旗等的讨论。宋云彬日记称，"讨论过程中，袁翰青忽起立发言，对于中央政府组织法有文字上之修改，遂引起辩论，好出风头者乘此时机纷纷要求发言。余有意见发表，起立两次报号数，均为他人抢先夺去，主席周恩来问余有何意见，余谓众说纷纭，漫无目标，余固有意见，但不愿发表矣。"争辩数小时，在周恩来主持下，居然逐案通过，但散会已是晚上 9 点多，"疲倦已极"。[23]

竺可桢日记说，"国旗用五星红旗系审查委员会意见，前次在小组会议讨论时注重于第三、第四两个图案，而并未提到五星红旗。今日骤然提出，实无余暇再行讨论矣，故余在投票时弃权。" [24] 第三号图案，即红底划一黄线（代表黄河），上加黄星；第四号图案，即三分之二红色，三分之一黄色，在上左上角一红星。

中国人民政治协商会议第一届全体会议于1949年9月21日至30日在北京举行。图为会场外景。

此外，还通过了纪元采用公元，国歌用《义勇军进行曲》暂代，以北平为首都，恢复北京名称。徐铸成感叹："北京改北平时（十七年）余在北平，又改回称北京，余亦适来平参加会议，对'北平'此一历史名词，可谓有始有终矣。"二十一年间两次易名，回首已有沧桑之感。[25]

9月28日政协休会，宋云彬被请到沈钧儒的住处参加救国会的紧急会议，"沈老报告中央政府委员及政协全国委员会委员名单协商情形。史良两个委员会内均无其名，大为不平；实则已内定任彼为司法部长，被选为委员与否，无关宏旨也。沈志远、千家驹等聆衡老报告，政协全国委员会预拟名单中有丁西林、竺可桢，大不谓然，以为彼等平时不谈唯物辩证法，有何资格当选。彼等浅薄无聊如是。"[26]

9月29日，政协第七次大会通过《共同纲领》等多个议案，宋云彬说："今日预料会议时间必甚长，孰知仅历两小时又半，殊出意外也。"[27]

早在大会开幕前，竺可桢曾多次参加小组会有关《共同纲领》的讨论，并提出自己的看法。9月9日，他出席政协小组会，讨论《共同纲领》，小组召集人是中共中央宣传部副部长陈伯达，竟迟到半个多小时，发言最多的是施复亮、陈瑾昆、沈志远等，"余对于纲领已先阅过，认为其妥善，故不发一言。"9月12日，教育小组会议，"共谈四小时之久，对于各条一字一句均加以研究，余认为太费时间……"9月14日，开小组会讨论《共同纲领》，"发言以陈瑾昆为最多，但几乎无一被采取。多数问题均讨论后维持原案。余发言二次。一为三十三条制定恢复和发展公私经济各主要部门的总计划，提出在其上加'应即日作资源生产、人材之调查'一句。大家以为此不是原则，只是办法，故未加入。又第四十三条普及科学知识下，余主张加'和技能'三字。虽有人赞同而若干人以为科学技能是不好普及的。经施复亮主张'增加科学技能'，始被列为参考。实际此两项意见余均采取会议[上]人家之意见也……"[28]

同一天下午，张元济在中南海勤政殿参加《共同纲领》修正稿的讨论，认为："《共同纲领》文字甚欠整洁，前后亦欠贯串。发言人多斤斤于词句之末。"所以他递了一张纸条给会议主席章伯钧，表示想先请假，但对第17条有意见，可否准先陈说，章说明后就让他发言，"余言第十七条'禁止肉刑'云云，自汉文帝废止后，似唐宋以来均已无之。近惟赎刑尚未废，但非正刑。肉刑早已禁绝。际此文明进化时代，如以此列入，于我国面子甚不好看。我料此所谓肉刑者，当指鞭笞而言。其实民国以来，鞭笞亦已禁止。至于私刑，则比此更甚，亦禁无从禁。鄙见事实上早已无有，何必再缀此。特为提出，请共同讨论。众议亦以为所指定是鞭笞，俗称体刑。"章伯钧说："等讨论后，再通知结果。"[29]

9月16日，张元济写信给章伯钧，又提出《共同纲领》第3—6条，"拟请补入'航业'。"[30]9月26日，上海文管会副主任韦悫询问张元济有无什么不便、不适应之处，对会议有无意见，他表示招待周到，"可感"，"又告以对《共同纲领》曾提出撤消'禁止肉刑'字及'推广海运'已采列。又提出'爱科学'一项与上下文不甚相称，未被采用。余无他意见。"[31]9月29日，银行家资耀华还奉周恩来之命，专门向张元济转达《共同纲领》未采用"爱科学"三字的理由。

参与这次盛会的民盟中常委、副秘书长周鲸文，十年后在香港出版回忆录《风暴十年》，直言当时讨论《共同纲领》，所谓"讨论"，无非是在文字上的"之乎者也"之间，文本的内容都是不许删动的。会上代表的发言，也都是先拟好，然后交大会主席团批准通过，再照着稿子念。共产党方面称，这是"新式民主"，其特点是"背后协商"，具有特别的优越性。

9月30日，政协举行第八次全会，选举政协全国委员会委员、中央人民政府主席、副主席及委员。竺可桢说，政协全国委员会委员180人名单"经全体无异议通过"，人民政府委员则由票选，"散会时大家兴高采烈，在极度兴奋中唱《义勇军进行曲》……"[32]全国政协委员的选举，只是将经过各单位协商通过的名单整体提付表决，"盖以全国委员有一百八十人之多，若以无记名联记法投票，则开票手续至繁，为时间所不许。然此中尚有一重要之原因：名单中有章士钊，为多数代表所不喜，若不以整个名单付表决，章必落选无疑也。"[33]

张元济日记说，整体通过全国政协委员的名单，免除了类似章士钊这样引起争议的麻烦。此前，9月29日，张难先召集他们这个小组开会，说昨天讨论选举名单，又有人反对章××，嘱同人谅解，不要在大会上提出异议。这个"章××"显然就是章士钊。[34]9月28日，张难先召集小组会讨论选举名单，张元济被列入"全国政治委员会"（即全国政协委员）名单，张元济请张难先代他辞去。实际上他想辞也辞不掉，只要名单上有他，最后还是要被选上。

至于中央人民政府委员的选举，依据29日全体会议的决定，以无记名联记法投票，代表在选举时有权舍弃名单中的任何一人或若干人而另选，选票上每一候选

代表们通过中华人民共和国国旗、国歌、国都、纪年等议案。

人姓名下都留有空白，如代表不愿选某人，可在某人姓名上加一"×"，在下面另写上想要选举的某人姓名（只"×"去某人，不另写他人也可），宋云彬仅仅在选票上"×"去了张治中、张东荪。

　　周鲸文回忆，在一次座谈会上，大家谈到选举中华人民共和国主席的问题时，毛泽东当众说："在选票上每个人有自由选举权，在选票上圈定什么人都可以，不过他抹了不想选的人名以后，最好别写西门大官人。"在场的人纷纷夸他幽默。[35]

　　在中央人民政府委员候选名单分发下来之后，大会主席说同意的加"〇"，否则加"×"。张元济认为"素不相知者，无同意不同意之可言，拟质诸主席。邻坐诸人阻勿言，谆劝加'〇'为妥"，最后他同意这么做。[35]还有一项议程是通过一个宣言，张元济报名发言，提出在宣言稿中加上"保全我国领土"字样，他说近读《参考消息》，"有人觊觎我西藏，又云南、两广边界外，亦对我有啧言"。所以，他提出在"解放全国领土"这一句的"解放全国"后面加逗点，加"保全我国的"五字。他解释这样改有两层意见，一是毛泽东在开幕词中说不许任何帝国者再来侵略我们的土地，二是《共同纲领》第十条、第五十四条所说的保卫中国领土主权的

张元济与毛泽东在天坛。

张元济随毛泽东游天坛。

完整。他希望能在宣言中郑重声明，"我言下之意不许别人侵略我，我亦只保全我之领土，并无侵略他人领土之意"。宋云彬所鄙视的许德珩起来发言，"主张维持原案"。周恩来在台上提议巩固国防之下，加上保全我们的领土字样。会议主席问他是否同意，他当即表示同意。[35] 直到 10 月 17 日，张元济离京南归前夕致信周恩来告别，仍惦念此事："政协最后集会，弟于宣言谬陈管见，意在禁人侵略，自求保全，非我领土，断无侵略，仰荷明察，许为采纳。"[37]

在检点中央人民政府选举票的空挡，大会宣布将在天安门广场建纪念烈士碑，邀请全体代表前往参加奠基礼。等代表们回到怀仁堂，宣布投票结果，"掌声不绝"。当晚张元济回到住处，"厨房已熄火矣"，只好"以饼干充饥"。[38]

9 月 30 日的徐铸成日记说："当毛主席当选时，掌声万久不绝，景况甚为惑人"。[40] 这天上午，他特地到王府井大街理了发，"因明日开国大典，个人亦应有新面目也。"[41]

10 月 8 日，广州的国民党残余政权，在行政院会议上通过"通缉"中国人民政治协商会议主席团名单、中央人民政府人员名单，以及"附'逆'有据之官员"名单，包括钱昌照、吴有训、张志让、梁希、马鸿宾等。[42] 也是这一天，马寅初告诉竺可桢，新政府四个委员会和三十个部的主持人物之所以迟迟不发表，"皆由小党派之各欲占一席。"[43]

10 月 1 日，女记者杨刚在《毛主席和我们在一起》这篇通讯中说，最让人难忘的场面可能是广场上的人群一次次发出"毛主席万岁"的呼喊声，毛则在城楼上、用播音器呼喊"同志们万岁"回答他们，楼上楼下一呼一应，"群众是欢呼跳跃，主席温厚而慈祥的手在空中摇动不停，累了，便另换一只手，他的全身凝聚着力量，他的脸上发出庄严而慈祥的光辉。"[44]

可惜，这一呼一应的一幕在竺可桢、徐铸成、张元济、胡风等人的日记中都没有记录。这一天，气象学家竺可桢记下了那天北京的天气，"晨阴"，"下午阴"，"午后二点乘车经午门至天安门城楼上参加中华人民共和国开国典礼。……天安门前之广场新辟成，可容十七万人，如排得紧可卅万人。……会场之庄严为余所未曾见。三点典礼开始，主席毛及六位副主席……及五十六位政府委员就位，奏《义勇军进行曲》，毛主席宣布中华人民共和国中央人民政府成立。升国旗、奏国歌、鸣炮，宣读中央人民政府公告……。接下是阅兵。自 3:35 直至六点始毕，然后各机

毛泽东按动升旗电钮。天安门广
场升起了第一面五星红旗。

关学校喊口号，依次散。因人数众多，至八点半尚未散尽。"[45]

　　张元济记下的天气可与竺可桢相互补充："晨微雨，午饭后渐晴霁"，"是日通
知下午三时在天安门楼上行政府成立礼，升旗、阅兵、游行。……拾阶而上，见游
行队列坐广场，蜂屯蚁聚。届时赞礼宣布开会，作乐鸣炮，宣读公告。继朱德阅兵，
先步兵，后机关枪，次炮兵，次海军，继骑兵，继坦克车而飞机则遨翔上空，寥寥
无几。行伍行毕，游行方始。"直到夜晚，他已入睡，"闻外间游行欢呼声至夜半方
止"。[46]

　　徐铸成以一个职业记者的眼光和笔调记下了那一天的亲历亲闻，"毛主席万岁
之呼声，响彻云霄，群众秩序井然，而均以一见毛主席为荣，盖均衷心感激毛主
席为国之功绩，此种场面，每令人感泣。余今日亦数次禁不住泪下，不能自禁。"
他和老朋友郭春涛一起在天安门城楼目睹这一盛况，回忆起二十一年前国民党军

底定京津，也曾在天安门举行庆祝大会，群众不过数千人，往事如在眼前，而大势全异。[47]

下午二点半，夏衍到了天安门城楼，"一望之下，是一片红旗的海。这一场面，是先烈们用鲜红的血换取来的。"他想起了郑汉先、庞大恩。郑是将他引上革命之路的留日同学，后化名陈德辉，1929年在武汉被捕牺牲。庞也是他的留日同学，后改名吴永康，参加红四方面军，1937年春天牺牲在战场上。郑、庞都是他的入党介绍人。48

那一天的胡风日记很简单，"下午三时，天安门共和国中央人民政府成立典礼，阅兵，人民大游行。典礼与阅兵从三时到六时，群众行列从六时继续到九时一刻。"[49] 但是，没过不久，诗人就把这一天写入了他的《时间开始了》组诗《胜利颂》中，他以汉语中能找到的所有最美好的词汇歌颂毛泽东，甚至有这样出人意外的诗句——

毛泽东
一个新生的赤子
一个初恋的少女
一个呼冤的难主
一个开荒的始祖……

他更是以激动的词汇歌唱那一天广场上的盛大场面：

海！
欢呼的海！
歌唱的海！
舞蹈的海！
闪耀的海！
从一切方向流来的海！

向一切方向流去的海！

劳动着、战斗着、创造着

从过去流来的海

劳动着、战斗着、创造着

向未来流去的海！ [50]

注释：

[1]《浦熙修记者生涯寻踪》，文汇出版社 2000 年版，608 页。

[9] [14] [19] [24] [28] [32] [43] [45]《竺可桢日记》第二册，人民出版社 1984 年版，1288、1288、1288、1289、1284-1286、1290、1291、1290 页。

[2] [7] [10] [11] [15] [18] [23] [26] [27] [33] 宋云彬《红尘冷眼》，山西人民出版社 2002 年版，164、164、165、) 154、167、167、168-169、169、169、170 页。

[3] [48] 沈宁 沈旦华编《岁月如水流去 夏衍日记》，中华书局 2016 年 1 月版，82、86 页．

[4] [6][12] [16] [17][21] [22] [29] [30] [31] [34] [36] [37][39][46]《张元济日记》，河北教育出版社 2001 年版，1233、1234、1234、1236、1233、1237、1237-1238、1222-1223、1224、1237、1240、1240、1239、1241、1241、1242 页。

[5] [8] [20][25][40] [47]《徐铸成日记》，生活·读书·新知三联书店 2013 年版，44、45、47、49、52、53 页。

[13] [39] [41]《徐铸成回忆录》，生活·读书·新知三联书店 1998 年版，198、204、203 页。

[35] 周鲸文《风暴十年》，香港时代批评社 1958 年版，137 页。

[37]《张元济书札》（增订本）中册，商务印书馆 1997 年版，799 页。

[42] 包天笑 1949 年 10 月 10 日日记，《钏影楼回忆录续编》，山西古籍出版社、山西教育出版社 1999 年版，946-948 页。

[44] 上海《大公报》1949 年 10 月 6 日。

[49]《胡风全集》第十卷，湖北人民出版社 1999 年版，111 页。

[50]《胡风的诗》，中国文联出版公司 1987 年版，168、158-159 页。

殷海光和夏君璐情书中的时代剧变

　　现在整个国家陷入悲惨之中，我们正陷入一个大不平时代，当然是快乐不起来的。

　　……不过，无论如何，您应该快乐一点，因为，您自己在美丽的黄金时代；有好爸爸，好妈妈，好姐姐，好哥哥，在千千万万女孩中，是幸福的。人们在美丽的朝霞中，常常不觉得，等到发觉时，一切都快过去了。学校毕竟与外界是隔离的。愿您好好地坐在这一只游艇上，遨游湖面吧！生命总是美好的。愿您在年青的日子和朝阳里多逗留一会儿。清晨不妨长一点，黑夜必须快快溜过去！ [1]

　　这是 1948 年 2 月 22 日，殷海光在南京写给女友夏君璐的一封信中说的，是年不到三十岁的他是《中央日报》的主笔，夏君璐年方二十，还在武昌的一所教会中学上高中，他们相识已有三四年了。这一刻，内战虽尚未迫近江南，但作为天天关注时局的新闻从业者，他不可能置身时代的风浪之外，写作、读书之外，他常常独自静坐在屋子里沉思：国家，危机，朋友，理智，情感，憧憬，忆念，黄桷垭小镇；蓊郁的树林，文峰塔，镇上的柑橘，小羊，那只兔子……黄桷垭小镇正是他们最初相逢的地方。他在给夏君璐的信中曾说过："我追求真、善、美；我爱自然，为了这些，我什么都可以舍弃。"他却撞见了这样的跌宕不定、大起大落的时代，他逃无可逃。

　　从南京到台北，他不断地给夏君璐写信，这些完整保存下来的情书让我们看见一切人间的美、男女真情的美，即使是那样的动荡，那样的不安，那样的不确定，那样充满不可预测的未来，人依然可以如此纯净地活着，人依然可以追求自己的生活。他们在情书中透露出了那个时代真实的信息，在残酷的战争和政权更迭之际，他们的情书尤其显得珍贵，真正的爱情可以超越战争、政治和时间，历久弥新，也历久弥坚。

一

即便到了此时，青年殷海光还在想着办刊物，4月14日他在信中对女友说，有人出资办一个月刊，名叫《青年杂志》，由他任主编。"我要藉着这个机会提倡思想自由。您说我太为着国民党这一方面，这话是不对的，恰好相反，许多人说我太剧烈。不过弄政治，有时需走曲线。"《青年杂志》使人想起陈独秀当年创办的同名杂志，作为1919年生人，殷海光总为自己未曾赶上"五四"时代而有一点小小的遗憾，这个杂志似乎没有办起来，但他提倡思想自由的心思却未曾消歇，直到投身《自由中国》半月刊，他才有了十年激扬文字的机会。在这封信中，他讲起南京东郊的风光，在这春天美丽极了。上个星期他跟朋友去玩了一次，"万紫千红，看在眼里，愉快已极。"他盼望着来年和她一起欣赏，他没有想到这一盼望将永远落空。南京郊外的春天之约，在他们一生都不可能完成了。

5月22日他已许久没有收到夏君璐来信，他在这一天写的短信中说："国事一天败坏一天，心境时常欠佳。"不久，他接到她5月下旬从武昌寄来的信，信中也说："这里时局很坏，武汉的洋钱七十多万一块。只一两天的功夫就涨了十几万。有许多已准备小包包等逃。再又闹要涨水了，雨老是不停的下，有一两星期我们就没有升过旗。"

他想辞去《中央日报》的职务，一心在金陵大学任教，初上讲台即大受学生欢迎，令他意外，很快从讲师而副教授，他很想以教书为业，但几次向报社辞职都没有允准。11月3日，他在信中说：

> 这些日子，我底心境颇为不佳。您可以知道，这是由于焦虑国事。常常，静坐的时候，我拿起您戴眼镜的照片——这是我最喜欢的一张——端详端详，因而使我底意绪走到另一个方向去了。是希望，是喜悦，是惆怅，我难分难解。……
> 南京的一些人慌张。尤其是达官贵人。真是"恶贯满淫【盈】"。有什么可怕

的呢？我底主意早打定了，可以应付任何情形。

当天，他执笔的社评《赶快收拾人心》，刊登在第二天的《中央日报》上，文章指出："国家在这样风雨飘摇之秋，老百姓在这样痛苦的时分，安慰在哪里呢？希望又在哪里呢？享有特权的人享有特权如故，人民莫可奈何。靠着私人政治关系发横财的豪门之辈，不是逍遥海外，即是特权豪强如故。"这些话刺痛了蒋介石。

11月9日，他写信告诉夏君璐：

> 近来有一件事值得报告您的。我写了一篇社论，主张赶快收拾人心，文章处处指摘蒋某，龙颜大怒。然而，却是天下大悦。这篇文章，京沪各大报转载，台湾也转载，连我们底敌人《大公报》也转载起来。蒋氏看见众怒难犯，把我也没办法。这几天，我到一处，就有人向我竖大拇指，我感到愉快而光荣。我愿意将这愉快和光荣分给您。现在将《大公报》转载的剪下来寄给您。您再不致误会我"替国民党说话"吧！

他不知道此事是陈布雷替他说了话，才缓和了，不是什么"众怒难犯"。11月4日，他的上司、主持《中央日报》笔政的陶希圣在日记中说："海光在《中央日报》发表《赶快收拾人心》社论，总裁责问，布公答以青年同志同有此种情绪，请不必追问。"[2]

仅仅相隔八天，11月12日，陈布雷选择了自杀，这是表示对国民党统治的绝望。陈布雷与殷海光地位悬殊、年龄不同，对于时局的认识却有相通之处。时局已急转直下，12月6日，殷海光写信给夏君璐：

> 许久没有接到您的来信，时局这样紧张，难道您不惦记着我？
> 在平时，我还不太怎么样；在危难来临的时分，我特别挂念着和我最有关系的人。
> 这一向的情形确实严重一点，共军大量兵力，直指都门。京沪一带，人心浮动已极。我当然是极少数的例外。一般富人，公教家属，都四处疏散，政府也计划着遣送他们离京。金大方面的情形，想有人通信告诉过您的：大学部走掉了一分之八

的学生。我班上一共也不过剩下十人左右。教员也有走的，不过我坚持有一个学生还是要教下去，直到最后。

……根据我底观察，如果南京失了，整个国家就亡了。逃到别处至多多活几个月。所以，我们应该竭尽一切力量保卫长江以南。

他甚至想到了参加游击队伍，以拿笔的手去拿枪，因为他要忠于自己的信仰，忠于国家，忠于自由。当然，他是清醒的，他的身体怎能打游击，那只是在别人鼓动之下说出的一句笑话。他分析国民党军队战败也非一月两月的事，至少在半年之后才能见分晓。读过他的《赶快收拾人心》，知道他心情的复杂，他恨国民党的不争气，却不愿国民党垮台。

12月14日，夏君璐给他回信，很赞成他参加游击队，还跟他开了几句玩笑。接着说："现在整个国家的问题都无法解决，情形只有对我们不利的发展下去，不是一两个人振臂而呼能扭转这局势。这局势决不能长久的拖下去，各方面都不许可的，假如为我们设想，只有目前不要失去了联络，总有办法。以后我们可以慢慢的决定。你死，我死，有什么关系，只要我们永久的相爱。"小女孩看重的是爱情，无论怎样的疾风暴雨都无法摇动她心目中纯真的爱情，生死都不足惧。殷海光毕竟是一位年近而立的政论家，他对时代的思考要深得多，在1949年来临的前夜，他写下了这封信：

现在我们所遭逢的是太平天国之乱以后一百年来一大变局，真是非同小可。这一变乱，恐怕不是短时间所能终了的。在这一大变局之中，个人生死存亡和悲欢离合，显得多么渺小啊！

他说自己没有一点逃乱的打算，《中央日报》已经开始往台湾搬东西了。他认为南京没问题的人不必逃，如南京有问题，那么不是发生大的政变，便是天下纷崩，现局决不会久，只要在中国境内，所受的影响也都差不了太多。他说这是一个残酷的时代，但他仍留下了这些美好的细节："您送给我的小螺丝和磁鸟都被放在有台布的小桌上。桌上梅花盛放，清香满屋。"

这封信要到1949年1月18日才抵达武昌，第二天，夏珺璐回信说："是的，我知道这是一个残酷的时代，但是仍有许多人在这残酷的时代完成他们所要做的。"她仍抱着幻想："现在中国遭遇如此大劫，到现在我仍不着一颗信【心】柜信中国会得救。人民都恨共产党，只因为国民党太坏了（不争气）所以人们只有倾向他们。只要国民党马上觉悟，改变一切过失的作风，中国就有好转。我不相信那可怕的日子会降临在中国的每一个角落，一颗信心会支持我们继续生存抵抗下去。真的，假如中央日报搬到台湾，这是你工作的所在，您就应当去。您应继续做这伟大的工作，全国人都在看您的怒吼。"他之所以改变主意，前往台湾，就与夏君璐的劝说有关。

二

1949 年 1 月 29 日，除夕之夜，当他在上海写信时留的已是《中央日报》在台北的新地址。三天以后他要去台湾，并要夏君璐筹划安排去台湾上大学。这封信当夜没有写完，第二天继续写，他憧憬着台湾的新生活：

"如果力量办得到，我想在台湾海边做栋小房屋，在那儿沉思，读书，写文，种园。至少还希望和您在一起在海边散步，眺望那遥远的海之境色。"

2 月 3 日，他到达台湾，次日黎明在鸟声中醒来，他写信报告朝阳、云雾、山林、泉水，还有海滩、白浪、海鸥。无论他眼中所见多美，也遮掩不住那个时代正在伸展的痛苦，他希望热恋中的女友早日来台。2 月 20 日，他在信中说自己不愿做职业政论家，"我一辈子当一个教授，业余做个有名的政论家，在学术上有所贡献，努力作一贤人，就满足了。"然而，最终他还是因那些业余的政论罹祸，教授也做不成。

3 月 5 日，他写信说，和谈绝对不能解决中国的问题，中国在今后若干年之内仍在多事之秋，他不愿夏君璐留在大陆，使他牵挂，内心不安，要她早一点到台大求学。信中再一次讲到："这是个什么时代？这是个残酷无情的时代啊！这是中国历史上变动急剧的时代！在这一个时代，常常父不能顾子，夫不能顾妻，兄不能顾弟。我生长并发展于这一时代，我深知这一时代底特征。"他说自己出生在一个原本殷实的大家庭，到他这一代开始衰败，十几岁就出来奔走，抗战发生后跑到云南求学，六亲无靠，孤身奋斗，直到现在，如果"任性"，早已被这个时代所摧毁了。

"小小的生命，会像一个泡沫消逝在惊涛骇浪的大海里！"

局势在急剧变化，4 月 15 日，夏君璐在湖南湘潭给他写信：

> 这个鬼地方已完全不用金圆券，那些铜板已行时了，二十五枚算一角现洋。再用的是地方银行印的代替现洋的角票。湘潭住有许多伤兵，常用少数的金圆券强迫钱摊和商店换现洋或购买物品，于是只要看见他们来，街上的人惶恐万状，鸡飞狗跳墙，商店都关门大吉。这儿常常爱谣传土匪来了。有一次真把我们吓着了，这并不是胆小，现在社会完全陷于混乱中，匪盗丛生，使人不得不提心吊胆……

殷海光巴不得她早点离开大陆，路费为她准备了（一枚金戒指，十元美金），路线也为她计划好了，还为她找了同伴（聂华苓）。他在 4 月 19 日的信中对各种事情的交代都很详细，比如说："此次离家，不知何日可归（不要难过，稍稍冷静一点。这是个非常的时代啊！），有纪念性的东西须要带走，必需物品需带走。不必需的东西要丢下，以免累人。"

4 月 26 日她写信说金戒子和美金都收到了，重 3 钱 5 分 1 厘的金戒子卖出，得到银 17 元 5 角 5 分，当时金价正在跌价，50 元一两。她感念殷海光为她赴台的事安排得如此周密、精细，处处顾及。5 月 7 日，她南下到达广州的第二天写信说：

"现在时局变得太快，这边简直要坍台了，前线士兵根本不打，南昌失守，汉口已闻炮声，这样下去，广州不久也要紧急了。"

她在广州办手续，等船去台湾。到 5 月 21 日，她写信时即说："万事俱备，以欠东风。今天我们已把我的身份证弄好了。现在什么都全了，只等船票买好。"

6 月 3 日，她终于抵达台湾基隆港。很多年后，殷海光早已不在这个世界，她忆及这一幕，写下这样一句话："我们爱情的小舟在时代的大海中颠簸翻腾，竟能平安的进入基隆港，实在不可思议。"很多人被浪涛吞没，很多情侣被拆散了，没有人能抵挡一个残酷的时代，洞察时局走向的殷海光深知这一点，也不无心理准备，在 1949 年来临之际，他不想离开南京，想留在金陵大学教书，曾在信中对她说过这样的话："我这二三年来的言论行动，都是为了国家，都是发诸自己底理想，不为任何一人，我所以了无所惧。我是有相当地位的人，从最坏的情形着想，万一这个时代要牺牲我，我不能继续教书，我准备着接受。在这样的情形下，您应该而且

殷海光与夏君璐1949年在台湾重逢

必须训练着逐渐逐渐淡淡忘我。您年青,少经沧桑,是个多血质而富于情感的人。但是,您不要忽略,这是一个残酷的时代!"她回信说:"我真奇怪,你为什么一定要呆在南京。逃难对于您仿佛是一种屈辱。真的,在抗战时,我们还不是一样逃到后方吗?当然情况不同,但是总是逃。"这些话给了他极大的影响,所以他说:"这次来台,大半出于你吵闹。"

1949年9月,夏君璐顺利考入台湾大学,1953年他们正式结婚到1939年殷海光病故,他们共同生活十六年。夏珺璐保存着220多封来往书信,尤其时代剧变之际的那些通信,真正可抵万金。她说1948年间,邮资从最初的数千元涨到了超过百万元,有信封为证。时代的颠簸翻腾也沉淀在他们的情书中,时间也无法夺去他们的故事,生死也隔绝不了他们的爱情。如果由物理时间而言,人类短暂的生命确乎渺不足道,但就心灵时间而言,有爱的人生却是长久甚至永恒的。

注释:

[1] 殷海光、夏君璐著，殷文丽编录《殷海光、夏君璐书信录》，台大出版中心 2011 年版，180 页。以下未标出处的书信引文均引自此书。

[2] 陶晋生编《陶希圣日记》上册，联经出版事业股份有限公司 2014 年，181 页。

1949 年：私人记录中的中国

一

　　我由私人记录的角度切入 1949 年这一历史上的关键年份，强调的是私人的小叙事，使用的材料多为日记、书信或个人回忆录，看他们在私下里是如何记录那一幕时代剧变的，并试图看清他们在剧变时代的心路。私人记录的角度，这当然是对过去宏大叙事的一种反拨，那种已经成为人们思维习惯的话语、那种宏大历史的视角曾经覆盖一切，而不同的人们，包括那些手中有笔的人，在大变动中又有过怎样的犹豫、惶惑、兴奋和不安，长久以来几乎没有人关心过，有一天我突然大量采用他们的私人记录，重现他们的心路历程，也颇有一些新鲜感。此书第一个版本于 2005 年 1 月问世，引起了广泛的关注，《新周刊》报道说，"在一个原子弹的年代，傅国涌执意强调子弹的力量。"我觉得这句话蛮有意思的。其实，我不过是采用了一个微观视角，如何把握微观与宏观之间的关系，如何平衡小叙事和大叙事的关系，当时我的分寸感还不够，但我已强烈地意识到私人记录是进入历史奇妙之门，重回现场，呈现真实历史的一个独有视角。

　　自那时起，我继续用心在这方面花了不少力气。2011 年 6 月底，我完成了第二部采用私人记录视角的著作《百年辛亥》，也有一个副标题"亲历者的私人记录"。第三部打算由这一视角写的书《"五四"：亲历者的私人记录》已有雏形。这三本书大致上就构成了我的"私人记录三部曲"，辛亥、"五四"、1949 年，正是百余年来中国转型的三个关键性时间，相关的研究已经汗牛充栋，但是提供解释的多，也就是做价值判断的多了些，做事实判断的少了些，或者说提供单方面事实判断的太多了，我力图在大量的私人记录中，特别是在亲历者们当时留下的日记和书信等私人性的记录中，窥见更接近事实真相的更复杂、更多重的蛛丝马迹，透过这些记录重新梳理出一条转型史的脉络，以回答我心中持久的疑问，历史何以如此？这一切不可测度的变化到底是怎样造成的？

对于1949年，我从一开始就认为这本书（初版名《1949年：中国知识分子的私人记录》）尚不足以呈现一幅完整的历史画面，也没有深入到那个时代的底部，缺乏各个不同社会阶层的声音，包括千百万没有留下文字记录或没有能力留下文字记录的人，那些被动地目睹、面对历史变动的人，乃至那些强有力地参与历史、介入到历史变动中的人，他们到底在想什么？历史虽已如此，但我更想知道的是何以如此。十八年来，我一直在继续寻找、搜集史料，思考这个问题，渴望有朝一日能写出一本更丰富、更深刻地解读这段历史的著作来。

我留意的史料首先是日记，然后是书信，我更重视书信，这是我的个人偏好；然后是口述、回忆录。这四种史料可以算作私人记录的范围，尤其是书信，我认为它的可信程度更高，其次是日记。作为影像史料，老照片有时候也可以起到意想不到的作用。口述与回忆录要次一等，毕竟有记忆的筛选，有刻意的遗忘或无意的遗忘。年谱往往也可以提供重要的线索，再次一等的就是人物传记，传记是他人已完成的现成作品，如果是严谨的作品，它会标明史料来源，这就给研究者进一步的研究提供了线索。

比如黄炎培日记、范朴斋日记已公开出版，范是民盟主席张澜当年的秘书，1949年前后，在国共争夺天下的关键时期，他是民盟重要当事人，曾与张澜、罗隆基一起住在上海的医院，留下了不可替代的记录。

当然也有一些回忆录比较重要，比如蒋匀田的《中国近代史转捩点》，他是张君劢的同道，民主社会党的重要人物。这是关于1949年大变动前夜，民主党派特别是民主社会党与国共两党博弈的最重要的一本私人记录。中国青年党的李璜有回忆录，余家菊有日记，曾琦也有1950年的日记，他们的记录对于重新认识1949年前后的政治角逐是有价值的。《成败之鉴》是陈立夫的回忆录，他是国民党重量级的人物。还有蒋介石的亲信陈诚的回忆录、家书、与友人来往书信，特别重要的是他与蒋介石的往来函电集。《宋子文与外国人士会谈记录：1940-1949》，吴国桢的回忆录，陈克文日记、王世杰日记、陶希圣日记、雷震日记、陈布雷日记、阎锡山日记、胡宗南日记、徐永昌日记、罗家伦日记等，当过南京市长的沈怡的自述，杭立武的口述回忆，当时他是国民政府的教育部长，支持了《自由中国》的创刊。

蒋经国这一年的日记公开出版时叫《负重致远》，他与宋美龄的往来函电也常常传递出很多不为人知的信息。沈昌焕曾是蒋介石的英文秘书，接见外国人他常常在场。可惜他的日记只有1946年的，但有很多信息通向1949年，比如他对政协会议的观察。把这些史料与蒋介石日记、《蒋中正总统档案·事略稿本》（相当于他的工作记录）放在一起看，就能看出很多重要的信息来，分开看也许看不出什么来。他们在不同的角度，提供了国民党政权在大陆失败的活的细节。

在当代中国史研究中，学界已注意到几种官方专业机构完成的年谱的史料价值。比如《毛泽东年谱》《周恩来年谱》《邓小平年谱》《陈云年谱》等。非官方编的《胡耀邦年谱资料长编》也是一套沉甸甸的大书。年谱是按年按月记载的，有些甚至按日，这就十分重要，包括官方出版的年谱，有时候会给我们的研究提供非常大的帮助。因此官方史料也可以补私人史料之不足，比如1949年新华书店发行的一本《中华全国文学艺术工作者代表大会纪念文集》，是1949年后第一届文艺大会的纪念文集，里面有大量丰富的材料。《中国人民政治协商会议第一届全体会议纪念刊》，我在这里面找到一些照片，有胡风、夏衍、徐铸成他们在1949年的照片，他们都是这一届政协的代表，否则要找一个人在这一年的照片真是蛮难的。在这本纪念刊里可以看到很多的信息，对研究1949的中国非常有帮助，天下已定，哪些人有资格登堂入室，成为座上宾？纪念刊可以告诉你答案。没有进入这个纪念册的著名知识分子常常是打入了另册的人。当时，新闻界只有九个人进入纪念刊，包括王芸生、储安平、徐铸成、赵超构，但大部分还是范长江、恽逸群、杨刚、邓拓这些有红色背景的报人。

在史料的使用上，需要处理好四层关系，即第一手史料与二手史料之间的关系，直接史料与间接史料之间的关系，私人史料与官方史料之间的关系，私密史料与公开史料之间的关系。无论什么类型的史料都可以相互印证、相辅相成，日记、书信、档案、文集、回忆录（口述）、年谱、家谱、地方志、校志（厂志及镇志、村志）等，乃至广告、纸条、账本、商贾买卖指南、海关报告、外交函电等，都可以成为史料。我尤其重视那些不大常见的材料，如广告、账本、海关报告、照片……这些材料与日记和书信一样，往往能补正史之不足。

此外，外国人的视角，他们的声音不可忽视。除了司徒雷登日记，还有《抉择与分歧——英美对共产党在中国胜利的反应》、台湾版的《美国外交档案秘录：

一九四九大流亡》，这是从美国外交档案里面抄出来的。相关的苏联及美国中情局档案，也已有部分中译、汇编出版了。

二

在我找到的日记和回忆录当中，知识分子的居多，左中右都有。也有一批国民党军政人物的日记；比较难得的是一些银行家的书信集、日记；也有一些共产党人像杨尚昆、谢觉哉他们的日记，还有小人物的日记，比如复旦大学教授王振忠找到的那本《水岚村纪事：1949 年》，我看重这本大变动时代小人物留下的私人记录，安徽、江西交界的婺源有一个叫水岚村的小山村，一个微不足道的少年人詹庆良，他一辈子都以种地为生，没有走出过大山深处，当时还只是一个私塾的低年级学生，留下了二册薄薄的日记本。我们看其中一条：

> 六月十六日，晴
> 昨夜游玩乘凉，看到一家门前，有人谈论新四军，有说在婺源县政府，招集青年训练，有说在屯溪干部，招集读书人考试，有说在南京政府，合中央军开战。

乡村少年的错别字和不通之处不说也罢。"新四军"是过去中共在南方的军队番号，这个名称早已取消。但是婺源山区的农民还不清楚，他们在道听途说的传闻里面，连军队名称的变化都不知道。可见其中的隔膜。

> 六月十七日，雨
> 有两位右龙人，肩挑布来换茶。有人问起换价，他说布一尺，易换茶叶三斤。一闻出价太高，无人将茶换布。

这则日记可以让我们想见那个时候的物价，大变动中的物价变化，以物易物。

> 六月十八日，雨
> 人说霉水太多，我说霉水太□，霉天下此苦雨，涨水损伤青苗，人怕收成不好，

要防来年饥荒，闭囷粮食饿人。

要把这两句话连在一起才能读得懂，就是现在不把粮食卖出去，以防来年饥荒。可见他们当时已有对饥荒来临的恐惧。比如：

六月二十五日，晴

是时菜园之中，根上生瓜藤索，正在开花生瓜，粮食不足人家，饿来有菜充饥，人也不至饿死，日有半饭半菜，也可救人度生，人民不受饿肚，也不叫苦难过。

大致上可以看到最底层的人民恐惧的是什么。他是一个私塾的学生，恐惧的只是饥荒，是饿死而已。大时代正在发生的剧烈变动，对僻处大山之中的他们有多大的影响呢？没有太大，道听途说而已。

另有一本《建国日记》是语言学家喻世长留下的日记，这是专门收藏旧物的王金昌先生在旧书市场淘来并整理出版的。喻世长出生于 1916 年，1943 年毕业于辅仁大学中文系，1949 年前后在北大文科研究所上班，是个助教。他的日记记录了作为一个市民当时的生活状况、所思所想——

1948 年 10 月 17 日

今早七点又醒了。盘算兰日，要先上街，买鱼肉米以外的代用食品，结果买了白薯，黄豆，鸡蛋，因为比较便宜些。

我真是在深入到生活之户，想到冬季自来水管要冻，就买了一束稻草。这东西，天冷也要涨价的呀。

10 月 28 日

想起物价，提心吊胆，一是中午回去时我在路买了四斤白薯。

10 月 29 日

我真经不起不快的刺激，一个月来的穷，已经够受了，今日我本想早上买些粗粮，对于明天的物价，怀着恐惧！

1949 年 1 月 1 日

瞎忙到十二点。可是我没多少白面了（零的），就吃高粱米饭。该喝"素酒"，也没菜肴。

1月27日

领来薪水1240元，我问同仁，谁买"大通"（洋钱）去，没人买，我自己去了，一打听猪肉四百八，纸烟一千元，可是银币没太涨，就用一千一百元，买了一大头，一小头，希望明日洋钱涨，猪肉落，再买肉吃。

他的日记让我更清晰地看到，在风雨飘摇之中，一个人真实的日常生活和他内心的波动。

温州少年章英杰，一个无名小卒，那时只有十七八岁，参加了共产党领导的浙南武工队，在日记中记下了大变动中的点滴，出版时就叫《温州风云一角》。

还有一本1949年的流亡学生日记，是杨道淮的《北平和谈中南京弃守》。

我特别想说说殷海光的情书，他和夏君璐之间的情书，1949年来临前夜，也就是1948年的最后一天，他写信给夏珺璐：

> 现在我们所遭逢的是太平天国之乱以后一百年来一大变局，真是非同小可。这一变乱，恐怕不是短时间所能终了的。在这一大变局之中，个人生死存亡和悲欢离合，显得多么渺小啊！

他说这是一个残酷的时代。

1949年1月18日这封信抵达武昌，第二天，夏珺璐给他回信：

"是的，我知道这是一个残酷的时代，但是仍有许多人在这残酷的时代完成他们所要做的。"

她仍抱着幻想："现在中国遭遇如此大劫，到现在我仍怀着一颗信【心】相信中国会得救。人民都恨共产党，只因为国民党太坏了（不争气）所以人们只有倾向他们。只要国民党马上觉悟，改变一切过失的作风，中国旧有好转。"

这一年夏君璐只有十七岁，是武汉一所教会中学的女生。如果不是夏君璐的这封信，也许殷海光就留在南京了。夏君璐劝他一定要去台湾，所以他就随《中央日报》走了，要不然这个叫做殷海光的思想家在历史上就不会出现了。夏君璐这封回信太重要了，一个女中学生可以说出那样的话。这样的信有很多，他们的书信集里有他们1948年到1949年的大量往来书信。三十岁的殷海光当时是《中央日报》主笔，算是个不大不小的人物，夏君璐是小人物，解读那一年的历史，需要更多的关注这些小人物。

夏志清和他哥哥夏济安之间书信往来不断，里面的信息量太大了。夏济安在北大英文系，夏志清在美国留学，这两个人对即将到来的变化都有清醒的认识，他们都选择了离开。夏济安比胡适还要早就逃离北平，自己买了机票南下了。他们的书信记下了年轻一代知识分子在1949年来临之际内心的惶恐，对自由的向往，以及对这场内战的真实体验。兄弟俩后来都成了文学评论领域的学者。

如果讲口述史料，李宗仁、白崇禧、顾维钧、吴国桢这些国民党阵营的大人物都留下了口述回忆。共产党这边，大人物的口述罕见，当时还年轻的共产党人晚年留下的口述却不少，现在看到的有1922年出生的何方的口述《从延安一路走来的反思》，1923年出生的李慎之的口述，讲到1949年改天换地之时，二十六岁的他在天安门城楼亲眼目睹这一幕。1999年，他的《风雨苍黄五十年》第一段写的就是这一体验。

相关的回忆录有台湾的《红色中国的叛徒》，作者是"以一人敌一国"的《传记文学》创始人刘绍唐，他正好赶上1949年北大历史系毕业。逃离大陆以后，他写出了这本书，这个"叛徒"就是他自己。余传韬有一本回忆录《云烟集》，他是余家菊的儿子，1949年还是北大农学系三年级学生。农学家董时进是康奈尔大学的农学博士，中国农民党的创始人，留下了《我认识了共产党》《共区回忆》等回忆。陈寒波在香港以后出版过两册薄薄的回忆录《今日北平》等。还有民盟的秘书长周鲸文1959年在香港出版了《十年风暴》，回忆自己在1949到1959年的所见所闻，民主党派高层跟共产党的关系，里面有很多重要材料。邵燕祥出版了多本回忆和那个时代的个人档案。千家驹《七十年的经历》和《流逝的岁月：李新回忆录》、方励之自传、林牧回忆录《烛尽梦犹虚》、王蒙的回忆录《半生多事》，还有许良英未出版的《回顾与反思》、鲍彤的口述自传……这些人的口述和回忆录，从各个不同的方面留下了 1949 年的痕迹。他们当中年龄最小的是三十年代出生的，比如鲍彤生于 1932 年，方励之、王蒙都是 1936 年出生的。

三

我还想把一些虚构文本考虑进来。比如张爱玲的小说《秧歌》和《赤地之恋》，周立波的《暴风骤雨》、丁玲的《太阳照在桑干河上》、柳青的《创业史》等，这些作品未必直接涉及到那个年头，却有内在的关联，还有陈纪滢的《荻村传》，最早在《自由中国》连载，后来出了单行本。陈忠实的《白鹿原》最后那一段，则直接写到 1949 年以后黑娃的被枪决。

刘鹤守先生去世前送了我一套他自印的书，其中有一册《随波逐流记平生》，里面收录了他的老朋友、曾做过《明报》主笔的徐东滨一篇短篇小说《叛徒》，就是写 1949 年北大学生逃离大陆的故事，与刘绍唐的那本非虚构的回忆录《红色中国的叛徒》可以相呼应。如果没有非虚构的史料做基础，虚构的文本无法作为史料使用，因为有了前者，它们之间就可以互证。因为刘绍唐、余传韬、陈寒波、董时进的非虚构史料，陈纪滢、徐东滨、张爱玲他们的作品就可以来拉近后人对那个时代的距离。虚构的文本可以让历史同样具有生活气息。换言之，非虚构文本可以激活虚构的文本，反过来，虚构的文本可以补足非虚构文本细节上的不足，生活场景的不足。

当然在虚构文本里面，胡风的诗歌《时间开始了》、邵燕祥的诗集《我们歌唱北京城》，都可以看作 1949 年之后真实的声音，透过虚构的文本，呈现出那个时代的真实氛围。要真正走进一个时代的精神史，光有非虚构文本是不够的，需要有虚构文本来作为它的补充。

基于前面的史料，我大体上已找到了一个自己的角度。《1949 年：中国知识分子的私人记录》主要写了十几个人物，那个写法是平面的，比较简单。从那以后，我继续研究"1949 年：私人记录中的中国"，将视角从人物转向问题，是问题视角下的 1949 年。

我的第一个问题是：国共之外的政治力量，在 1949 年的演变当中各自的判断、选择、方向以及最后的命运。重点是几个小党（青年党、民社党、民盟），青年党三巨头曾、左、李还有余家菊有日记或回忆，民社党有蒋匀田的《中国近代史转捩点》，张君劢、张东荪等留下的史料。民盟有范朴斋的《朴斋日记》、周鲸文的《十年风暴》。农民党有农学家董时进的回忆。我关切结社自由、组党自由是如何在中国大陆消亡的。

第二个问题是：知识分子和学生何以如此选择。我在《1949年：中国知识分子的私人记录》中呈现的主要是他们各自的心路历程，我想进一步探究知识分子和学生之所以会在大变动时代作出不同的选择，背后更多元、更复杂的那些因素。前述有刘绍唐、董时进、余传韬的回忆录，殷海光与夏君璐的情书集、夏志清兄弟的书信集，王蒙回忆录、邵燕祥回忆和私人档案、徐东滨的小说，及茹志鹃日记、常任侠日记、唐君毅日记、季羡林日记、郑振铎日记、叶圣陶日记、马衡日记、顾颉刚日记、夏鼐日记、顾随日记、萧军东北日记，北大学生罗荣渠的日记《北大岁月》，陈君葆的书信集保存了两封陈寅恪1949委托他去办赴台湾通行证的书信，是由陈寅恪的太太代陈寅恪写的信，《许寿裳日记1940-1948》（只到1948，但已经是1949的前夜了），吴宓关于1949年的日记烧掉了，但是书信集中还有一些线索，胡兰成与唐君毅的书信集，胡兰成的《今生今世》、陈纪滢《我的邮兵与记者生活》、钱穆的《师友杂忆》、巫宁坤的《一滴泪》、金雄白的《记者生涯五十年》、龚选舞的回忆录《1949国府垮台前夕》都值得留意。司徒华的回忆录《大江东去》，可以从一个香港学生的视角看1949年，那时他还是一个香港的左翼青年学生。另外还有朱光潜、费孝通等人的检讨和其他文字，林昭留下的书信等文字，包括陈寅恪在内许多知识分子的旧体诗。以这些材料为基础，重新审视他们在那个大时代的抉择。1948年11月8日，顾颉刚在日记中说："予努力古史学，足使国际视听为之一变，安敢不努力乎！使我得五六年安静日子，将《古史钥》写好出版，其影响当较《古史辨》为尤大，而惜乎安静日子之不易得也！"11月22日，他给妻子张静秋写信还说："中国处两大之间，当然痛苦。国民党与共产党背后各有一国撑腰，谁也消灭不了谁。在此种情形之下，西北确是好地方，至少此间可以苟安五六年之久。彼时中原人民怕要死完了。"直到此时他竟然没有意识到，战局胜负将分，西北也将易手。

没有多久，一切都变了，他说："共产主义固为迟早必实现之政治，惟恐初来时狂风暴雨，使最爱之人活生生的诀别，故尚以远走为宜。"当时有人想在台湾办东方大学，郭绍虞请他同行，他已答应。此时，又有人带来了郑振铎的口信，"转告颉刚，不必东跑西走，左倾历史家甚敬重他"。他感慨："在此大时代中，个人有如失舵之小舟漂流于大洋，吉凶利害，自己哪能作主，惟有听之于天而已。"

毛泽东很关心学术界、文艺界、新闻界的选择，在这反面也做了不少工作。我试图回答的是在重大的转折关头，何以那么多知识分子看不清走向。其实，就是要回答言论出版自由、创作自由是如何消亡的。

再一个问题是实业家和银行家的选择，从《黄炎培日记》《陈光甫日记》《卢作孚书信集》《周作民日记书信集》《上海银行家书信集 1918-1949》和李承基的口述，至少可以找到一些线索。

第四个问题是我多年年来关切的一个重点，乡绅阶层在县城、小镇和乡村的出局甚至消亡，浙江青田的士绅刘祝群是晚清浙江省谘议局的议员，后来被枪毙了。与他有相似命运的有温州的王人驹、乐清的王骏声，他们都致力于教育文化和地方建设，与《白鹿原》中那个神话一般的角色、毕生致力于教育的朱先生是同一类人。

我还关心底层的农民、市民在剧变中的真实感受。这不仅要找非虚构的史料，还要动用虚构的文本。像少年詹庆良的日记《水岚村纪事》、章英杰的日记、林昭写给倪竞雄等人的书信，丁玲、周立波的小说，陈纪滢的《荻村传》、张爱玲的小说、陈忠实的《白鹿原》等，可以寻找土地私有、迁徙自由到底是怎样消失的线索。

我最想求问的是国共政权转移的历史逻辑。邹谠的著作《美国在中国的失败》《二十世纪中国政治》《中国历史的再阐释》，费正清的《美国与中国》《传统与变革》等、孔飞力的《中国现代国家的起源》等，他们从政治学、历史学等角度试图诠释国共政权转移的历史逻辑。他们都生活在美国。我想跳出他们已有的解释，在那一年国共两党高层和普通追随者的日记、书信、回忆里面寻见国共政权转移的历史逻辑。国民党高层，蒋介石、蒋经国、胡宗南、陈诚、居正、阎锡山、王世杰、徐永昌、雷震都有日记，李宗仁、白崇禧、陈立夫、吴国桢、顾维钧等都有回忆录……当然远不止这一些。还有许多像陈克文、冉鹏那样追随国民党、位不显却靠近中枢的人物，他们的日记都有重要价值。共产党最高层几乎无人写日记，只有依靠年谱的线索和其他材料了。杨尚昆日记、谢觉哉日记、陈庚日记也只是寥胜于无。在中下层追随者中，有李慎之、许良英、何方的口述，有茹志娟、常任侠等人的日记等等。

　　国共政权的转移并非起源于国共内战，而应该上溯一百五十年甚至数百年，"孔飞力之问"已指向中国文明内部的危机。我觉得从这个角度才有可能解开百年结穴，我的立足点还是私人记录，想从中找到具有说服力的证据，来观察结社自由的消亡，言论出版自由的消亡，创作自由的消亡，企业自由、金融自由的消亡，土地私有、迁徙自由的消亡……还有宗教信仰自由的消失，特别是信仰上帝的自白，基督教的王明道、倪柝声等人都留下了丰富的史料。我不想在私人记录以外去寻找抽象的历史解释，而努力在私人记录中找到具有说服力的证据，来回答心中的疑问：历史何以如此。

根据 2014 年 10 月讲课录音整理，2016 年 9 月 21 日校对

后记

　　1949 年是一个划分时代的关键年份，不是一个平平常常的时间标记，在这一年做出的选择要决定一个人将来的命运。1948 年 11 月 6 日，傅斯年从美国治病回来不久给朋友写过一封信，他已预感到大变局的不可抗拒，"目前中国的局面，早已料到，本不必惊异，但身陷其境总是心烦。我回来时还很热心，近则觉得实无处可以用力，这个感觉也不是现在才有的，二十年中常常觉得如此。"他对中国的命运是看透的，所以即使到了这一刻，也一切照常，自称决不早跑，决不受辱。然而像他这样想得清楚的知识分子在当时少之又少，多数人只是被时代的大潮裹挟，随波逐流而已。

　　每个人都有其命运，一本书也自有其命运，此书最初完成于 2004 年 10 月，2005 年 1 月由长江文艺出版社初版时，名为《1949 年：中国知识分子的私人记录》，四年后在台湾出的繁体字版取名《抉择：1949 中国知识分子的私人记录》，现在东方出版社要出增订版，编辑建议将书名改为《去留之间：1949 中国知识分子的私人记录》。本书初版留下了一些遗憾，除了校对上的一些问题，特别是胡适一篇，编辑加上了两处与我原意相悖的主观性评述，研究胡适的学者智效民先生就曾在报纸上撰文批评，实为我原稿所无，此次重版则是按原稿排版。与初版相比，还增加了一篇前言和一篇长文《1949年：中国知识分子的选择》，其他篇目也做过一些修订，特别是增加了一些新材料，比如胡风家书、夏衍日记、徐铸成日记中的内容。

"时间开始了"，被誉为胡风在1949年的神来之笔，夏衍日记就记着，1949年10月1日下午在天安门的休息室里，周恩来对他和丁玲说："你们得描写这个场面。"他们不约而同的回答："语言太不够，太无力了。"但是胡风用语言表达出来了。夏衍日记还记下了刘少奇、毛泽东许多内部讲话的要点，非常精彩，如毛泽东在10月10日解释为什么要让民主人士住北京饭店："必先主动使'民主人士'住北京饭店，然后才能使妻不离子不散。"这和9月15日刘少奇报告中说的："我党胜利了，得了天下，但得天下后重要者要天下归服，如不归服，天下即坐不稳。此皇宫是不容易坐稳的。"如此原生态的表述，非亲临现场者很难听到。真实的历史正是由这些零零碎碎的记录构成的。

离此书初版，已过去了十二年，人生转眼成空。在时间的流变中，我深深看见人的有限，在这个世界上，人的存在是短暂的，而大量的时间都被白白地浪费了，因此常常产生一种虚空感。如何在抓不住的时间中抓住自己，不至于随流失去，这是人类始终要面对的问题。我想起二十八年前读到的一首小诗，那是十三岁的法国小女孩梅莱娜·若罗写的：

> 假如地球是方形，
> 孩子们就有角落藏身。
> 但地球却是圆形，
> 我们不得不面对世界。

是的，我无处躲藏，著书也只是我直面世界的一种方式。

以上是2017年2月13日我为东方出版社即将问世的《去留之间：1949中国知识分子私人记录》所写的后记，不久我就收到了几本正式的样书。大批量的书也已印刷完成，等待装订出厂。就在此时，出版社接到了上面的禁令，此书不准出厂，就地化为纸浆，没有理由，不须解释。尽管有正式书号，也有中国版本图书馆 CIP 数据，但一切都随时可以推翻。

对于此书的重版，我从此不抱希望。

2023 年 8 月到 10 月，我闲居东瀛，做出版的朋友想要出一个海外中文简体版，并要我重新修订一下。于是有了现在这个版本，书名定为《去留之间：1949年中国知识分子的选择》。离初稿完成的 2004 年已近二十年矣，我也从三十六岁步入了五十六岁。世变沧桑，尤其最近这三四年，变化之剧，超过了以往的几十年。中国知识分子又一次面临去留的抉择。这本书迄今仍未过时，这是最可悲哀的。我也一直希望我的文字速朽。呜呼！

2009 年 11 月 9 日—2010 年 1 月 19 日第一次修订
2016 年 9 月 13 日—20 日第二次修订于杭州
2023 年 9 月—10 月，第三次修订于东京，10 月 31 日杭州定稿

壹嘉 · 読道书系

联合出版